高等学校规划教材

企业财务管理

QIYE CAIWU GUANLI

主　编　杜勇　鄢波

副主编　杜军　毕茜

西南师范大学出版社

国家一级出版社　全国百佳图书出版单位

图书在版编目(CIP)数据

企业财务管理/杜勇，鄢波主编. —重庆：西南师范大学出版社，2011.8
高等学校规划教材
ISBN 978-7-5621-5429-7

Ⅰ.①企… Ⅱ.①杜… ②…鄢 Ⅲ.①企业管理：财务管理—高等学校—教材 Ⅳ.①F275

中国版本图书馆 CIP 数据核字(2011)第 169747 号

企业财务管理
主　编　杜勇　鄢波
副主编　杜军　毕茜

责任编辑：杨光明　李智信
封面设计：CASPALY 尚品视觉
照　　排：李　燕
出版、发行：西南师范大学出版社
重庆·北碚　邮编：400715
网址：www.xscbs.com
印　　刷：重庆荟文印务有限公司
开　　本：787mm×1092mm　1/16
印　　张：20.5
插　　页：4
字　　数：520 千字
版　　次：2011 年 8 月第 1 版
印　　次：2011 年 8 月第 1 次印刷
书　　号：ISBN 978-7-5621-5429-7

定　　价：38.00 元

前言

本教材是依据经济管理类专业本科生财务管理课程教学大纲和专业培养目标要求来编写的，其内容可供50～120学时课程使用，同时也可作为企业领导和管理人员的培训资料和参考，或供管理人员自学，本教材共分三篇十章。第一篇财务管理原理，是财务管理的理论基础，包括绪论、财务管理的基础等内容；第二篇财务管理的内容，是财务管理的核心工作，包括筹资管理、投资管理、营运资金管理和收益分配管理等内容；第三篇财务管理的程序，是财务管理的常规工作，包括财务预测与规划、财务决策、财务控制、财务分析等内容。这三个部分的内容较为系统全面科学地论述了财务管理的理论基础、核心工作、常规工作及特殊工作职能等。相对于以前的财务管理教材，本教材的创新之处在于：为了使学生加深理解和掌握财务管理的各个知识点，考虑到财务管理课程专业性突出、实践性强的特点，整本教材的编写突破传统的理论与案例脱节或不匹配的教学缺陷，在每一章加入引例和案例，并基于财务管理实践教学的新方法——任务驱动法和沙盘模拟对抗技术的应用，在对各项财务管理内容讲解时均是采取理论—方法—案例加以分析的思路。这样，学生在理论学习的基础上，通过案例能够对财务管理各项职能的具体操作方法加以理解并熟练掌握和运用，而且每一章的案例更具有针对性、代表性，使学生对财务管理各项职能的理论、操作实践比较熟悉和容易掌握，同时也能理解各项功能之间的关联以能够综合应用于企业管理的实践中。另外，该教材强调教学方法的仿真性和互动性，在实验教学体系中穿插运用案例和模拟教学方法，既注重了财务管理各项工作的本土文化背景，又兼顾了财务管理技术发展的国际化趋势，在具体的实践教学中，可以充分利用可能的教学资源、改善情景模拟教学的效果，强调了教学过程的仿真性。同时，本教材从实验课程体系、教学内容、教学手段上突破传统的模式，按照学生能力形成的规律，通过“知识的掌握—基本实验能力的形成—创新精神的培养”来逐步实现由理论到实际的过渡，促进学生知识、能力、情感、素质的协调发展，强调了学生与老师的互动性。而且，本教材尤其突出学生参与财务管理的模拟性，能够做到理论与实际需要相结合，通过配备相应的实验教学环节，使学生在实验教学环境下可以模拟企业的各种财务管理实际，使他们在模拟现场的财务管理工作中充当某一角色，从而可以获得实际参与感，促使课堂上所学的基本理论、基本方法以及专业基本技能得以全面地检验和运用，提高其实践运用的能力和素质。整本教材的编写既符合本门课程教学大纲和专业培养目标要求，做到分量适当、难度适中、层次分明、重点突出，同时，又将申请人主持的重庆市教学改革项目的新成果“任务驱动法”、“沙盘模拟对抗”等技术贯穿于教学之中，使之适应教学改革和课程建设的发展，体现出整本教材的科学性、系统性和新颖性。

本书的撰写是团队的共同成果。我主要负责全书的格式及内容安排，提供有关研究成果和他人的参考资料，协调和组织我的同事和朋友的撰写工作，并且审阅和修改书中的内容。感谢参与编写本书的同事和朋友。其中，西南大学经济管理学院杜勇负责全书的框架结构安排、内容设计及第一章总论部分的撰写；西南财经大学会计学院李越冬、王静颐共同负责第二章的撰写；西南大学经济管理学院张晓川、郭晓共同负责第三章的撰写；上海财经大学财政学院、安徽师范大学经济管理学院花冯涛负责第四章的撰写；西南大学经济管理学院毕茜、胡西西共同负责第五章的撰写；广东海洋大学经济管理学院鄢波负责本书的统稿、第六章以及第十章部分内容的撰写；河南财经高等学校陈霞负责本书第七章的撰写；广东海洋大学经济管理学院杜军负责本书前言、第一章部分内容、第八章的撰写；西南大学经济管理学院刘建徽负责第九章的撰写；四川财经职业学院马会起、中国农业银行四川省分行黄本多负责本书第十章的撰写；西南大学财务处陈建英负责本书的校对、数据整理以及习题编排等工作。在此，一并对于各位参编人员的辛勤劳动表示诚挚地感谢！另外，本书的出版还要感谢给我们提供了参考资料的有关书籍的作者，本书后的参考文献反映了他们的贡献，还要特别地感谢本书的责任编辑杨光明同志对本书进行的编校工作。

当然，本书还有许多不尽如人意的地方，诚恳地希望各位同行指教与谅解，以便我们在修订时使本书日臻完善。

杜勇

西南大学经济管理学院

2011 年 8 月

目 录

第一篇 财务管理的原理

第二篇 财务管理的内容

第三篇　财务管理的程序

第一篇　财务管理的原理

第一章　绪　论

【学习目的与要求】

本章主要讲授财务管理的基本概念、研究对象、目标、环境等，需要掌握：

1. 财务管理的内涵。

2. 财务管理的基本内容和环节。

3. 各种财务管理目标的优缺点。

4. 财务管理的环境。

【教学重点与难点】

财务管理的基本内容；财务管理的目标比较。

【引例】

爱儿童公司的财务危机——财务管理的重要性

爱儿童公司是一家专门生产儿童玩具车的中小型企业，自从2005年公司成立以来，受市场需求和当地经济高速发展的影响，公司销售额一直保持着持续增长的态势。特别是近五年来，尽管公司在财务管理上投入的力度相对薄弱，但因为企业一直赢利并高速发展，所以没暴露出什么问题。2010年，爱儿童公司的陈总经理注意到一家经营不善的奶粉制造企业濒临破产急需转手，早有多元化发展打算的陈总通过市场调研，发现当地奶粉制造行业近年来非常红火，利润率也非常高，当即决定去收购该奶粉制造企业。于是，他拿出爱儿童公司所有的流动资金把这家奶粉制造企业收购下来，由此，给爱儿童公司带来的后果是公司自身资金的严重不足，公司资产缺乏流动性，资金成本急剧上升。此时，陈总寄希望于爱儿童公司可以继续赚钱，而奶粉制造企业也可以扭亏并产生效益，逐步缓解财务紧张的状况。但事实却并不那么理想，因为对新行业缺乏了解，管理及营销能力很弱，渠道等各方资源又十分匮乏，新厂接手后企业继续亏损，而原有的儿童玩具行业此时又遇寒冬，整个行业陷入低迷，陈总这才感觉到资金不足的压力。于是，开始减少投入，压缩生产成本，这一调整却发现了很多管理与财务上的问题：挪用公款、虚报开销、拿采购回扣等。陈总气愤地开除了几名损公肥私的员工，但企业并没有规范的财务部门与制度，而此时市场与内部都出现了问题，靠自身的力量根本无法治本，于是求助于专业财务公司。

财务公司介入后经过审核发现，问题不仅仅是一些小的贪污行为那么简单。企业还存在负债不合理造成的资金紧张与利息损失，固定资产过多闲置造成的资产损耗，企业财务制度不健全造成的资产流失等诸多问题。而眼前的市场危机如果不及时解决，后果将更加严重，能解决眼前问题的办法只有两个：向银行贷款和卖掉奶粉制造企业或对其实施破产。此时恰逢宏观调控，多数银行只收不贷，此时想贷款看来是没什么希望了。而要把花大价钱买来并精心经营的奶粉制造企业进行破产处理，陈总实在接受不了，最后决定将收购的奶粉制造企业转让出去。但一时没人接手，各项消耗仍然继续着，而奶粉制造企业和爱儿童公司的市场前景依然没有转机的迹象。这时原行业渠道中的一家经销商因期货投资失败，负债几百万，情急之下低价出售爱儿童的产品，变现后失踪，陈总的企业损失近 60 万元，这对一个处于资金紧张的中小型企业来说打击是沉重的。最后陈总实在撑不下去，忍痛对之前收购的奶粉制造企业实施了破产，将固定资产变卖后偿还了银行的到期贷款，度过了眼前的危机。

陈总的这个决定是不得已而为之的，因为凭经验判断，如果企业度过了这段时期，奶粉制造企业的经营、生产、渠道等步入正轨后，市场前景会非常乐观。但目前却因为资金问题不得不采取下下策——将充满希望与未来的企业实施破产。这样不仅错失了机会，而且损失惨重。此事过后，陈总痛定思痛，对企业财务制度进行了严格的规范，增设了财务部，并把财务指标作为生产经营活动的重要参考因素。

第一节　财务管理的内涵

财务是国民经济各部门、各单位在物质资料再生产过程中客观存在的资金运动及资金运动过程中所体现的经济关系。从广义上来讲，财务包括宏观、中观和微观三个层次：在宏观领域，财务主要是通过政府财政和金融市场进行的现金资源的配置，其中，现金资源的财政配置属于财政学的范畴，现金资源的市场配置通过金融市场和金融中介来完成；在中观层面上，财务对现金资源再配置表现为现金资源的所有者的投资行为，属于投资学的范畴，投资学研究投资目的、投资工具、投资对象、投资策略等问题，投资机构为投资者提供投资分析、投资咨询、投资组合、代理投资等服务；在微观层面上，企业筹集、配置、运用现金资源开展营利性经济活动，为企业创造价值并对创造的价值进行合理分配，形成企业的财务管理活动。从狭义上讲，财务主要是指企业财务活动，即企业再生产过程中的资金运动，以及企业财务关系，即企业资金运动所形成的经济关系。本书的财务主要是指狭义上的企业财务。这里将企业的财务管理定义为：在一定的整体目标下，关于资产的购置（投资）、资本的融通（筹资）和经营中现金流量（营运资金），以及利润分配的管理。财务管理是企业管理的一个组成部分，它是根据财经法规制度，按照财务管理的原则，组织企业财务活动，处理财务关系的一项经济管理工作。简单地说，财务管理是组织企业财务活动，处理财务关系的一项经济管理工作。

企业的财务管理具有以下一些特征：

首先，企业的经营活动脱离不了资产，如非流动资产（建筑物、设备和各种设施）、流动资产（存货、现金和应收账款）。而购置这些资产需要资金。企业可从自身经营所得中提取资金用于再投资，也可以在金融市场上以一定的价格发行股票、债券或向金融机构借贷获取资金。企业的财务管理人员在筹集资金过程中要研究和设计最优的筹资方案，使企业筹资的成本最小，所筹集的资本能发挥最大的效益，从而使企业的价值达到最大。

其次，企业资本和资产的有效运用与所投资的项目，包括实物资产、技术和人力资源的投入和产出是否经济、合理，投资收益是否高于成本，风险如何补偿等问题有关。企业的投资决策正确与否，直接影响其未来的净现金流量，亦即影响其资产的增值。故投资决策也是财务管理中研究的重要问题。

第三，企业的一切财务活动与其外部环境息息相关。国家的经济发展周期、政府财政政策的宽松和紧缩对企业的财务管理策略有很大影响。与企业筹资直接有关的金融市场及利率是企业财务人员必须熟悉和重点研究的领域。财务管理在企业和资本市场之间、企业和国家宏观财税政策之间的桥梁和资金转换作用是显而易见的。财务管理就是寻求在一定的外部环境下，使企业资金运用尽可能有效的方法，这就需要在企业的需求与收益、成本及风险之间作一衡量，作出最终能使股东财富达到最大的决策。

总之，企业财务是指企业在生产经营过程中客观存在的资金运动及其所体现的经济利益关系。前者称为财务活动，后者称为财务关系。财务管理是企业组织财务活动、处理财务关系的一项综合性的管理工作。

第二节　财务管理的对象和内容

一、财务管理的对象

财务管理的对象是财务管理工作的客体，即企业的资金及其运动。资金运动是企业再生产过程中客观存在的经济现象，其存在的基础是商品经济。企业的再生产过程由使用价值和价值两方面组成。其中使用价值的再生产过程指物资的生产和交换，称为物资运动过程；价值的再生产过程即物资的价值运动过程，指价值的形成与实现，通常用货币表现。物资价值的货币称为资金，物资的价值运动称为资金运动。企业资金运动从货币资金形态开始，依次经过储备资金、生产资金、成品资金、结算资金形态，最终回到货币资金形态。这一运动过程称为资金的循环。

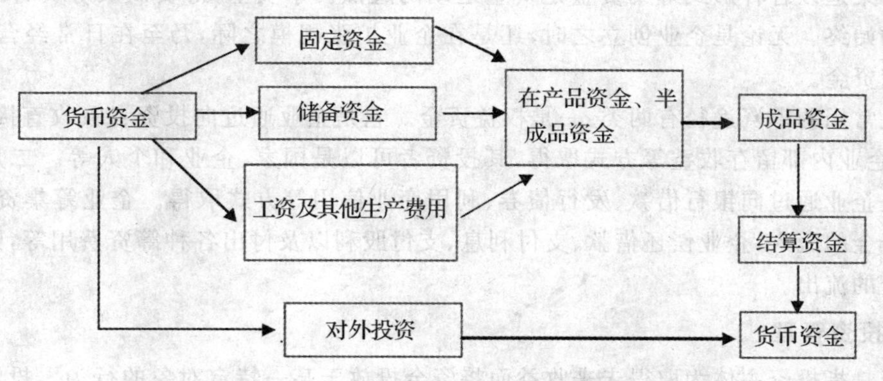

图 1-1　企业的资金运动过程

具体地说，企业资金的循环过程为：(1)企业筹建，通过各种渠道，采取恰当的方式取得货币资金。(2)支付货币资金，购建厂房、设备和原材料，形成生产能力和换取生产对象，货币资金转化为固定资金和储备资金。(3)通过生产,材料依次形成在产品、产成品,储备资金转变为生产资金和成品资金。(4)销售产成品,形成结算性债权,收回货币资金。(5)以部分货币资金缴纳税金和分配利润。企业再生产过程不断进行,资金循环如此周而复始,称为资金的周转。

企业资金运动具有特殊的规律,从总体上考察主要有以下两方面:

(1)资金运动具有空间上的并存性和时间上的继起性,即在空间上同时并存于货币资金和采购、存储、生产、销售、分配阶段的各种资金,在时间上各阶段的资金相继向下一阶段转换。如果资金过多地集中于某一阶段,而其他阶段资金短缺或空白,循环过程就会发生障碍。因此,财务管理要求进行资金的合理配置,保证资金周转的畅通无阻。

(2)资金运动同物资运动存在既相一致又相背离的关系。一方面,物资运动是资金运动的基础,资金运动反映着物资运动,两者具有相互一致的关系,体现了再生产过程的实物形态和价值形态本质上的必然联系;另一方面,资金运动又可能背离物资运动,呈现一定的独立性。比如,赊购、赊销商品等结算原因造成的实物和货币资金在流量上的不一致;固定资产折旧等物质损耗原因造成的价值单方面增值,等等。因此,从事财务管理既要着眼于物资运动,保证供产销活动的顺利进行,又要充分利用上述背离性,合理组织资金运动,以较少的价值投入获取较多的使用价值,提高企业经济效益。

二、财务管理的基本内容

财务管理的对象决定着财务管理的内容。财务管理的内容是财务管理对象的具体化,由于财务管理对象是企业在生产过程中的资金活动。所以,财务管理的内容就是企业资金活动所表现出来的各个具体的方面。资金活动的具体表现通常有资金的筹措、资金的使用、利润的分配以及日常资金的营运等四个方面。通常将这些方面称为财务管理的基本内容。

(一)筹资管理

筹资是指企业为了满足投资和用资的需要,筹集和集中所需资金的过程。企业的经营活动必须以一定的资金为前提,从这个意义上讲,筹资管理是企业财务管理的首要环节。企业从各种渠道以各种形式筹集资金是资金运动的起点。事实上,筹资以及筹资管理贯穿企业发展的始终。无论是企业创立之时,还是在企业扩张规模之际,乃至在日常经营之中,都需要筹措资金。

企业常用的筹资途径有两类:一是权益资金。它是企业通过向投资者吸收直接投资、发行股票、企业内部留存收益等方式取得,其投资者可以是国家、企业和个人等。二是债务资金。它是企业通过向银行借款、发行债券、利用商业信用等方式取得。企业筹集资金,表现为企业资金的流入,企业偿还借款、支付利息、支付股利以及付出各种筹资费用等,则表现为企业资金的流出。

(二)投资管理

投资是指投资主体为取得未来收益而将资金投放于某一特定对象的行为。投资管理是企业财务管理的又一重要环节,投资决策的成败对企业经营成败具有根本性的影响。

投资按回收期的长短可以分为短期投资和长期投资。短期投资是指回收期在一年以内的投资,主要指对货币资金、应收账款、存货、短期有价证券等的投资。长期投资是指投资回

收期在一年以上的投资，主要是指固定资产投资、无形资产投资、对外长期投资等。投资按对象可以分为对内投资和对外投资，对内投资是指把资金投放于企业范围内的投资，对外投资是指把资金投放于本企业以外的其他单位的投资。

(三)营运资金管理

营运资金是指为满足企业日常经营活动所需要的资金，由流动资产和流动负债构成。营运资金管理的基本任务是短期资金的筹措和短期资金周转效率的提高。其基本目标是通过有效地进行资金的日常调度和调剂，合理地配置资金，以提高资金使用效率，增强短期资金的流动性。

营运资金管理的主要内容是：(1)合理安排流动资产与流动负债的比例关系，确保企业具有较强的短期偿债能力；(2)加强流动资产管理，提高流动资产周转效率，改善企业财务状况；(3)优化流动资产以及流动负债的内部结构，以使企业短期资金周转得以顺利进行和短期信用能力得以维持。

(四)利润分配管理

企业销售产品取得收入，在支付各种成本费用和扣除各种税金后即为企业利润，形成企业分配的基本来源。企业利润应按规定交纳所得税，对税后利润进行合理的分配。分配与未分配的结果期末集中反映在净资产中的留存收益各个项目上，这些资产或新增资本又形成了企业新的资金来源。

随着利润分配活动的进行，资金或退出或留存在企业内部，它必然会影响企业的资金活动。这不仅表现在资金运动的规模上，而且表现在资金运动的结构上，如筹资结构。因此，如何合理确定分配规模和分配方式，关系到企业的长期发展战略。

利润分配管理是指公司取得盈利之后，有多少作为股利发给股东，有多少留存公司作为再投资。进行分配时，既要考虑股东近期利益的要求，定期发放一定比例的股利，又要考虑公司的长远发展，留下一定的利润作为留存收益。收益分配管理实质是内部融资问题。因此，收益分配管理是筹资管理的一个组成部分，但由于其重要性，单独设立为一部分。

以上财务管理的四个方面，不是互相割裂，而是互相依存、有机地联系在一起的。上述互相联系又有一定区别的四个方面构成了企业财务管理的基本内容。财务管理人员必须将这四个方面加以综合地分析、考虑，统筹安排，才能取得财务管理的良好效果。

三、财务管理的程序

财务管理环节是根据财务管理工作的程序及各部分间的内在关系划分的，分为财务预测和规划、财务决策、财务控制和财务分析。财务管理的各个环节相互连接，形成财务管理工作的完整过程，被称为财务管理程序。

(一)财务预测和规划

财务预测是根据财务活动的历史资料，考虑现实的要求和条件，对企业未来的财务活动和财务成果作出科学的预计和测算。现代财务管理必须具备预测这个“望远镜”，以便把握未来，明确方向。财务预测环节的作用在于：测算各项生产经营方案的经济效益，为决策提供可靠的依据；预计财务收支的发展变化情况，以确定经营目标；测定各项定额和标准，为编制计划、分解计划指标服务。财务预测环节包括以下工作步骤：(1)明确预测对象和目的;(2)收集和整理相关资料;(3)建立预测模型;(4)确定财务预测结果。

财务规划是在充分考虑营业收入增长的投资需求与融资保障能力之间关系的前提下,对企业未来财务活动的整体性决策和科学判断。财务规划的基础和前提是进行财务预测,即财务规划是在对未来期间营业收入、资产、负债、权益等变化趋势与程度预测的基础上进行的,财务预测与规划可以为企业经济效益增长建立指南。

(二)财务决策

财务决策是根据企业经营战略的要求和国家宏观经济政策的要求,从提高企业经济效益的理财目标出发,在若干个可以选择的财务活动方案中,选择一个最优方案的过程,是对财务方案、财务政策进行选择和决定的过程,又称为短期财务决策。财务决策的目的在于确定最为令人满意的财务方案。只有确定了效果好并切实可行的方案,财务活动才能取得好的效益,完成企业价值最大化的财务管理目标。在市场经济条件下,财务管理的核心是财务决策。在财务预测基础上所进行的财务决策,是编制财务计划、进行财务控制的基础。决策的成功是最大的成功,决策的失误是最大的失误,决策关系着企业的成败兴衰。财务决策环节包括以下一些工作步骤:(1)确定决策目标;(2)拟订备选方案;(3)选择最优方案。

(三)财务控制

财务控制是在生产经营活动的过程中,以计划任务和各项定额为依据,对资金的收入、支出、占用、耗费进行日常的核算,利用特定手段对各单位财务活动进行调节,以便实现计划规定的财务目标,提高经济效益。财务控制是落实计划任务、保证计划实现的有效措施。

财务控制要适应管理定量化的需要,抓好以下几项工作:(1)指定控制标准,分解落实责任;(2)确定执行差异,及时消除差异;(3)评价单位业绩,搞好考核奖惩。

(四)财务分析

财务分析是以核算资料为主要依据,对企业财务活动的过程和结果进行调查研究,评价计划完成情况,分析影响计划执行的因素,挖掘企业潜力,提出改进措施的工作;是对企业财务活动的过程和结果进行评价和剖析的一项工作。借助于财务分析,可以掌握各项财务计划指标的完成情况,有利于改善财务预测、决策、计划工作;还可以总结经验,研究和掌握企业财务活动的规律性,不断改进财务管理。企业财务人员要通过财务分析提高业务工作水平,搞好业务工作。进行财务分析的一般程序是:(1)收集资料,掌握情况;(2)指标对比,揭露矛盾;(3)因素分析,明确责任;(4)提出措施,改进工作。

以上这些管理环节,互相配合,紧密联系,形成周而复始的财务管理循环过程,构成完整的财务管理工作体系。

第三节　财务管理的原则和目标

一、财务管理的原则

财务管理的原则也称理财原则,是指组织企业财务活动和协调处理财务关系的基本准则,是体现理财活动规律性的行为规范,是对财务管理的基本要求。财务管理原则基本上可

以划分为两大类，一是财务管理一般原则，二是财务管理专用原则。这两大类财务管理原则构成财务管理原则体系。财务管理原则体系是众多财务管理原则构成的、具有一定组合方式的、有助于实现财务管理目标的、完备的管理原则系统。

(一)构建财务管理原则体系的要求

1. 财务管理原则应当构成一个完备的体系

众多财务管理原则加在一起必须能够全面反映财务管理主体所有财务活动的本质，能够指导所有财务管理事项，也就是说这些财务管理原则所构成的体系必须是完备的。同时，还要注意不同的财务管理原则之间在逻辑上的关联性，在内容上的非重复性。只有这样，才能充分保证构建的财务管理原则体系的科学性，从而有助于确保我们在应用财务管理原则时，游刃有余。

2. 财务管理原则体系应当具有一定的稳定性

财务管理原则属于财务管理理论范畴。从财务管理原则体系的理论定位来看，人们对于财务管理原则的认识是对财务管理学本质的认识，而本质的东西是事物内在的，具有一定稳定性的东西。因此，财务管理原则体系也应当具有一定的稳定性。

3. 财务管理原则体系应当有助于实现财务管理目标

财务管理原则是指导财务管理活动的行动指南，反映了财务管理活动的本质。它是连接财务管理理论和实践的桥梁，财务管理原则体系应当有助于实现财务管理目标。因此，在构建财务管理原则体系时应当自觉参照财务管理目标，这样做有助于保证财务管理原则体系的质量。

4. 财务管理原则体系应当体现主观需要和客观条件的内在统一

财务管理主体在实施财务管理行为时，一方面必须尊重客观经济规律，按照经济运行的本来面目开展财务管理活动；另一方面，还必须充分发挥主观能动性，积极发现并利用财务活动规律，实现财务管理活动的目标。只有财务管理活动达到主观和客观的统一，构建的财务管理原则体系才能发挥其对财务管理活动的指导作用。

(二)财务管理一般原则

1. 科学性原则

财务管理活动是财务管理主体从事管理活动的内容之一，财务管理的对象是资金及其流转，财务管理的主体是一定的组织或个人。财务管理的对象及财务管理所面临的环境是客观的，是不以人们的主观意志为转移的，这就要求人们在开展财务管理活动、处理财务关系时应当遵守财务活动的规律；而财务管理主体的意志又具有主观性，在开展财务管理活动时应当在尊重财务管理活动规律的基础上，发挥主观能动性。坚持科学性原则，就是要科学理财，要尊重客观经济规律，要发挥人的主观能动性，科学性原则不仅是开展财务管理活动的行为规则，也是我们从事其他一切实践活动时必须遵循的原则。

2. 成本效益原则

成本效益原则要求财务管理主体在开展财务管理活动时讲求投入和产出的比较，要求以尽可能少的智力资源和财务资源，创造出尽可能多的财富。财务管理的内容包括资金的筹措、运用和分配，其中每一项都要充分考虑成本和效益的权衡。财务管理就是要在讲求经济效益的基础上节约资金的占用和降低费用，不断增加产出，不断提高经济效益和社会效益。提高经济效益是企业财务管理的目的,而加强企业财务管理是提高经济效益的重要手段。

3. 风险收益平衡原则

风险是指企业经营活动的不确定性所导致财务成果的不确定性。风险是客观存在的,人们无法消灭它,但是可以通过技术分析、规范操作,达到规避风险、降低风险对财务决策负面影响的目的。由此可见,在财务管理活动中,权衡风险与收益是每个财务管理主体必须认真面对的课题。通常情况下,企业为了获得较多的收益,往往不得不冒较大的风险;相反,不想冒风险,则收益必然较小。风险与收益平衡原则要求企业不能只顾收益最大而不顾风险,应当在风险与收益的比较中作出正确而谨慎的抉择,趋利避害,确保财务管理目标的实现。

4. 依法理财原则

市场经济是法治经济,财务管理必须依法办事,贯彻依法理财原则。就我国当前的财务管理环境而言,各类企业必须以《企业财务通则》和财务制度为依据,根据生产经营的特点合理组织财务活动,建立健全财务管理制度,做好财务管理基础工作;依法合理筹集资金并有效使用资金,严格执行国家规定的各项财务收支范围和标准,做好各项财务收支的计划预测、控制核算和分析考核;正确计算企业经营成果和如实反映企业财务状况,努力提高经济效益;依法计算和缴纳税金;按照规定顺序和要求分配利润,保证投资者的权益不受侵犯。

5. 诚信原则

所谓"诚信"就是诚实不欺,恪守信用。在社会主义市场经济条件下,诚信的含义已经超出个人品德修养的范畴,而是市场微观主体从事各种活动的行为规则。因此,财务管理主体从事财务管理活动时必须恪守诚信原则,这在当前市场经济条件下,具有很强的现实意义和深远的理论意义。

(三)财务管理专用原则

1. 货币时间价值原则

货币时间价值,是指货币资金在投资和再投资过程中所发生的价值增加。在财务管理活动过程中,长期投资项目时间跨度大,等量的货币在不同时点的价值量不具有可比性,这就需要将不同时点的资金按照一定的方法折算到相同时点。因此,在对待长期项目时,财务管理主体必须坚持货币时间价值原则。

2. 现金流原则

现金流是投资项目在其计算期内可能或应该发生的各项现金流出的统称。在财务管理活动中,应当采用现金流概念,不能直接按会计利润进行项目决策。贯彻现金流原则的优点体现在:首先,现金流量揭示了未来期间投资项目货币资金的收支运动,可以序时和动态地反映资金的流向与回收的投入产出关系,便于决策者更完整全面地反映投资效益;其次,可以摆脱在贯彻财务会计权责发生制时面临现金流量不足等困境,有利于提高信息的相关性、透明度和可比性。

3. 适当利用财务杠杆原则

在企业全部资金的息税前利润率高于同期负债的成本率时,负债比率提高,财务杠杆利益增加;负债比率降低,财务杠杆利益减少。当企业的全部资金的息税前利润率低于同期的负债成本率时,财务杠杆的作用将会给企业带来损失。由此可见,财务管理人员不能盲目运用财务杠杆,运用财务杠杆原则要适度。

4.有效组合原则

根据现代理财学的资产投资组合理论,不同类型资产的收益和风险是不同的。如果我们能够科学地选择资产并科学地确定各项资产在投资组合当中的比重,能够有效地消除部分风险,达到尽可能提高收益的目的。坚持有效组合原则对于开展多种经营的大公司而言非常重要,因为公司事先无法确知某个或某些经营项目所在行业的好坏,无法预先确知项目生命周期不同阶段经营的好坏,采用投资组合这种类似于赌博的方式可减少风险。

5.变现能力与盈利能力平衡原则

变现能力是指企业支付到期债务的能力,而盈利能力是指企业获取利润的能力。提高变现能力和盈利能力是企业财务管理的两个子目标,这两个子目标作用的方向有时一致,有时相互矛盾。例如,增加资金资产有利于提高企业的变现能力,但现金是非盈利资产,现金增加又必须导致盈利能力某种程度的降低,所以在财务管理活动中,必须合理安排各种资金的比例以实现变现能力与盈利能力的平衡,达到既能提高盈利能力,又能确保偿还各种到期债务的目的。

6.合理配比原则

合理配比原则是指企业资产的配置要与资金的来源相一致,用于购置流动资产的资金可通过举借短期债务来获得,用于购置长期资产的资金应该通过长期资金渠道获得。这样一方面能够有效地降低企业总的资金成本,另一方面能够有效地防止不能按期偿还债务的风险。

7.权责结构和利益关系协调原则

正确处理财务关系是现代财务管理学的基本内容之一。要恰当地处理好财务关系,应当从权利与责任的安排和利益分配两个方面着手。权利与责任的安排体现在企业内部经营管理职能的划分上和由现代产权制度引发的财产权与经营权的划分上。利益分配主要体现在财务成果的分配上,实现财务成果在国家、企业、投资者、劳动者等相关利益主体之间进行合理的分配。

二、财务管理目标

(一)企业财务管理目标的概念

企业财务管理目标又称企业理财目标,是财务管理的一个基本理论问题,也是评价企业理财活动是否合理有效的标准。目前,我国企业理财的目标有多种,其中以利润最大化、股东财富最大化或企业价值最大化等目标最具有影响力和代表性。

企业财务管理目标是企业经营目标在财务上的集中和概括,是企业一切理财活动的出发点和归宿。制定财务管理目标是现代企业财务管理成功的前提,只有有了明确合理的财务管理目标,财务管理工作才有明确的方向。因此,企业应根据自身的实际情况和市场经济体制对企业财务管理的要求,科学合理地选择、确定财务管理目标。

财务管理是企业管理的一部分,是有关资金的获得和有效使用的管理工作。财务管理的目标,取决于企业的总体目标。

(二)企业总体财务管理目标

1.利润最大化

利润最大化是指企业通过对财务活动和经营活动的管理,不断增加企业利润。企业利润也历经了会计利润和经济利润两个不同的发展阶段。利润最大化曾经被人们广泛接受，在西方微观经济学的分析中就有假定:厂商追求利润最大化。这一观点认为，利润代表企业新创造的财富，利润越多则说明企业的财富增加越多，越接近企业的目标。

利润最大化的发展初期是在19世纪初，那时企业的特征是私人筹集、私人财产和独资形式，通过利润的最大化可以满足投资主体的要求。然而现代企业的主要特征是经营权和所有权分离，企业由业主(或股东)投资，而由职业经理人来控制其经营管理。此外，还有债权人、消费者、员工以及政府和社会等，都是企业的利益相关者。

这种观点的缺点是:(1)不符合货币时间价值的理财原则，它没有考虑利润的取得时间，不符合现代企业"时间就是价值"的理财理念。例如，今年获利1万元和明年获利1万元，哪个更符合企业的目标？若不考虑货币的时间价值，就难以作出正确的判断。(2)不符合风险—报酬均衡的理财原则。它没有考虑利润和所承担风险的关系，增大了企业的经营风险和财务风险。同样是获利1万元，一个企业获利全部转化为现金，一个企业全部是应收账款，哪个更符合企业的目标，若不考虑风险大小，就难以作出正确的判断。(3)没有考虑利润取得与投入资本额的关系。该利润是绝对指标，不能真正衡量企业经营业绩的优劣，也不利于本企业在同行业中竞争优势的确立。

2. 资本利润率最大化或每股盈余最大化

资本利润率是税后净利润与权益资本的比率。每股盈余是税后净利润与普通股股数的比值。这两个指标把企业实现的利润同投入的资本或股本数进行对比，能够说明企业的盈利率，可用于对不同资本规模企业的横向比较，或同一企业不同期间的纵向比较，以便揭示盈利水平存在的差异。采用资本利润率最大化(或每股盈余最大化)目标的好处在于:(1)能够全面反映企业营业收入、营业费用和投入资本的关系、投入产出的关系，从而较好地考核企业经济效益水平。(2)资本利润率不同于资产报酬率，它反映企业权益资本的使用效益，同时也可以反映因改变资本结构而给企业收益率带来的影响。(3)在利用资本利润率对企业进行评价时，可将年初所有者权益按货币时间价值折成终值，这样就能够客观地考察企业权益资本的增值情况，较好地满足投资者的需要。(4)资本利润率指标容易理解，有利于把指标分解、落实到各部门、各单位，也便于各部门、各单位据以控制各项生产经营活动，对于财务分析、财务预测也有重要的作用。但该指标存在以下两个缺陷:(1)资本利润率和每股盈余仍没有考虑风险因素。(2)资本利润率最大化或每股盈余最大化没有考虑资金的时间价值。

3. 股东财富最大化

这种观点认为，企业主要是由股东出资形成的，股东创办企业的目的是扩大财富，他们是企业的所有者，理所当然地，企业的发展应该追求股东财富最大化。在股份制经济条件下，股东财富由其所拥有的股票数量和股票市场价格两方面决定，在股票数量一定的前提下，当股票价格达到最高时，则股东财富也达到最大，所以股东财富又可以表现为股票价格最大化。

股东财富最大化与利润最大化目标相比，有着积极的方面。这是因为:一是利用股票市价来计量，具有可计量性，利于期末对管理者的业绩考核；二是考虑了资金的时间价值和风险因素；三是在一定程度上能够克服企业在追求利润上的短期行为，因为股票价格在某种程度上反映了企业未来现金流量的现值。

同时，也应该看到，追求股东财富最大化也存在一些缺陷：(1)适用范围存在限制。该目标只适用于上市公司，不适用于非上市公司，因此不具有普遍的代表性。(2)不符合可控性原则。股票价格的高低受各种因素的影响，如国家政策的调整、国内外经济形势的变化、股民的心理等，这些因素对企业管理当局而言是不可能完全加以控制的。(3)不符合理财主体假设。理财主体假设认为，企业的财务管理工作应限制在每一个经营上和财务上具有独立性的单位组织内，而股东财富最大化将股东这一理财主体与企业这一理财主体相混同，不符合理财主体假设。(4) 它要求金融市场是有效的。由于股票的分散和信息的不对称，经理人员为实现自身利益的最大化，有可能以损失股东的利益为代价作出逆向选择。(5)不符合证券市场的发展。证券市场既是股东筹资和投资的场所，也是债权人进行投资的重要场所，同时还是经理人市场形成的重要条件，股东财富最大化片面强调站在股东立场的资本市场的重要，不利于证券市场的全面发展。因此，股东财富最大化目标也受到了理论界的质疑。

4. 企业价值最大化

企业价值最大化是指通过财务上的合理经营，采取最优的财务政策，充分利用资金的时间价值和风险与报酬的关系，保证将企业长期稳定发展摆在首位，强调在企业价值增长中应满足各方利益关系，不断增加企业财富，使企业总价值达到最大化。企业价值最大化具有深刻的内涵，其宗旨是把企业的长期稳定发展放在首位，着重强调必须正确处理各种利益关系，最大限度地兼顾企业各利益主体的利益。企业价值，在于它能带给所有者未来报酬，包括获得股利和出售股权换取现金。相比股东财富最大化而言，企业价值最大化最主要的方法是把企业相关者利益主体进行糅合形成企业这个唯一的主体，在企业价值最大化的前提下，也必能增加利益相关者之间的投资价值。

但该目标也有许多问题需要我们去探索：(1)企业价值计量方面存在问题。企业价值的评估上，由于评估的标准和方式都存在较大的主观性，股价能否做到客观和准确，直接影响到企业价值的确定。首先，把不同理财主体的自由现金流混合折现不具有可比性；其次，把不同时点的现金流共同折现不具有说服力。(2)不易为管理当局理解和掌握。企业价值最大化实际上是几个具体财务管理目标的综合体，包括股东财富最大化、债权人财富最大化和其他各种利益财富最大化，这些具体目标的衡量有不同的评价指标，使财务管理人员无所适从。(3)没有考虑股权资本成本。在现代社会，股权资本和债权资本一样，不是免费取得的，如果不能获得最低的投资报酬，股东们就会转移资本投向。

5. 利益者相关价值最大化

这种观点认为，企业的本质是利益相关者的契约集合体，利益相关者是所有在公司真正拥有某种形式的投资并且处于风险之中的人，企业利益相关者包括股东、经营者、员工、债权人、顾客、供应商、竞争者以及国家。由于契约的不完备性，使得利益相关者共同拥有企业的剩余索取权和剩余控制权，进而共同拥有企业的所有权。对所有权的拥有是利益相关者参与公司治理的基础，也是利益相关者权益得到应有保护的理论依据。

在利益相关者框架下，企业是一个多边企业的结合体，它不仅仅由单纯的股东或单一的利益相关者构成，而是由所有的利益相关者通过契约关系组成。也就是说，企业是使许多冲突目标在合约关系中实现均衡的结合点。对众多利益相关者专用性资源进行组合，其目的是为了获取单个组织生产所无法达到的合作盈余和组织资金。各产权主体在合作过程中，由于向企业提供了专用性资源并承担着企业的经营风险，因此都有权获得相对独立于其他利益相关者的自身利益。但此观点也有明显的缺点：(1)企业在特定的经营时期，几乎不可能使利益相关者财富最大化，只能做到其协调化。(2)所设计的计量指标中销售收入、产品市场占有率是企业的经营指标，已超出了财务管理自身的范畴。

6. 社会价值最大化

由于企业的主体是多元的，因而涉及社会方方面面的利益关系。为此，企业目标的实现，不能仅仅从企业本身来考察，还必须从企业所从属的更大社会系统来进行规范。企业要在激烈的竞争环境中生存，必须与其周围的环境取得和谐，这包括与政府的关系、与员工的关系以及与社区的关系等，企业必须承担一定的社会责任，包括解决社会就业、讲求诚信、保护消费者、支持公益事业、环境保护和搞好社区建设等。社会价值最大化就是要求企业在追求企业价值最大化的同时，实现预期利益相关者的协调发展，形成企业的社会责任和经济效益间的良性循环关系。社会价值最大化是现代企业追求的基本目标，这一目标兼容了时间性、风险性和可持续发展等重要因素，体现了经济效益和社会效益的统一。

(三)企业分部财务管理目标

分部目标是指在财务管理整体目标的制约下，进行某一部分财务活动所要达到的目标，是为实现整体目标而起保证作用的目标。分部目标取决于财务管理的具体内容。财务管理的基本内容可以划分为企业筹资管理、企业投资管理、营运资金管理、利润及其分配管理等几方面。财务管理的分部目标相应包括如下几个方面：

1. 企业筹资管理目标

任何企业，为了保证生产的正常运行和扩大再生产的需要，都必须拥有一定数量的资金。企业所需资金可以通过多种渠道、采用多种方式筹集，不同来源的资金，其可供使用时间的长短、附加条款的限制和资金成本的高低各不相同。这就要求企业在筹资时不仅需要从数量上满足生产经营的需要，而且要考虑到各种筹资方案和最佳资本结构，努力提高自有资本收益率，降低资金成本和财务风险，实现财务管理的整体目标。

2. 企业投资管理目标

企业筹集的资金应当尽快用于生产经营，以便尽早实现预期效益。但任何投资决策都会带来一定的风险。因此，在投资时必须认真分析影响投资决策的各种因素，认真做好可行性研究工作。对于新增的投资项目，一方面要考虑项目建成后给企业带来的投资报酬，另一方面也要考虑投资项目给企业带来的风险，以便在风险与报酬之间进行均衡，不断提高企业价值，实现企业财务管理的整体目标。

3. 企业营运资金管理目标

企业的营运资金，是为满足企业日常营业活动的需要而垫支的资金，营运资金周转速度，与生产经营周期具有一致性。在一定时期内资金周转越快，相同数量的资金，就越能够生产出更多的产品，取得更多的收入，获得更多的报酬。因此，加速资金周转，可以提高资产利用率，降低产品成本，节约费用开支，减少资金占用，提高资产盈利率，为提高自有资本收益率奠定坚实的基础。

4. 企业利润管理目标

企业进行生产经营活动，必然要发生一定的生产消耗。企业财务管理必须努力发掘企

业潜力，促使企业合理使用人力、物力和财力，以尽可能少的耗费取得尽可能多的经营成果，增加企业盈利，提高企业价值。利润分配关系着国家、企业、投资者和职工的经济利益，企业要制定科学的利润分配政策，合理分配所实现的利润。在利润分配时一定要从全局出发，正确处理各方面的利益关系，以便既有利于投资者获得当前的投资报酬，又有利于企业的自我积累，增强外部筹资能力，促进企业的可持续发展。

(四)企业财务管理目标的协调

企业财务活动涉及不同的利益主体，其中最主要的是股东、经营考和债权人，这三者构成了企业最重要的财务关系。企业是所有者即股东的企业，也是经营者和债权人等利益相关者的企业；财务管理目标是股东的目标，也应当兼顾经营者和债权人的目标，但经营者、债权人与股东的目标并不完全一致，企业只有协调好这三个方面的矛盾，才能实现企业总体的财务管理目标。

1. 股东和经营者的矛盾与协调

股东为企业提供资本金，目标是使其财富最大化。经营者则希望在提高企业价值或股东财富的同时，提高自己的报酬、荣誉和社会地位，增加闲暇时间，降低劳动强度。经营者有可能为了自己的目标而背离股东目标，如借口工作需要乱花股东的钱，装修豪华的办公室，买高档汽车，增加享受成本等；或者蓄意压低股票价格，以自己的名义借款买回，导致股东财富受损，自己则从中渔利。为了解决或弱化这一矛盾，股东通常可以采取监督和激励两种办法来协调自己和经营者的目标。监督是通过公司的监事会来检查公司财务，当经营者的行为损害股东利益时，要求董事和经理予以纠正，解聘有关责任人员；另外，股东也可以支付审计费，聘请注册会计师审查企业财务情况，监督经营者的财务行为。激励是把经营者的报酬同其绩效挂钩，通过“股票选择权”、“绩效股”等形式，使经营者自觉自愿采取各种措施提高股票市价，从而达到股东财富最大化的目标。

2. 股东和债权人的矛盾与协调

债权人把资金交给企业，其目标是到期收回本金，并获得约定的利息收入。企业借款的目的是用它扩大经营规模，投入到有风险的经营项目。资金一旦到了企业手里，债权人就失去了控制权，股东可以通过经营者为自身利益而伤害债权人利益。如不经过债权人同意，投资于比预期风险高的新项目，若侥幸成功，超额利润会被股东独吞；若不幸失败，债权人需寻求立法保护，如破产时优先接管，优先于股东分配剩余财产等；另一方面还可以在借款合同中加入限制性条款，如规定资金用途，规定不得发行新债的数额，当发现公司有意侵蚀其债权价值时，提前收回借款，拒绝进一步合作等。

3. 财务管理目标与社会责任

企业财务管理目标与社会目标在许多方面是一致的，企业在追求自己的目标时，必然为社会提供服务，自然会使社会受益。如企业为了生存，必须生产出符合社会需要的产品，满足消费者的需求；企业为了发展，要扩大规模，自然会增加职工人数，解决社会就业问题；企业为了获利，必须提高劳动生产率，改进产品质量，改善服务，从而提高社会生产效率和公众的生活质量。但企业财务管理目标与社会目标也有不一致的地方。如企业为了获利，可能生产伪劣产品，可能不顾工人的健康和利益，可能造成环境污染，可能损害其他企业的利益等。国家要保护所有公民的正当权益，股东只是社会中的一部分人，他们在谋求自己利益的时候，不能损害他人利益。为此，国家颁布一系列保护公众利益的法律法规，如反暴利法、环境保护法、消费者权益保护法和产品质量法等，强制企业承担社会责任，调节股东和社会公众的利益。

(五)影响财务管理目标实现的因素

企业目标的确定为财务管理目标确定奠定了基础。然而，企业作为"契约之结"，是契约各方重复博弈的结果，它必须体现契约各方的利益，其中任何一方利益遭到损害，都可能导致企业解散。因此，在确定企业财务目标前必须考虑与企业相关的利益关系人。系统结构性原则认为结构是物质系统各种要素内在的联系与组织方式，也就是说，结构是系统各元素的相互作用中比较稳定的方式、顺序和强弱程度。系统的环境依存原则认为，系统存在于一定的环境之中，系统和环境要保持物质、能量和信息的交换才能保持自己的生命。影响财务目标的利益集团主要有三方面：

1.企业所有者包括政府

所有者对企业理财目标的影响主要是通过股东大会和董事会来进行的。从理论上讲，企业重大的财务决策必须经过股东大会或董事会的表决。企业经理、财务经理的任免也由董事会决定，目的是增强企业的生存能力，保护所有者自身的权益。此外，政府作为行政机构因其提供的公共服务而以税收的形式强行参与企业的利润分配。企业要吸引更多的投资者，必须取得较好的经济效益。

2.企业的债权人

债权人把资金借给企业以后，一般会采取必要的监督措施，以保证按时收回本金和利息。因此，债权人必然要求企业按借款合同规定的用途或更有效的、合法的用途使用资金，并要求企业保持良好的偿债能力。

3.企业职工

企业职工包括一般的员工和企业经理人员，他们为企业提供了智力和体力的劳动，必然要求取得合理的报酬。职工是企业财富的直接创造者，他们有权分享企业的收益，以恢复体力和脑力，为企业创造更多的财富。由此可见，职工的利益与企业的利益紧密相连。因此，在确立企业财务管理目标时，必须考虑职工的利益，在社会主义国家，职工利益更应优先考虑。

此外，影响企业财务管理目标的因素还有其他利益集团，如企业的供应单位、消费者等。

第四节　财务管理的环境

一、财务管理环境的概念

财务管理环境，或称理财环境，是指对企业财务活动和财务管理产生影响作用的企业内外各种条件的统称。环境构成了企业财务活动的客观条件。企业财务活动是在一定的环境下进行的，必然受到环境的影响。企业资金的取得、运用和收益的分配会受到环境的影响，资金的配置和利用效率会受到环境的影响，企业成本的高低、利润的多少、资本需求量的大

小也会受到环境的影响,企业的兼并、破产与重整与环境的变化仍然有着千丝万缕的联系。所以,财务管理要获得成功,必须深刻认识和认真研究自己所面临的各种环境。财务管理环境,主要包括经济环境、法律环境和金融环境等。

环境是个相对的概念,它是相对于主体而言的客体:任何事物都是在一定的环境条件下存在和发展的,是一个与其环境相互作用、相互依存的系统,作为人类重要实践活动之一的财务管理活动也不例外。在财务管理活动中,财务管理主体需要不断地对财务管理环境进行审视和评估,并根据其所处的具体财务管理环境的特点,采取与之相适应的财务管理手段和方法,以实现财务管理的目标。企业财务管理环境就是影响企业财务主体的财务机制运行的各种外部条件和因素的总和。不难看出,由于影响企业财务主体的财务机制运行的外部条件和因素错综复杂且变幻莫测,因此,财务管理环境本身就构成了一个复杂多变的系统。

财务管理环境,从与企业财务活动之间关系来划分,可分为宏观财务管理环境和微观财务管理环境。宏观财务管理环境主要包括经济环境、金融环境、法律环境和市场环境。微观财务管理环境主要包括企业组织形式、生产经营特点、企业机构和管理制度以及人员环境对理财活动的影响。

二、宏观财务管理环境

(一)经济环境

1. 经济周期

市场经济条件下,宏观经济的发展呈现出周期性的变化,这是市场经济的一个规律。宏观经济的周期性变化可通过反映宏观经济的有关统计指标表示出来,包括国民生产总值(GNP)、消费总量、投资总量、工业生产指数、失业率等。其中,GNP是衡量宏观经济综合性最强的指标,因此,经济周期的变化通常用GNP的系列统计指标表示。宏观经济周期一般经过四个阶段,即萧条、复苏、繁荣、衰退。

经济周期作为宏观经济运行的一种规律客观存在于我们的经济生活中,它的存在并不依赖于国家、制度的不同。宏观经济周期性运行不仅会对社会经济生活产生深刻的影响,对企业的理财活动也会产生重大的影响,因此,准确地判断宏观经济运行周期及其影响,采取相应的经营或理财对策,是实现企业价值最大化理财目标的要求。

宏观经济运行周期影响企业的经营及理财对策。在萧条阶段,经济明显萎缩降至低谷,百业不振,公司经营状况不佳影响到公司财务状况不佳,公司股票市场价格徘徊不前,投资者对公司的投资信心受挫。企业可采取的对策有:建立投资标准,尽力保持市场份额,放弃次要利益,削减管理费用,削减存货,裁减雇员,采取稳健的股利分配政策以储备现金存量等,尽力维持公司的生产经营能力。在复苏阶段,宏观经济从经济周期的谷底逐步回升,公司经营状况开始好转,业绩上升,投资者对公司投资的信心逐渐增强,企业财务状况趋于好转,资信能力有所提高。企业采取的对策有:增加存货、劳动力,增加厂房设备等。在繁荣阶段,经济迅速增长达到周期的高峰,公司的经营业绩也在不断上升,财务状况良好,投资者的投资信心大大增强,证券价格大幅上扬。企业采取的对策有:进一步扩充厂房设备投资,增加存货、提高销售价格,以增加公司未来的现金净流量。在衰退阶段,经济的发展从周期的顶峰逐步回落。可采取的措施有：停止扩张，出售多余设备，停产不利产品，停止长期采购，削减存货，停止增加雇员等。

经济周期影响企业负债的承受能力。一般而言，经济萧条时期，企业对于负债的承受能力相对较低，此时企业应削减债务的规模，防止企业因资产流动性的降低而导致财务危机，同时，资产流动性的降低可能会导致企业利用较多的流动负债，但不排除个别效益良好的企业基于投资时机的掌握，而举借大量的长期债务；经济复苏阶段的利率较低，可有效发挥负债的财务杠杆作用，此时是企业提高负债比率的良好时机，因此，长期债务的比例会有所升高；经济繁荣时期，企业在积极扩张，会出现债务与权益投资并重的情况。

经济周期影响证券市场价格。证券市场价格是宏观经济发展的"晴雨计"，随着宏观经济周期由萧条到复苏、繁荣、衰退周而复始的变化，证券的市场价格也会经历徘徊、上升、大幅上扬、回落等阶段，把握经济周期对证券价格的影响，才能够制定正确的有价证券投资策略。

2.经济政策

经济政策是国家进行宏观经济调控的重要手段。国家的产业政策、金融政策、财税政策对企业的筹资活动、投资活动和分配活动都会产生重要影响。企业在财务决策时，要认真研究经济政策，努力预见其变化趋势，在国家宏观经济政策调控和指导下，独立从事生产经营活动和财务管理活动。经济政策主要包括产业政策、货币政策、财政政策和汇率政策。

3.通货膨胀

一般认为，在产品和服务质量没有明显改善的情况下，价格的持续提高就是通货膨胀。通货膨胀犹如一个影子，始终伴随着现代经济的发展。通货膨胀不仅对消费者不利，对企业的财务活动的影响更为严重。它是困扰企业管理人士的一个重要因素。因为大规模的通货膨胀会引起资金占用的迅速增加；通货膨胀会引起利率的上升，增加企业筹资成本；通货膨胀时期有价证券的价格的不断下降，会给筹资带来较大的困难；通货膨胀会引起利润的虚增，造成企业的资金流失。通货膨胀的程度直接影响投资收益、资本成本，加剧企业财务状况和经营成果的不确定性，增大企业的经营风险。企业对通货膨胀本身无能为力，只有政府才能调控通货膨胀程度。企业为实现期望的报酬率，必须在财务决策时考虑通货膨胀因素，并使用套期保值等措施以减少损失。

4.市场竞争

竞争广泛存在于市场经济之中，任何企业都不能回避，财务管理行为的选择在很大程度上取决于企业的竞争环境。不了解企业所处的市场环境，就不可能深入地了解企业的运行状态，也就很难做出科学的、行之有效的财务决策。

竞争市场又分为完全竞争市场、不完全竞争市场、垄断市场、寡头垄断市场。不同的市场环境对财务管理有不同影响，处于完全垄断市场的企业，销售一般都不成问题，价格波动不大，利润稳中有升，经营风险较小，企业可利用较多的债务资本。处于完全竞争市场的企业，销售价格完全由市场来决定，企业利润随价格波动而波动，企业不宜过多地采用负债方式去筹集资本。处于不完全竞争市场和寡头垄断市场的企业，关键是要使企业的产品具有优势、具有特色、具有品牌效应，这就要求在研究与开发上投入大量资本，研制出新的优质产品，并搞好售后服务，给予优惠的信用条件。企业竞争环境对于财务管理行为的影响表现在各个方面，各种财务策略的谋划和运用应注意相通性，避免激烈地互相伤害，企业欲取得竞

争优势，必须正确制定和实施科学的财务管理战略，关注竞争对手的财务策略。

(二)金融市场环境

1. 金融市场的概念

金融市场是指资金供求双方交易的场所。广义的金融市场，是指一切资本流动的场所，包括实物资本和货币资本的流动。广义金融市场的交易对象包括货币借贷、票据承兑和贴现、有价证券的买卖、黄金和外汇买卖、办理国内外保险、生产资料的产权交换等。狭义的金融市场一般是指有价证券市场，即股票和债券的发行和买卖市场。

金融市场对企业理财具有重要的意义。首先，金融市场是企业筹资和投资的场所，企业在符合有关法律规定的条件下，经过批准以发行股票、债券的方式筹集资金，也可以将企业的资金投放于有价证券，或者进行与证券相关的其他财务交易；其次，企业通过金融市场实现长期资金与短期资金的相互转化。企业所持有的长期股票和债券投资，随时可以通过出售有价证券使其转化为短期资金；同理，企业的短期资金也可以通过购买股票、债券而转化为长期投资。长短期资金的相互转化，在理财上从属于企业资产收益性与流动性的关系的有效处理，从属于企业经营发展战略。最后，由金融市场传递的信息，有助于企业进行财务管理的决策。

2. 金融市场的构成要素

(1) 金融机构。我国金融机构按其地位和功能大致可分为：代表政府管理全国的金融机构和金融活动的中国人民银行；由政府设立，以贯彻国家产业政策、区域发展政策为目的，不以营利为目的的政策性银行，包括国家开发银行、中国发展银行及中国进出口银行；以经营存款、放款，办理转账结算为主要业务，以营利为主要经营目标的商业银行；非银行金融机构，包括保险公司、城市和农村信用合作社、信托投资公司、证券交易所、证券公司、投资基金管理公司、财务公司、金融租赁公司等。

(2) 金融工具。金融工具是金融市场的交易对象。

(3) 组织形式和管理方式。金融市场的组织形式主要有交易所交易和柜台交易两种，交易方式主要有现货交易、期货交易、期权交易、信用交易。

(4) 内在机制。金融市场交易活动的内在机制主要是指具有一个能够根据市场资本供应情况灵活调节的利率体系。

3. 金融市场的种类

(1)按交易的期限划分为短期资本市场和长期资本市场

以期限为标准，金融市场分为短期资本市场和长期资本市场。短期资本市场又称货币市场，是指融资期限在一年以内的资本市场，包括同业拆借市场、票据市场、大额定期存单市场和短期债券市场；长期资本市场又称为资本市场，是指融资期限在一年以上的资本市场，包括股票市场和债券市场。

(2)按交割的时间划分为现货市场和期货市场

现货市场是指买卖双方成交后，当场或几天内买方付款、卖方交出证券的交易市场。期货市场是指买卖双方成交后，在双方约定的未来某一特定的时日才交割的交易市场。

(3)按交易的性质划分为发行市场和流通市场

以功能为标准，金融市场分为发行市场和流通市场。发行市场又称为一级市场，它主要处理信用工具的发行与最初购买者之间的交易；流通市场又称为二级市场，它主要处理现有信用工具所有权转移和变现的交易。

(4)按交易的直接对象划分为资本市场、外汇市场和黄金市场

以融资对象为标准,金融市场分为资本市场、外汇市场和黄金市场。资本市场以货币和资本为交易对象;外汇市场以各种外汇信用工具为对象;黄金市场则是集中进行黄金买卖和金币兑换的交易市场。

(5)按地理范围划分为地方性金融市场、全国性金融市场和国际性金融市场

以地理范围为标准,金融市场可以分为地方性金融市场、全国性金融市场和国际性金融市场。

在财务管理中,资本筹集和资本投放的绝大部分与资本市场有关。因此,后面将侧重考察短期资本市场和长期资本市场。

4. 金融市场上利率的决定因素

在金融市场上,利率是进行资金交易的价格。一般而言,金融市场上资金的购买价格,可用下式表示:

利率=纯粹利率+通货膨胀附加率+变现力附加率+
违约风险附加率+到期风险附加率

(1)纯粹利率(Pure Rate of Interest)

纯粹利率是在无风险、无通货膨胀情况下的平均利率,亦称为无风险报酬率。没有通货膨胀情况下的国债利率,可以作为纯粹利率。纯粹利率的高低主要受社会平均利润率、资金供求关系和国家宏观调控的影响。社会平均利润率是纯粹利率高低的一个基本影响因素,利息率的高低依附于社会平均利润率的高低;资金供过于求时,利率下降,资金供小于求时,利率上升;政府为抑制经济发展过热,有可能削减资金的供应,从而使利率上升,反之,为刺激经济发展,政府有可能增加货币供应,从而使利率下降。

(2)通货膨胀附加率(Inflation Premium Rate)

通货膨胀会造成货币贬值,投资者的真实报酬率下降,因此,为了补偿因通货膨胀所造成的货币贬值损失,投资者会对因承担通货膨胀损失风险而要求相应的、在纯粹利率基础上的一种附加报酬,即通货膨胀附加。

(3)变现力附加率(Liquidity Premium Rate)

资产的变现力是资产以合理的价格转化为现金的能力。不同证券的变现力是不同的。对于预期难以以合理的价格转化为现金的变现力风险,投资者要求相应的补偿,即变现力附加率。

(4)违约风险附加率(Default Risk Premium Rate)

违约风险是投资者承担的债务人到期无法还本付息的可能性。违约风险越大,投资者要求的报酬率就越高。违约风险与债务人的经营与财务状况有关,经营不善导致的企业财务状况不佳的债务人,到期不能清偿债务本金和利息的可能性就越大,违约风险就越大。根据债务人的经营与财务状况、由信用评定机构所确定的信用等级,代表了违约风险的大小。信用等级越低,违约风险就越高。

(5)到期风险附加率(Maturity Risk Premium Rate)

到期风险是指因到期时间长短不同而形成的利率变动的风险。一般而言,到期时间越长,利率变化的可能性就越大,利率变动导致证券价格波动,从而发生使投资者蒙受损失的

可能性。如果利率上升，长期债券的价值下降，投资者会遭受损失。到期风险附加率就是对投资者承担利率变动风险的一种补偿。

一般而言，因受到期风险的影响，长期利率会高于短期利率，但有时也会出现相反的情况，这是因为进行短期投资，会承担再投资风险。再投资风险是指短期债券投资者在债券到期时，由于市场利率下降，难以找到当初相当于长期债券投资获利水平的投资机会，这种风险称为再投资风险。当再投资风险大于到期风险时，即预期市场利率持续下降，人们都在寻找长期投资机会，可能会出现短期利率高于长期利率的现象。

对于企业理财而言，准确地预测利率的变动趋势是非常必要的。在预期利率上升时，企业应使用长期资金，在预期利率下降时，企业应使用短期资金，以降低利息成本负担。

5. 金融市场对财务管理的影响

金融市场是商品经济发展和信用形式多样化的必然产物。它在财务管理中具有重要的作用：

(1)为企业筹资和投资提供场所。金融市场能够为资本所有者提供多种投资渠道，为资金筹集者提供多种可供选择的筹资方式。通过金融市场，资金供应者能够灵活地调整其闲置资金，实现其投资目的；资金需求者也能够从众多筹资方式中选择最有利的方式，实现其筹资目的。

(2)促进企业各种资金相互转化，提高资金效率。金融市场各种形式的金融交易，形成了纵横交错的融资活动。通过融资活动可以实现资本的相互转化，包括时间上长短期资本的相互转化，空间上不同区域间资金相互转化以及数量上大额资金和小额资金的相互转化。这种多种方式的相互转换能够调剂资金供求，促进资金流通。

此外，金融市场通过利率的上下波动和人们投资收益的变化，能够引导资金流向最需要的地方，从利润率低的部门流向利润率高的部门，从而实现资本在各地区、各部门、各单位的合理流动，实现社会资源的优化配置，提高了资金使用效率。

(3)为财务管理提供有用的信息。企业进行筹资、投资决策时，可以利用金融市场提供的有关信息。股市行情从宏观看反映了国家和总体经济状况和政策情况，从微观看反映了企业的经营状况、盈利水平和发展前景，有利于投资者对企业财务状况做出基本评价。此外，利率的变动反映了资金的供求状况等。

(三)法律环境

财务管理的法律环境是指企业组织财务活动、处理企业与有关各方的经济关系所必须遵循的法律规范的总和。广义的法律规范包括各种法律、法规和制度。财务管理作为一种社会活动，其行为要受到法律的约束，企业合法的财务活动也相应受到法律的保护。企业从事筹资、投资、股利分配活动，必须要遵循有关法律的规定。一般而言，影响企业财务管理的主要法规包括：

1. 企业组织法规

企业组织必须依法成立，组建不同组织形式的企业，必须要遵循相关的法律规范，它们包括《中华人民共和国公司法》、《中华人民共和国全民所有制企业工业企业法》、《中华人民共和国外资企业法》、《中华人民共和国中外合资经营企业法》、《中华人民共和国合伙企业法》等。这些法律既是企业的组织法，也是企业的行为法。在企业组织法规中，规定了企业组织的主要特征、设立条件、设立程序、组织机构、组织变更和终止的条件和程序等，涉及企业的资本组织形式、企业筹集资本金的渠道、筹资方式、筹资期限、筹资条件、利润分配等诸多理财内容的规范，也涉及不同的企业组织形式的理财特征，例如合伙制与独资企业要承担无限债务偿还责任，而公司制企业承担有限责任。

2. 企业经营法规

企业经营法规是对企业经营行为所制定的法律规范，包括反垄断法、环境保护法、产品安全法等，这些法规不仅影响企业的各项经营政策，而且也会影响企业的财务决策及实施效果，对企业投资、经营成本、预期收益均会产生重要的影响。

3. 税收法律制度

企业理财决策要受到税收的直接影响和间接影响，因此，国家税收是企业理财的重要外部环境。税收是国家为实现其职能，强制地、无偿地取得财政收入的一种手段。任何企业都具有纳税的法定义务。税收对财务管理的投资、筹资、股利分配决策都具有重要的影响。在投资决策中，税收是一个投资项目的现金流出量，计算项目各年的现金净流量必须要扣减这种现金流出量，才能正确反映投资所产生的现金净流量，进而对投资项目进行估价；在筹资中，债务的利息具有抵减所得税的作用，确定企业资本结构也必须考虑税收的影响；股利分配比例和分配方式影响股东个人交纳所得税的数额，进而可能对企业价值产生重要的影响。此外，税负是企业的一种费用，会增加企业的现金流出，企业无不希望减少税务负担，企业进行合法的税收筹划，也是理财工作的重要职责。

我国目前的主要税种有按收益额课征的所得税和按流转额课征的增值税、消费税、营业税等。

4. 证券法律制度

证券法律制度是确认和调整在证券管理、发行与交易过程中各主体的地位与权利、义务关系的法律规范。证券法律制度对企业以证券形式进行的筹资与投资、对上市公司信息的披露具有重要的影响。

三、微观财务管理环境

(一)企业组织形式

1. 独资企业

独资企业是由业主个人出资独立兴办，完全归个人所有和控制的企业。其出资人既是所有者，也是管理者。其特点是易于设立和解散，经营方式灵活多样，所得归业主，无需与人分摊，不具有法人地位，对企业的债务承担无限责任。这类企业财务管理的内容较简单，其资本的投入和抽回也比较方便。由于信用有限，银行和其他投资者都不愿意冒险借钱给独资企业，独资企业利用借款筹资的能力十分有限，企业主要利用业主自己的资本和供应商提供的商业信用。

2. 合伙企业

合伙制企业是由两个或两个以上的投资人共同出资兴办、联合经营、共负盈亏的企业。合伙企业往往采用书面协议的形式确立分享收益和分担亏损责任。合伙制企业较之独资企业扩大了筹资来源和信用能力，使经营风险分散化；合伙人各显其能，有利于提高企业的竞争能力和扩大发展规模的可能性。但是合伙制企业与独资企业一样，同样不具有法人地位，

因而对其债务需承担无限责任。在合伙企业，财务管理活动比独资企业复杂，企业的资本来源和信用能力比独资企业有所增强，盈余分配也更加复杂。

3. 公司制企业

公司制企业的设立必须符合《公司法》的有关规定。公司制企业是由两个以上的股东共同出资，每个股东以其认缴的出资额或认购的股份对公司承担有限责任，公司以其全部资产对其债务承担有限责任的法人企业。公司包括有限责任公司和股份有限公司两种。

有限责任公司的特点是：公司资本不分为等额份额；公司向股东签发出资证明书而不发行股票；公司股份的转让有严格的限制；股东人数受到限制；股东以其出资额比例享受权利、承担义务。

股份有限公司的特点是：公司资本平均分为金额相等的份额；经批准后，其股票可以向社会公开发行，股票可以交易或转让；股东人数没有上限限制；股东按其持有的股份享受权利、承担义务；股份公司要定期公布经注册会计师审查验证的财务报告。

公司的最大优点是可以通过发行股票、债券迅速筹集大量的资本，这比独资企业和合伙制企业有更大发展的可能性。对公司制企业来说，企业不仅要争取获得最大的利润，还要谋求股东财富最大化；公司的资本来源多种多样，筹资方式纷繁复杂，需要认真地加以分析和选择；企业盈余分配也要考虑企业内部和外部的各种因素。

(二)企业产权构成

如果我们将企业效率视为企业价值的一个函数，就是说，企业效率越高，企业价值越大，那么，企业产权的构成就是影响企业效率进而影响企业价值的一个因素。

所有权具有的排他性是企业生产经营内在动力机制的决定性因素，是驱使资源的拥有者将资源用于价值最高的投资项目的强大激励源。所有者有权决定他所拥有的资源的用途，同时也要承担相应的风险与成本。获利和规避风险、收回投资都会成为所有者的经营动力。而且，所有者对于企业拥有剩余收益的全部索偿权，因此，在产权具有明确归属主体的企业，资源向价值更高的用途流动的动机就非常强烈，由于产权归属明确，收益归己，成本与风险自负，通过节约成本和规避风险、增加盈利来提高企业效率就成为所有者的追求目标。进而可以提高企业价值。相反，如果企业的产权没有明确的排他性，内在的动力机制也会相对弱化。

所有权的可转让性是提高企业资源使用效率的根本保证。市场的一个重要作用在于为产权的自由流动创造公平交易的机会，并且对企业的价值予以定价，这也是企业存在的一个原因。所有权的可转让性为让资源流向更高的生产力的所有者提供了激励。我们可以设举一个由甲经营的企业的年净收益为 10 000 元，而如果乙经营该企业每年可获净收益为 15 000元，假定要求的报酬率为 10%，乙的出价将是 150 000 元，而对于甲，只要售价高于 100 000 元，甲就有足够的动力出售该企业。可见，所有权的转让促进了企业价值的提高。在原甲经营时，企业的价值为 100 000 元，而转让为乙经营后，企业的价值上升到了 150 000 元。因此，产权自由公平的交易，是保证社会资源优化和提高企业价值的必要条件，失去了可转让性的产权，是凝固的，甚至会造成资源的巨大浪费。

所有权具有明确的自然人的归属性以及可转让性，是企业提高价值的前提。因此，具有明确产权归属的企业，具有追求股东财富最大化或企业价值最大化的明确的理财目标及理财动力，而产权缺乏明确归属的企业，由于没有真正的所有者，对经营者的激励与约束相对较弱,可能会导致企业理财目标从属于经营者追求自身利益最大化的要求,难以割断财富与权利的联系,企业代理成本较高,实现企业价值增值的动力不足。

(三)企业所处产业生命周期

一个产业由产生到成长再到衰落的发展演变过程,称为产业的寿命周期。产业的寿命周期可分为初创、成长、成熟、衰退四个阶段,每个阶段的特点不同,导致企业理财上的特点也就有所区别。

1. 初创阶段

初创阶段是一个产业的起步阶段。在这一阶段里,介入新兴行业的企业为数不多,产品的生产技术相对不成熟,生产经营的产品品种单一,质量不稳定,产品的市场非常狭小,市场增长缓慢。由于属于创立投资,产品的研究开发费用和新产品的市场营销费用非常巨大,因此,处于这一阶段的企业利润微薄甚至亏损。由于新兴行业介入的企业数量有限,市场发展空间巨大,因此,产业进入壁垒较低,企业之间的竞争程度较弱。

处于初创阶段的企业,由于市场需求规模尚未成熟,存在着巨大的经营风险,同时因为企业创造的现金净流量不稳定,存在着因财务困难引发企业破产的可能性。企业在这一阶段,应筹集抗衡风险所必要的权益资本,尽可能降低财务风险。同时还应配合企业拓展市场和新产品研究开发的需要,加强这方面的财务规划。

2. 成长阶段

成长阶段的特征是:市场需求迅速增加,产品质量稳定,产业的固定费用也随之下降,但市场拓展费用及广告宣传费用增加,可变费用上升;产业的利润迅速增长且利润率较高;在竞争方面,产业竞争能力增强;产业的进入壁垒低,产业内形成自由竞争,竞争压力较大。

成长阶段对企业理财的影响是:由于销售增长的速度较快,导致企业存货、应收账款、设备投资规模迅速扩充,要求企业作好财务资源支持企业增长的规划工作;为配合企业的竞争,使企业在激烈的竞争中获取足够的收益,财务上要在控制成本水平的同时,努力增加企业差异经营方面的投资;为降低企业总体风险水平,要制定合理的财务政策,将负债水平控制在企业允许的范围内。

3. 成熟阶段

成熟阶段的特征是:产业的集中程度很高,经过竞争,形成了在一定程度上垄断市场的少数企业,进入行业的壁垒高且表现为规模壁垒,企业获利水平较高,市场缓慢发展。

成熟阶段对企业理财的影响是:企业获取的现金净流量比较充足,企业价值由此而提高;企业市场份额较为稳定因而经营规模较为稳定,一般不会出现因扩充规模而大量筹资的情况;企业现金流出的主要方向是为增强企业竞争能力、创造差异服务;成熟阶段的企业可能会产生大量的自由现金流量,可供企业增加股东报酬和寻找有利的投资机会。

4. 衰退阶段

衰退阶段的特征是:衰退阶段是企业发展的暮年时期,市场需求开始逐渐减少,原有产业的竞争力下降,销售萎缩,价格下跌,利润降低,不少企业开始寻找更为有利可图的新产业的投资机会。

在衰退阶段,企业的现金流量降低,债务承受能力降低,财务状况不佳。要么企业寻找新的产业进行投资,要么维持现有的状态。

除上述微观因素外,影响企业理财的微观因素还有:企业生产经营规模不同,对企业财

务管理的要求程度就不同，大企业由于专业分工较细对理财水平的要求明显高于中小企业；企业技术条件不同对财务管理的影响也就不同，技术密集企业的固定资产投资占较大的比重，企业的投资偏重于研究开发和固定资产的购建，筹集的大部分资金属于长期资金，而劳动密集型企业的流动资产占有较高的比重，企业投资偏重于流动资产，所筹资金大多属于短期资金，以保持企业良好的资产的流动性，满足企业支付对于现金的需要；企业的管理水平决定各种专业管理工作的协调与沟通程度，因而影响企业财务管理作用的发挥程度；决策者的素质影响财务管理在企业管理中的受重视程度，等等。

【本章习题】

一、思考题

1. 财务管理的内涵是什么？
2. 财务管理的基本内容有哪些？
3. 财务管理的目标有哪些？比较它们各自的优缺点。
4. 企业的财务管理活动会受到哪些因素的影响？

二、案例题

雷曼兄弟破产对企业财务管理目标选择的启示

雷曼兄弟公司正式成立于1850年，在成立初期，公司主要从事利润比较丰厚的棉花等商品的贸易，公司性质为家族企业，且规模相对较小，其财务管理目标自然是利润最大化。在雷曼兄弟公司从经营干洗、兼营小件寄存的小店逐渐转型为金融投资公司的同时，公司的性质也从一个地道的家族企业逐渐成长为在美国乃至世界都名声显赫的上市公司。由于公司性质的变化，其财务管理目标也随之由利润最大化转变为股东财富最大化。其原因至少有：(1)美国是一个市场经济比较成熟的国家，建立了完善的市场经济制度和资本市场体系，因此，以股东财富最大化为财务管理目标能够获得更好的企业外部环境支持；(2)与利润最大化的财务管理目标相比，股东财富最大化考虑了不确定性、时间价值和股东资金的成本，无疑更为科学和合理；(3)与企业价值最大化的财务管理目标相比，股东财富最大化可以直接通过资本市场股价来确定，比较容易量化，操作上显得更为便捷。因此，从某种意义上讲，股东财富最大化是雷曼兄弟公司财务管理目标的现实选择。

股东财富最大化是通过财务上的合理经营，为股东带来最多的财富。当雷曼兄弟公司选择股东财富最大化为其财务管理目标之后，公司迅速从一个名不见经传的小店发展成闻名于世界的华尔街金融巨头，但同时，由于股东财富最大化的财务管理目标利益主体单一(仅强调了股东的利益)、适用范围狭窄(仅适用于上市公司)、目标寻向错位(仅关注现实的股价)等原因，雷曼兄弟最终也无法在此次百年一遇的金融危机中幸免于难。股东财富最大化对于雷曼兄弟公司来说，颇有成也萧何，败也萧何的意味。2008年9月15日，拥有158年悠久历史的美国第四大投资银行—雷曼兄弟(Lehman Brothers)公司正式申请依据以重建为前提的美国联邦破产法第11章所规定的程序破产，即所谓破产保护。雷曼兄弟公司，作为曾经在美国金融界中叱咤风云的巨人，在此次爆发的金融危机中也无奈破产，这不仅与过度的金融创新和乏力的金融监管等外部环境有关，也与雷曼公司本身的财务管理目标有着某种内在的联系。

1. 股东财富最大化过度追求利润而忽视经营风险控制是雷曼兄弟破产的直接原因

在利润最大化的财务管理目标指引之下，雷曼兄弟公司开始转型经营美国当时最有利可图的大宗商品期货交易，其后，公司又开始涉足股票承销、证券交易、金融投资等业务。1899 年至 1906 年的七年间，雷曼兄弟公司从一个金融门外汉成长为当时纽约最有影响力的股票承销商之一。其每一次业务转型都是资本追逐利润的结果，然而，由于公司在过度追求利润时忽视了对经营风险的控制，从而为其最终破产埋下了伏笔。雷曼兄弟公司破产的原因，从表面上看是美国过度的金融创新和乏力的金融监管所导致的全球性的金融危机，但从实质上看，则是公司一味地追求股东财富最大化，而忽视了对经营风险进行有效控制。对合成 CDO(担保债务凭证)和 CDS(信用违约互换)市场的深度参与，而忽视了 CDS 市场相当于 4 倍美国 GDP 的巨大风险，是雷曼轰然倒塌的直接原因。

2. 股东财富最大化过多关注股价而使公司偏离了经营重心是雷曼兄弟破产的推进剂

股东财富最大化认为，股东是企业的所有者，其创办企业的目的是扩大财富，因此企业的发展理所当然应该追求股东财富最大化。在股份制经济条件下，股东财富由其所拥有的股票数量和股票市场价格两方面决定，而在股票数量一定的前提下，股东财富最大化就表现为股票价格最高化，即当股票价格达到最高时，股东财富达到最大。为了使本公司的股票在一个比较高的价位上运行，雷曼兄弟公司自 2000 年始连续七年将公司税后利润的 92%用于购买自己的股票，此举虽然对抬高公司的股价有所帮助，但同时也减少了公司的现金持有量，降低了其应对风险的能力。另外，将税后利润的 92%全部用于购买自己公司而不是其他公司的股票，无疑是选择了“把鸡蛋放在同一个篮子里”的投资决策，不利于分散公司的投资风险；过多关注公司股价短期的涨和跌，也必将使公司在实务经营上的精力投入不足，经营重心发生偏移，使股价失去高位运行的经济基础。因此，因股东财富最大化过多关注股价而使公司偏离了经营重心是雷曼兄弟公司破产的推进剂。

3. 股东财富最大化仅强调股东的利益而忽视其他利益相关者的利益是雷曼兄弟破产的内在原因

雷曼兄弟自 1984 年上市以来，公司的所有权和经营权实现了分离，所有者与经营者之间形成委托代理关系。同时，在公司中形成了股东阶层(所有者)与职业经理阶层(经营者)。股东委托职业经理人代为经营企业，其财务管理目标是为达到股东财富最大化，并通过会计报表获取相关信息，了解受托者的受托责任履行情况以及理财目标的实现程度。上市之后的雷曼兄弟公司，实现了 14 年连续盈利的显著经营业绩和 10 年间高达 1103%的股东回报率。然而，现代企业是多种契约关系的集合体，不仅包括股东，还包括债权人、经理层、职工、顾客、政府等利益主体。股东财富最大化片面强调了股东利益的至上性，而忽视了其他利益相关者的利益，导致雷曼兄弟公司内部各利益主体的矛盾冲突频繁爆发，公司员工的积极性不高，虽然其员工持股比例高达 37%，但主人翁意识淡薄。另外，雷曼兄弟公司选择股东财富最大化，导致公司过多关注股东利益，而忽视了一些公司应该承担的社会责任，加剧了其与社会之间的矛盾，也是雷曼兄弟破产的原因之一。

4. 股东财富最大化仅适用于上市公司是雷曼兄弟破产的又一原因

为了提高集团公司的整体竞争力，1993 年，雷曼兄弟公司进行了战略重组，改革了管理

体制。和中国大多企业上市一样，雷曼兄弟的母公司（美国运通公司）为了支持其上市，将有盈利能力的优质资产剥离后注入到上市公司，而将大量不良资产甚至可以说是包袱留给了集团公司，在业务上实行核心业务和非核心业务分开，上市公司和非上市公司分立运行。这种上市方式注定了其上市之后无论是在内部公司治理，还是外部市场运作，都无法彻底地与集团公司保持独立。因此，在考核和评价其业绩时，必须站在整个集团公司的高度，而不能仅从上市公司这一个子公司甚至是孙公司的角度来分析和评价其财务状况和经营成果。由于只有上市公司才有股价，因此股东财富最大化的财务管理目标只适用于上市公司，而集团公司中的母公司及其他子公司并没有上市，因而，股东财富最大化财务管理目标也无法引导整个集团公司进行正确的财务决策，还可能导致集团公司中非上市公司的财务管理目标缺失，财务管理活动混乱等事件。因此，股东财富最大化仅适用于上市公司是雷曼兄弟破产的又一原因。

（资料来源：http://www.mof.gov.cn/preview/czzz/zhongguccaizhengzazhishe_caiwuyukuaiji/333/444/666）

从雷曼兄弟破产案例分析：

1. 财务管理目标对于企业生存和发展的重要性。
2. 制定企业财务管理目标的过程中必须遵循哪些原则？
3. 股东财富最大化作为企业财务管理目标的优缺点。

第二章　财务管理的基础

【学习目的与要求】

本章主要讲授资金的时间价值、风险报酬和证券估价等内容，通过本章的学习，需要掌握：

1. 资金的时间价值概念，现值、终值、年金等的计算。
2. 风险报酬的概念、单项资产风险报酬的计算和证券组合资产风险报酬的计算。
3. 债券估价和股票估价的方法。

【教学重点与难点】

各种终值、现值的计算，年金的计算。风险、报酬的衡量与计算。

【引例】

如果你参加保险，每年投保金额为 2 400 元，投保年限为 25 年，则在投保收益率为 8%的条件下，如果每年年末支付保险金，25 年后可得到多少现金？这是关于时间价值最基本的命题，时间价值是客观存在的经济范畴，贯穿于企业财务管理过程的始终。

第一节　货币时间价值

货币的时间价值是企业财务管理的一个重要概念，在企业筹资、投资、利润分配中都要考虑货币的时间价值。企业的筹资、投资和利润分配等一系列财务活动，都是在特定的时间进行的，因而资金时间价值是影响财务活动的一个基本因素。如果财务管理人员不了解时间价值，就无法正确衡量、计算不同时期的财务收入与支出，也无法准确地评价企业是处于盈利状态还是亏损状态。资金时间价值原理正确地揭示了不同时点上一定数量的资金之间的换算关系，它是进行投资、筹资决策的基础依据。

一、货币时间价值的含义

货币的时间价值，是指在不考虑通货膨胀和风险性因素的情况下，资金在其周转使用过程中随着时间因素的变化而变化的价值，其实质是资金周转使用后带来的利润或实现的增值，也称为资金时间价值。资金在不同的时点上，其价值是不同的，例如，今天你将 1 000 元钱存入银行，假设年利率为 10%，那么一年后的今天，你将得到 1 100 元。其中 1 000 元是本金，100 元是利息，这个利息就是货币的时间价值。显然，今天的 1 000 元与一年后的 1 100 元相等。由于不同时间的资金价值不同，所以，在进行价值大小对比时，必须将不同时间的资金折算为同一时间后才能进行大小的比较。

货币的时间价值有两种表现形式：一种是绝对数，即时间增值额，是指资金在运用过程中所增加的价值数额，通常用利息额表示；另一种是相对数，即时间价值率，是指没有风险和

通货膨胀的平均资金利润率或平均报酬率，通常用利息率表示。货币时间价值通常被认为是没有风险和没有通货膨胀条件下的社会平均利润率，这是利润平均化规律作用的结果。由于国债的信誉度最高、风险最小，所以如果通货膨胀率很低就可以将国债利率视同时间价值率。为了便于说明问题，在研究、分析时间价值时，一般以没有风险和通货膨胀的利息率作为货币的时间价值，货币的时间价值是公司资金利润率的最低限度。

二、货币时间价值的计算

由于资金具有时间价值，因此同一笔资金，在不同的时间，其价值是不同的。计算资金的时间价值，其实质就是不同时点上资金价值的换算。它具体包括两方面的内容：一方面，是计算现在拥有一定数额的资金，在未来某个时点将是多少数额，这是计算终值问题；另一方面，是计算未来时点上一定数额的资金，相当于现在多少数额的资金，这是计算现值问题。

资金时间价值的计算有两种方法：一是只就本金计算利息的单利法；二是不仅本金要计算利息，利息也能生利，即俗称“利上加利”的复利法。相比较而言，复利法更能确切地反映本金及其增值部分的时间价值。计算货币时间价值量，首先引入“现值”和“终值”两个概念表示不同时期的货币时间价值。

现值，又称本金，是指资金现在的价值。

终值，又称本利和，是指资金经过若干时期后包括本金和时间价值在内的未来价值。通常有单利终值与现值、复利终值与现值、年金终值与现值。

(一)单利终值与现值的计算

单利是指不论时间长短，只按本金计算利息，其所生利息不加入本金重复计算利息，即本能生利，利不能生利。

1. 单利终值的计算

单利终值是指现在的一笔资金按单利计算的未来价值。其计算公式是：

$$F = P + I$$
$$F = P + P \times i \times n$$
$$F = P \times (1 + i \times n)$$

式中：F 为终值，即本利和；P 为现值，即本金；i 为利率；n 为计息期数；I 为利息。

【例 2-1】某人将 100 元存入银行，年利率 2%，求 5 年后的终值。

解：$F = P \times (1 + i \times n) = 100 \times (1 + 2\% \times 5) = 110$(元)。

2. 单利现值的计算

单利现值是指若干年后收入或支出一笔资金按单利计算的现在价值。其计算公式是：

$$P = \frac{F}{1 + i \times n}$$

【例 2-2】　某人为了 5 年后能从银行取出 500 元，在年利率 2% 的情况下，目前应存入银行的金额是多少？

解：$P = F/(1 + i \times n) = 500/(1 + 5 \times 2\%) \approx 454.55$(元)。

(二) 复利终值与现值的计算

复利是指不仅本金计算利息，而且需将本金所生的利息在下期转为本金，再计算利息，即本能生利，利也能生利，俗称“利滚利”。这里所说的计息期，是指相邻两次计息的间隔，如年、月、日等。除非特别说明,计息期一般为一年。

1. 复利终值的计算

复利终值指现在的一笔资金按复利计算的未来价值。例如公司将一笔资金 P 存入银行,年利率为 i,如果每年计息一次,则 n 年后的本利和就是复利终值。如图 2-1。

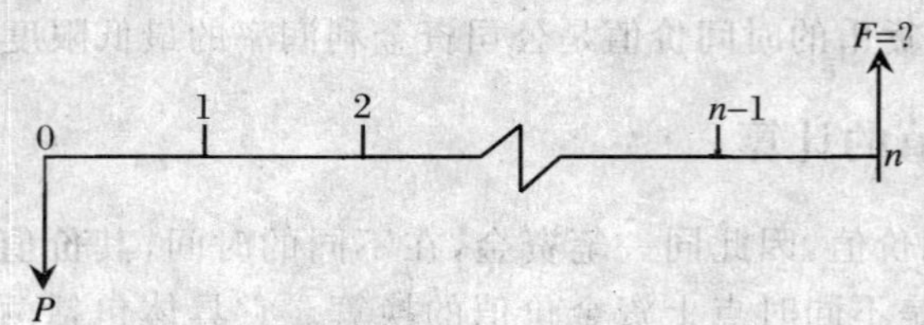

图 2-1 复利终值示意图

假如现在有 10 000 元,年复利率为 10%,则从第 1 年到第 n 年各年年末的终值为:

第 1 年年末的终值:$F = 10\,000 \times (1 + 10\%) = 11\,000$(元),

第 2 年年末的终值:$F = 11\,000 \times (1 + 10\%) = 10\,000 \times (1 + 10\%)^2 = 12\,100$(元),

第 3 年年末的终值:$F = 12\,100 \times (1 + 10\%) = 10\,000 \times (1 + 10\%)^3 = 13\,310$(元),

…

第 n 年的终值:$F = 10\,000 \times (1 + 10\%)^n$。

所以,复利终值的计算公式是:

$$F = P(1 + i)^n$$

$$I = P[(1 + i)^n - 1]$$

上式中,$(1 + i)^n$ 称为"复利终值系数",记为$(F/P, i, n)$,可查"复利终值系数表"求得,该表参见附表一。通过复利终值系数表,还可以在已知 F,i 的情况下查出 n;或在已知 F,n 的情况下查出 i。

【例 2-3】如果李某现有退休金 20 000 元,准备存入银行。在银行年复利率为 4% 的情况下,其 10 年后可以从银行取得多少元?

解:$F = 20\,000 \times (F/P, 4\%, 10) = 20\,000 \times 1.4802 = 29\,604$(元)。

其中,1.4802 可以从复利终值系数表查找求得。

2. 复利现值的计算

复利现值是指以后年份收到或付出资金的按复利计算的现在价值。例如将 n 年后的一笔资金 F,按年利率 i 折算为现在的价值,这就是复利现值。如图 2-2。

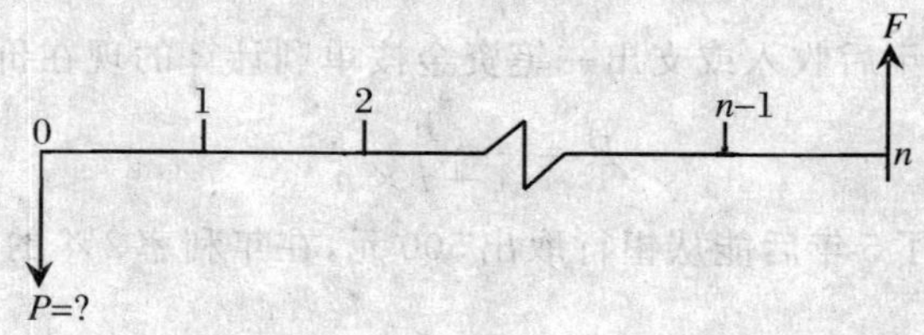

图 2-2 复利现值示意图

根据终值计算公式得,复利现值计算公式为:

$$P = F/(1 + i)^n = F \times \frac{1}{(1 + i)^n}$$

上式中，$\frac{1}{(1+i)^n}$ 称为“复利现值系数”，记为$(P/F,i,n)$，可查“复利现值系数表”求得，该表参见附表二。与复利终值系数表相似，通过现值系数表可以在已知 i,n 的情况下查出 P；或在已知 P,i 的情况下查出 n；或在已知 P,n 的情况下查出 i。

【例 2-4】某人未来 5 年后能从银行取出 100 元，在复利年利率 2% 的情况下，求当前应存入的金额。

解：$P=F\times\frac{1}{(1+i)^n}=100\times\frac{1}{(1+2\%)^5}=100\times0.9057=90.57$(元)。

其中，0.9057 可以从复利现值系数表查找求得。

结论：① 复利终值和复利现值互为逆运算。② 复利终值系数$(1+i)^n$ 与复利现值系数 $\frac{1}{(1+i)^n}$ 互为倒数。

3. 复利息的计算

本金 P 的 n 期复利息等于：

$$I=F-P$$

例 2-3 中李某现有退休金 20 000 元 10 年后复利息为(29 604－20 000)元，即 9 604 元。

(三) 年金的计算

年金是指一定期间内每期收付相等金额款项。分期付款赊购、分期偿还贷款、折旧、租金、利息、保险金、养老金等通常都采取年金的形式。年金每次收付发生的时间各有不同，按照收付时点和方式的不同可以将年金划分为后付年金、预付年金、递延年金和永续年金四种。在年金中，系列等额收付的间隔期间只需要满足“相等”的条件即可，间隔期间可以不是一年，例如每季末等额支付的债券利息也是年金。

1. 后付年金终值和现值的计算

(1) 后付年金终值的计算

后付年金终值，是指一定时期每期期末等额的系列收付款项。由于在经济活动中后付年金最为常见，故又称普通年金。

后付年金终值犹如零存整取的本利和，它是一定时期内每期期末收付款项的复利终值之和。其计算原理如图 2-3 所示。

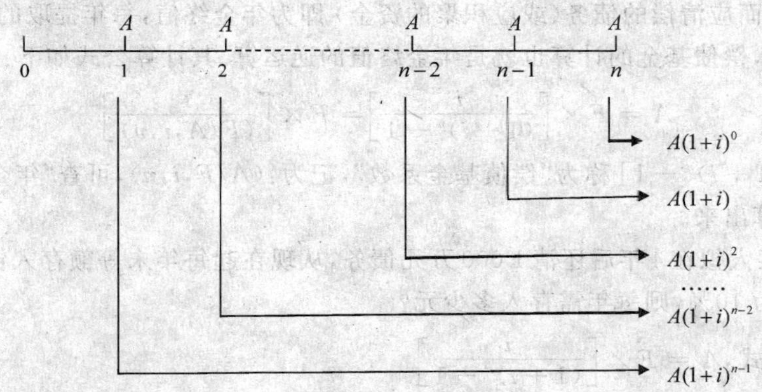

图 2-3 普通年金终值计算原理图解

因此,年金终值的一般计算公式为

$$F = A\sum_{t=1}^{n}(1+i)^{t-1}$$

式中:F 为年金终值;A 为每次收付款的金额;i 为利率;t 为每笔收付款的计息期数;n 为全部年金的计息期数。

上式较为复杂,将其整理简化:

$$F = A\times(1+i)^0 + A\times(1+i)^1 + A\times(1+i)^2 + \cdots + A\times(1+i)^{n-2} + A\times(1+i)^{n-1} \quad ①$$

将 ① 式两端同时乘以$(1+i)$,得

$$F\times(1+i) = A\times(1+i)^1 + A\times(1+i)^2 + A\times(1+i)^3 + \cdots + A\times(1+i)^{n-1} + A\times(1+i)^n \quad ②$$

用 ② 式减去 ① 式,得

$$F\times i = A\times(1+i)^n - A = A\times[(1+i)^n - 1]$$

故 $$F = A\times\left[\frac{(1+i)^n-1}{i}\right]$$

上式中:$[(1+i)^n-1]/i$ 称为"年金终值系数",记为:$(F/A,i,n)$,可查"年金终值系数表"求得,此表见附表三。

【例 2-5】王先生每年年末存入银行 2 000 元,年利率 7%,则 5 年后本利和为多少?

解:$A = 2\,000, i = 7\%, n = 5$

$$\begin{aligned}F &= A\times\left[\frac{(1+i)^n-1}{i}\right] = 2\,000\times\left[\frac{(1+7\%)^5-1}{7\%}\right] \\ &= 2\,000\times(F/A,7\%,5) \\ &= 2\,000\times5.751 \\ &= 11\,502(\text{元})。\end{aligned}$$

(2) 年偿债基金的计算

偿债基金是指为了在约定的未来某一时点清偿某笔债务或积聚一定数额资金而必须分次等额提取的存款准备金。每次提取的等额存款金额类似年金存款,它同样可以获得按复利计算的利息,因而应清偿的债务(或应积聚的资金)即为年金终值,每年提取的偿债基金即为年金。由此可见,偿债基金的计算也就是年金终值的逆运算。其计算公式如下:

$$A = F\times\left[\frac{i}{(1+i)^n-1}\right] = F\times\left[\frac{1}{(F/A,i,n)}\right]$$

式中,$i/[(1+i)^n-1]$ 称为"偿债基金系数",记为:$(A/F,i,n)$,可查"年金终值系数表"并求其倒数推算出来。

【例 2-6】某人拟在 4 年后还清 1 000 万元债务,从现在起每年末等额存入银行一笔款项。假设银行利率为 10%,则每年需存入多少元?

解:根据公式,$A = F\times\left[\frac{i}{(1+i)^n-1}\right]$

$$= 1\,000\times\frac{10\%}{(1+10\%)^4-1}$$

$$= 1\,000 \times \frac{1}{(F/A, 10\%, 4)}$$

$$= 10\,000 \times \frac{1}{4.641\,0}$$

$$= 215(万元)。$$

结论：① 偿债基金和普通年金互为逆运算。② 偿债基金系数$\frac{i}{(1+i)^n-1}$和普通年金终值系数$\frac{(1+i)^n-1}{i}$互为倒数。

(3) 后付年金现值的计算

后付年金现值通常为每年投资收益的现值总和，它是一定时期内每期期末收付款项的复利现值之和。其计算原理如图 2-4 所示。

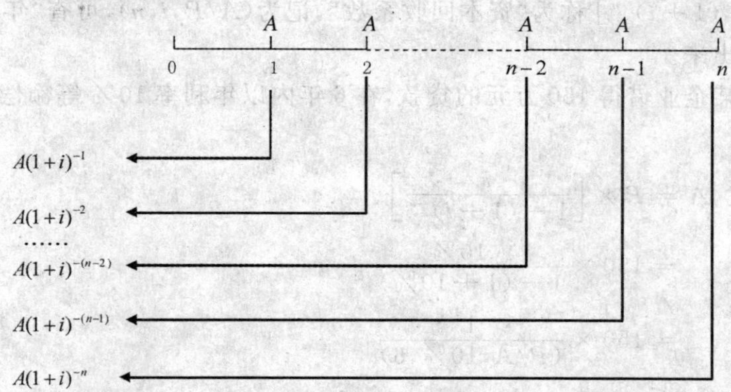

图 2-4　普通年金现值计算原理图解

因此，年金现值的一般计算公式为：

$$P = A\sum_{t=1}^{n}\frac{1}{(1+i)^t}$$

上式较为复杂，将其整理简化：

$$P = A\times(1+i)^{-1} + A\times(1+i)^{-2} + \cdots + A\times(1+i)^{-(n-1)} + A\times(1+i)^{-n} \quad ①$$

将 ① 式两端同乘以$(1+i)$，得：

$$P\times(1+i) = A\times(1+i)^0 + A\times(1+i)^{-1} + \cdots + A\times(1+i)^{-(n-2)} + A\times(1+i)^{-(n-1)} \quad ②$$

用 ② 式减去 ① 式，得

$$P\times i = A - A\times(1+i)^{-n} = A\times[1-(1+i)^{-n}]$$

故

$$P = A\times\left[\frac{1-(1+i)^{-n}}{i}\right]$$

式中，$[1-(1+i)^{-n}]/i$ 称为"年金现值系数"，记为：$(P/A, i, n)$，可查阅"年金现值系数表"求得，该表见附表四。

【例 2-7】某项目于 2000 年初开工，设当年投产，从投产之日起每年可得收益 40 000 元。按年利率 6% 计算，计算预期 10 年收益的现值。

解：根据公式，$P = A\times\left[\frac{1-(1+i)^{-n}}{i}\right]$，其中 $A = 40\,000$，$i = 6\%$，$n = 10$，得：

$$
\begin{aligned}
P &= 40\ 000 \times \frac{1-(1+6\%)^{-10}}{6\%} \\
&= 40\ 000 \times (P/A, 6\%, 10) \\
&= 40\ 000 \times 7.3601 \\
&= 294\ 404(\text{元})。
\end{aligned}
$$

(4) 年资本回收额的计算

年资本回收额是指在约定的年限内等额回收的初始投入资本额或清偿所欠的债务额。其中未收回或清偿的部分要按复利计息构成需回收或清偿的内容。年资本回收额的计算也就是年金现值的逆运算。其计算公式如下：

$$A = P \times \left[\frac{i}{1-(1+i)^{-n}}\right] = P \times \frac{1}{(P/A, i, n)}$$

式中，$i/[1-(1+i)^{-n}]$ 称为“资本回收系数”，记为$(A/P, i, n)$，可查“年金现值系数表”并求其倒数推算出来。

【例 2-8】 某企业借得 150 万元的贷款，在 6 年内以年利率 10% 等额偿还，则每年应付的金额是多少？

解： 根据公式，

$$
\begin{aligned}
A &= P \times \left[\frac{i}{1-(1+i)^{-n}}\right] \\
&= 150 \times \frac{10\%}{1-(1+10\%)^{-6}} \\
&= 150 \times \frac{1}{(P/A, 10\%, 6)} \\
&= 150 \times \frac{1}{4.355\ 3} \\
&\approx 34.44(\text{万元})。
\end{aligned}
$$

结论：① 资本回收额与普通年金现值互为逆运算。② 资本回收系数$\frac{i}{1-(1+i)^{-n}}$与普通年金现值系数$\frac{1-(1+i)^{-n}}{i}$互为倒数。

2. 先付年金终值和现值的计算

先付年金是指一定时期内每期期初等额的系列收付款项。先付年金与后付年金的差别，仅在于收付款的时间不同。由于年金终值系数表和年金现值系数表是按常见的后付年金编制的，在利用这种后付年金系数表计算先付年金的终值和现值时，可在计算后付年金的基础上加以适当调整。

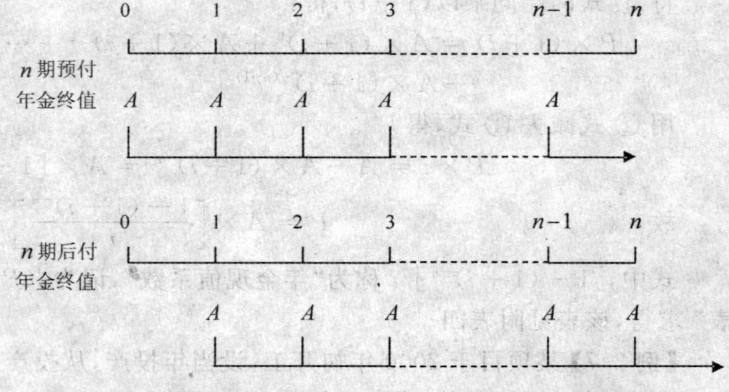

图 2-5　预付年金终值与后付年金终值之间的关系图解

(1) 先付年金终值

n 期先付年金终值和 n 期后付年金终值之间的关系，可以用图 2-5 表示。

由图 2-5 可知，n 期先付年金与 n 期后付年金的付款次数相同，但由于付款时间不同，n 期先付年金终值比 n 期后付年金终值多计算一期利息。因此，在 n 期后付年金终值的基础上乘以 $(1+i)$，就是 n 期先付年金终值。即：

$$\begin{aligned} F &= A \times \left[\frac{(1+i)^n - 1}{i}\right] \times (1+i) \\ &= A \times (F/A, i, n) \times (1+i) \\ &= A \times \left[\frac{(1+i)^{n+1} - (1+i)}{i}\right] \\ &= A \times \left[\frac{(1+i)^{n+1} - 1}{i} - 1\right] \\ &= A \times [(F/A, i, n+1) - 1] \end{aligned}$$

式中，$(\frac{(1+i)^{n+1}-1}{i}-1)$ 称为“先付年金终值系数”，记为 $[(F/A,i,n+1)-1]$。可查“年金终值系数表”得 $(n+1)$ 期的值，然后减去 1 便可得到对应的先付年金终值系数。

【例 2-9】　为给儿子上大学准备资金，王先生连续 6 年于每年年初存入银行 3 000 元。若银行存款利率为 5%，则王先生在第 6 年末能一次取出本利和多少钱？

解：

$$\begin{aligned} F &= A \times [(F/A, i, n+1) - 1] \\ &= 3\,000 \times [(F/A, 5\%, 6+1) - 1] \\ &= 3\,000 \times (8.1420 - 1) \\ &= 21\,426(\text{元})。 \end{aligned}$$

或者

$$\begin{aligned} F &= A \times (F/A, i, n) \times (1+i) \\ &= 3\,000 \times (F/A, 5\%, 6) \times (1+5\%) \\ &= 3\,000 \times 6.8019 \times (1+5\%) \\ &= 21\,426(\text{元})。 \end{aligned}$$

(2) 先付年金现值

n 期先付年金现值和 n 期后付年金现值之间的关系，可以用图 2-6 表示。

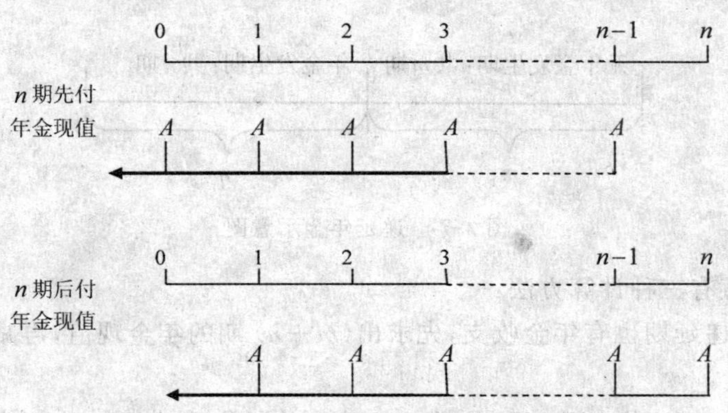

图 2-6　预付年金与后付年金现值之间的关系图解

由图 2-6 可知，n 期先付年金和 n 期后付年金现值比较，两者付款期数也相同，但先付年金现值比后付年金现值少贴现一期。为求得 n 期先付年金的现值，可在求出 n 期后付年金现值后，再乘以 $(1+i)$。即：

$$
\begin{aligned}
P &= A \times \left[\frac{1-(1+i)^{-n}}{i}\right] \times (1+i) \\
&= A \times (P/A,i,n) \times (1+i) \\
&= A \times \left[\frac{(1+i)-(1+i)^{-(n-1)}}{i}\right] \\
&= A \times \left[\frac{1-(1+i)^{-(n-1)}}{i}+1\right] \\
&= A \times [(P/A,i,n-1)+1]
\end{aligned}
$$

式中，$\frac{1-(1+i)^{-(n-1)}}{i}+1$ 称为“预付年金现值系数”，它是在普通年金现值系数的基础上，期数减1，系数加1所得的结果。记作$[(P/A,i,n-1)+1]$，可查“年金现值系数表”得$(n-1)$期的值，然后加上1，便可得到对应的预付年金现值系数。

【例2-10】张先生采用分期付款方式购入商品房一套，每年年初付款15 000元，分10年付清。若银行利率为6%，该项分期付款相当于一次现金支付的购买价款是多少？

解：

$$
\begin{aligned}
F &= A \times [(P/A,i,n-1)+1] \\
&= 15\,000 \times [(P/A,6\%,10-1)+1] \\
&= 15\,000 \times [6.8017+1] \\
&= 117\,025.50(元)。
\end{aligned}
$$

或者

$$
\begin{aligned}
F &= A \times (P/A,i,n) \times (1+i) \\
&= 15\,000 \times (P/A,6\%,10) \times (1+6\%) \\
&= 15\,000 \times 7.3601 \times (1+6\%) \\
&= 117\,025.59(元)。
\end{aligned}
$$

注意：两种计算方法相差0.09元，是因小数点的尾数造成的。

3. 递延年金现值的计算

递延年金是指在最初若干期没有收付款项的情况下，随后若干期等额的系列收付款项。递延年金是后付年金的特殊形式，一般用m表示递延期数，n表示连续支付次数。递延年金示意如图2-7：

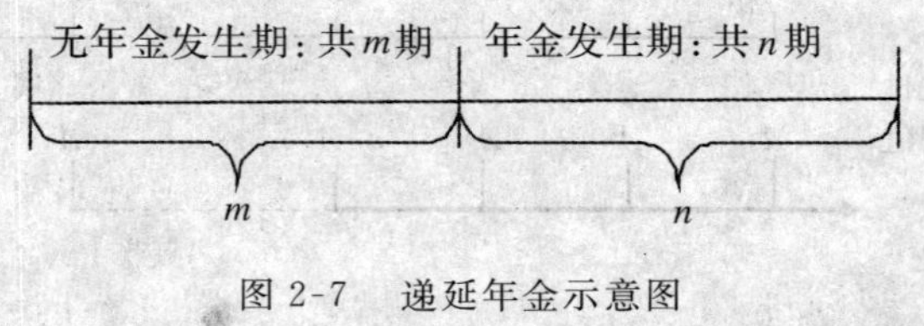

图2-7　递延年金示意图

递延年金现值有三种计算方法：

方法一：假设递延期也有年金收支，先求出$(m+n)$期的年金现值，再减去递延期m的年金现值。即：

$$P = A \times [(P/A,i,m+n)-(P/A,i,m)]$$

方法二：先把递延年金视为后付年金，求出其至递延期末的现值，再将此现值换算成第一期期初的现值。前者按后付年金现值（n期）计算，后者按复利现值（m期）计算。即：

$$P = A \times (P/A,i,n) \times (P/F,i,m)$$

方法三：先把递延年金视为后付年金，求出其终值，再将该终值换算成第一期期初的现

值。前者按后付年金终值(n 期)计算,后者按复利现值($m+n$ 期)计算。即:

$$P = A \times (F/A,i,n) \times (P/F,i,m+n)$$

【例 2-11】某企业向银行借入一笔款项,银行贷款的年利率为 10%,每年复利一次。银行规定前 10 年不用还本付息,但从第 11 年至第 20 年每年年末偿还本息 5 000 元。

要求:用三种方法计算这笔款项的现值。

解:方法一:

$$\begin{aligned} P &= A \times [(P/A,i,m+n) - (P/A,i,m)] \\ &= 5\,000 \times [(P/A,10\%,20) - (P/A,10\%,10)] \\ &= 5\,000 \times [8.514 - 6.145] \\ &= 11\,845(\text{元})。\end{aligned}$$

方法二:

$$\begin{aligned} P &= A \times (P/A,i,n) \times (P/F,i,m) \\ &= 5\,000 \times (P/A,10\%,10) \times (P/F,10\%,10) \\ &= 5\,000 \times 6.145 \times 0.386 \\ &= 11\,860(\text{元})。\end{aligned}$$

方法三:

$$\begin{aligned} P &= A \times (F/A,i,n) \times (P/F,i,m+n) \\ &= 5\,000 \times (F/A,10\%,10) \times (P/F,10\%,20) \\ &= 5\,000 \times 15.937 \times 0.1486 \\ &= 11\,841.19(\text{元})。\end{aligned}$$

注意:三种计算方法不完全相等,是因小数点的尾数造成的。

4. 永续年金的计算

永续年金是指无限期等额收付的年金。优先股因为有固定的股利而又无到期日,其股利可视为永续年金。有些债券未规定偿还期限,其利息也可视为永续年金。

永续年金没有终止的时间,所以没有终值。永续年金现值可以从普通年金现值的计算公式中推导出来:

$$P = \lim_{n \to \infty} A \times \frac{1-(1+i)^{-n}}{i} = \frac{A}{i}$$

【例 2-12】某企业持有 A 公司的优先股 6 000 股,每年可获得优先股股利 1 200 元。若利息率为 8%,则该优先股历年股利现值为:

解:$P = \frac{A}{i} = \frac{1\,200}{8\%} = 1\,500(\text{元})$。

5. 不等额现金流量的计算

前述单利、复利业务都属于一次性收付款项,年金则是指每次收入或付出相等金额的系列款项。在经济活动中,经常遇到每次收入或付出的款项不相等的情况,由于每次收付的款项不等,因而不能直接按年金终值和现值计算,而必须计算这些不等额现金流入量或流出量的终值或现值之和。

(1) 不等额系列现金流量

不等额现金流量终值的计算公式是:

$$F=\sum_{t=0}^{n}P_t(1+i)^t$$

不等额现金流量现值的计算公式是：

$$P=\sum_{t=0}^{n}F_t\frac{1}{(1+i)^t}$$

【例 2-13】有一笔现金流量如图 2-8 所示，贴现率为 5%，求这笔不等额现金流量的终值和现值。

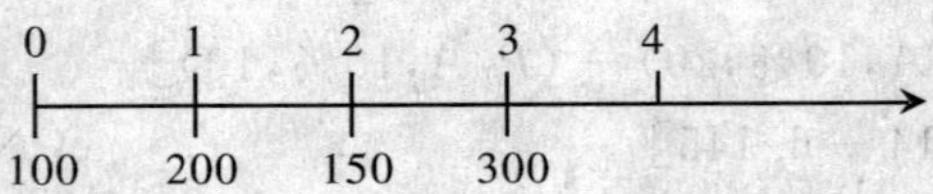

图 2-8　不等额系列现金流量示意图

① 终值计算

$$\begin{aligned}F&=\sum_{t=0}^{n}P_t(1+i)^t\\&=300\times(1+5\%)+150\times(1+5\%)^2+200\times(1+5\%)^3+100\times(1+5\%)^4\\&=300\times1.05+150\times1.1025+200\times1.1576+100\times1.2155\\&=315+165.38+231.52+121.55\\&=833.45(\text{万元})\end{aligned}$$

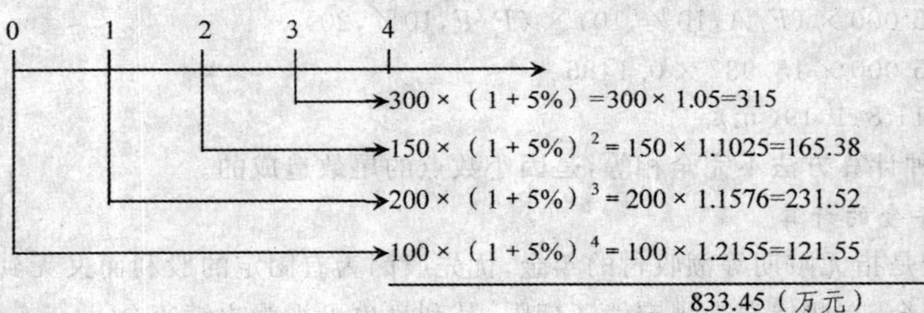

图 2-9　不等额系列现金流量终值计算示意图

② 现值计算

$$\begin{aligned}P&=\sum_{t=0}^{n}F_t\frac{1}{(1+i)^t}\\&=100\times(1+5\%)^0+200\times(1+5\%)^{-1}+150\times(1+5\%)^{-2}+300\times(1+5\%)^{-3}\\&=100+190.48+136.05+295.14\\&=721.67(\text{万元})\end{aligned}$$

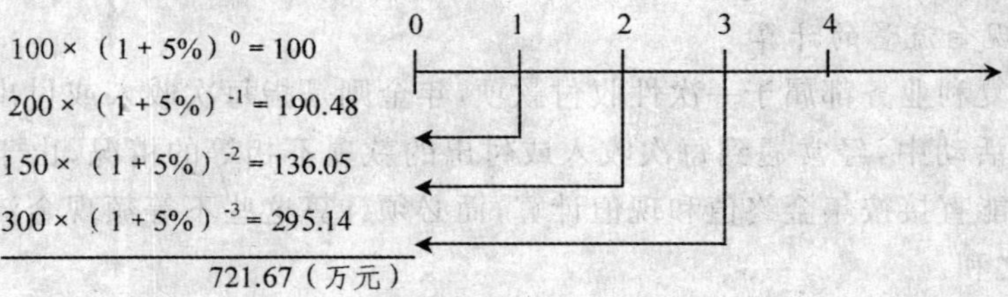

图 2-10　不等额现金流量现值计算示意图

(2) 分段年金现金流量

在公司现金流入和流出中，某个时期现金流量保持在一个水平上，而过一时期又保持在另一水平上，通常称为分段年金现金流量。其收入或付出形式如图 2-11。

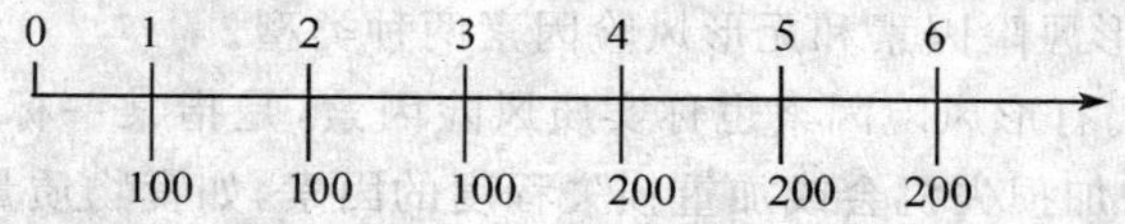

图 2-11　分段年金现金流量示意图

终值的计算：先计算前三年年金终值，然后将计算结果乘以三年期的复利终值系数；再计算后三年的年金终值；最后将二者加总。

现值的计算：先计算前三年 100 元年金现值；再计算后三年的年金现值(后三年的年金现值是先计算后三年普通年金，再折现 3 年)；最后将二者加总。

3. 年金和不等额系列现金流量

年金和不等额现金流量是指每次收入或付出的款项既有年金又有不等额的混合情况。如图 2-12 所示：

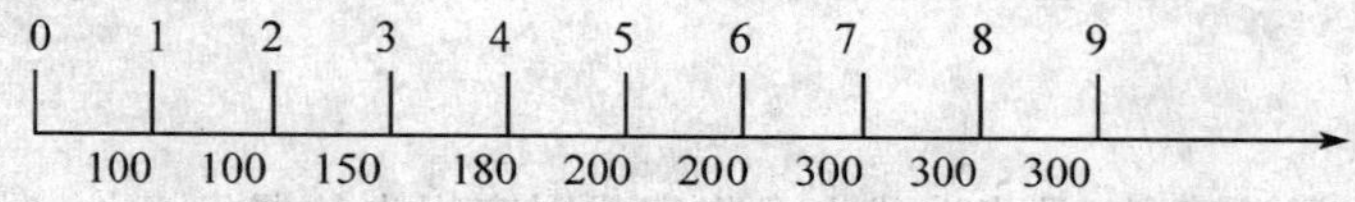

图 2-12　年金和不等额系列现金流量示意图

其终值和现值的计算可遵循：对于年金，单独用年金终值或现值公式计算出在某一时点的终值或现值，再将其按复利贴现至当前时点；对于不等额系列现金流量利用前述不等额现金流量终值或现值公式计算；最后将两部分终值或现值相加即可。

第二节　风险与收益

一、风险的基本理论

财务活动经常是在有风险的情况下进行的，承担风险就要求得到相应的额外收益，否则就不值得去冒险。投资者由于承担风险进行投资而获得的超过资金时间价值的额外收益，就成为投资的风险价值，或风险收益、风险报酬。企业理财师，必须研究风险、计量风险，并设法控制风险，以求最大限度地增加企业财富。

(一) 风险的概念

风险广泛存在于重要的财务活动当中，并且对企业实现其财务目标有着重要影响，使得人们无法回避和忽视。风险是指在一定条件下和一定时期内预期结果的不确定性或实际结果偏离预期目标的程度。

(二) 风险的构成要素

风险通常由风险因素、风险事故和风险损失三个要素构成。

1. 风险因素

风险因素是指促使某一特定风险事故发生或增加其发生的可能性或扩大其损失程度的原因或条件。风险因素是风险事故发生的潜在原因，是造成损失的间接原因。根据风险因素的性质不同，可分为有形风险因素和无形风险因素两种类型。

(1) 有形风险因素。有形风险因素也称实质风险因素，是指某一标的本身所具有的足以引起风险事故发生或增加损失机会或加重损失程度的因素，如食物质量对人体的危害、刹车系统失灵产生的交通事故等。人类对于这类风险因素，有些可以在一定程度上加以控制，有些在一定时期内还是无能为力。在保险实务中，由实质风险因素所引起的损失风险，大多属于保险责任范围。

(2) 无形风险因素。无形风险因素是与人的心理或行为有关的风险因素，通常包括道德风险因素和心理风险因素。其中，道德风险因素是指由于人们不诚实、不正直等道德品行问题，故意促使风险事故发生，以致引起财产损失和人身伤亡的因素。如投保人或被保险人的欺诈、纵火行为等都属于道德风险因素。在保险业务中，保险人对因投保人或被保险人的道德风险因素所引起的经济损失，不承担赔偿或给付责任。心理风险因素是由于人的主观疏忽或过失，导致增加风险事故发生机会或扩大损失程度。例如，保管员疏忽而丢失财产，新产品设计错误等。

2. 风险事故

风险事故又指风险事件，是指造成人身伤害或财产损失的偶发事件，是造成损失的直接或外在的原因，是损失的媒介物。也就是说，风险是通过风险事故的发生来导致损失的。例如，汽车刹车失灵酿成车祸而导致车毁人亡，其中刹车失灵是风险因素，车祸是风险事故。如果仅有刹车失灵而无车祸，就不会造成人员伤亡。

3. 风险损失

风险损失是指风险事故所带来的物质上、行为上、关系上以及心理上实际和潜在的利益丧失。损失通常是指非故意、非计划、非预期的经济价值减少的事实，一般以丧失所有权和预期利益、支出费用和承担责任等形式表现，而像精神打击、政治迫害、折旧以及馈赠等行为的结果一般不能视为损失。

从风险因素、风险事故与损失三者之间的关系来看，风险因素引发风险事故，而风险事故导致损失。也就是说，风险因素只是风险事故产生并造成损失的可能性或使这种可能性增加的条件，它并不直接导致损失，只有通过风险事故这个媒介才产生损失。但是，对于某一特定事件，在一定条件下，风险因素可能是造成损失的直接原因，则它就是引起损失的风险事故；而在其他条件下，可能是造成损失的间接原因，则它就是风险因素。如因下冰雹使得路滑而发生车祸，造成人员伤亡，这时冰雹是风险因素，车祸是风险事故。若冰雹直接击伤行人，则它是风险事故。

(三) 风险的类别

1. 从财务管理内容的角度看，风险包括筹资风险、投资风险与收益分配风险等

(1) 筹资风险指企业在筹集资本的过程中所具有的不确定性。筹资风险的影响因素包括筹资时间、筹资数量、筹资渠道和筹资方式。具体的影响为：筹资时间越长，不确定因素越多，筹资的风险越大，因此要在最短的时间内筹集到所需要的资金。筹资数量越大，则筹资风险越大。另外，筹资渠道与筹资方式的不同，也会影响到筹资风险，如股票筹资与债券筹资其风

险就显著不同。

(2) 投资风险是指企业将筹集的资本投向某项活动所具有的不确定性。投资风险主要由投资的行业和投资时间的长短来决定。一般企业的资本可选择多种行业进行投资,每种行业的利润率不同,决定了其投资风险不同。如投资于处于战争状态的国家和投资于和平国家的石油业所面临的风险会相差很大。一般来说,长期投资比中短期投资的风险要高。

(3) 收益分配风险是指企业在收益的形成与分配上所具有的不确定性。一方面,如果企业开发的是社会急需且质量过硬的商品,可以使企业收益扩大从而降低收益形成所面临的风险。另一方面,就是企业如何分配收益的问题,即结转成本费用和确认收益所产生的风险以及对投资者进行分配收益的时间、形式和金额所产生的风险。

2. 从投资主体的角度看,风险分为市场风险和公司特有风险

(1) 市场风险是指那些对所有的公司都产生影响的因素引起的风险,如战争、国家政策调整、利率变化、经济衰退、通货膨胀等。市场风险源于公司之外,在其发生时,所有公司都受影响,表现为整个证券市场平均收益率的变化。由于这类风险涉及所有的投资对象,不能通过分散投资来加以分散,一般称之为不可分散风险或系统风险。

系统风险主要包括政策风险、经济周期风险、利率风险、购买力风险等。

① 政策风险

政府的经济政策和管理措施的变化,可以影响到公司利润、投资收益的变化;证券交易政策的变化,可以直接影响到证券的价格。而一些看似无关的政策变化,比如对于私人购房的政策,也可能影响证券市场的资金供求关系。因此,经济政策、法规的出台或调整,对证券市场会有一定影响,如果这种影响较大时,会引起市场整体的较大波动。

② 经济周期风险

是指由于经济周期的变化而引起的市场行情变动的风险。因为经济周期的变化决定了企业的景气和效益,从而从根本上决定了市场行情,特别是证券市场的变动趋势。

③ 利率风险

是指由于市场利率变动而使投资者遭受损失的风险。证券价格与市场利率的关系极为密切,两者呈反向变化,一方面利率提高,一部分资金由投资转向储蓄,对证券的需求减少,致使证券价格下降,另一方面利率提高,企业融资成本提高,在其他条件不变的情况下,盈利减少,派发的股利也减少,导致股价下跌,反之亦然。

④ 购买力风险

又称通货膨胀风险,是指由于通货膨胀而使货币的购买力下降的风险。在通货膨胀期间,虽然随着商品价格的普遍上涨,证券价格也会上涨,投资者的货币收入会有所增加,但由于货币贬值,购买力水平下降,投资者的实际收益可能没有增加反而有所下降。购买力风险对于不同证券的影响不同,对固定收益类证券和长期证券影响较大。

(2) 公司特有风险是指发生于个别公司的特有事件造成的风险,如罢工、产品变质、诉讼失败等。公司特有风险为某一行业或某一企业所特有,只对个别或少数公司产生影响,与整个市场没有系统、全面的联系。这类风险是随机发生的,可以通过多元化投资来分散,又称为可分散风险或非系统风险。

非系统风险主要包括经营风险、财务风险、违约风险、流动性风险与再投资风险等。

① 经营风险是指因生产经营方面的原因给企业盈利带来的不确定性。企业的生产经营

活动会受到企业外部和内部多方面影响。其中，内部因素是公司经营风险的主要来源。外部的影响因素包括政治环境、经济结构、资源环境、财政环境、金融环境、市场环境等；内部的影响因素包括运营状况、经营管理状况、内部财务管理能力等。

② 财务风险是指由于筹资活动而给企业财务成果带来的不确定性。公司的资本结构决定财务杠杆效应，从而决定了企业财务风险的大小。负债资本在总资本中所占比重越大，公司的财务杠杆效应就越强，财务风险就越大。

③ 违约风险，又称信用风险，是指债务人无法按时还本付息而使债权人遭受损失的风险，它受到各企业的经营能力、盈利水平、规模大小以及行业状况等因素的影响。违约风险是债券的主要风险，债券按违约风险从低到高排列依次为中央政府债券、地方政府债券、金融债券、公司债券。

④ 流动风险，又称变现力风险，是指无法在短期内以合理价格卖掉证券的风险。投资者在出售证券时，有两个不确定性：一是以何种价格成交，二是需要多长时间才能成交。投资者要求的额外收益与资产变现能力成反比。对于变现能力差的证券，当投资者想出售现有证券进行再投资时，要么低价售出，要么丧失投资机会。

⑤ 再投资风险指所持证券到期再投资时不能获得更好投资机会的风险。如年初长期债券的利率为10%，短期债券的利率为8%，某投资者为减少利率风险而购买了短期债券。在短期债券于年底到期收回现金时，若市场利率降至6%，这时就只能找到收益率约为6%的投资机会，不如当初买长期债券，现在仍可获得10%的收益率。

(四)风险的特征

风险的特征，是风险的本质及其发生规律的表现。因此，正确地认识风险的特征，对于建立和完善风险机制，充分发挥风险机制的作用，加强企业管理，减少风险损失，提高企业经济效益，具有重要的意义。风险的特征，主要表现在以下几个方面：

1. 客观性

风险的客观性，是指由于不确定性因素的存在而使人们遭受不幸或灾难的可能性是客观存在的，而且具有普遍性，人们不能避开它，也无法否定它。因而，人们必须采取客观的态度，承认风险和正视风险，要采取积极的态度去对待风险。

2. 不确定性

世界上的一切事物都是处于永恒的变化之中，风险就是以客观条件变化的永恒性为基础，不可能从总体上完全认识和掌握世界错综复杂的变化，因而风险是客观条件变化而导致的不确定性因素的伴随物。当然，这里所说的不确定性，不是指绝对意义上的不确定性，而是相对的。

3. 潜在性

风险虽然普遍存在，但这并不是说风险时时处处都会发生。人们遭受风险的可能性是潜在的，是指风险只有在一定的时点和一定的条件下，才可能转化为现实的风险。认识风险的潜在性特征，对于防止和消除风险，不使风险的可能性转化为现实性，具有重要的意义。

4. 可测性

风险的不确定性并不是指对客观事物变化情况全然无知，人们可以根据以往发生的一系列类似事件的统计资料，对某种风险发生的频率及其风险造成的经济损失程度做出主观上的判断，对风险进行预测。了解风险的可测性特征，对于风险的控制和防范有着重要的

意义。

5. 风险结果的双重性

风险并不只会给投资者带来损失，实际上风险存在双重的结果，人们去冒风险可能遭到失败，也可能获得成功。认识风险结果的双重性特征，对于预防风险损失和营造收益机会都是非常重要的。一般说来，投资人对意外损失的关切比对意外收益的关切要强烈得多，因此人们研究风险是侧重减少损失，主要从不利方面来考察风险，经常把风险看成是不利事件发生的可能性。

(五) 风险偏好

各种经济活动和经济行为都有各自不同的特点，因此特定投资的风险大小是客观的，而你是否冒风险以及冒多大的风险，是可以选择的，是主观决定的。根据人们的效用函数的不同，可以按照其对风险的偏好将投资者分为风险厌恶者、风险中立者和风险喜好者。

1. 风险厌恶者

当预期报酬率相同时，风险厌恶者都会偏好于具有低风险的资产；而对于同样风险的资产，他们则都会钟情于具有高预期报酬的资产。风险厌恶者在承担风险时，就会因承担风险而要求额外收益，对于风险规避的愿望越强烈，要求的风险报酬就越高。

2. 风险中立者

风险中立者既不规避风险，也不主动追求风险。他们进行决策的唯一标准是预期报酬的大小，而不管其风险状况如何，因为所有预期报酬相同的方案将给他们带来同样的效用。

3. 风险追求者

与风险厌恶者恰恰相反，风险追求者主动追求风险，具有很强的冒险精神，他们喜欢收益的动荡甚于喜欢收益的稳定。他们进行决策的基本原则：当收益相同时，选择风险较大的方案，因为这将给他们带来更大的效用。

一般的投资者和企业管理者都是风险厌恶者，这意味着为了使投资者购买或持有风险性投资，必须使较高风险的投资比较低风险的投资能提供给投资者更高的期望收益率。财务管理的理论框架和实务方法都是针对风险厌恶者的，并不涉及风险追求者和风险中立者的行为。

(六) 风险控制的方法

总会有些事情是不能控制的，风险总是存在的。作为管理者会采取各种措施减小风险事件发生的可能性，或者把可能的损失控制在一定的范围内，以避免在风险事件发生时带来的难以承担的损失。风险控制的四种基本方法是：规避风险、减少风险、转移风险和接受风险。

1. 规避风险

当资产风险造成的损失不能由该资产可能获得的收益予以抵消时，应当放弃该资产，以规避风险。

2. 减少风险

减少风险主要包括两个方面：一是控制风险因素，减少风险的发生；二是控制风险的发生频率和降低风险损害程度。

3. 转移风险

对可能给企业带来灾难性损失的资产，企业应以一定的代价，采取某种方式转移风险。

4. 接受风险

接受风险包括风险自担和风险自保两种方式。风险自担，是指风险损失发生时，直接将损失摊入成本或者费用，或冲减利润；风险自保，是指企业预留一笔风险金或随着生产经营的进行，有计划地计提资产减值准备等。

二、收益的概念及其类型

(一) 收益的概念

投资者进行各种投资活动，按种类划分可分为经营资产投资和金融资产投资两大类。无论属于哪类，投资活动的根本目的是为了获得收益。收益是指资产在一定时期的增值，通常用收益额或者收益率表示。

1. 收益额

收益额是指资产价值在一定期限内的增值量，主要源于一定期限内资产的现金净收入和期末资产的价值相对于其期初价值的升值，前者多为利息、红利或股息收益，后者则称为资本利得。假如，某股票买入价为100元，出售价为120元，持有期间分得的现金股利为5元，则持有期间收益额 = (120 − 100) + 5 = 25 元。

2. 收益率

收益率是指资产增值量与期初资产价值的比值，主要包括利(股)息的收益率和资本利得的收益率两部分。同上例，该股票持有期收益率 = [(120 − 100) + 5]/100 × 100% = 25%。如果该股票只持有了半年，在计算收益率时，一般要将不同期限的收益率转化成年收益率，则持有期年均收益率 = 25%/(1/2) = 50%。

企业也可以通过平均年收益率进行决策分析，通常可采用几何平均法和算术平均法。例：

U公司是一家上市只有5年历史的大型制造业企业，在二级市场上其普通股投资收益率从 2000 年 ~ 2004 年收益率观测值如表 2-1：

表 2-1　U 公司 2000 年 ~ 2004 年收益率

年份	2000	2001	2002	2003	2004
收益率 /%	−10	15	24	18	33

其平均年收益率(r_G) 的计算如下：

如果采用几何平均法，则为：

$$r_G = [(1+r_1)(1+r_2)(1+r_3)(1+r_4)(1+r_5)]^{1/5} - 1$$
$$= [0.9 \times 1.15 \times 1.24 \times 1.18 \times 1.33]^{1/5} - 1$$
$$= 1.15 - 1 = 15\%$$

如果采用算术平均法，则为：

$$r_A = (r_1 + r_2 + r_3 + r_4 + r_5)/5 = 15\%$$

式中，$r_1 \sim r_5$ 分别代表 2000 ~ 2004 的收益率。

显然，以金额表示的收益和期初资产的价值相关，不利于不同规模资产之间的收益比较，而以百分数表示的收益则是一个相对指标，便于不同规模下资产收益的比较和分析。所以通常情况下，我们都以收益率方式来表示资产的收益。另外，收益率是相对于特定期限的

指标，它的大小受计算期限影响，为了便于比较和分析，对于期限不等于一年的资产，在计算收益率时一般要将其转化为年收益率。如果不做特殊说明，资产的收益率就指年收益率，又称资产报酬率。

(二) 收益率的类型

1. 实际收益率

实际收益率是已经实现或确定可以实现的收益率，是指一项投资在一定期间基于所有权而收到的现金支付加上市价的变化，再除以初始价格的比率。实际收益率要剔除通货膨胀因素，计算公式为：

$$\text{实际收益率} = [(1 + \text{名义收益率})/(1 + \text{通货膨胀率})] - 1$$

2. 名义收益率

名义收益率是指金融资产票面收益与票面额的比率，即资产合约上标明的收益率。如银行借款合同中规定的利率，债券票面上规定的票面利率。若某种债券面值 100 元，10 年偿还期，年息 8 元，则该债券的名义收益率就是 8%。

3. 无风险收益率

无风险收益率也称无风险利率，它是指可以确定可知的无风险资产的收益率，它的大小由纯利率(资金的时间价值)和通货膨胀补贴两部分组成。即：无风险收益率 ＝ 纯利率 ＋ 通货膨胀补贴。无风险收益率通常用短期国债利率表示，因为短期国债既不存在违约风险，又不存在再投资收益率的不确定性。

4. 风险收益率

风险收益率是持有者因承担资产的风险而要求的超过无风险收益率的额外收益。风险收益率由投资项目风险的大小和投资者对风险的偏好共同决定，投资项目自身风险越高，投资者越厌恶风险，风险收益率就越大。风险收益率包括违约风险收益率，流动性风险收益率和期限风险收益率，它们分别是因持有者承担了违约风险、流动风险和再投资风险而要求的超过无风险收益率的额外收益。

5. 预期收益率

预期收益率是在不确定条件下，预测的某项资产未来可能实现的收益率。期望收益率在证券投资中常作为贴现率，因不同投资者对风险和收益的厌恶程度不同，取值有差异。通常预期收益率的取值有两种方法。

第一种方法：首先描述影响收益率的各种可能情况，然后预测各种可能情况发生的概率，以及在各种可能情况下收益率的大小，那么预期收益率就是各种情况下收益率的加权平均，权数是各种可能情况发生的概率。计算公式为：

$$\text{预期收益率 } E(R) = \sum Pi \times Ri$$

这是，Pi 表示第 i 种情况及发生的概率，Ri 表示第 i 种情况下的收益率。

第二种方法：首先收集能够代表预测期收益率分布的历史收益率的样本，假定所有历史收益率的观察值出现的概率相等，那么预期收益率就是所有数据的简单算术平均值。计算公式为：

$$E(R) = \sum (R_1 + \cdots + R_n)/n$$

6. 必要收益率

必要收益率是投资者对某资产合理要求的最低收益率，当预期收益率高于(≥)投资人要求的必要报酬率才值得投资。必要收益率的因素受以下三个因素影响：(1) 无风险收益率；(2) 系统风险；(3) 市场风险溢酬。

$$\begin{aligned}\text{必要收益率} &= \text{无风险收益率} + \text{风险收益率}\\ &= \text{无风险收益率} + \text{风险价值系数} \times \text{标准离差率}\\ &= R_f + b \times V\end{aligned}$$

其中，R_f 表示无风险收益率；b 为风险价值系数；V 为标准离差率。

三、单项资产的风险与收益

(一) 风险的衡量

风险客观存在，广泛影响着企业的财务和经营活动，因此，较为准确地衡量风险有助于企业更好地决策，是企业财务管理中的一项重要工作。风险与概率直接相关，并由此与期望值、离散程度等相联系，风险的衡量需要使用概率与统计等方法，具体的风险衡量过程如下：

1. 概率及其分布

在经济活动中，某一事件在相同的条件下可能发生，也可能不发生，这类事件称为随机事件。概率就是用来表示随机事件发生可能性大小的数值。通常把必然发生事件的概率定为 1，把不可能发生事件的概率定为 0，而一般随机事件的概率是介于 0 与 1 之间的一个数，一般用 P_i 来表示随机事件的概率，其有如下特点：

(1) 任何事件的概率不大于 1，不小于 0，即：$0 \leqslant P_i \leqslant 1$；

(2) 所有可能结果的概率之和等于 1，即：$\sum_{i=1}^{n} P_i = 1$；

(3) 必然事件的概率等于 1，不可能事件的概率等于 0。

2. 离散型分布和连续型分布

如把某一事件的所有可能结果按照一定规则进行列示，对每一结果给予一定的概率，便可构成概率的分布。概率分布有两种类型，一种是离散型分布，其特点是概率分布在各个特定的点上。另一种是连续性分布，其特点是概率分布在连续图像的两点之间的区间上。两者的区别在于，离散型分布中的概率是可数的，而连续型分布中的概率是不可数的。

(1) 离散型分布

【例 2-14】有甲、乙两个公司的股票作为投资项目的备选方案，并假设有四种不同的经济情况，即繁荣、正常、衰退和萧条，且其概率相同，但其收益有所差别，如表 2-2 所示。

表 2-2　甲、乙公司股票投资未来收益状态分布表

经济情况	概率(P_i)		收益率(%)	
	甲公司	乙公司	甲公司	乙公司
繁荣	$P_i = 0.25$	$P_i = 0.25$	50%	9%
正常	$P_i = 0.25$	$P_i = 0.25$	30%	−12%
衰退	$P_i = 0.25$	$P_i = 0.25$	10%	20%
萧条	$P_i = 0.25$	$P_i = 0.25$	−20%	5%

例 2-14 就属于离散型分布，因为甲、乙项目的概率都只有一个取值。如图 2-13。

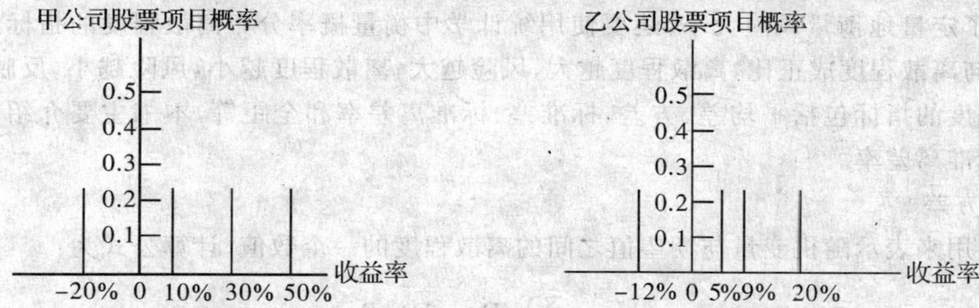

图 2-13

(2) 连续型分布

实际上，出现的经济状况远不只四种，可能有无数种可能的情况出现。如果对每种情况都赋予一个概率，并分别测定其报酬率，则可用连续型分布加以描述，如图 2-14。

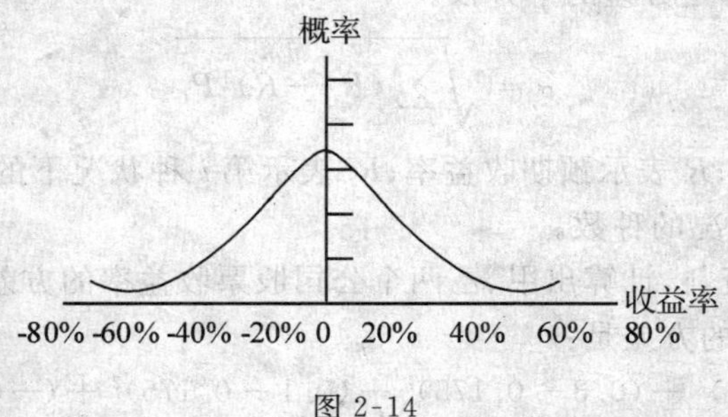

图 2-14

图 2-14 给出的概率呈正态分布，实际上并非所有问题的概率都呈正态分布，但是按统计学的理论，不论总体分布是否呈正态分布，当样本很大时，其样本平均数都呈正态分布。一般说来，如果被研究的变量受彼此独立的大量偶然因素的影响，并且每个因素在总的影响中只占很小的部分，则这个总影响所引起的数量上的变化，就近似服从正态分布。所以，正态分布在统计上被广泛应用。

3. 预期报酬率

预期报酬率是指各种可能的报酬率按概率加权计算的平均报酬率，又称为预期值或均值。它表示在一定的风险条件下，期望得到的平均报酬率，其计算公式为：

$$\text{预期收益率}(\overline{R}) = \sum_{i=1}^{n}(R_iP_i)$$

式中，$\overline{R}$ 为预期收益率；P_i 为第 i 种结果出现的概率；R_i 为第 i 种结果获得的收益率；n 为所有可能结果的数目。

据此，计算例 2-14 甲、乙公司股票投资的预期收益率：

$$\overline{R}_{\text{甲}} = \sum_{i=1}^{n}R_iP_i = (0.5+0.3+0.1-0.2)\times 0.25 = 0.175 = 17.5\%,$$

$$\overline{R}_{\text{乙}} = \sum_{i=1}^{n}R_iP_i = (0.09-0.12+0.2+0.05)\times 0.25 = 0.055 = 5.5\%。$$

4. 离散程度

投资报酬是一个变量，变量的具体值一般不会等于期望值，两者总是在期望值上下波动。在评价一个期望值的代表性强弱时，要依据投资报酬的具体数值对期望值的偏离程度来确定。为了定量地衡量风险大小，还要使用统计学中衡量概率分布离散程度的指标。一般来说，风险与离散程度成正比，离散程度越大，风险越大；离散程度越小，风险越小。反映随机变量离散程度的指标包括平均差、方差、标准差、标准离差率和全距等，本书主要介绍方差、标准差和标准离差率。

(1) 方差

方差用来表示随机变量与期望值之间的离散程度的一个数值。计算公式为：

$$\sigma^2 = \sum_{i=1}^{n}(R_i - \bar{R})^2 P_i$$

式中：σ^2 表示方差；$\bar{R}$ 表示预期收益率；R_i 表示第 i 种状况下的收益率；P_i 表示这种状况出现的概率。

(2) 标准差

标准差也叫均方差，是方差的平方根。

$$\sigma = \sqrt{\sum_{i=1}^{n}(R_i - \bar{R})^2 P_i}$$

式中：σ 表示标准差；$\bar{R}$ 表示预期收益率；R_i 表示第 i 种状况下的收益率；P_i 表示这种状况出现的概率；n 表示状况的种数。

根据例 2-14 所给资料，计算出甲、乙两个公司股票收益率的方差和标准差。

甲公司股票收益率的方差是：

$$\sigma_{甲}^2 = [(0.5 - 0.175)^2 + (0.3 - 0.175)^2 + (0.1 - 0.175)^2 + (-0.2 - 0.175)^2] \times 0.25$$
$$= 0.066875。$$

甲公司股票收益率的标准差是：

$$\sigma_{甲} = \sqrt{\sigma_{甲}^2} = \sqrt{0.066875} = 25.86\%。$$

乙公司股票收益率的方差是：

$$\sigma_{乙}^2 = [(0.09 - 0.055)^2 + (-0.12 - 0.055)^2 + (0.2 - 0.055)^2 +$$
$$(0.05 - 0.055)^2] \times 0.25$$
$$= 0.013225。$$

乙公司股票收益率的标准差是：

$$\sigma_{乙} = \sqrt{\sigma_{乙}^2} = \sqrt{0.013225} = 11.50\%。$$

(3) 标准离差率

若投资项目的规模不同，则比较它们的风险或不确定性时，用标准差作为风险的衡量标准可能会引起误解。为了调节投资的规模或范围，可以标准离差率来反映随机变量离散的程度。标准离差率是资产收益率的标准差与期望值之比，也称为变异系数。

标准离差率的计算公式为：

$$Q = \sigma / \bar{R}$$

式中：Q 为标准离差率或变异系数；σ 表示标准差；$\bar{R}$ 表示预期收益率。

根据例 2-14 所给资料，计算甲、乙公司股票收益率的变异系数。

(1) 甲公司股票收益率的变异系数为：$Q_{甲} = \sigma_{甲} / \bar{R}_{甲} = \dfrac{25.86\%}{17.5} = 1.48$。

(2) 乙公司股票收益率的变异系数为：$Q_{乙} = \sigma_{乙} / \overline{R}_{乙} = \frac{11.50\%}{5.5} = 2.09$。

计算结果说明，当以各自的预期收益率为观察基础时，甲公司股票收益率的标准差是其期望值的1.48倍，而乙公司股票收益率的标准差是其期望值的2.09倍。所以，虽然甲公司股票收益率的标准差大于乙公司股票收益率的标准差，但其变异系数却远低于乙公司，说明投资甲公司股票的风险要小一些。

标准差和方差都是用绝对指标来衡量资产的风险大小，只适用于期望值相同的决策方案风险程度比较、在预期收益率相同的情况，标准差或方差越大，则风险越大；标准差或方差越小，则风险也越小。对于期望值不同的决策方案，评价和比较其各自的风险程度只能借助标准离差率这一相对指标，它表示某资产单位预期收益所包含的风险大小。一般情况下，标准离差率越大，资产的相对风险越大；相反，标准离差率越小，资产的相对风险越小。

(二) 风险与报酬的关系

虽然标准离差率能正确地评价投资项目的风险程度，但人们更关心的是风险报酬。每一个投资者都希望在最短的时间里，以最少的投资和最小的风险获取最大的收益。总的来说，在证券市场上存在着四种风险与收益组合而成的投资机会：(1) 高风险与低收益；(2) 低风险与高收益；(3) 高风险与高收益；(4) 低风险与低收益。由于大部分投资者为风险厌恶者，所有理性的投资者都不会涉及第一类投资机会，第二类投资机会几乎不存在，因为若真有这种机会，投资者势必趋之若鹜，价格将迅速上升，收益便会降低，从而成为第四类机会。这样一来，在证券市场上只有两种投资机会供投资者选择，即：高风险与高收益和低风险与低收益。

对于投资者来说，要获得高收益，就必须承受高风险，高收益必然伴随高风险。但反过来，高风险的投资机会却并不一定能确保高收益的实现，因为高风险的本身就意味着收益具有较大的不确定性，高风险的结果可能是高收益，也可能是低收益，甚至可能是高损失，可见收益是以风险为代价的。因此，要使投资者心甘情愿地承担一份风险，必须以一定的收益作为回报或补偿，风险越大，补偿应越高，也就是说，收益与风险的基本关系是：风险越大，要求的投资收益率越高。风险和收益之间的这种关系，是市场竞争的结果，其关系可表示如下：

$$预期收益率 = 无风险报酬率 + 风险报酬率$$

由于风险报酬率与风险程度成正比，所以，风险报酬率可以通过变异系数和风险报酬斜率来确定，即：

$$R_r = bQ$$

式中，R_r 为风险报酬率；Q 为标准离差率；b 为风险报酬斜率，也称风险报酬系数。

在实际工作中，确定风险报酬斜率 b 可采取以下四种方法：

(1) 通过对相关投资项目的总投资收益率和标准离差率，以及同期的无风险收益率的历史资料进行分析。

(2) 根据相关数据进行统计回归推断。

(3) 由企业主管投资的人员会同有关专家定性评议获得。

(4) 由专业咨询公司按不同行业定期发布，供投资者参考使用。

根据例2-14所给资料，若甲公司的风险报酬斜率为10%，乙公司的风险报酬斜率为12%，现在甲公司投资股票的金额为100万元，乙公司投资股票的金额为200万元，则甲、乙两公司获得的风险报酬额分别为多少？

(1) 甲公司的风险报酬率为：$R_r = 10\% \times 1.48 = 14.8\%$；

甲公司的风险报酬额为：$14.8\% \times 100 = 14.8$(万元)。

(2) 乙公司的风险报酬率为：$R_r = 12\% \times 2.09 = 25.08\%$；

乙公司的风险报酬额为：$25.08\% \times 200 = 50.16$(万元)。

四、证券投资组合理论

(一) 证券投资组合理论定义

证券投资组合，是指在一定市场条件下，由不同类型和种类、以一定比例搭配的若干种证券所构成的一项资产。证券组合的目的，在于将各种不同类型和种类的证券进行最有效的搭配，以保证在预期的收益率前提下使投资风险最小，或在既定的风险前提下使投资收益率最大。

(二) 证券投资组合理论起源

现代投资组合理论大量采用数学或统计等学科的定量分析方法，从证券的预期收益与风险的相互关系出发，研究如何使证券组合的收益最大或风险最小。现代投资组合理论的创始人是美国经济学家马柯维茨，他于1952年发表的论文"证券组合选择"和于1959年出版的同名专著是现代投资组合理论的起源，为现代证券理论的建立和发展奠定了基础。马柯维茨认为证券的投资收益与风险之间存在着一定的关系，投资风险分散有其规律性。他在论文中着重阐述了证券收益和风险的主要原理和衡量方法，建立了均值 — 方差证券组合模型的基本框架，并论述了投资者应如何合理地组合自己的资金，以使投资组合在一定的风险之下取得最大的预期收益率。

(三) 现代证券投资组合理论的基本假设

(1) 假设证券市场充分有效，即证券的价格能够充分反映所有可以获得的信息。在这样的市场上，信息传播迅速，证券价格对信息的反应及时、充分，所有市场参与者都能同等地得到充分的投资信息。

(2) 假设影响投资决策的主要因素为期望收益率和风险两项，并且各种证券的收益和风险可以定量描述，各种证券的未来投资收益率是个随机变量并满足正态分布。

(3) 假设投资者都是收益偏好者，即当给定两个预期收益不同但其余条件都相同的证券组合时，投资者将选择预期收益较高的组合。

(4) 假设投资者都是风险厌恶者，即只有在可能获得更高的预期投资收益率时，投资者才会愿意承担更大的投资风险。

(5) 假设投资者都是理性中人，他们完全根据证券组合的期望值(即预期收益率) 和标准差(即风险) 进行投资决策，并在既定收益率下，总是力求选择风险最低的投资机会；在既定风险水平上，总是力求选择预期收益率最高的投资机会。

(四) 证券投资组合的风险与收益的衡量

1. 证券投资组合的预期收益率

资产组合的预期收益率，就是组成资产组合的各种资产的预期收益率的加权平均数，其

权数等于各种资产在整个组合中所占的价值比值。可以表示为：

$$\overline{R}_p = \sum_{j=1}^{m} \overline{R}_j W_j$$

其中，$\overline{R}_p$ 为投资组合的预期收益率；$\overline{R}_j$ 为投资组合中第 j 种证券的预期收益率；W_j 为投资组合中第 j 种证券在投资组合全部投资额中的比重；m 是组合中证券种类总数。

【例 2-15】某企业拟分别投资于 A 资产和 B 资产，其中，投资于 A 资产的预期报酬率为 8%，计划投资额为 500 万元；投资于 B 资产的预期报酬率为 12%，计划投资额为 500 万元。则该投资组合的预期收益率为多少？

解：投资组合的预期收益率为：

$$E(R_p) = \sum_{i=1}^{n} W_i \times E(R_i) = 8\% \times \frac{500}{500+500} + 12\% \times \frac{500}{500+500}$$
$$= 10\%。$$

2. 证券投资组合的风险度量

(1) 两项资产组合的风险

在一个由两项资产构成的投资组合中，如果某一项目的收益率呈上升趋势，另一投资项目的收益率可能上升，可能下降，也可能不变。在证券投资组合的分析中，我们常常利用协方差和相关系数两个指标来测算组合中任意两个投资项目收益率之间的变动关系，利用方差和标准差测算两项资产构成的投资组合的总风险。

① 协方差

协方差是一个用于测量投资组合中某一具体投资项目相对于另一投资项目风险的统计指标。从本质上讲，组合内各种投资组合相互变化的方式影响着投资组合的整体方差，从而影响其风险。协方差的计算公式为：

$$\text{Cov}(R_1, R_2) = \frac{1}{n}\sum_{i=1}^{n}(\overline{R}_{1i} - R_1)(R_{2i} - \overline{R}_2)$$

式中：$\text{Cov}(R_1, R_2)$ 为投资于两种资产收益率的协方差；R_{1i} 为第 i 种投资结构下投资于第 1 种资产的投资收益率；$\overline{R}_1$ 为投资于第 1 种资产的期望收益率；R_{2i} 为第 i 种投资结构下投资于第 2 种资产的投资收益率；$\overline{R}_2$ 为投资于第 2 种资产的期望收益率；n 为不同投资组合的种类数。

协方差计算的结果可能是正值，也可能为负值，它们分别显示了两个投资项目之间收益率变动的方向。当协方差为正值时，表示两种资产的收益率呈同方向变化；当协方差为负值时，表示两种资产的收益率呈反方向变化。协方差的绝对值越大，表示这两种资产收益率的关系越密切；反之，则疏远。

② 相关系数

为了使协方差更容易于接受，可以将其标准化，用协方差除以两个投资方案的投资收益率的标准差之积，得出一个与协方差具有相同性质但却没有量纲的数。我们将这个数称为这两个项目的相关系数。其计算公式为：

$$\rho_{1,2} = \frac{\text{Cov}(R_1, R_2)}{\sigma_1 \sigma_2}$$

式中：$\rho_{1,2}$ 是证券 1 和证券 2 报酬率之间的相关系数；$\text{Cov}(R_1, R_2)$ 为投资于两种资产收益率的协方差；σ_1 是第 1 种证券的标准差；σ_2 是第 2 种证券的标准差。

相关系数的正负与协方差的正负相同。所以当相关系数为正值时，两种资产的收益率呈同方向变动，负值则意味着反方向变动。相关系数总是在 -1 至 $+1$ 范围内变动。-1 代表完全负相关，$+1$ 代表完全正相关，0 则代表不相关。

由 $\rho_{1,2}=\dfrac{\mathrm{Cov}(R_1,R_2)}{\sigma_1\sigma_2}$，我们可以推导出另一计算公式：

$$\mathrm{Cov}(R_1,R_2)=\sigma_{1,2}=\rho_{1,2}\sigma_1\sigma_2$$

式中：$\sigma_{1,2}$ 为投资于两种资产收益率的协方差。

③ 方差和标准差

两项资产组合的收益率的方差满足以下关系式：

$$\sigma_p^2=W_1^2\sigma_1^2+W_2^2\sigma_2^2+2W_1W_2\rho_{1,2}\sigma_1\sigma_2$$

式中：σ_p 表示资产组合的标准差；σ_1 和 σ_2 分别表示两种证券的标准差；W_1 和 W_2 分别表示两种证券所占的价值比例。

$$\sigma_p=\sqrt{\sigma_p^2}=\sqrt{W_1^2\sigma_1^2+W_2^2\sigma_2^2+2W_1W_2\rho_{1,2}\sigma_1\sigma_2}$$

当 $\rho_{1,2}=1$ 时，表明两项资产的收益率具有完全正相关关系，即收益率变化方向和变化幅度完全相同，此时 σ_p^2 达到最大。组合的风险等于组合中各项风险的加权平均值，两项资产的风险完全不能互相抵消，所以这样的资产组合不能降低风险。

当 $\rho_{1,2}=-1$ 时，表明两项资产的收益率具有完全负相关关系，即收益率变化方向和变化幅度完全相反，此时 σ_p^2 达到最小，甚至可能为 0。组合的风险等于组合中各项风险的加权平均值，两项资产的风险可以充分地互相抵消，甚至可以完全消除，所以这样的资产组合能最大程度地抵消风险。

在实际生活中，两项资产完全正相关或完全负相关的情况几乎不存在，绝大多数资产两两之间都具有不完全的相关关系，即 $-1<\rho_{1,2}<1$。此时，$0<\sigma_p<(W_1\sigma_1+W_2\sigma_2)$，资产组合的标准差小于组合中各资产标准差的加权平均值，这样的资产组合可以分散风险。

【例 2-16】 某公司现有两个投资项目可供选择，有关资料如表 2-3 所示。

表 2-3 甲、乙投资项目的预测信息

市场销售情况	概率	甲项目的收益率	乙项目的收益率
很好	0.2	30%	25%
一般	0.4	15%	10%
很差	0.4	−5%	5%

要求：

(1) 计算甲、乙两项目的预期收益率、标准差和标准离差率。

(2) 公司决定对每个投资项目要求的收益率都在 8% 以上，并要求所有项目的标准离差率不得超过 1，那么应该选择哪一个项目？假定关系式：预期收益率 $=R_f+b\times V$ 成立，政府短期债券的收益率是 4%，计算所选项目的风险价值系数 b。

解：(1) 甲项目的预期收益率 $=0.2\times30\%+0.4\times15\%+0.4\times(-5\%)=10\%$，

乙项目的预期收益率 $=0.2\times25\%+0.4\times10\%+0.4\times5\%=11\%$，

甲项目的标准差

$= \sqrt{(30\% - 10\%)^2 \times 0.2 + (15\% - 10\%)^2 \times 0.4 + (-0.5\% - 10\%)^2 \times 0.4}$
$= 13.41\%$，

乙项目的标准差

$= \sqrt{(25\% - 11\%)^2 \times 0.2 + (10\% - 11\%)^2 \times 0.4 + (5\% - 11\%)^2 \times 0.4}$
$= 7.35\%$，

甲项目的标准离差率 $= 13.41\%/10\% = 1.34$，

乙项目的标准离差率 $= 7.35\%/11\% = 0.67$。

(2) 两个项目的预期收益率均超过必要收益率 8%，但是甲项目的标准离差率大于 1，所以应该选择乙项目。

从(1) 中的计算可知：乙项目的预期收益率 $= 11\% = 4\% + b \times 0.67$，

从上面的式子中求出：$b = (11\% - 4\%) \div 0.67 = 10.45\% = 0.1045$。

④ 两种证券组合的投资比例与有效集

为了了解投资比例对投资组合的预期收益率和标准差的影响，我们通过一组变换投资比例的案例来说明此影响。

【例 2-17】假设某投资组合由 A、B 两种证券构成，A 证券的预期收益率为 10%，标准差为0.12；B 证券的预期收益率为 18%，标准差为 0.20。投资比例各占 50%。两种证券的相关系数为 0.2。则该投资组合的预期收益率：$\overline{R}_p = \sum_{j=1}^{m} \overline{R}_j W_j = 10\% \times 50\% + 18\% \times 50\% = 14\%$。

该投资组合的标准差为：

$$\sigma_p = \sqrt{\sigma_p^2} = \sqrt{W_1^2\sigma_1^2 + W_2^2\sigma_2^2 + 2W_1W_2\rho_{1,2}\sigma_1\sigma_2}$$
$$= \sqrt{0.5^2 \times 0.12^2 + 0.5^2 \times 0.2^2 + 2 \times 0.5 \times 0.5 \times 0.2 \times 0.12 \times 0.2}$$
$$= 0.1265。$$

假设改变该两种证券的投资比例，我们会发现投资组合的预期收益率和标准差也会发生变化，计算结果如表 2-4。

表 2-4　不同投资比例的组合

组合	A 的投资比例	B 的投资比例	组合的预期收益率	组合的标准差
1	1	0	10.00%	0.1200
2	0.8	0.2	11.60%	0.1111
3	0.6	0.4	13.20%	0.1178
4	0.4	0.6	14.80%	0.1379
5	0.2	0.8	16.40%	0.1665
6	0	1	18.00%	0.2000

图 2-15 描绘出随着对两种证券投资比例的改变，预期收益率与风险之间的关系。图表中黑点与表 2-4 中的六种投资组合一一对应，连接这些黑点所形成的曲线称为机会集，它反映出风险与报酬率之间的权衡关系。

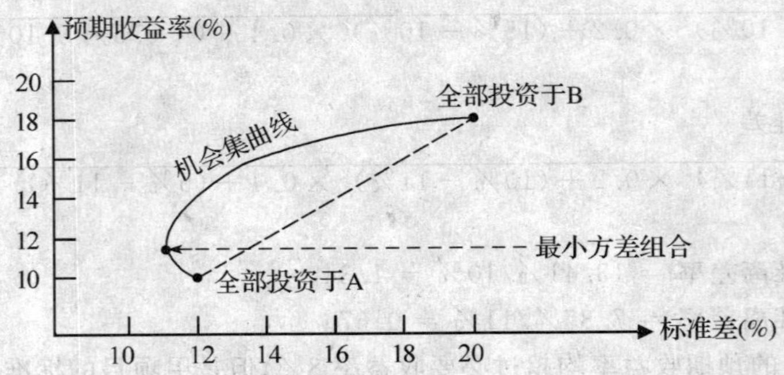

图 2-15　投资于两种证券组合的机会集

该图有几项特征是非常重要的：

(1) 它揭示了分散化效应：机会集曲线愈是向左弯曲，分散化效应越是明显。

(2) 它表达了最小方差组合：机会集曲线最左边的一点为最小方差组合。

(3) 它表达了投资的有效集合：投资者的所有有效组合只能出现在机会集曲线上，而不会出现在该曲线上方或下方。

⑤ 相关性对风险的影响

图 2-15 中，只列示了相关系数为 0.2 与 1 的机会集曲线，如果增加一条相关系数为 0.5 的机会集曲线，就会变成图 2-16。从图 2-16 中可以看出：(1) 相关系数为 0.5 的机会集曲线与完全正相关的直线的距离缩小了，并且没有向后弯曲的部分；(2) 最小方差组合是 100% 投资于 A 证券；(3) 将任何比例的资金投资于 B 证券，所形成的投资组合的方差都会高于将全部资金投资于风险较低的 A 证券的方差，因此，新的有效边界就是整个机会集；(3) 证券报酬率的相关系数越小，机会集曲线就越弯曲，风险分散化效应也就越强；证券报酬率之间的相关性越高，风险分散化效应就越弱。完全正相关的投资组合，不具有风险分散化效应，其机会集是一条直线。

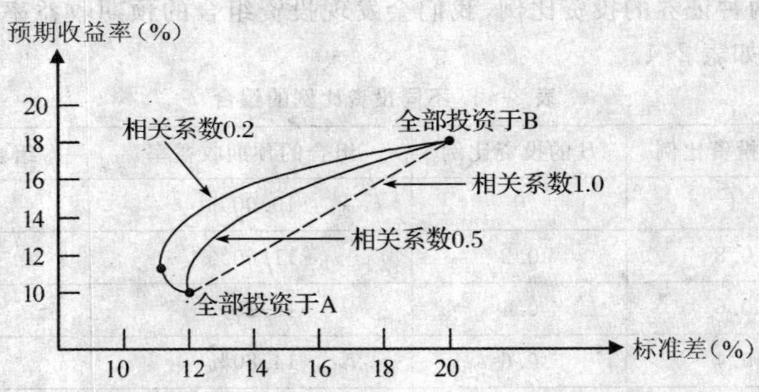

图 2-16　不同相关系数情况下两种证券组合的机会集

(2) 多项资产组合的风险

① 方差和标准差

由于投资组合中各种投资工具存在相关性，其方差和标准差不是各种证券标准差的简单加权平均，计算公式为：

$$\sigma_p^2=\sum_{j=1}^{m}\sum_{k=1}^{m}W_jW_k\sigma_{jk}$$

$$\sigma_p=\sqrt{\sum_{j=1}^{m}\sum_{k=1}^{m}W_jW_k\sigma_{jk}}$$

其中：σ_p^2 为多种投资组合的方差；σ_P 为多种投资组合的标准差；m 是组合内证券种类总数；W_j 和 W_k 分别是第 j、k 种证券在投资总额中的比例；σ_{jk} 是第 j 种证券与第 k 种证券报酬率的协方差。

② 多项资产投资组合的协方差比标准差重要

投资组合的标准差计算公式 $\sigma_p=\sqrt{\sum_{j=1}^{m}\sum_{k=1}^{m}W_jW_k\sigma_{jk}}$ 表明，影响证券投资组合的标准差不仅取决于单个证券的标准差，而且还取决于证券之间的协方差。随着证券组合中证券个数的增加，协方差项比方差项越来越重要。当一个投资组合扩大到能够包含所有证券时，只有协方差是重要的，方差项将变得微不足道。因此，充分投资组合的风险，只受证券之间协方差的影响，而与各证券本身的方差无关。

③ 多项资产组合的风险分散

一般而言，两项资产通常具有不完全相关的关系，随着资产组合中资产个数的增加，资产组合的风险会逐渐降低。但当资产数目增加到一定程度时，资产组合的风险将会趋于平稳。

那些只反应资产本身特性，由方差表示的各资产本身的风险会随着组合中资产的个数增加而逐渐减小，当个数足够大时，这部分风险可以完全消除掉，此类风险称作非系统风险。

而由协方差表示的各资产收益率之间相互作用、共同运动所产生的风险，并不能通过资产数目的增加而消失，此类始终存在、最终无法消除的风险称作系统风险。

值得注意的是，在风险分散化的过程中，不应当过分夸大投资多样性和增加投资项目的作用。在投资组合投资项目增加的初期，风险分散的效应比较明显，但增加到一定程度，风险分散的效应就会逐渐减弱。如果数量增加到绝大多数非系统风险均已被消除的时候，再增加投资项目，多分散风险，也没有多大实际意义，更不能指望消除所有的风险，因为被分散的只是非系统风险，系统风险不能被消除。

④ 多种证券投资组合的风险与报酬

对于两种以上证券构成的组合，以上原理同样适用。值得注意的是，多种证券组合的机会集不同于两种证券的机会集，两种证券的所有可能组合都落在一条曲线上，而两种以上证券的所有可能组合会落在一个平面中，见图 2-17 中的阴影部分所示。这个机会集反映了投资者所有的可能投资组合，图中阴影部分中的每一点都与一种可能的投资组合相对应。随着可供投资证券数量的增加，所有可能的投资组合数量将呈几何级数上升。

最小方差组合是图 2-17 最左端的点，它具有最小组合标准差。多种证券组合的机会集外缘有一段向后弯曲，这与两种证券组合中的现象类似：不同证券风险率相互抵消，产生风险分散化效应。

在图 2-17 中以粗线描出的部分，称为有效集或有效边界，它位于机会集的顶部，从最小方差组合点起到最高预期报酬率点止。投资者应在有效集上寻找投资组合，有效集以外的投资组合与有效边界上的组合相比，有三种情况：相同的标准差和较低的预期收益率，相同的预期收益率和较高的标准差，较低报酬率和较高的标准差，这些投资组合都是无效的。如果你的投资组合是无效的，可以通过改变投资比例转换到有效边界上的某个组合，以达到提高预期收益率而不增加风险，或者降低风险而不降低预期收益率，或者得到一个既提高预期收益率又降低风险的组合。

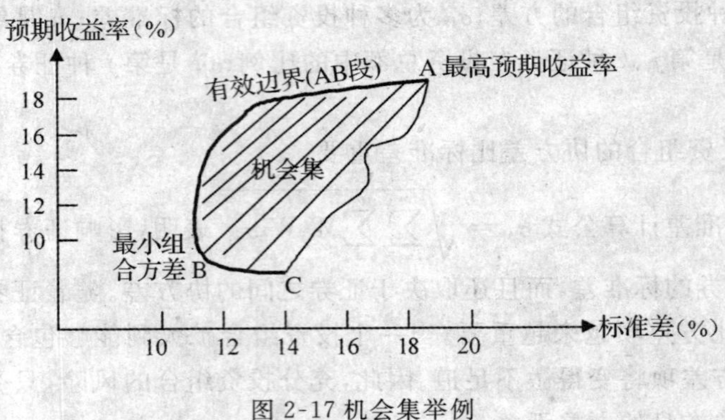

图 2-17 机会集举例

3. 资本市场线

如图 2-18 所示，从无风险资产的收益率(Y 轴的 R_f)开始，与机会集做有效边界的切线，切点为 M，该直线被称为资本市场线。

现将有关资本市场线的有关问题说明如下：

① 假设存在无风险资产，投资者可以在资本市场上借到钱，将其纳入自己的投资总额，或者可以将多余的钱贷出。无论借入和贷出，利率都是固定的无风险资产的报酬率。R_f 代表无风险资产的报酬率，其标准差为零，即报酬率是确定的。

② 存在无风险资产的情况下，投资人可以通过贷出资金减少自己的风险，当然也会同时降低预期的报酬率。最厌恶风险的人可以全部将资金贷出，例如购买政府债券并持有至到期。偏好风险的人可以借入资金，增加购买风险资产的资本，以使预期报酬率增加。

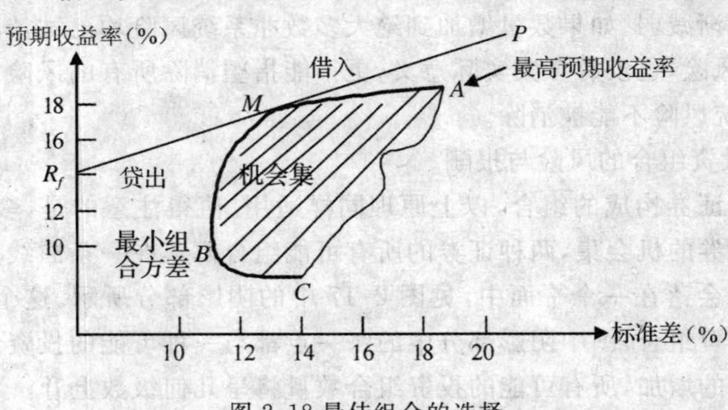

图 2-18 最佳组合的选择

③ 切点 M 是市场均衡点，它代表唯一最有效的风险资产组合，它是所有证券以各自的总市场价值为权数的加权平均组合，我们将其定义为“市场组合”。虽然理智的投资者可能选择有效边界线上的任何有效组合，因为它们在任何给定风险水平下收益最大，但是无风险资产的存在，使投资者可以同时持有无风险资产和市场组合(M)，从而位于 MR_f 上的某点。MR_f 上的组合与有效边界上的组合相比，它的风险小而报酬率与之相同，或者报酬高而风险

与之相同，或者报酬高且风险小。

④ 图中的直线揭示出持有不同比例的无风险资产和市场组合情况下风险和预期报酬率的权衡关系。直线的截距表示无风险利率，它可以视为等待的报酬率，即时间价值。直线的斜率代表风险的市场价格，它告诉我们当标准差增长某一幅度时相应要求的报酬率的增长幅度。直线上的任何一点都可以告诉我们投资于市场组合和无风险资产的比例，在 M 点的左侧，你将同时持有无风险资产和风险资产组合。在 M 点的右侧，你将仅持有市场组合 M，并且会借入资金以进一步投资于组合 M。

⑤ 个人的效用偏好与最佳风险资产组合相独立。投资者个人对风险的态度仅仅影响借入或贷出的资金量，而不影响最佳风险资产组合。其原因是当存在无风险资产并可按无风险利率自由借贷时，市场组合优于所有其他组合。对于不同风险偏好的投资者来说，只要能以无风险利率自由借贷，他们都会选择市场组合 M，这就是所谓的分离定理，它也可表述为最佳风险资产组合的确定独立于投资者的风险偏好。它取决于各种可能风险组合的预期收益率和标准差。个人的投资行为可分为两个阶段：先确定最佳风险资产组合，后考虑无风险资产和最佳风险资产组合的理想组合，只有第二阶段受投资人风险反感程度的影响。分离定理在理财方面非常重要，它表明企业管理层在决策时不必考虑每位股东对风险的态度，证券的价格信息完全可用于确定投资者所要求的报酬率，该报酬率可指导管理层进行有关决策。

五、资本资产定价模型

资本资产定价模型（Capital Asset Pricing Model，CAPM）由 1990 年诺贝尔经济学奖得主威廉 · 夏普于 1964 年首先提出。20 世纪 60 年代中期以后，又有许多学者分别提出了资本资产定价的问题，并对 CAPM 进行了大量的实证研究，检验和发展了 CAPM。CAPM 是一种描述风险与预期报酬之间关系的模型，它的提出对证券投资的学术研究和实际工作产生了重大影响，它使人们由长期采用的规范研究转为实证研究，由定性分析转为定量分析。这一模型现在被广泛运用于证券估价、测定组合绩效、决定资本预算以及管理公共事业股票等实际工作中。

(一) 基本含义与模型

资本资产定价模型（CAPM）的基础是个人投资者可以根据自己所愿意承受的风险程度，来选择无风险资本与一个风险资产的投资组合。只有当风险资产的报酬能够抵消其风险时，投资者才会持有这种资产。

根据风险与报酬的一般关系，某资产的必要报酬率是由无风险报酬率和该资产的风险报酬率决定的。即：必要报酬率 ＝ 无风险报酬率 ＋ 风险报酬率

资本资产定价模型的一个主要贡献就是解释了风险报酬率的决定因素和度量方法，其核心公式为：

$$R = R_f + \beta \times (R_m - R_f)$$

式中：R 为某资产的必要报酬率；β 为该资产的系统风险系数；R_f 为无风险报酬率，通常以短期国债的利率来近似替代；R_m 为市场组合报酬率，通常用股票价格指数报酬率的平均值或所有股票的平均报酬率来替代。

公式中的 $(R_m - R_f)$ 称为市场风险溢价，它是附加在无风险报酬率之上的，由于承担的

是市场平均风险所要求获得的补偿，它反映的是市场作为整体对风险的平均“容忍”程度，对风险越是厌恶和回避，要求的补偿就越高，因此，市场风险溢价的数值就越大。反之，如果市场的抗风险能力强，则对风险的厌恶和回避就不是很强烈，因此，要求的补偿就越低，所以市场风险溢价的数值就越小。某项资产的风险收益率是该资产的 β 系数与市场风险溢价的乘积，即风险收益率 $=\beta(R_m - R_f)$。

(二) 资本资产定价模型的假设

获得诺贝尔经济学奖的资本资产定价模型，是在一系列假设的基础上推导出来的，这些假设涉及现实中投资者的行为和资本市场的条件。资本资产定价模型建立在如下基本假设之上：

(1) 所有投资者均追求单期财富的期望效用最大化，并以各备选组合的期望收益和标准差为基础进行组合选择；

(2) 所有投资者均可以无风险利率无限制地借入或贷出资金；

(3) 所有投资者拥有同样预期，即对所有资产收益的均值、方差和协方差等，投资者均有完全相同的主观估计；

(4) 所有的资产均可被完全细分，拥有充分的流动性且没有交易成本；

(5) 税收和交易成本都可以忽略不计，信息是免费的并且立即可得，即市场环境是无摩擦的；

(6) 所有投资者均为价格接受者，即任何一个投资者的买卖行为都不会对股票价格产生影响；

(7) 所有资产的数量是给定的和固定不变的。

(三) 系统风险的衡量

单项资产或投资组合受系统风险影响的程度，可以通过系统风险系数(β 系数) 来衡量。

1. 单项资产的系统风险系数(β 系数)

单项资产的 β 系数是表示单项资产报酬率的变动受市场平均报酬率变动的影响程度的一个量化指标，换句话说，就是相对于市场组合的平均风险而言，单项资产所含的系统风险的大小。

系统风险系数或 β 系数的定义式如下：

$$\beta_i = \frac{\mathrm{Cov}(R_i, R_m)}{\sigma_m^2} = \frac{\rho_{i,m}\sigma_i\sigma_m}{\sigma_m^2} = \rho_{i,m} \times \frac{\sigma_i}{\sigma_m}$$

式中，$\rho_{i,m}$ 为第 i 项资产的报酬率与市场组合的报酬率的相关系数；σ_i 是该项资产报酬率的标准差；σ_m 是市场组合的报酬率的标准差。

2. 投资组合的系统风险系数(β_p)

对于投资组合来说，其所含的系统风险的大小可以用 β_p 系数来衡量。投资组合的 β_p 系数是所有单项资产 β 系数的加权平均数，权数为各种资产在资产组合中所占的价值比重。其计算公式如下：

$$\beta_p = \sum_{i=1}^{n} w_i \times \beta_i$$

式中，β_p 为投资组合的系统风险系数；w_i 为第 i 项资产在投资组合中所占的比重；β_i 为第 i 项资产的 β 系数。

由于单项资产的β系数不尽相同，因此通过替换投资组合中的资产或改变不同资产在组合中的比例，可以改变组合的风险特性。

【例 2-18】某投资组合由 A、B、C 三项资产组成，有关机构公布的各项资产的β系数分别为0.6，1.0和1.8。假定各项资产在投资组合中的比重分别为25%、40%和35%，则该投资组合的β系数是多少？

解：根据公式 $\beta_p = \sum_{i=1}^{n} w_i \times \beta_i$，投资组合的 $\beta_p = 0.6 \times 25\% + 1.0 \times 40\% + 1.8 \times 35\% = 1.18$。

3. *市场组合的概念*

市场组合是指由市场上所有资产的组合，它的收益率就是市场平均收益率，实际工作中通常用股票价格指数的收益率来代替。而市场组合的方差则代表了市场整体的风险。由于包含了所有的资产，因此，市场组合中的非系统风险已经被消除，所以市场组合的风险就是市场风险。

根据上述β系数的定义式可知，当某资产的β系数等于1时，说明该资产的收益率与市场平均收益率呈同方向、同比例变化，即该资产所含的系统风险与市场组合的风险一致；当β系数小于1时，说明该资产收益率的变动幅度小于市场组合收益率的变动幅度，因此其所含的系统风险小于市场组合的风险；当某资产的β系数大于1时，说明该资产收益率的变动幅度大于市场组合收益率的变动幅度，因此其所含的系统风险大于市场组合的风险。

绝大多数β系数是大于零的，即绝大多数资产收益率的变化方向与市场平均收益率的变化方向一致，只是变化幅度不同导致β系数的不同。极个别资产的β系数是负数，这说明该资产的收益率的变化方向与市场平均收益率的变化方向相反，当市场平均收益率增加时，这类资产的收益却在减少。

β系数的实际计算过程非常复杂，并且需要大量参考数据，一般只有证券资产才能计算出β系数。因此，在实际工作中，一般不由投资者自己计算β系数，而是由咨询机构定期公布。因此，本书假设β系数为已知数据。

(四) 证券市场线

按照资本资产定价模型理论，单一证券的系统风险可由β系数来度量，而且其风险与收益的关系可由证券市场线来描述。将证券市场描述在以β为横坐标，以必要收益率为纵坐标的平面上得到的一条直线，证券市场上任何一点 A 都表明某一证券 j 的必要收益率 R_j 与其 β_j 之间的对应关系，计算关系式为：$R_j = R_f + \beta_j \times (R_m - R_f)$。如图 2-19 所示。

1. *证券市场线（SML）是对证券市场的描述*

证券市场线的斜率是市场风险溢酬($R_m - R_f$)，市场风险溢酬($R_m - R_f$)反映市场整体对风险的偏好，如果风险厌恶程度越高，要求的补偿就越高，($R_m - R_f$)的数值就越大，那么证券市场线的斜率就越大，因此证券市场线会比较陡，这时一项资产的系统风险水平稍有变化，就会导致该资产的必要收益率发生较大幅度的变化；相反，如果多数市场参与者对风险的关注程度较小，证券市场将会先变得平稳一些，这时资产的必要收益率受其系统风险的影响较小，如图 2-20 所示。

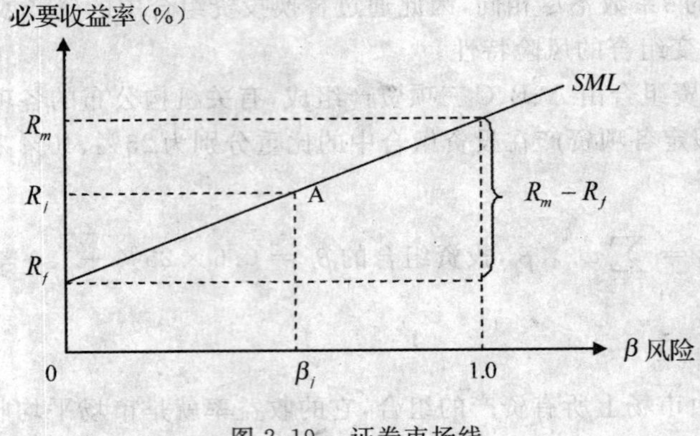

图 2-19　证券市场线

证券市场线的截距是无风险收益率 R_f，当无风险收益率变大而其他条件不变时，*SML* 会整体向上平移，也就是说，所有资产的必要收益率都会增加同样的数值。反之，当无风险收益率下降且其他因素不变时，所有资产的必要收益率都会下降同样的数值，如图 2-21 所示。

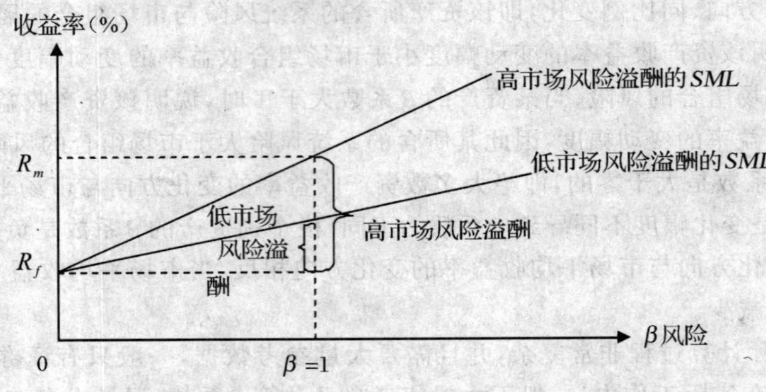

图 2-20　证券市场线

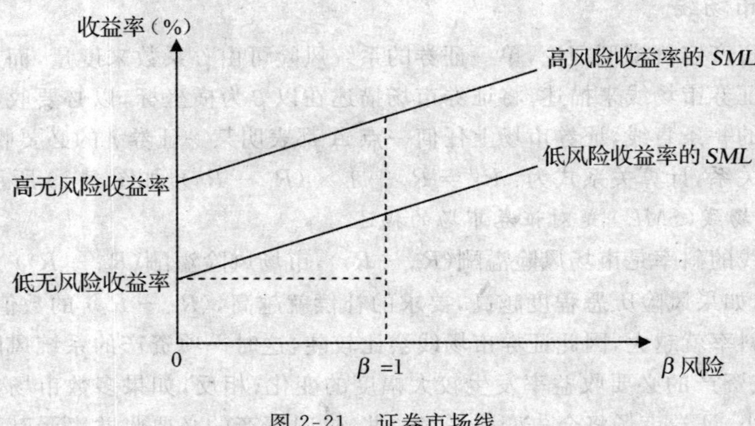

图 2-21　证券市场线

2. 证券市场线与市场均衡

资产组合的预期收益率也可通过证券市场线来描述。资本资产定价模型认为，*SML* 是一条市场均衡线，市场在均衡的状态下，每项资产的预期收益率应该等于其必要收益率，其大小由证券市场线的公式来决定，即：$R_j = R_f + \beta_j \times (R_m - R_f)$，如图 2-22 所示。

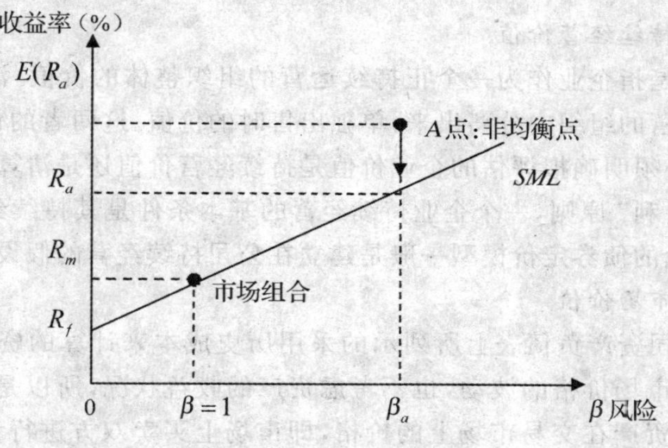

图 2-22　证券市场线

如果某资产 A 的预期收益率高于证券市场线，A 资产的预期收益率 $E(R_a)$ 大于位于证券市场线上的必要收益率 R_a，说明 A 资产的预期收益率高于所要求的必要收益率，则该资产预计将来可以带来的收益高于所要求的收益，这将造成市场参与者对这一资产的青睐，从而使该资产的价格升高，价格升高的结果会使预期未来的收益率下降，一直到证券市场线上来，使得其预期收益率等于必要收益率。相反，如果资产的预期收益率低于 SML，说明这一资产的预期收益率低于所要求的必要收益率，这将会使得这一资产无人问津，因而其价格将会降低，降价的结果导致预期未来收益率的升高，也会使预期收益率回到证券市场线上来。

【例 2-19】林纳公司股票的β系数为 2.0，无风险利率为 6%，市场上所有股票的平均收益率为 10%，那么，林纳公司股票的必要收益率应为：

$$R_f + \beta_j \times (R_m - R_f) = 6\% + 2.0 \times (10\% - 6\%) = 14\%$$

也就是说，林纳公司股票的收益率达到或超过 14% 时，投资者方肯进行投资。如果低于 14%，则投资者不会购买林纳公司的股票。

第三节　证券估价

证券估价是货币时间价值风险报酬的具体应用，是对有关证券的内在价值进行的合理评估与确定。美国投资专家沃伦 · 巴菲特总结了证券投资的三个原则，一是在证券的账面价值、内在价值和市场价值中着重考虑内在价值；二是按照证券的内在价值进行投资；三是以所有者身份进行投资。巴菲特的成功并非偶然，其投资策略是其成功所在。那么，什么是证券的内在价值？如何确定其内在价值？证券估价的正确与否对证券持有者的投资决策和证券发行者的筹资决策都有着重要意义。

一、价值的相关理论

价值的概念对于不同的状态、不同的人而言具有不同的含义，因此，在了解有关证券估价的基本原理之前有必要介绍以下几种主要价值的概念以及它们之间的区别。

(一)价值的含义与区别

1.清算价值和持续经营价值

持续经营价值是指企业作为一个正持续运营的组织整体的价值。清算价值是指一项或一组资产从正在运营的组织中分离出来,单独出售时的价值。这两者的评估方法和评估结果有明显区别,我们必须明确拟评估的企业价值是持续经营价值还是清算价值。

根据理财的"自利"原则,一个企业持续经营的基本条件是其持续经营的价值超过清算价值,本章中所讨论的债券定价模型一般是建立在公司持续经营的假设上。

2.账面价值和市场价值

账面价值指公司资产负债表上所列示的采用历史成本来计算的资产价值。由于账面价值不考虑现时资产市场价格的波动,也不考虑资产的收益状况,所以是一种静态价值指标。市场价值是指一项资产在交易市场上的价格,即市场上买卖双方进行竞价后产生的双方均能接受的价格。

账面价值以历史成本为基础,常常脱离现实的市场价值。因为市场价值能够更加准确地度量资产的真实价值,当公司出售时,通常根据评估后的市场价值定价。

3.市场价值和内在价值

一个企业公平的市场价值,应当是其持续经营价值和清算价值中较高的一个。而内在价值是指资产预期产生的未来现金流量按投资者要求的必要收益率或当时的市场利率折现的现值。这是在给定未来预期现金流的水平、持续的时间和风险的条件下,投资者认为可以接受的合理价值。

投资者估算出一种证券的内在价值后,可以把它与该证券的市场价格进行比较,如果该证券的内在价值高于其市场价格,那么在投资者看来,该证券就被低估了,反之则是高估了。

需要注意的是,如果证券市场是有效的,那么证券的内在价值与市场价值应该是相等的。当一项资产的内在价值与市场价值不相等时,投资者的套利行为将促使其市场价值向内在价值回归。

(二)内在价值的影响因素

资产的内在价值是其未来预期现金流按投资者要求的必要收益率或当时的市场利率折现后的现值。现值是金融学中对所有资产进行估价的基础。因此资产价值受以下三个因素的影响:

(1)未来预期现金流的大小与持续时间;

(2)所有这些现金流的风险;

(3)投资者进行该项投资所要求的必要收益率。

其中,前两项是资产的内在特征,第三项是吸引投资者购买或持有该证券的最低收益率。该收益率必须能够补偿投资者为获取该项资产未来预期现金流而承担的风险。

(三)资产的估价过程

资产估价主要涉及以下过程:

1.评估资产的内在特征

资产的内在特征主要包括该资产预期能产生的未来现金流的水平、持续时间和风险等。

2. 决定投资所要求的最低收益率

投资者所要求的最低收益率体现了投资者对该资产未来现金流风险的预期和对风险的态度，通常根据无风险利率和该资产未来现金流风险的风险补偿来确定。

3. 用投资者要求的收益率把资产未来预期现金流折现为现值

现值的计算公式为：

$$PV = \sum_{t=1}^{n} \frac{CF_t}{(1+r)^t}$$

式中，PV 为资产预期未来现金流折现的现值；CF_t 为资产在第 t 年带来的现金流量；r 为投资者要求的必要收益率或当时的市场利率；n 为资产带来收益的总年数。

本章介绍的证券估价是评估证券的内在价值，该价值是证券预期未来带来的现金流按照投资者要求的必要收益率或当时的市场利率折现的现值。

二、债券估价

(一) 债券及其要素

1. 债券的概念

债券是发行者为筹集资金，依照法定程序向债权人发行的，承诺按约定的利率和日期支付利息，并在特定日期偿还本金的书面债务凭证，是一种有价证券。债券按发行主体分为政府债券、金融债券和公司债券；按期限长短分为短期债券、中期债券和长期债券；按利率是否固定分为固定利率债券和浮动利率债券；按是否记名分为记名债券和无记名债券；按是否上市流通分为上市债券和非上市债券；按已发行时间分为新上市债券和已流通在外的债券。

2. 债券的要素

债券虽有不同种类，但基本要素却是相同的，主要包括债券面值、债券票面利率、债券还本期限与方式四个要素。

(1) 债券面值

债券面值是指设定的票面金额，代表发行者借入并且承诺于未来某一特定日期偿付给债券持有人的金额，是计算债券利息的依据。债券面值包括两个基本内容：一是币种，二是票面金额。债券的发行者可根据资金市场情况和自己的需要情况选择适合的面值币种和票面金额。为了便于证券的交易，多趋向于发行小面额债券。面额印在债券上，固定不变，到期必须足额偿还。

(2) 债券票面利率

债券票面利率是指债券发行者预计一年内向投资者支付的利息占票面金额的比率。债券的票面利率不尽相同，主要受银行利率水平、发行者的资信状况、债券的偿还期限和资金市场的供求情况等影响。由于计息方式和次数有很多种，可能使用单利或复利计息，可能采取每年、每半年、每季度、每月等时间段支付利息，所以票面利率可能不等于有效年利率。

(3) 债券还本期限与方式

债券还本期限是指从债券发行到归还本金之间的时间。债券还本期限长短不一，有的只有几个月，有的长达十几年。还本期限应在债券票面上注明。债券发行者必须在债券到期日偿还本金。债券还本期限的长短，主要取决于发行者对资金需求的时限、未来市场利率的变化趋势和证券交易市场的发达程度等因素。债券还本方式是指一次还本还是分期还本等，还本方式也应在债券票面上注明。

债券除了具备上述四个基本要素之外，还应包括发行单位的名称和地址、发行日期和编号、发行单位印记及法人代表的签章、审批机关批准发行的文号和日期、是否记名、记名债券的挂失办法和受理机构、是否可转让以及发行者认为应说明的其他事项。

(二)债券估价模型

债券估价是对债券在某一时点的价值量的估算，是债券评价的一项重要内容。对于新发行的债券，其价值是发行者按照合同规定从现在至债券到期日所支付款项的现值。计算现值使用的折现率，取决于当前市场的利率和现金流量的风险水平。

1. 债券估计的基本模型

典型的债券是固定利率、每年计算并支付利息、到期偿还本金，其价值计算的基本模型是：

$$PV = \sum_{i=1}^{n} \frac{I_t}{(1+r)^t} + \frac{F}{(1+r)^n}$$

式中，PV 为债券的价值；F 为到期本金；I_t 为每期的利息；r 为贴现率；n 为债券到期的期数。

由于贴现率一方面反映了投资者的机会成本，另一方面反映了持有债券的最低可接受的报酬。因此，一般用市场利率，如一年期市场利率、一年期国债利率表示，或者用投资者所要求的必要报酬率作为贴现率。

【例 2-20】某公司拟于 2000 年 2 月 1 日发行面值为 1 000 元的债券，其票面利率为 10%，每年 2 月 1 日计算并支付一次利息，并于 5 年后的 1 月 31 日到期。同等风险投资的必要报酬率为 12%。要求计算债券的价值。

解：$PV = 1\,000 \times 10\% \times (P/A, 12\%, 5) + 1\,000 \times (P/F, 12\%, 5)$

$= 100 \times 3.6048 + 1\,000 \times 0.567$

$= 927.48$(元)。

2. 一次还本付息且不计复利的债券估价模型

我国很多债券属于一次还本付息且不计复利的债券，其估价公式为：

$$PV = \frac{F + F \times i \times n}{(1+r)^n}$$

公式中所含符号同前式。

【例 2-21】某企业拟购买一家企业发行的利随本清的企业债券，其面值 1 000 元，期限 5 年，票面利率 10%，不计复利，当前市场利率 8%，该债券发行价格为多少时，企业才能购买？

解：$PV = \frac{1\,000 + 1\,000 \times 10\% \times 5}{(1+8\%)^5} = 1\,020$(元)。

3. 平息债券估价模型

平息债券是指在到期时间内平均支付的债券、支付的频率可能是一年一次、半年一次或每季度一次等。平息债券价值的计算公式为：

$$PV = \sum_{t=1}^{mn} \frac{\frac{I}{m}}{(1+\frac{r}{m})^t} + \frac{F}{(1+\frac{r}{m})^{mn}}$$

式中，m 为年付利息次数；n 为到期时间的年数；r 为每年的必要报酬率；I 为年付利息；F 为面值或到期日支付额。

【例 2-22】ASS公司发行一种面值为1 000元的20年期债券，息票率为11%，同类债券目前的收益率为8%。假设每半年付息一次，计算 ASS 公司债券的价值。

解：若每半年计息一次，则 $I = 1\ 000 \times 11\%/2 = 55$(元)，$n = 2 \times 20 = 40$(期)，则债券的价值为：$PV = \sum_{t=1}^{40} \frac{55}{(1+4\%)^t} + \frac{1\ 000}{(1+4\%)^{40}} = 1\ 296.89$(元)。

对于分期平均支付利息，到期还本的债券，我们可以归纳出一个简单的结论：

(1) 对于平价发行的债券，计息期的缩短对债券价值没有影响，即债券的价值仍然等于其面值。

(2) 对于溢价发行债券，计息期的缩短使得债券价值相对上升。

(3) 对于折价发行债券，计息期的缩短使得债券价值相对下降。

4. 零息债券估价模型

零息债券又称为纯贴现债券，是指承诺在未来某一日期作某一单笔支付的债券。这种债券在到期日前持有人不能得到任何现金支付。如果零息票债券没有标明利息计算规则的，通常采用按年计息的复利计算方式。零息债券价值的计算公式为：

$$PV = \frac{F}{(1+r)^n}$$

【例 2-23】债券面值为1 000元，其期限为5年，期内不计利息，到期按面值偿还，当时市场利率为8%，其价格为多少时，企业才能购买？

解：$PV = \frac{1\ 000}{(1+8\%)^5} = 1\ 000 \times 0.681 = 681$(元)。

5. 永久债券估价模型

永久债券又称金边债券，是指没有到期日，永不停止定期支付利息的债券。英国和美国都发行过这种公债，政府一般保留这种债券的回购权利。我们熟知的优先股就是一种永久债券，正常情况下，公司将会持续地支付固定股利。永久债券价值的计算公式：

$$PV = \frac{I}{r}$$

【例 2-24】有一优先股，承诺每年支付优先股息30元。假设折现率为10%，则其价值为多少？

解：$PV = \frac{30}{10\%} = 300$(元)。

6. 流通债券估价模型

流通债券是指已发行并在二级市场上流通的债券。它们不同于新发行的债券，已经在市场上流通了一段时间，在估价时需要考虑现在到下一次利息支付的时间因素。流通债券有两种估价方法。一种是以最近一次付息时间为折算时间点，计算历次现金流现值，然后将其折算到现在的时点；另一种是以现在为折算时间点，历年现金流量按非整数计息期折现。

【例 2-25】有一面值为1 000元的债券，票面利率8%，年付息一次，2000年5月1日发行，2005年4月30日到期。假设投资者认为的必要报酬率为10%，则2003年4月1日时该债券的价值是多少？

解:第一种方法:计算 2003 年 5 月 1 日的价值,然后将其折算为 4 月 1 日的价值。

2003 年 5 月 1 日价值 $PV = 80 + 80 \times (P/A,10\%,2) + 1\,000 \times (P/F,10\%,2)$

$= 80 + 80 \times 1.7355 + 1\,000 \times 0.8264$

$= 1\,045.24$(元)。

2003 年 4 月 1 日价值 $PV = \dfrac{1\,045.24}{(1+10\%)^{\frac{1}{12}}} = 1\,037$(元)。

第二种方法:分别计算 4 笔现金流入的现值,然后求和。

2003 年 5 月 1 日利息的现值为:

$PV_1 = \dfrac{1\,000 \times 8\%}{(1+10\%)^{\frac{1}{12}}} = \dfrac{80}{1.00797} = 79.3674$(元);

2004 年 5 月 1 日利息的现值为:

$PV_2 = \dfrac{1\,000 \times 8\%}{(1+10\%)^{1\frac{1}{12}}} = 72.1519$(元);

2005 年 5 月 1 日利息的现值为:

$PV_3 = \dfrac{1\,000 \times 8\%}{(1+10\%)^{2\frac{1}{12}}} = 65.5953$(元);

2005 年 5 月 1 日本金的现值为:

$PV_M = \dfrac{1000}{(1+10\%)^{2\frac{1}{12}}} = 819.9410$(元);

该债券 2003 年 4 月 1 日的价值为:

$PV = 79.3674 + 72.1519 + 65.5953 + 819.9410 = 1\,034.06$(元)。

(三) 影响债券价值的相关因素分析

通过以上几种债券的模型,我们会发现债券的价值主要与折现率、付息频率、到期时间等密切相关。

1. 债券价格与折现率

由债券价值的计算公式 $PV = \sum_{t=1}^{n} \dfrac{CF_t}{(1+r)^t}$ 可知,计算债券价格所用的贴现率与债券价值十分密切。二者的关系是:当贴现率等于债券票面利率时,债券价格就是其面值,此时债券平价发行;当贴现率高于票面利率时,债券价格就低于面值,此时债券折价发行;当贴现率低于票面利率时,债券价格就高于面值,此时债券溢价发行。因此,债券价格与贴现率之间呈反向变动关系。

【例 2-26】某公司拟于 2008 年 5 月 1 日发行面额为 1 000 元的债券,其票面利率为 8%,每年 2 月 1 日计算并支付利息,并于 5 年后的 4 月 30 日到期,同等风险投资的必要报酬率为 8%、10%、6%,则债券的价值分别是多少?

解:若必要报酬率为 8%,则该债券的价值是:

$PV = 80 \times (P/A,8\%,5) + 1\,000 \times (P/F,8\%,5)$

$= 80 \times 3.9927 + 1\,000 \times 0.6806 = 1\,000$(元)。

若必要收益率为10%，则该债券的价值是：

$PV = 80 \times (P/A, 10\%, 5) + 1\ 000 \times (P/F, 10\%, 5)$

$= 80 \times 3.791 + 1\ 000 \times 0.621 = 924.28$(元)。

若必要报酬率为6%，则该债券的价值是：

$PV = 80 \times (P/A, 6\%, 5) + 1\ 000 \times (P/F, 6\%, 5)$

$= 80 \times 4.2124 + 1\ 000 \times 0.7473$

$= 1\ 084.29$(元)。

上述计算结果说明，在其他因素一定的条件下，折现率越高，债券的价值越低。不过这一关系并非是线性的，当r上升时，未来现金流量的现值以递减的速度下降。债券现值与贴现率之间的关系，如图2-23。

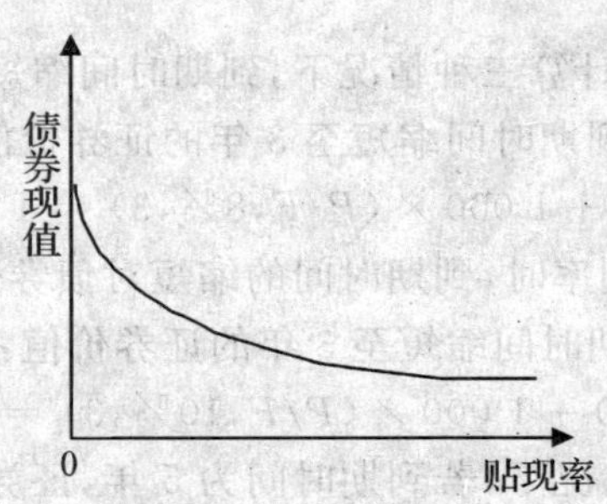

图2-23　债券现值与贴现率的关系图

2. 债券价格与付息频率

债券的价格除了受到贴现率的影响，与付息频率也密切相关。由证券的估价公式 $PV = \sum_{t=1}^{mn} \frac{\frac{I}{m}}{(1+\frac{r}{m})^t} + \frac{F}{(1+\frac{r}{m})^{mn}}$ 可知，证券的价值与付息频率同方向变动。其他条件不变的情况下，付息频率越大，债券的价值越高；反之，亦然。

沿用例2-22资料，假设每年只付息一次，则该公司债券的价值为：

$$PV = \sum_{t=1}^{20} \frac{110}{(1+8\%)^t} + \frac{1\ 000}{(1+8\%)^{20}} = 1\ 294.54(\text{元})$$

与半年付息一次相比，债券价格由1 296.89元下降至1 294.54元，由此验证了债券的价值与付息频率呈同方向变动。

3. 债券价格与到期时间

债券价格不仅受到贴现率的影响，还受到期时间的影响。债券的到期时间是指当前日至到期日之间的时间间隔。

在贴现率保持不变、分次付息的情况下，不管贴现率高于或低于票面利率，债券价值随到期时间的缩短逐渐向债券面值靠近，至到期日债券价格等于债券面值。当贴现率高于票面利率时，随着时间向到期日靠近，债券价格逐渐提高，最终等于债券面值；当贴现率等于票面利率时，债券价格一直等于票面价值；当贴现率低于票面利率时，随着时间向到期日靠近，债券价格逐渐下降，最终等于债券价格。折价债券和溢价债券的价格运行轨迹如图 2-24。

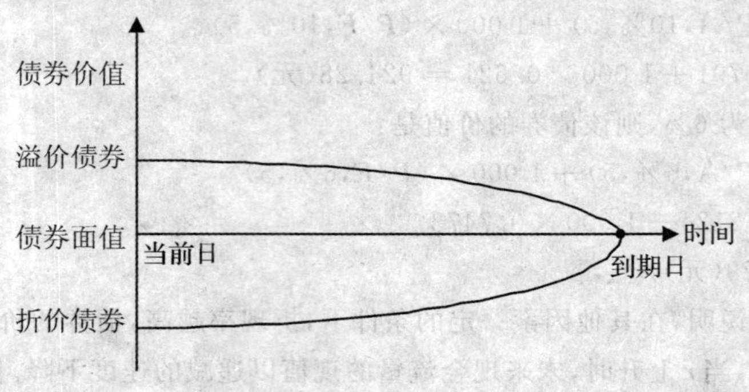

图 2-24　债券价值轨迹

沿用例 2-26 资料，请分别计算三种情况下，到期时间缩短至 3 年的证券价值。

解：若必要报酬率为 8%，到期时间缩短至 3 年的证券价值：

$PV = 80 \times (P/A, 8\%, 3) + 1\,000 \times (P/F, 8\%, 3) = 1\,000$ 元。

所以，当折现率等于票面利率时，到期时间的缩短对债券价值没有影响。

若必要报酬率为 10%，到期时间缩短至 3 年的证券价值：

$PV = 80 \times (P/A, 10\%, 3) + 1\,000 \times (P/F, 10\%, 3) = 950.252$ 元。

在必要报酬率为 10% 的情况下，若到期时间为 5 年，证券价值为 924.28，2 年后到期时间为 3 年时，证券价值上升至 950.252，向面值 1 000 元靠近了。

若必要报酬率为 6%，到期时间缩短至 3 年的证券价值：

$PV = 80 \times (P/A, 6\%, 3) + 1\,000 \times (P/F, 6\%, 3) = 1\,053.44$(元)。

在必要报酬率为 6% 的情况下，若到期时间为 5 年，证券价值为 1 084.29，2 年后到期时间为 3 年时，证券价值下降至 1 053.44，向面值 1 000 元靠近了。

综上，我们可以得到以下结论：

(1) 当贴现率等于债券票面利率时，到期日的临近对债券的价值没有影响。

(2) 当贴现率高于债券票面利率时，随着到期日的临近，债券的价值逐渐上升，最终升至债券的面值。

(3) 当贴现率低于债券票面利率时，随着到期日的临近，债券的价值逐渐下降，最终降至债券的面值。

(4) 如果付息期限无限小，则债券价值表现为一条直线。

(5) 如果必要报酬率在债券发行后发生变动，那么随着到期日的临近，贴现率的变动对债券价值的影响越来越小，即债券价值对贴现率变化的反应越来越不敏感。

(四) 债券的收益率的计算

1. 债券到期收益率的计算

在上述分析中，我们是通过投资者的必要收益率或者当时的市场利率对债券的现金流量资本化而实现对债券的估值。在估价等式中，如果用债券的市场价格代替债券的内在价值，我们就可以得到市场预期的收益率，这一收益率就是债券的到期收益率。债券的到期收益率是指以特定价格购买债券并持有至到期日所能获得的收益率。它是使未来现金流量等于债券价格的折现率。

计算到期收益率的方法是求解含有贴现率的方程，即：

购入价格 = 年利息收益 × 年金现值系数 + 债券面值 × 复利现值系数。

$$P=\sum_{t=1}^{n}\frac{CF_t}{(1+YTM)^t}=I\times(P/A,i,n)+M\times(P/F,i,n)$$

式中：P 为债券的价格；CF_t 为债券在第 t 年带来的现金流量；I 为每年的利息；M 为面值；n 为到期年数；YTM、i 为债券的到期收益率。

到期收益率一般采用插值法或者根据 Excel 内置函数"RATE"来完成。

【例 2-27】假设你可以以 1 050 元的价格购进 15 年后到期，票面利率为 12%，面值为 1 000 元，每年付息一次，到期一次偿还本金的某公司债券。如果你购进后一直持有该种证券至到期日，那么你所获得的到期收益率是多少？

解：$P=1\,050=1\,000\times12\%\times(P/A,YTM,15)+1000\times(P/F,YTM,15)$。

在上式中，债券的售价高于面值，说明到期收益率一定低于票面利率 12%，因此首先带入 $r=11\%$ 求解，则等式右方为：$1\,000\times12\%\times(P/A,11\%,15)+1\,000\times(P/F,11\%,15)=1\,071.92$ 元。

由于 1 071.92 的数值大于 1 050，说明到期收益率大于 11%，取 12% 带入上式，得到的右边数值为 1 000，小于 1 050，所以到期收益率介于 11% 和 12% 之间。根据插值法，YTM 的计算如下：$YTM=11\%+(12\%-11\%)\times\frac{1\,071.92-1\,050}{1\,071.92-1\,000}=11.31\%$。

在实务中，也可以采用简化方式计算到期收益率，其计算公式为：

$$YTM=\frac{I+(M-P)/n}{(M+P)/2}$$

本例中，$I=120$，$M=1\,000$，$P=1\,050$，$n=15$，则

$$YTM=\frac{120+(1\,000-1\,050)/15}{(1\,000+1\,050)/2}=11.38\%$$

综上，债券价值与到期收益率关系如下：

(1) 当到期收益率等于债券利率时，债券价格等于票面价格。

(2) 当到期收益率大于债券利率时，债券价格小于票面价格。

(3) 当到期收益率小于债券利率时，债券价格大于票面价格。

但是要注意的是，如果债券不是定期付息，而是到期时一次还本付息或用其他方式付息，那么即使平价发行，到期收益率也可能与票面利率不同。

2. 债券投资收益率的计算

债券的投资收益率是指购进债券后，持有该债券至到期日或中途出售日可获取的收益率。它可以反映债券投资的真实收益率，是指导选购债券的标准。债券投资收益率按是否考虑时间价值可分为短期债券投资收益率、定期付息的长期债券投资的收益率、到期一次还本付息的长期债券投资的收益率三种情况。

(1) 短期债券投资收益率

短期债券投资由于期限短于 1 年，一般不用考虑时间价值因素，其基本计算公式为：

$$R=\frac{I+(V_n-V_0)}{V_0}$$

式中：R 为债券投资收益率；V_n 为债券出售价；V_0 为债券购买价格；I 为债券每年的票面

利息，等于面值与票面利率的乘积。

【例 2-28】某企业于 2002 年 6 月 6 日投资 1 050 元购进一张面值 1 000 元，票面利息率 8%，每年付息一次的债券，并于 2003 年 6 月 6 日以 1 075 元的市价出售。则投资收益率为：

$$R=\frac{(1\,075-1\,050)+1\,000\times 8\%}{1\,050}=10\%$$

(2) 定期付息的长期债券投资的收益率

由于持有时间长，所以要考虑时间价值因素，在此情况下，长期债券投资收益率就是指按复利计算的收益率，它是能使未来现金流入现值等于债券买入价格的折现率。其计算公式如下：

$$现金流出现值=现金流入现值$$

$$购进价格=每年利息\times 年金现值系数+面值或出售价\times 复利现值系数$$

$$V_0=I\times(P/A,R,n)+F\times(P/F,R,n)$$

式中：V_0 为债券的购买价格；I 为债券每年的票面利息；F 为债券面值或中途出售价；n 为债券期限或持有期限；R 为债券投资收益率。

长期债券投资收益率在不考虑时间价值的情况下，其简便算法为：

$$R=\frac{I+(F-V_0)\div n}{(V_0+F)\div 2}$$

【例 2-29】某公司 2002 年 4 月 1 日用 1 105 元购买一张面值为 1 000 元的债券，其票面利率为 8%，每年 4 月 1 日计算并支付一次利息，并于 5 年后 3 月 31 日到期。该公司持有该债券至到期日，计算其投资收益率。

解：$1\,105=80\times(P/A,R,5)+1\,000(P/F,R,5)$。

解该方程要用“逐步测试法”。

用“$R=6\%$”试算：$80\times(P/A,6\%,5)+1\,000(P/F,6\%,5)$

$$=80\times 4.212\,100\,0\times 0.747=336.96+747$$

$$=1\,083.96(元)<1\,105(元)$$

由于贴现结果仍小于 1 105 元，则 $R<6\%$，还应进一步降低折现率。用“$R=4\%$”试算：

$$80\times(P/A,4\%,5)+1\,000(P/S,4\%,5)$$

$$=80\times 4.452+1\,000\times 0.822=356.16+822$$

$$=1\,178.16(元)>1\,105(元)$$

贴现结果高于 1 105 元，可以判断，$4\%<R<6\%$。用插补法计算近似值：

$$R=4\%+\frac{1\,178.16-1\,105}{1\,178.16-1\,083.96}\times(6\%-4\%)=5.55\%$$

试误法比较麻烦，如果不考虑时间价值，可用下面的简便算法求得近似结果：

$$R=\frac{80+(1\,000-1\,105)\div 5}{(1\,000+1\,105)\div 2}\times 100\%=5.6\%$$

(3) 到期一次还本付息的长期债券投资的收益率

如果该债券不是定期付息，而是到期时一次还本付息或用其他方式付息，其收益率计算公式如下：

$$V_0=(F+F\times i\times n)\times(P/F,R,n)$$

式中：i 为债券票面利率；n 为债券期限；F 为债券面值。

【例 2-30】某公司 2001 年 2 月 1 日平价购买一张面额为 1 000 元的债券，其票面利率为 8%，按单利计息，5 年后的 1 月 31 日到期，一次还本付息。该公司持有该债券至到期日，计算其投资收益率。

解：$1\ 000 = 1\ 000 \times (1 + 5 \times 8\%) \times (P/F, R, 5)$，

$(P/F, R, 5) = 1\ 000 \div 1\ 400 = 0.714$，

查复利现值表，5 年期的现值系数等于 0.714 时，$R = 7\%$。

三、股票估价

(一) 股票的相关理论

股票，是股份公司发行的，用以证明投资者的股东身份和权益，并据以获得股利的一种可转让的有价证券。股票的持有者对公司的财产有要求权。

1. 股票的分类

股票可以按照不同的方法和标准分类：按照股东享有的权利，可分为普通股和优先股；按照票面是否标明持有者姓名，分为记名股票和不记名股票；按照股票的面值是否记明入股金额，分为有面值股票和无面值股票；按照是否能向股份公司赎回自己的财产，分为可赎回股票和不可赎回股票。

2. 股票投资目的

投资者进行股票投资主要有两种目的，一是获利，即作为一般的证券投资，获取股利收入及买卖差价；二是控股，即通过购买某一企业大量的股票达到控制该企业的目的。第一种情况下，投资者应当仅将某种股票作为其投资组合的一个组成部分，不应当冒险将大量资金投资于某一企业的股票上。而在第二种情况下某企业应集中资金投资于被控企业的股票，这时考虑得更多的是长远利益，也就是占有多少股才能达到控制目的而不是短期的投资收益利益。

3. 股票的面值

股票的面值是股份公司在发行的股票票面上所标明的金额，即票面金额。股票面值通常以每股为单位，股票上市发行公司将其资本额分为若干股，每一股所代表的资本额，即为每股面值。股票的面值是固定的，亦有某些股票是没有面值的。股票面值的作用之一是可以确定每一股份对股份公司所占有的一定比例。

4. 股票的市值

股票的市值即为股票的市场价值，它包括股票的发行价格和交易买卖价格。股票价格主要取决于预期股利、当时市场利率、股票市场的供求关系以及整个经济环境变化和投资者心理等复杂因素的影响。股票的面值和市值往往是不一致的，一般说来，公司第一次发行时，要规定发行总额和每股金额，一旦股票发行后上市买卖，股票价格就与原来的面值分离。股票价格可以高于面值，也可以低于面值，但股票第一次发行的价格一般不低于面值。

股票市场是一个波动的市场，股票市场价格亦是不断波动的，其价格会随着经济形势和公司的经营状况而升降。股票的市场交易价格主要有：开盘价、收盘价、最高价和最低价等，投资人在进行股票估价时主要使用收盘价。

5. 股票价值

与债券投资一样，不管是投资普通股，还是投资优先股，投资者均需要对股票的投资价

值进行估算。尽管股票价值受多种因素的影响，但股票价值与公司的盈利能力、股利水平和风险及其公司增长性等因素存在一定的函数关系。与债券估价相同，股票投资价值也是基于一系列未来现金流量的现值。这一系列未来现金流量包括股票持有期间的股利现金流量和将来出售股票的价款收入。

6. 股息

股息是股份公司把每股投资应得的收入作为利息配给股东，是股东所有权在分配上的体现。股息是公司税后利润的一部分，优先股的股息是固定的，按一定的比率取得；普通股的股息可以随公司利润的增减而增减。

股息一般有现金股息、股票股息、财产股息三种存放形式。对投资者来说，以现金形式分配股息的方法较为理想，其次是股票形式分配股息。但因客观因素很多，因此公司以何种形式发放股息要取决于该公司的实际可能。

在股息的分配程序上，一般有四个日期：(1) 股息宣布日。(2) 除去股息日，投资者在该日期购买这种股票不能参与股息的分配。(3) 股权登记日。投资者在该日期办理股权登记才有权分配股息。(4) 股息发布日。公司向投资者发放股息的日期。

7. 股权

股权即股票持有者所具有的与其拥有的股票比例相应的权益及承担一定责任的权力。股东根据所持股票份额的大小，享用参与公司经营的不同权力；股东有公司利润的分配权，可以根据所持股票份额的大小，获得一定的收入和分红；股东具有公司剩余财产的索偿权，即公司解散或破产时，股东可以根据所持股份要求赔偿，但股东需按其所持股份对债权人承担有限责任。

8. 股价指数

股价指数，是指金融机构通过对股票市场上一些有代表性的公司发行的股票价格进行平均计算和动态对比后得出的数值，它是用以表示多种股票平均价格水平及其变动，并权衡股市行情的指标。股价指数的计算方法有简单算术平均法、综合平均法、几何平均法和加权平均法。

(二) 股票估价模型

股票估价与债券估价原理相同，也是由其未来现金流量贴现所决定。股票未来现金流量有两类，一是支付的股利，二是出售股票时的售价。与债券现金流量不同，股票现金流量有更大的不确定性。股票估价的主要方法是计算其内在价值，然后和股票市价比较，视其低于、高于或等于市价，决定买入、卖出或继续持有。

1. 股票估价的基本模型

由上述的股票估价原理可知：股票的内在价值就是股票持有者所获得的每年预期股利的现值和未来出售股票时售价的现值之和。股票估价的基本模型为：

$$V=\sum_{t=1}^{n}\frac{D_t}{(1+k)^t}+\frac{V_n}{(1+k)^n}$$

式中：V 为股票的内在价值；D_t 为第 t 年的股利；V_n 为第 n 年出售股票时的市价；k 为贴现率，一般采用当时的市场利率或投资人要求的最低报酬率；n 为股票出售前的年数(期数)。

如果股东永远持有股票($n\rightarrow\infty$)时，$\frac{V_n}{(1+k)^n}\rightarrow 0$，他只获得股利，是一个永续的现金流

入。这个现金流入的现值就是股票的价值，其计算公式为：

$$V=\sum_{t=1}^{n}\frac{D_t}{(1+k)^t}=\sum_{t=1}^{\infty}\frac{D_t}{(1+k)^t}$$

如果投资者短期持有股票，未来准备出售时，其未来现金流入是几次股利和出售时的股价。因此，其股票的估价模型公式为：

$$V=\sum_{t=1}^{n}\frac{D_t}{(1+k)^t}+\frac{V_n}{(1+k)^n}$$

2. 长期持有零成长股票的估价模型

在未来每年股利稳定不变，投资者持有期间很长的情况下，投资者未来所获得的现金流入是一个永续年金，则股票的估价模型为：

$$V=\sum_{t=1}^{\infty}\frac{D_t}{(1+k)^t}=\frac{D}{k}$$

式中，D 为未来每年固定的股利。

大部分优先股在不变的时点支付固定的股利，优先股在发行时不规定到期日，但它有固定支付股利的性质，正是由于这一点，优先股定价的一般方法就很自然地使用长期持有零成长股票的估价模型。所以，优先股价值为：

$$V=\frac{D}{k}$$

其中，D 是优先股年股利；k 是贴现率。

【例 2-31】某优先股的股利率为 9%，面值 100 元，必要报酬率为 14%，则优先股的价值为：

$$V=9\div 0.14=64.29(\text{元})$$

3. 长期持有固定成长股票的估价模型

企业的股利不应当是固定不变的，而应当不断成长。各公司的成长率不同，但就整个平均来说应等于国民生产总值的成长率，或者说是真实的国民生产总值增长率加通货膨胀率。长期持有固定成长股票的估价模型为：

$$V=\sum_{t=1}^{\infty}\frac{D_1\times(1+g)^{t-1}}{(1+k)^t}=\frac{D_1}{k-g}=\frac{D_0\times(1+g)}{k-g}$$

式中：D_1 为未来第一年的每股股利，$D_1=D_0(1+g)$；D_0 为基期（上一年）已经发放的每股股利；g 为固定股利增长率。

【例 2-32】某公司准备投资购买 A 股票，该股票上年每股股利为 3 元，预计以后每年增长率为 5%，该公司要求的报酬率为 15%，则该股票的内在价值为：

$$P=[3\times(1+5\%)]\div(15\%-5\%)=31.5(\text{元})$$

4. 非固定成长股票的估价模型

在现实生活中，有的公司股利是不固定的。例如，在一段时间里高速成长，在另一段时间里正常固定成长或固定不变。在这种情况下，就要分段计算，才能确定股票的价值。

适用这种模型通常有三个特征：

(1) 公司当前处于高速增长阶段，并预期今后一段时期内仍保持这一较高的增长率，在此之后，支持高速增长率的因素消失。

(2) 一家公司处于一个超常增长的行业，而这个行业之所以能够超常增长，是因为存在着很高的进入壁垒(法律或必要的基础设施所导致的),并预计这一进入壁垒在今后几年内能够继续阻止新的进入者进入该行业。

(3) 采用两阶段增长模型时,两阶段间的增长率不应相差太悬殊。如果一家公司从一个高速增长阶段陡然下降到稳定增长阶段,按这一模型进行估价,其结果将不尽合理。

【例 2-33】一个投资人持有甲公司的股票,他要求的最低投资报酬率为 15%。预计甲公司未来 3 年股利将高速增长,成长率为 20%。在此以后转为正常增长,增长率为 10%。公司最近支付的每股股利是 3 元。计算该公司股票的内在价值。

解:首先,计算非正常增长期(1 ~ 3 年) 的股利现值。

已知:$D_1 = 3 \times (1 + 20\%) = 3.6$ 元,$D_2 = 3.6 \times 1.2 = 4.32$ 元,$D_3 = 4.32 \times 1.2 = 5.184$ 元。

$$
\begin{aligned}
V_{\text{非正常}} &= \frac{3.6}{(1+15\%)^1} + \frac{4.32}{(1+15\%)^2} + \frac{5.184}{(1+15\%)^3} \\
&= 3.6 \times 0.870 + 4.32 \times 0.756 + 5.184 \times 0.658 = 3.132 + 3.266 + 3.411 \\
&= 9.81 \text{ 元}
\end{aligned}
$$

其次,计算正常增长期(从第 3 年以后) 到第三年年末的股利现值。

已知,$D_3 = 5.184$ 元为正常增长期的基期 D_0,$g = 10\%$。

$$V_{\text{正常}} = \frac{5.184 \times (1+10\%)}{15\% - 10\%} = 114.05 \text{ 元}。$$

将其折现:$114.05 \times (P/F, 15\%, 3) = 114.05 \times 0.6575 = 74.9879$ 元。

最后,计算股票目前的内在价值。

$P_0 = 9.81 + 74.9879 = 84.7979$ 元。

(三) 股票的收益率

1. 股票的预期收益率

在有效的证券市场条件下,任一时点的证券价格都能完全反映有关该公司任何可获得的公开信息,而且证券价格对新信息能迅速做出反应。在这种假设条件下,股票的预期收益率等于其必要的收益率。

根据固定增长股利模型,可以得出:

$$\text{预期收益率 } r = \frac{D_1}{P_0} + g$$

由上述公司可以看出,股票的预期收益率分为两个部分,前一部分是根据预期现金股利除以当前股价计算出来的。后一部分是增长率 g,称为股利增长率。由于股利的增长速度也就是股价的增长速度,因此 g 可以看成股价增长率或资本利得收益率。因此:

股票预期收益率 = 股利收益率 + 资本利得收益率

【例 2-34】假设 ACC 公司股票现时售价 75 元,投资者预期在下一年收到现金股利 3 元,预期一年后股票出售价格为 81 元,那么,股东的预期收益率是多少?

解:预期收益率 $r = \frac{D_1}{P_0} + g = \frac{3}{75} + \frac{81-75}{75} = 4\% + 8\% = 12\%$。

其中,4% 为股利收益率,8% 为资本利得收益率。

2. 股票投资收益率的计算

企业进行长期股票投资,每年获得的股利是经常变动的,当企业出售股票时,也可收回

一定资金。在考虑时间价值的情况下，长期股票投资收益率就是指按复利计算的收益率，它是能使未来现金流入现值等于股票买入价格的折现率。其计算公式如下：

现金流出现值(购入价格) = 现金流入现值(每年股利或出售价 × 复利现值系数)

$$V_0 = \sum_{t=1}^{n} \frac{D_t}{(1+R)^t} + \frac{V_n}{(1+R)^n}$$

式中：V_0 为股票的购买价格；D_t 为在第 t 年股票的每股股利；V_n 为在第 n 年股票的出售价格；n 为股票投资期限；R 为股票投资收益率。

【例 2-35】某公司在 2008 年 4 月 1 日投资 510 万元购买某种股票 100 万股，在 2008 年、2009 年和 2010 年的 3 月 31 日每股各分得现金股利 0.5 元、0.6 元和 0.8 元，并于 2010 年 3 月 31 日以每股 6 元的价格将股票全部出售，试计算该项股票投资的收益率。

现采用逐步测试法和插值法来进行计算，详细情况见表 2-5 所示。

表 2-5

时间	股利及出售股票的现金流量	测试 20%		测试 18%		测试 16%	
		系数	现值	系数	现值	系数	现值
2008	50	0.8333	41.67	0.8475	42.38	0.8621	43.11
2009	60	0.6944	41.66	0.7182	43.09	0.7432	44.59
2010	680	0.5787	393.52	0.6086	413.85	0.6407	435.68
合计	—	—	476.85	—	499.32	—	523.38

在上表中，先按 20% 的收益率进行测算，得到现值为 476.85 万元，比原来的投资额 510 万元小，说明实际收益率要低于 20%；于是把收益率调到 18% 进行第二次测算，得到的现值为 499.32 万元，还比 510 万元小，说明实际收益率比 18% 还要低；于是再把收益率调到 16% 进行第三次测算，得到的现值为 523.38 万元，比 510 万元要大说明实际收益率要比 16% 高，即我们的要求的收益率在 16% ～ 18% 之间，采用插值法计算如下：

$$该项投资的收益率 = 16\% + \frac{510 - 523.38}{499.32 - 523.38} \times (18\% - 16\%) = 17.11\%。$$

【本章习题】

1. 某公司计划在 8 年后改造厂房，预计需要 400 万元，假设银行存款利率为 4%，该公司在这 8 年中每年年末要存入多少万元才能满足改造厂房的资金需要？

2. 某企业向银行借款建造厂房，建设期 3 年，银行贷款利率 8%，从第 4 年投产起每年年末偿还本息 90 万元，偿还 4 年。计算该企业借款额是多少？

3. 某人现在向银行存入 7 000 元，按复利计算，在利率为多少时，才能在 8 年后每年得到 1 000 元？

4. A 公司需一台电动铲土机，A 公司可选择自行购买该机器，也可选择从 B 公司租赁该机器。若自行购买，该电动铲土机买价 1 000 万，预计使用 10 年，10 年后残值预计为 50 万；若从 B 公司租赁该机器，则每年年末需缴纳 B 公司租金 142.5 万元，租期一共 10 年。如果本题不考虑税收因素，并且假定市场利率为 8%。A 公司是自行购买该电动铲土机，还是从 B 公司租赁该机器？

5. 在你出生时，你的父母在你的每一个生日为你存款2 000元，作为你的大学教育费用。该项存款年利率为6%。在你考上大学(正好是你20岁生日)时，你去银行打算取出全部存款，结果发现在你4岁、12岁生日时没有存款，问你一共可以取出多少存款？假如该项存款没有间断，你可以取出多少存款？

6. 某人购买商品房，有三种付款方式。A：每年年初支付购房款80 000元，连续支付8年。B：从第三年开始，在每年的年末支付房款132 000元，连续支付5年。C：现在支付房款100 000元，以后在每年年末支付房款90 000元，连续支付6年。在市场资金收益率为14%的条件下，应该选择何种付款方式？

7. 某企业有甲、乙两个投资项目，计划投资额均为1 000万元，其收益率的概率分布如下表所示：

市场状况	概率	甲项目	乙项目
好	0.3	20%	30%
一般	0.5	10%	10%
差	0.2	5%	−5%

要求：

(1) 分别计算甲乙两个项目收益率的期望值。

(2) 分别计算甲乙两个项目收益率的标准差、标准离差率。

(3) 若你是该项目的决策者，你会选择哪个方案？

8. 假设短期国库券的利率为6%，市场组合收益率为10%。如果一项资产组合由25%的A公司股票和75%的B公司股票组成。A公司股票的β值为1.1，B公司股票的β值为1.25，那么该资产组合的风险溢价为多少？

9. 若市场资产组合的期望收益率为11%，无风险利率为5%。下表是三种股票的预期收益率和β值：

股票	期望收益率(%)	β值
A	13.0	1.3
B	14.6	1.6
C	8.0	0.6

若上表预期无误，则根据资本资产定价模型判断哪种股票被高估？哪种股票被低估？

10. A企业于1999年1月5日以每张1 020元的价格购买B企业发行的利随本清的企业债券。该债券的面值为1 000元，期限为3年，票面年利率为10%，不计复利。购买时市场年利率为8%，不考虑所得税。

要求：

(1) 利用债券估价模型评价A企业购买此债券是否合算？

(2) 如果A企业于2000年1月5日将该债券以1 130元的市价出售，计算该债券的投资收益率。

11. 某公司在2004年1月1日平价发行新债券，每张面值1 000元，票面利率为10%，5年

期，每年 12 月 31 日付息。(计算过程中至少保留小数点后 4 位，计算结果取整)。

要求：

(1)2004 年 1 月 1 日到期收益率是多少？

(2) 假定 2008 年 1 月 1 日的市场利率下降到 8%，那么此时债券的价值是多少？

(3) 假定 2008 年 1 月 1 日的市价为 900 元，此时购买该债券的到期收益率是多少？

(4) 假定 2006 年 10 月 1 日的市场利率为 12%，债券市价为 1 050 元，你是否购买该债券？

12. 甲企业计划利用一笔长期资金投资购买股票。现有 m 公司股票 n 公司股票可供选择，甲企业只准备投资一家公司股票，已知 m 公司股票现行市价为每股 9 元，上年每股股利为0.15 元，预计以后每年以 6% 的增长率增长。n 公司股票现行市价为每股 7 元，上年每股股利为 0.60 元，股利分配政策将一贯坚持固定股利政策，甲企业所要求的投资必要报酬率为 8%。

要求：(1) 利用股票估价模型，分别计算 m、n 公司股票价值；(2) 代甲企业作出股票投资决策。

13. 某上市公司本年度每股支付现金股利 1 元，该公司一直采用固定股利支付率(现金股利 / 净利润固定不变) 政策，并打算今后继续实行该政策。该公司没有增发普通股的计划。预计该公司净利润第 1 年增长 4%，第 2 年增长 5%，第 3 年及以后年度其净利润可能为：(1) 保持第 2 年的净利润水平；(2) 保持第 2 年的净利润增长率水平；(3) 第三年的净利润增长率为 6%，第四、五年的股利和第三年相同，从第六年开始保持 5% 的净利润增长率。

要求：假设投资者要求的必要报酬率为 10%，计算上述三种情形下该股票的价值。

14. 北方公司现陷入经营困境，原有柠檬饮料因市场竞争激烈，消费者喜好产生变化等开始滞销。为改变产品结构，开拓新的市场领域，拟开发两种新产品。

(1) 开发洁清纯净水

面对全国范围内的节水运动及限制供应，尤其是北方十年九旱的特殊环境，开发部认为洁清纯净水将进入百姓的日常生活，市场前景看好，有关预测如下所示：

市场销路	概率(%)	预计年利润(万元)
好	60	150
一般	20	60
差	20	−10

经过专家测定该项目的风险系数为 0.5。

(2) 开发消渴啤酒

北方人有豪爽、好客、畅饮的性格，亲朋好友聚会的机会日益增多，北方气温大幅度升高，并且气候干燥；北方人的收入明显增多，生活水平日益提高。开发部据此提出开发消渴啤酒方案，有关市场预测如下表所示：

市场销路	概率(%)	预计年利润(万元)
好	50	180
一般	20	85
差	30	−25

据专家测定该项目的风险系数为0.7。

思考与讨论：

(1) 对两个产品开发方案的收益与风险予以计量；

(2) 进行方案评价。

(资料来源：财务管理教学案例吴安平，王明珠等编著．中国时代经济出版社)

15. 某公司拟进行股票投资，计划购买A、B、C三种股票，并分别设计了甲、乙两种投资组合。已知三种股票的β系数分别为1.5，1.0和0.5。它们在甲种投资组合下的投资比重为50%、30%和20%；在乙种投资组合的风险收益率为3.4%。同期市场上所有股票的平均收益率为12%，无风险收益率为8%。

要求：

(1) 根据A、B、C股票的β系数，分别评价这三种股票相对于市场投资组合而言的投资风险大小。

(2) 按照资本资产定价模型计算A股票的必要收益率。

(3) 计算甲种投资组合的β系数和风险收益率。

(4) 计算乙种投资组合的β系数和必要收益率。

(5) 比较甲乙两种投资组合的β系数，评价它们的投资风险大小。

(资料来源：华南师范大学 周传丽 中级财务管理第二章 风险与收益分析例题)

16. 某上市公司本年度的净收益为20 000元，每股支付股利2元。预计该公司未来三年进入成长期，净收益第1年增长14%，第2年增长14%，第3年增长8%。第4年及以后将保持其净收益水平。该公司一直采用固定支付率的股利政策，并打算今后继续实行该政策。该公司没有增发普通股和发行优先股的计划。

要求：

(1) 假设投资人要求的报酬率为10%，计算股票的价值(精确到0.01元)；

(2) 如果股票的价格为24.89元，计算股票的预期报酬率(精确到1%)。

计算步骤和结果，可以用表格形式表达，也可以用算式表达。

第二篇　财务管理的内容

第三章　筹资管理

【学习目的与要求】

通过本章学习，了解企业筹资的概念和类型划分；掌握以普通股为代表的权益筹资方式；掌握以长期借款、债券、租赁为代表的债权筹资方式；了解混合性筹资涉及的主要方式。掌握各类资本成本概念和计算方法；掌握营业杠杆、财务杠杆、联合杠杆的原理、计算和应用；了解影响资本结构的因素；掌握资本成本决策方法；了解经典资本结构理论。

【教学重点与难点】

1. 对企业长期筹资中各种筹资方式的种类、方法、特点、优缺点的认识和理解；
2. 各种筹资方式之间的区别与联系；
3. 资本成本率的测算方法；
4. 各类杠杆的作用原理和测算方法；
5. 资本结构决策的影响因素及其定性分析；
6. 资本结构决策方法的应用。

【引例】

1999 年 6 月，经当时的国家计委和重庆市计委批准，由人民银行重庆营业部监管，中信证券承销，急需资金的重庆力帆集团发行了首期总额 5 000 万，年利率为 5.8% 的三年期无记名企业债券，成为我国首家获准发行债券的民营企业。

为了保证债券按时兑付，力帆集团推行了偿债准备金制度——从发行债券的第 19 个月起，力帆在每月的销售收入中提取部分资金，作为本金及利息存入兑付债券的商业银行，每月存入额度逐步递增。前 3 个月每月存入 100 万，最后两个月达到 500 万和 670 万。最终连本带息力帆集团支付了 5 870 万元。由于偿债准备金制度，所融资金实际使用时间远远不到 3 年，实际利率也远高于 5.8%。

但“借钱”的效益也十分明显。3 年时间里，力帆集团建成了检测设备、发动机组装线等 40 余条，摩托车及发动机产量年递增50%左右，大大超过了预测产量。资产达到3年前的2.8倍，主营收入达到 2.5 倍，成为当时中国摩托车十大品牌之一，发动机产销量 3 年居全国第一，成为国家级高新技术企业和大型企业。

（资料来源：http://www.21cbh.com/HTML/2002-11-18/7177.html）

第一节　企业筹资概述

一、企业筹资的概念和种类

企业筹资是指企业作为筹资主体根据其经营活动、投资和调整资本结构等需要，通过筹资渠道和金融市场，运用筹资方式，经济有效地筹措和集中资本的活动。企业筹资活动是企业的一项基本财务活动，企业筹资管理是企业财务管理的一项主要内容。

企业从创建到生存发展的整个过程都需要筹集资本。企业最初创建时，需要达到必需的初始资本规模，在取得会计师事务所验资证明，据以到工商管理部门办理注册登记后，才能开展正常的生产经营活动。企业经营过程中，为了增加经营收入，降低成本费用，提高利润水平，需要根据市场需求变化，扩大生产经营规模，调整生产经营结构，研制开发新产品，都要具备一定的资本条件。企业为了稳定一定的供求关系并获得一定的投资收益，对外开展投资活动，往往也需要筹集资本。企业为了降低负债比率，减轻偿债压力，也需要及时筹集资本，调整资本结构。

企业通过各种筹资渠道和采用各种筹资方式所筹集的资本，由于具体的属性、期限、范围和机制的不同而形成不同的类型。不同类型资本的结合，就构成具体的筹资组合。企业全部资本或筹资，按照不同角度通常可分为股权资本与债权资本、长期资本与短期资本、内部筹资与外部筹资、直接筹资与间接筹资等类型。

(一) 股权资本与债权资本

企业的全部资本，按属性的不同可以分为股权资本和债权资本两种类型。这是由企业资本的所有权决定的。正确认识这两类资本的内容和属性，有利于合理安排它们之间的比例关系。

1. 股权资本

股权资本亦称权益资本、自有资本，是企业依法取得并长期拥有、自主调配运用的资本。根据我国有关法规制度，企业的股权资本由投入资本（或股本）、资本公积、盈余公积和未分配利润组成。按照国际惯例，股权资本通常包括实收资本（或股本）和留存收益两部分。

股权的所有权归属于企业的所有者。企业所有者依法凭其所有权参与企业的经营管理和利润分配，并对企业的债务承担有限或无限责任。股权资本的经营权则由企业依法享有，在企业存续期间，企业有权调配使用股权资本，企业所有者除了依法转让其所有权外，不得以任何方式抽回其投入的资本。

2. 债权资本

债权资本亦称债务资本、借入资本，是企业依法取得并依约运用、按期偿还的资本。债权资本体现企业与债权人的债务与债权关系。它是企业的债务，是债权人的债权。企业的债权人有权按期索取债权本息，但无权参与企业的经营管理和利润分配，对企业的其他债务不承担责任。企业对持有的债务资本在约定的期限内享有经营权，并承担按期付息还本的义务。

企业的股权资本与债权资本具有一定的比例关系，合理安排股权资本与债权资本的比

例关系是企业筹资管理的一个核心问题。

(二) 长期资本与短期资本

企业的全部资本，可以按期限的不同分为长期资本和短期资本两种类型。正确认识这两类资本的内容和特点，有利于合理安排两者之间的比例关系。

1. 长期资本

长期资本是指企业需用期限在 1 年以上的资本。企业的长期资本通常包括各种股权资本和长期借款、应付债券等债权资本[①]。企业要想长期生存与发展，需要经常持有一定规模的长期资本，以用于购建固定资产、取得无形资产、开展长期投资、垫支于长期性流动资产等。

2. 短期资本

短期资本是指企业需用期限在 1 年以内的资本。企业由于在生产经营过程中资本周转调度等原因，往往需要一定数量的短期资本。企业的短期资本一般包括短期借款、应付账款和应付票据等项目，通常是采用银行借款、商业信用等筹资方式取得或形成的。

企业长期资本和短期资本的比例关系对企业的风险与收益会产生一定的影响，企业应当根据资本的需用期间进行合理搭配。

(三) 内部筹资与外部筹资

企业的全部筹资按资本来源的范围，可分为内部筹资和外部筹资两种类型。企业应在充分利用内部筹资来源之后，再考虑外部筹资问题。

1. 内部筹资

内部筹资是指企业在企业内部通过留用利润而形成的资本来源。内部筹资一般无需花费筹资费用，其数量通常由企业可分配利润的规模和利润分配政策（或股利政策）所决定。

2. 外部筹资

外部筹资是指企业在内部筹资不能满足需要时，向企业外部筹资而形成的资本来源。与内部筹资相比，外部筹资在筹资金额、筹资方式和筹资渠道选择方面具有更高的灵活性。处于初创期的企业，以及经营活动中需要投入大量资金的企业，内部筹资往往难以满足需要，就要广泛开展外部筹资。

(四) 直接筹资与间接筹资

企业的筹资活动按其是否借助银行等金融机构，可分为直接筹资和间接筹资两种类型。这两种筹资活动的区别，主要取决于宏观筹资机制和政策。

1. 直接筹资

直接筹资是指企业不借助银行等金融机构，直接与资本所有者协商融通资本的一种筹资活动。在直接筹资活动过程中，筹资企业无需借助银行等金融机构，而是直接与资本所有者协商，采用一定的筹资方式取得资本。直接筹资因受金融法规的限制较多而手续繁杂，出现纠纷也较难调解，但其筹资范围广，可利用的筹资渠道和方式多样，随着宏观金融体制改革的深入，直接筹资得以不断发展。

2. 间接筹资

间接筹资是指企业借助银行等金融机构而融通资本的筹资活动。银行借款、非银行金融

---

① 这是广义的长期资本。企业的长期资本还可分为中期资本和狭义的长期资本。一般划分标准是：需用期限在 1 年以上至 5 年以下的资本为中期资本；需用期限在 5 年以上的为狭义的长期资本。

机构借款、融资租赁等均属于间接筹资。在间接筹资活动过程中，筹资者与投资者不直接发生借贷关系，而是以银行等金融机构作为中介，集聚资本之后提供给筹资企业。间接筹资具有筹资效率高、筹资期限较为灵活等特点，但也存在筹资范围窄、筹集资本属性单一、筹资金额有限等不足。

二、企业筹资的渠道与方式

企业筹资活动必须考虑“筹集谁的资金”和“如何筹集资金”这两个问题，即对筹资渠道和筹资方式进行选择，前者决定企业将与哪些主体形成资金投放关系，后者则决定所筹集的资金在企业中的属性。不同的筹资渠道和筹资方式各有其特点和适用性，需要加以区别。

(一) 企业筹资渠道

企业的筹资渠道是指企业筹集资本来源的方向与通道，体现着资本的源泉和流量。筹资渠道主要是由社会资本的提供者及数量分布所决定的。目前，我国社会资本的提供者众多，数量分布广泛，为企业筹资提供了广泛的资本来源。认识企业筹资渠道的种类及其特点和适用性，有利于企业充分开拓和利用筹资渠道，实现各种筹资渠道的合理组合，有效地筹集资本。

企业的筹资渠道可以归纳为如下六种：

1. 政府财政资本

政府财政资本历来是国有企业筹资的主要来源，政策性很强，通常只有国有企业才能利用。现在的国有企业，包括国有独资公司，其长期资本的大部分，是在过去由政府通过中央和地方财政部门以拨款方式投资而形成的。政府财政资本具有广阔的源泉和稳固的基础，并在国有企业资本金预算中安排，今后仍然是国有企业权益资本筹资的重要渠道。

2. 银行信贷资本

银行信贷资本是各类企业筹资的重要来源。在我国，银行一般分为商业性银行和政策性银行。商业性银行主要为企业提供各种商业贷款，是以营利为目的，从事信贷资金投放的金融机构，如中国工商银行、中国建设银行等；政策性银行是为特定企业提供政策性贷款的银行，目前我国有国家开发银行、农业发展银行和中国进出口银行三家。银行信贷资本通常拥有居民储蓄、单位存款等资本来源，贷款方式灵活多样，可以适应各类企业债权资本筹集的需要。

3. 非银行金融机构资本

非银行金融机构资本也可以作为一些企业的筹资来源。非银行金融机构是指除了银行以外的各种金融机构及金融中介机构。在我国，非银行金融机构主要有租赁公司、保险公司、企业集团的财务公司以及信托投资公司、证券公司。它们有的集聚社会资本，融资融物；有的承销证券，提供信托服务，为一些企业直接筹集资本或为一些公司发行证券筹资提供承销信托服务。这种筹资渠道的财力虽然比银行要小，但具有广阔的发展前景。

4. 其他法人资本

在我国，法人可分为企业法人、事业法人和团体法人等。它们在日常的资本运营周转中，有时也可能形成部分暂时闲置的资本，为了让其发挥一定的效益，也需要相互融通，这就为企业筹资提供了一定的筹资来源。

5. 民间资本

我国企业和事业单位的职工和广大城乡居民持有大笔的货币资本，可以对一些企业直接进行投资，为企业筹资提供资本来源。

6. 企业内部资本

企业内部资本主要是指企业通过提留盈余公积和保留未分配利润而形成的资本。这种资本无需企业通过一定的方式筹集，而是直接在企业内自动生成或转移，有盈利的企业通常都可以加以利用。

由于各种筹资渠道在资金供应量方面存在较大差异，企业在筹资时应对这些筹资渠道进行分析，了解各种筹资渠道资本的存量与流量大小，以促使企业正确、合理地利用筹资渠道。

(二) 企业筹资方式

企业筹资方式是指企业筹集资本所采取的具体形式和工具，体现着资本的属性和期限。这里，资本属性是指资本的股权或债权性质。筹资方式取决于企业资本的组织形式和金融工具的开发利用程度。目前我国企业常用的筹资方式主要有投入资本筹资、发行股票、发行债券、融资租赁、银行借款、留存收益和商业信用等。企业在筹资时，要对筹资方式进行分析，认识企业筹资方式的种类及其特点和适用性，以便企业准确地开发和利用各种筹资方式，实现各种筹资方式的合理组合，有效地筹集资本。

三、筹资的原则

企业筹资是企业的基本财务活动，是企业扩大生产经营规模和调整资本结构必须采取的行动。为了经济有效地筹集资本，企业筹资必须遵循下列基本原则：

(一) 合法性原则

企业的筹资活动，影响着社会资本及资源的流向和流量，涉及相关主体的经济权益。为此，必须遵守国家有关法律法规，依法履行约定的责任，维护有关各方的合法权益，避免非法筹资行为给企业本身及相关主体造成损失。

(二) 效益性原则

企业筹资与投资在效益上应当相互权衡。企业投资是决定企业是否要筹资的重要因素。投资收益与资本成本相比较，决定着是否要追加筹资；而一旦采纳某项投资项目，其投资数量就决定了所需筹资的数量。因此，企业在筹资活动中，一方面需要认真分析投资机会，追求投资效益，避免不顾投资效益的盲目筹资；另一方面，由于不同筹资方式的资本成本高低不尽相同，也需要综合研究各种筹资方式，寻求最优的筹资组合，以便降低资本成本，经济有效地筹集资本。

(三) 合理性原则

企业筹资必须合理确定所需筹资的数量。企业筹资不论通过哪些筹资渠道，运用哪些筹资方式，都要预先确定筹资的数量。企业筹资固然应当广开财路，但必须有合理的限度，使所需筹资的数量与投资所需数量达到平衡，避免因筹资数量不足而影响投资活动或因筹资数量过剩而影响筹资效益。

企业筹资还必须合理确定资本结构。合理地确定企业的资本结构，主要有两方面的内容:一方面是合理确定股权资本与债权资本的结构,也就是合理确定企业债权资本的规模或比例问题,债权资本的规模应当与股权资本的规模和偿债能力的要求相适应。在这方面,既要避免债权资本过多,导致财务风险过高,偿债负担过重,又要有效地利用债务经营,提高股权资本的收益水平。另一方面是合理确定长期资本与短期资本的结构,也就是合理确定企业全部资本的期限结构问题,这要与企业资产所需持有的期限相匹配。

(四)及时性原则

企业筹资必须根据企业资本的投放时间安排予以筹划,及时取得资本来源,使筹资与投资在时间上相协调。企业投资一般都有投放时间上的要求,尤其是证券投资,其投资的时间性要求非常重要,筹资必须与此相配合,避免筹资过早而造成投资前的资本闲置或筹资滞后而贻误投资的有利时机。

第二节　股权性筹资

企业的全部资本按其所有权的归属,可以分为股权资本和债权资本。企业的股权资本一般由投入资本(或股本)和留存收益构成。根据我国有关法规规定,企业的股权资本包括资本金、资本公积金、盈余公积金和未分配利润。

企业的资本金是企业所有者为创办和发展企业而投入的资本,是企业股权资本最基本的部分。企业资本金因企业组织形式的不同而有不同的表现形式,在非股份制企业中称为"投入资本",在股份制企业中则称为"股本"。

一、投入资本筹资

(一)投入资本筹资的含义和主体

1. 投入资本筹资的含义

投入资本筹资是指非股份制企业以协议等形式吸收国家、其他企业、个人和外商等的直接投入的资本,形成企业投入资本的一种筹资方式。这种方式不以股票为媒介,适用于非股份制企业,是非股份制企业筹集股权资本的一种基本方式。

2. 投入资本筹资的主体

投入资本筹资的主体是指进行投入资本筹资的企业。从法律上讲,现代企业主要有三种法律形式,即独资制、合伙制和公司制。在我国,公司制企业又分为股份有限公司和有限责任公司(国有独资公司是有限责任公司的特例)。采用投入资本筹资的主体只能是非股份制企业,包括独资企业、合伙企业和有限责任公司。

(二)投入资本筹资的类型

投入资本筹资可以有多种类型,企业可根据规定选择采用,筹措所需要的股权资本。

1. 投入资本筹资按所形成股权资本的构成分类

筹集国家直接投资,主要为国家财政拨款,形成企业的国有资本;筹集其他企业、事业单位等法人的直接投资,形成企业的法人资本;筹集本企业内部职工和城乡居民的直接投资,形成企业的个人资本;筹集外国投资者和我国港澳台地区投资者的直接投资,形成企业的外

商资本。

2. 投入资本筹资按投资者的出资形式分类

(1) 筹集现金投资。筹集现金投资是企业筹集投入资本所乐于采用的形式。企业取得现金,可用于购置资产、支付费用,比较灵活方便,因此,企业一般争取投资者以现金方式出资。各国法规大多都对现金出资比例作出了规定,或由融资各方协商确定。

(2) 筹集非现金投资。筹集非现金投资主要有两类形式:一是筹集实物资产投资,即投资者以房屋、建筑物、设备等固定资产和材料、燃料、产品等流动资产作价投资;二是筹集无形资产投资,即投资者以专利权、商标权、商誉、非专利技术、土地使用权等无形资产作价投资。

(三) 投入资本筹资的条件和要求

企业采用投入资本筹资方式筹措股权资本,必须符合一定的条件和要求,主要有以下几个方面:

1. 主体条件

采用投入资本筹资方式筹措投入资本的企业,应当是非股份制企业,包括独资企业、合伙企业和有限责任公司,而股份有限公司按规定应以发行股票方式取得股本。

2. 需要要求

企业投入资本的出资者以现金、实物资产、无形资产出资时,必须符合企业生产经营和科研开发的需要。

3. 消化要求

企业筹集的投入资本,如果是实物和无形资产,则必须在技术上能够消化,企业经过努力在工艺、人员操作方面能够适应。

(四) 投入资本筹资的程序

企业投入资本筹资,一般应遵循如下程序:

1. 确定投入资本筹资的数量

企业新建或扩大规模而进行投入资本筹资时,应当合理确定所需投入资本筹资的数量。国有独资企业的增资,须由国家授权投资的机构或国家授权的部门决定;合资或合营企业的增资须由出资各方协商决定。

2. 选择投入资本筹资的具体形式

企业面向哪些方向、采用何种具体形式进行投入资本筹资,需要由企业和投资者双向选择,协商确定。企业应根据其生产经营等活动的需要以及协议等规定,选择投入资本筹资的具体方向和形式。

3. 签署决定、合同或协议等文件

企业投入资本筹资,不论是为了新建还是为了增资,都应当由有关方面签署决定或协议等书面文件。对于国有企业,应由国家授权投资机构等签署创建或增资拨款决定;对于合资企业,应由合资各方共同签订合资或增资协议。

4. 取得资本来源

签署拨款决定或投资协议后,应按规定或计划取得资本来源。吸收国家以现金投资的,通常有拨款计划,确定拨款期限、每期数额及划拨方式,企业可按计划取得现金。吸收出资各方以实物资产和无形资产出资的,应结合具体情况,采用适当方法,进行合理估价,然后办理产权的转移手续，取得资产。

(五) 筹集非现金投资的估价

企业筹集的非现金投资，主要指流动资产、固定资产和无形资产，应按照评估确定或合同、协议约定的金额计价。

1. 筹集流动资产的估价

企业筹集的流动资产，包括材料、燃料、产成品、在产品、自制半成品、应收款项和有价证券等。

(1) 对于材料、燃料、产成品等，可采用现行市价法或重置成本法进行估价。

(2) 对于在产品、自制半成品，可先按完工程度折算为相当于产成品的约当产量，再按产成品的估价方法进行估价。

(3) 对于应收款项，应针对具体情况，采用合理的估价方法：能够立即收回的应收账款，可以其账面价值作为评估价值；能够立即贴现的应收票据，可以其贴现值作为评估价值；不能立即收回的应收款，应合理估价其坏账损失，并以其账面价值扣除坏账损失后的金额作为评估价值；能够立即变现的带息票据和计息债券，可以其面额加上持有期间的利息作为评估价值。

2. 筹集固定资产的估价

筹集固定资产投资，主要是机器设备、房屋建筑物等。

(1) 对于筹集的机器设备，一般采用重置成本法和现行市价法进行估价；对有独立生产能力的机器设备，亦可采用收益现值法估价。评估价值应包括机器设备的直接成本和间接成本。

(2) 房屋建筑物价值的高低，是由多方面因素决定的，主要受原投资额、地理位置、质量、新旧程度等因素的影响，可采用现行市价法并结合收益现值法进行估价。

3. 筹集无形资产的估价

企业筹集的无形资产投资主要有专利权、专有技术、商标权、商誉、土地使用权、特许经营权、租赁权、版权等。对于能够单独计算自创成本或外购成本的无形资产，如专利权、专有技术等，可以采用重置成本法估价。对于在现时市场上有交易参照物的无形资产，如专利权、租赁权、土地使用权等，可采用现行市价法进行估价。对于无法确定研制成本或购买成本，又不能在市场上找到交易参照物，但能为企业持续带来收益的无形资产，如特许经营权、商标权、商誉等，可采用收益现值法估价。

(六) 投入资本筹资的优缺点

投入资本筹资是我国企业筹资中最早采用的一种方式，也曾是我国国有企业、集体企业、合资或联营企业普遍采用的筹资方式。它既有优点，也有不足。投入资本筹资的优缺点主要有：

1. 投入资本筹资的优点

投入资本筹资所筹的资本属于企业的股权资本，与债权资本相比较，它能提高企业的资信和借款能力。投入资本筹资不仅可以筹集现金，而且能够直接获得所需的先进设备和技术，与仅筹集现金的筹资方式相比较，它能尽快地形成生产经营能力。同时，投入资本筹资的财务风险较低。

2. 投入资本筹资的缺点

投入资本筹资通常资本成本较高；由于没有证券为媒介，产权关系有时不够明晰，也不便于产权的交易。

二、发行普通股筹资

股票是股份有限公司为筹集股权资本而发行的有价证券，是证明股东拥有公司股份的凭证。它代表持股人在公司中拥有的所有权。股票持有人即为公司的股东。公司股东作为出资人按投入公司的资本额享有所有者的资产收益、公司重大决策和选择管理者的权利，并以其所持股份为限对公司承担责任。

发行股票筹资是股份有限公司筹措股权资本的基本方式。本节介绍发行普通股筹资。

(一) 普通股的概念和种类

1. 普通股及其股东权利

普通股是股份有限公司发行的无特别权力的股份，也是最基本的、标准的股份。通常情况下，股份有限公司只发行普通股。

持有普通股股份者为普通股股东，依照我国《公司法》，普通股股东主要有如下权利：

(1) 出席或委托代理人出席股东大会，并依公司章程规定行使表决权。这是普通股股东参与公司经营管理的基本方式。

(2) 股份转让权。股东持有的股份可以自由转让，但必须符合《公司法》及其他法规和公司章程规定的条件和程序。

(3) 股利分配请求权。

(4) 对公司账目和股东大会决议的审查权和对公司事务的质询权。

(5) 分配公司剩余财产的权利。

(6) 公司章程规定的其他权利。

同时，普通股股东也基于其资格，对公司负有义务。我国《公司法》中规定了股东具有遵守公司章程、缴纳股款、对公司承担有限责任、不得退股等义务。

2. 普通股的种类

股份有限公司根据有关法规的规定及筹资者和投资者的需要，可以发行各种不同的普通股。股票的种类很多，可按不同的标准进行分类。

(1) 股票按票面是否记名，分为记名股票和无记名股票。

记名股票的股东姓名或名称要记载于股票票面，同时也要记入公司的股东名册。我国《公司法》规定，公司向发起人、法人发行的股票，应为记名股票；向社会公众发行的股票，可以为记名股票，也可为不记名股票。记名股票一律用股东本名，除记名股东外，其他人不得行使其股权。记名股票的转让有严格的法律程序，其转让、继承要办理过户手续。

无记名股票的股东姓名或名称不记入股票票面和公司的股东名册，公司只记载股票数量、编号及发行日期。公司对社会公众发行的股票可以为无记名股票。无记名股票的持有人即股份的所有人，拥有股东资格，股票转让、继承比较自由，无需办理过户手续。

(2) 股票按发行时间的先后，可分为始发股和新股。

始发股是设立时发行的股票。新股是公司增资时发行的股票。始发股和新股发行的具体条件、目的、价格不尽相同,但同类股东的权利、义务是相同的。

(3) 股票按有无标明金额,可分为面值股票和无面值股票。

股票面值表示每股原始投资额,包括我国在内的许多国家不允许公司以低于面值的价格发行股票。持有面值股票的股东以其持有股票总面值占公司发行在外股票总面值的比例,确定其对公司享有的权利和承担的义务。无面值股票是指股票面值不记载每股金额,仅载明股票在全部股份中占有的比例或代表的股份数。之所以采用无面值股票,是因为股票价值实际上是随公司财产的增减而变动的,发行无面值股票更有利于促使投资者在购买股票时关注股票的实际价值。

(4) 按投资主体的不同,分为国家股、法人股、个人股等。

国家股是有权代表国家投资的部门或机构以国有资产向公司投资而形成的股份。法人股是企业法人依法以其可支配的财产向公司投资而形成的股份,或具有法人资格的事业单位和社会团体以国家允许用于经营的资产向公司投资而形成的股份。个人股是社会个人或公司内部职工以个人合法财产投入公司而形成的股份。

(5) 股票按发行对象和上市地区,分为A股、B股、H股和N股等。

A股是供我国个人或法人买卖的、以人民币标明票面价值并以人民币认购和交易的股票;B股和H股是专供外国和我国港澳台地区的投资者买卖的,以人民币标明面值但以外币认购和交易的股票(2001年起也允许境内居民以合法取得的外币买卖);N股是指在中国大陆注册、在美国纽约证券交易所上市的外资股票[①]。B股在深圳、上海上市,H股在香港上市,N股在纽约上市。

(二) 股票发行的要求

股份有限公司在设立时要发行股票,设立之后为了扩大经营、改善资本结构,也会增资发行新股。股份的发行,实施公平、公正的原则,必须同股同权、同股同利。同时发行的股票,每股的发行条件和价格应当相同。任何单位或个人所认购的股份,每股应支付相同的价款。同时,发行股票还应接受国务院证券监督管理机构的管理和监督。

除上述基本要求外,股票的发行还必须具备一系列法定条件。我国的有关法律法规中,就对股份公司发行股票筹资在公司组织机构健全程度、公司盈利能力及可持续性、公司财务状况以及公司募集资金的数额及使用等方面做出了具体而详细的规定。公司发行股票时,监管部门将依法对公司是否满足发行条件进行审核,只有达到法定要求并经过监管部门核准的股份公司才具有发行股票的资格。

(三) 股票的发行程序

各国对股票的发行程序都有严格的法律规定,未经法定程序发行的股票无效。设立发行和增资发行在程序上有所不同。我国股份公司发行股票应当依循下列程序:

1. 设立发行股票的程序

(1) 发起人认足股份,交付出资。股份有限公司的设立,可以采取发起设立或者募集设立两种方式。无论采用哪种设立方式,发起人均需认足其应认购的股份。若采用发起设立方式,

---

① 在中国大陆上海、深圳证券交易所,若股票名称前出现了N字,表示这只股是当日新上市的股票,字母N是英文New(新)的缩写。

须由发起人认购公司应发行的全部股份；若采用募集设立方式，须由发起人至少认购公司应发行股份的法定比例（不少于35%），其余部分向社会公开募集。发起人可以用现金出资，也可以用实物、工业产权、非专利技术、土地使用权作价出资。对作为出资的实物、工业产权、非专利技术或者土地使用权，必须进行合理评估作价，并折合为股份。在募集设立方式下，发起人认足其应认购的股份并交付出资后，其余股份可向社会公开募集。

(2) 提出募集股份申请。发起人向社会公开募集股份时，必须向中国证监会递交募股申请，并报送批准设立公司的文件，主要包括：公司章程；经营估算书；发起人姓名或者名称、发起人认购的股份数、出资种类及验资证明；招股说明书；代收股款银行的名称及地址；承销机构的名称及有关协议等文件。

(3) 公告招股说明书，制作认股书，签订承销协议。募股申请获得批准后，发起人应在规定期限内向社会公告招股说明书，并制作认股书。招股说明书应附有发起人制定的公司章程，并载明发起人认购的股份数、每股的票面金额和发行价格、无记名股票的发行总数、认股人的权利义务、本次募股的起止期限、逾期未募足时认股人可撤回所认股份的说明等事项。认股书应当载明招股说明书所列事项，由认股人填写所认股数、金额、认股人住所，并签名、盖章。

发起人向社会公开发行股票，应当由依法设立的证券承销机构承销，并签订承销协议；还应当同银行签订代收股款协议。

(4) 招认股份，缴纳股款。发行股票的发起人或其股票承销机构，通常以广告或书面通知的方式招募股份。认购者认股时，需在由发起人制作的认股书上填写认购股数、金额、认股人住所，并签名、盖章。认购者一旦填写了认股书，就要承担认股书中约定的缴纳股款的义务。

发起人公开向社会招募股份时，有时会出现认股者所认购总股数超过发起人拟招募总股数的情况，这时可以采用抽签方式决定哪些认购者的认股书有效。

认股人应在规定的期限内向代收股款的银行缴纳股款。无论股票有无面额、股票面额大小，股款一律按发行价格一次缴足。认股人应在缴纳股款的同时，交付认股书。收款银行应向缴纳股款的认股人出具需由发起人签名盖章的股款缴纳收据，并负责向有关部门出具收缴股款的证明。缴足后，发起人应当委托法定的机构进行验资，并出具验资证明。

(5) 召开创立大会，选举董事会、监事会。发行股份的股数募足后，发起人应在规定期限内（法定30天内）主持召开创立大会。创立大会由认股人组成，应有代表股份总数半数以上的认股人出席方可举行。

创立大会通过公司章程，选举董事会和监事会的成员，并有权对公司的设立费用进行审核，对发起人用于抵作股款的财产的作价进行审核。

(6) 办理公司设立登记，交割股票。经创立大会选举产生的董事会，应在创立大会结束后30天内，办理申请公司设立的登记事项。股份有限公司登记成立后，即向股东正式交付股票。公司登记成立前不得向股东交割股票。

2. 增资发行新股的程序

股份有限公司成立以后，在其存续期间为增加资本，会多次发行新股份。增资发行新股的基本程序是：

(1) 作出发行新股决议。根据我国《公司法》，公司发行新股须由股东大会作出决议，包括新股种类及数额、新股发行价格、新股发行的起止日期、向原有股东发行新股的种类及数额等事项。公司发行新股的种类、数额及发行价格，需根据公司股票在市场上的推销前景，公司筹措资本的需要，公司连续盈利情况和财产增值情况，并考虑发行成本来予以确定。

(2) 提出发行新股的申请。公司作出发行新股的决议后，董事会必须向国务院授权的部门或者省级人民政府申请批准。属于向社会公开募集的新股，须经中国证监会批准。

(3) 公告招股说明书，制作认股书，签订承销协议。公司经批准向社会公开发行新股时，必须公告新股招股说明书和财务会计报表及附表，并制作认股书，还需与证券经营机构签订承销协议。

(4) 招认股份，缴纳股款，交割股票。

(5) 改选董事、监事，办理变更登记。公司发行新股募足股款后，应立即召开股东大会，改选董事、监事。这种改选是由于公司股份增加、股份比例结构变动所引起的增额性改选。然后，公司必须向登记机关办理变更登记，并向社会公告。变更登记事项主要包括本次实际发行新股的股数及金额、发行新股后变更的股东名册、经改选的公司董事和监事名单等。

(四) 股票的发行方式与销售方式

股票的发行方式和销售方式对于及时筹集和募足资本有着重要的意义。发行公司应根据具体情况，选择适宜的股票发行方式与销售方式。

1. 股票的发行方式

股票发行方式是指公司通过何种途径发行股票。股票的发行方式可概括为如下两类：

(1) 公开间接发行。指通过中介机构，公开向社会公众发行股票。我国股份有限公司采用募集设立方式向社会公开发行新股时，须由证券经营机构承销的做法，就属于股票的公开间接发行。这种方式的发行范围广，发行对象多，易于足额筹集资本；股票的变现性强，流通性好；股票的公开发行还有助于提高公司的知名度和扩大其影响力。但这种方式手续繁杂，发行成本高。

(2) 不公开直接发行。指不公开对外发行股票，只向少数特定的对象直接发行，因而不需经中介机构承销。我国股份有限公司采用发起设立方式发行始发股，和以不向社会公开募集的方式发行新股的做法，即属于股票的不公开直接发行。这种发行方式弹性较大，发行成本较低；但发行范围小，股票变现性差。

2. 股票的销售方式

股票的销售方式指股份有限公司向社会发行股票时所采取的股票销售方法。股票销售方式有自销和委托承销两类。

(1) 自销方式。股票发行的自销方式，是指股份公司自行直接将股票出售给投资者，而不经过证券经营机构承销。非公开发行股票，发行对象限于公司前十名股东的，公司可以采用自销的方式。自销方式可由发行公司直接控制发行过程，实现发行意图，并可节约发行成本，但发行风险完全由发行公司承担，主要由知名度高、有实力的公司向现有股东推销股票时采用。

(2) 承销方式。股票发行的承销方式，是指发行公司将股票销售业务委托给证券承销机构代理。这种销售方式是发行股票普遍采用的。我国《公司法》规定股份有限公司向社会公开发行股票，必须与依法设立的证券经营机构签订承销协议，由证券经营机构承销。股票承销又分为包销和代销两种具体办法。所谓包销，是根据承销协议商定的价格，证券经营机构一次性全部购进发行公司公开募集的全部股份，然后以较高的价格出售给社会上的认购者。对

发行公司来说，包销的办法可及时筹足资本，分散发行风险（股款未募足的风险由承销商承担）；但股票以较低的价格售给承销商会损失部分溢价。所谓代销，是证券经营机构代替发行公司代收股票，并由此获取一定的佣金，但不承担股款未募足的风险。

(五) 股票发行定价

股票发行价格是公司发行股票时将股票出售给投资者所采用的价格，也就是投资者认购股票时所应支付的价格。股票发行定价关系到发行公司与股东之间、新老股东之间以及发行公司与承销机构之间的利益关系，对有关各方具有重要意义。如果股票发行定价过低，可能难以满足发行公司的筹资需求，甚至会损害老股东的利益；如果股票发行定价过高，可能增大投资者的风险，抑制投资者的认购热情，加大承销机构的承销风险和发售难度。因此，发行公司及承销机构需要对有关因素进行综合考虑，合理确定股票的发行价格。

1. 股票发行的定价原则

我国《公司法》规定了股票发行定价的原则要求，主要是：

(1) 同次发行的股票，每股发行价格应当相同。

(2) 任何单位或者个人所认购的股份，每股应当支付相同的价款。

(3) 股票发行价格可以按票面金额，也可以超过票面金额，但不得低于票面金额。以超过票面金额为股票发行价格的，须经国务院证券管理部门批准。

2. 股票发行定价的方式

国内外股票发行定价的方式主要有累积订单方式、固定价格方式两种。累积订单方式是美国证券市场经常采用的股票发行定价方式。其基本做法是：首先由承销团与发行公司商定定价区间，通过市场促销征集在每个价位上的需求量；然后分析需求数量分布，由主承销直接与发行公司确定最终发行价格。

固定价格方式是英国、日本、中国香港等证券市场通常采用的股票发行定价方式。其基本做法是：在公开发行前先由承销商与发行公司商定固定的股票发行价格，然后根据该价格进行公开发售。

我国公司的股票发行定价经历了行政定价向市场化定价演变的过程。最初采用固定价格方式，随后改为固定市盈率和控制市盈率的方式，后来试行询价方式。询价方式实质上属于累积订单方式。询价分为两个阶段，第一阶段为发行公司及其保荐人向专业机构投资者初步询价，征询发行价格区间；第二阶段是发行公司和主承销商在确定的发行价格区间内向机构投资者征询发行价格，最终确定股票发行价格。

(六) 股票上市

1. 股票上市的意义

股票上市是指股份有限公司公开发行的股票，由公司提出申请，由证券交易所依法审核同意后在证券交易所作为交易的对象。在证券交易所上市交易的股票，称为上市股票，其股份有限公司称为上市公司。

股份有限公司申请股票上市，基本目的是增强本公司股票的吸引力，形成稳定的资本来源，能在更大范围内筹措大量资本。股票上市对上市公司而言，主要有如下意义：(1) 提高公司所发行股票的流动性和变现性，便于投资者认购、交易；(2) 促进公司股权的社会化，防止股权过于集中；(3) 提高公司的知名度；(4) 有助于确定公司增发新股的发行价格；(5) 便于确定公司的价值，以利于促进公司实现财富最大化目标。因此，不少公司积极创造条件，争取其股票上市。

但是，也有观点认为股票上市对公司不利，主要是：各种信息公开的要求可能会暴露公司的商业秘密；股市的波动可能歪曲公司的实际情况，损害公司的声誉；可能分散公司的控制权。因此，有些公司即使已符合上市条件，也宁愿放弃上市机会。

2. 股票上市的条件

股票上市条件也称股票上市标准，是指对申请上市公司所做的规定或要求。按照国际惯例，股票上市的条件，一般包括开业时间、资产规模、股本总额、持续盈利能力、股权分散程度、股票市价等方面。各国对股票上市条件都规定了具体的数量标准。我国《证券法》规定，股份有限公司申请股票上市，应当符合下列条件：

(1) 股票经国务院证券监督管理机构核准已公开发行。

(2) 公司股本总额不少于人民币 3 000 万元。

(3) 公开发行的股份达到公司股份总数的 25% 以上；公司股本总额超过人民币 4 亿元的，公开发行股份的比例为 10% 以上。

(4) 公司最近三年无重大违法行为，财务会计报告无虚假记载。

证券交易所可以规定高于前款规定的上市条件，并报国务院证券监督管理机构批准。

(七) 普通股筹资的优缺点

1. 普通股筹资的优点

与其他筹资方式相比，发行普通股筹资的优点主要表现在以下方面：

(1) 发行普通股筹措的资本具有永久性，没有到期日，不需归还。这对于保证公司对资本的最低需要，维持公司长期稳定发展极为有利。

(2) 发行普通股筹资没有固定的股利负担，股利的支付与否和支付多少视公司有无盈利和经营需要而定，经营波动给公司带来的财务负担相对较小。由于普通股筹资没有固定的到期还本付息的压力，所以筹资风险较小。

(3) 发行普通股筹集股权资本能增强公司的信誉。普通股股本以及由此产生的资本公积金和盈余公积金等，是公司筹措债权资本的基础。有较多的股权资本作为保障，可以提高公司的信用价值，进一步增强公司的举债能力。

2. 普通股筹资的缺点

(1) 资本成本较高。从投资者的角度来看，投资于普通股取得的股利收入具有不确定性，也不能要求公司归还本金，所冒的风险高于债权人，因而要求的投资报酬率相应较高。从筹资者的角度来看，普通股股利从税后利润中支付，无法像债券利息那样税前列支，起到抵税作用，同时发行费用通常高于其他有价证券，导致资本成本总体偏高。

(2) 发行普通股筹资会增加新股东，导致公司的控制权和受益权分散，损害公司原有股东的利益。

第三节　债权性筹资

债权性筹资是指通过负债筹集资金。负债是企业一项重要的资金来源，几乎没有一家企

业只靠自有资本，而不运用负债就能满足资金需要。债权性筹资与股权性筹资相比，筹集的资金有使用时间的限制，需要到期偿还，而且不论企业经营状况如何，都要偿还债务利息，从而形成企业的偿债压力。但债权性筹资筹来的资本一般比普通股筹资成本低，而且不会分散投资者对企业的控制权，因此也在企业筹资活动中占据重要地位。

目前我国长期债权性筹资一般有长期借款筹资、发行债券筹资和租赁筹资三种方式。

一、长期借款筹资

长期借款是指企业向银行或其他非银行金融机构借入的使用期超过一年的借款，主要用于构建固定资产和满足长期流动资金占用的需要。

(一) 长期借款的种类

(1) 按贷款的用途，我国银行长期贷款通常分为基本建设贷款、更新改造贷款、科研开发和新产品试制贷款等。

(2) 按提供贷款的机构，可分为政策性银行贷款、商业性银行贷款和其他金融机构贷款。

① 政策性银行贷款。即执行国家政策性贷款业务的银行(通称政策性银行)提供的贷款，通常为长期贷款。

② 商业性银行贷款。包括短期贷款和长期贷款，其中长期贷款一般期限长于1年，企业与银行之间要签订借款合同，对借款企业有具体的限制条件，借款利率既可固定，亦可随基准利率的变动而变动，一般采用分期偿还方式，每期偿还金额相等，也可采用到期一次偿还方式。

③ 其他金融机构贷款。企业可从信托投资公司取得实物或货币形式的信托投资贷款，从财务公司取得各种中长期贷款，也可以从保险公司取得贷款。其他金融机构贷款一般较商业银行贷款的期限更长，但要求的利率较高，不同机构对借款企业的信用要求和担保的选择有较大差别。

(3) 按有无抵押品作担保，可分为抵押贷款和信用贷款。

① 抵押贷款是指以特定的抵押品为担保的贷款。作为贷款担保的抵押品可以是不动产、机器设备等实物资产，也可以是股票、债券等有价证券。它们必须是能够变现的资产。如果贷款到期时借款企业不能或不愿偿还贷款时，银行可取消企业对抵押品的赎回权，并有权处理抵押品。抵押贷款有利于降低银行贷款的风险，提高贷款的安全性。

② 信用贷款是指不需要企业以抵押品作担保的贷款，即仅凭其信用或某保证人的信用而发放的贷款。信用贷款通常仅由借款企业出具签字的文书，一般是贷给那些资信优良的企业。对于这种贷款，由于风险较高，银行通常要收取较高的利息，并往往附加一定的条件限制。

(二) 长期借款的条件

金融机构的贷款原则规定为：按计划发放、择优扶持、有物资保证、按期归还。企业申请贷款必须符合我国金融机构申请借款的条件，包括：

(1) 独立核算、自负盈亏、有法人资格；

(2) 经营方向和业务范围符合国家产业政策，借款用途属于银行贷款办法规定的范围；

(3) 借款企业具有一定的物资和财产保证，担保单位具有相应的经济实力；

(4) 具有偿还贷款的能力;

(5) 财务管理和经济核算制度健全,资金使用效益及企业经济效益良好;

(6) 在银行立有账户,办理结算。

(三) 长期借款的程序

具备上述条件的企业若需取得借款,应按如下程序进行:

1. 企业提出申请

企业提出的借款申请,应陈述借款的原因、借款金额、用款时间与计划、还款期限与计划。企业还应向银行提交有关借款方财务报告、担保方的证明文件和项目可行性报告。

2. 银行进行审批

银行针对企业的借款申请,按照有关规定和贷款条件,对借款企业进行审查,依据审批权限,核准企业申请的借款金额和用款计划。银行审查的内容包括企业的财务状况、企业的信用情况、企业的盈利稳定性、企业的发展前景及借款投资项目的可行性等。

3. 签订借款合同

银行经审查批准借款合同后,与借款企业可进一步协商贷款的具体条件,签订正式的借款合同,明确规定贷款的种类、数额、用途、利率、期限和一些限制性条款。

4. 企业取得借款

借款合同生效后,银行可在核定的贷款指标范围内,根据用款计划和实际需要,一次或分次将贷款转入企业的存款结算户,以便企业支用借款。

5. 企业偿还借款

企业应按借款合同的规定按期付息还本。企业偿还贷款的方式通常有三种:

(1) 到期日一次偿还。在这种方式下,还款集中,借款企业需于贷款到期日前做好准备,以保证全部清偿到期贷款。

(2) 定期偿还相等份额的本金,即在到期日之前定期(如每一年或两年)偿还相同的金额,至贷款到期日还清全部本金。

(3) 分批偿还,每批金额不等,便于企业灵活安排。

贷款到期经银行催收,如果借款企业不予偿付,银行可按合同规定,从借款企业的存款户中扣还贷款本息及加收的利息。借款企业如因暂时财务困难,需延期偿还贷款,应向银行提交延期还贷计划,经银行审查核实,续签合同,但通常要加收利息。

(四) 借款合同的内容

借款合同是规定借贷当事人各方权利和义务的契约。借款企业提出的借款申请经贷款银行审查认可后,双方即可在平等协商的基础上签订借款合同。借款合同依法签订后,即具有法律约束力,借贷当事人各方必须遵守合同条款,履行合同约定的义务。

1. 借款合同的基本条款

根据我国有关法规,借款合同应具备下列基本条款:(1) 借款种类;(2) 借款用途;(3) 借款金额;(4) 借款利率;(5) 借款期限;(6) 还款资金来源及还款方式;(7) 保证条款;(8) 违约责任等。

其中,保证条款规定借款企业申请借款应具有银行规定比例的自有资本,及可供变现的作为偿债保证的财产物资;必要时还可规定保证人,保证人必须具有足够代偿借款的财产,

在借款企业不履行合同时连带承担偿付本息的责任。

2. 借款合同的限制条款

由于长期贷款的期限长、风险较高，因此，除了合同的基本条款以外，按照国际惯例，银行对借款企业通常都约定一些限制性条款，归纳起来有如下三类：

(1) 一般性限制条款。包括：① 企业需持有一定限度的现金及其他流动资产，保持其资产的合理流动性及支付能力；② 限制企业支付现金股利；③ 限制企业资本支出的规模；④ 限制企业借人其他长期资金等。

(2) 例行性限制条款。多数借款合同都有这类条款，一般包括：① 企业定期向银行报送财务报表；② 不能出售太多的资产；③ 债务到期要及时偿付；④ 禁止应收账款的转让等。

(3) 特殊性限制条款。例如，要求企业主要领导人购买人身保险，规定借款的用途不得改变等。这类限制条款，只有在特殊情形下才生效。

此外，短期借款中的周转信贷协议、补偿性余额等条件也同样适用于长期借款。

(五) 长期借款的优缺点

1. 长期借款的优点

(1) 借款筹资速度快。由于银行等金融机构已先期通过吸收储蓄等方式完成了资金集中工作，企业利用长期借款筹资只需要与金融机构达成协议即可取得资金，一般所需时间较短，程序较为简单，资金到位迅速。而发行股票、债券筹集长期资金，前期准备工作多，发行证券和集中资金也要花较长的时间，故筹资较慢。

(2) 借款成本较低。利用长期借款筹资，其利息可在所得税前列支，故可减少企业实际负担的成本，因此比股票筹资的成本要低得多；由于借款属于间接筹资，筹资费用也极少。

(3) 借款弹性较大。在借款时，企业与银行直接商定贷款的时间、数额和利率等；在用款期间，企业如因财务状况发生某些变化，亦可与银行再行协商，变更借款数量及还款期限等。

(4) 可以发挥财务杠杆的作用。企业利用借款筹资，收益超过债务利息的部分归属于企业，可用于分配给投资者或留用公司经营，从而增加投资者和公司的财富。

2. 长期借款的缺点

(1) 筹资风险较高。借款通常有固定的利息负担和固定的偿付期限，故借款企业的筹资风险较高。

(2) 限制条件较多，可能会影响企业以后的筹资和投资活动。

(3) 筹资数量有限。一般不如股票、债券那样可以一次筹集到大笔资金。

二、发行债券筹资

债券是经济主体为筹集资金而发行的、用以记载和反应债权债务关系的有价证券。由企业发行的债券称为企业债券或公司债券。本节所讨论的债券，是指期限超过 1 年的公司债券，其发行目的通常是为建设大型项目筹集大笔长期资金。

(一) 债券的种类

公司债券按不同标准可以分为以下几类：

(1) 按债券上是否记有持券人的姓名或名称，分为记名债券与无记名债券。记名债券在券面上记有持券人的姓名或名称，公司只对记名人偿本，持券人凭印鉴支取利息。记名债券的转让，由债券持有人以背书等方式进行，并向发行公司将受让人的姓名或名称载于公司债券存根簿。无记名债券在券面上不记持券人的姓名或名称，还本付息以债券为凭，一般实行剪票付息。其转让由债券持有人将债券交付给受让人后即发挥效力。

(2) 按有无特定财产担保，分为抵押债券与信用债券。发行公司以特定财产作为担保品的债券是抵押债券。它按担保品的不同，又可分为不动产抵押债券、动产抵押债券、信托抵押债券等。信用债券又称无担保债券，发行公司没有抵押品担保，完全凭信用发行和保证偿还。这种债券的发行者通常是信誉良好的公司，利率一般略高于抵押债券。

(3) 按利率是否能够调整，分为固定利率债券与浮动利率债券。固定利率债券的利率在发行债券时即已确定并载于债券券面。浮动利率债券的利率水平在发行债券之初不固定，而是根据有关利率如银行存贷利率水平等加以确定。

(4) 按能否上市，分为上市债券与非上市债券。可在证券交易所挂牌交易的债券为上市债券，反之则为非上市债券。上市债券信用度高，价值高，且变现迅速，较能吸引投资者，但其上市条件严格，需经有关机构审核，并要承担上市费用。

(5) 按是否参与收益分配，分为参与债券和非参与债券。参与债券的持有人除可获得预先规定的利息外，还享有一定程度的参与发行公司收益分配的权利，其参与分配的方式与比例事先确定。非参与债券的持有人没有参与收益分配的权利。公司债券大多为非参与债券。

(6) 按债券持有人的特定权益，分为收益债券、可转换债券和附认股权证债券。收益债券是只有当发行公司有税后收益可供分配时才支付利息的一种公司债券。可转换债券的持有者有权将持有的可转换债券按公司债券募集办法转换为公司普通股。附认股权证债券附带有允许债券持有人按特定价格认购股票的权利。

(二) 发行债券的条件

公开发行公司债券，应当符合下列条件：

(1) 股份有限公司的净资产不低于人民币 3 000 万元，有限责任公司的净资产不低于人民币 6 000 万元；

(2) 累计债券余额不超过公司净资产的 40%；

(3) 最近 3 年平均可分配利润足以支付公司债券 1 年的利息；

(4) 筹集的资金投向符合国家产业政策；

(5) 债券的利率不超过国务院限定的利率水平；

(6) 国务院规定的其他条件。

公开发行公司债券筹集的资金，必须用于核准的用途，不得用于弥补亏损和非生产性支出。

上市公司发行可转换为股票的公司债券，除应当符合第一款规定的条件外，还应当符合公开发行股票的条件。

发行公司发生下列情形之一的，不得再次公开发行公司债券：(1) 前一次公开发行的公司债券尚未募足；(2) 对已公开发行的公司债券或者其债务有违约或者延迟支付本息的事实，仍处于继续状态；(3) 违反本法规定，改变公开发行公司债券所募资本的用途。

(三) 债券的发行程序

公司发行债券需要经过一定的程序，办理有关手续。

1. 作出发行债券决议

公司在实际发行债券之前，必须由其决策机构作出发行债券的决议，具体决定公司债券发行总额、票面金额、发行价格、募集办法、债券利率、偿还日期及方式等内容。

2. 提出发行债券申请

我国规定，公司申请发行债券由国务院证券管理部门批准。公司申请应提交公司登记证明、公司章程、公司债券募集办法、资产评估报告和验资报告。

3. 公告债券募集办法

发行公司债券的申请经批准后，公开向社会发行债券，应当向社会公告债券募集办法，以便投资者了解相关信息。公司债券募集办法中应当载明本次发行债券总额和债券面额、债券利率、还本付息的期限与方式、债券发行的起止日期、公司净资产额、已发行而未到期的公司债券总额、债券的承销机构等事项。公司若发行可转换公司债券，还应在债券募集办法中规定具体的转换办法。

4. 委托证券承销机构发售

公司债券的发行方式一般有私募发行和公募发行两种。私募发行是指由发行公司将债券直接发售给投资者。这种发行方式因受限制，极少采用。公募发行是指发行公司通过承销团向社会发售债券。公募发行是世界各国通常采用的公司债券发行方式。在这种发行方式下，发行公司要与承销团签订承销协议。承销团由数家证券公司或投资银行组成。承销团的承销方式有代销和包销，其操作模式与股票的代销和包销相似。

5. 发售债券，收缴债券款，登记债券存根簿

公开发行公司债券，由证券承销机构发售时，投资者直接向承销机构付款购买，承销机构代理收取债券款，交付债券，然后发行公司向承销机构收缴债券款并结算预付的债券款。公司发行的债券，还应在公司债券存根簿中登记。

(四) 债券发行价格的确定

公司债券的发行价格是发行公司发行债券时所使用的价格，亦即投资者向发行公司认购债券时实际支付的价格。由于金融市场利率波动可能导致债券发行时的市场利率与债券的票面利率出现差异，为调节债券购销双方的利益，债券的发行价格需要做出适当的调整。

在实务中，公司债券的发行价格通常有三种情况，即平价、溢价、折价。平价是指以债券的票面金额作为发行价格。多数公司债券采用平价发行。溢价是指按高于债券面额的价格发行债券。折价是指按低于债券面额的价格发行债券。溢价或折价发行债券，主要是由于债券的票面利率与市场利率不一致所造成的。

债券的发行价格具体可按下列公式计算：

$$债券发行价格=\frac{票面金额}{(1+市场利率)^n}+\sum_{t=1}^{n}\frac{票面金额\times票面利率}{(1+市场利率)^t}$$

从资金时间价值的原理来看，债券发行价格为其面值与各期利息分别按市场利率贴现的现值之和。

【例 3-1】某公司发行面额为 1 000 元、票面利率 10%、期限 10 年的债券，每年末付息一次。其发行价格在市场利率分别为 10%、8%、12% 时各是多少？

解：(1) 市场利率为 10%，与票面利率一致，为等价发行。债券发行价格为

$$P_0=\frac{1\ 000}{(1+10\%)^{10}}+\sum_{t=1}^{10}\frac{1\ 000\times 10\%}{(1+10\%)^t}=1\ 000(元)$$

(2) 市场利率为8%,低于票面利率,为溢价发行。债券发行价格为

$$P_1=\frac{1\ 000}{(1+8\%)^{10}}+\sum_{t=1}^{10}\frac{1\ 000\times 10\%}{(1+8\%)^t}=1\ 134(元)$$

(3) 市场利率为12%,高于票面利率,为折价发行。债券发行价格为

$$P_2=\frac{1\ 000}{(1+12\%)^{10}}+\sum_{t=1}^{10}\frac{1\ 000\times 10\%}{(1+12\%)^t}=886(元)$$

(五) 债券的信用等级

公司公开发行债券通常由债券评信机构评定等级。债券的信用等级表示债券的质量优劣,反映债券发行者还本付息能力的强弱和债券投资风险的高低,直接影响着公司发行债券的效果和投资者的投资选择。

国际上流行的债券等级分为3等9级。按信用等级由高到低的顺序,AAA为最高级,AA为高级,A为上中级,BBB为中级,BB为中下级,B级为投机级,CCC级为完全投机级,CC级为最大投机级,C级为最低级。

我国的债券评级工作正在展开,但尚无统一的债券等级标准和系统评级制度。根据中国人民银行的有关规定,凡是向社会公开发行的企业债券,需由中国人民银行及其授权的分行指定的资信评级机构或者公证机构进行评信。这些机构对发行债券企业的企业素质、财务质量、项目状况、项目前景和偿债能力进行评分,以评定债券的信用级别。

(六) 债券筹资的优缺点

1. 债券筹资的优点

(1) 债券成本较低。债券的利息允许在所得税前支付,发行公司可享受税上利益。同时债券持有者承担的风险低于股票投资者,因而公司需要开支的利息通常低于普通股股利。故公司实际负担的债券成本一般低于股票成本。

(2) 可利用财务杠杆。债券的利息支出固定,当企业的投资收益率高于债券利息率时,可产生财务杠杆作用,增加股东收益。

(3) 保障股东控制权。债券持有人无权参与发行公司的管理决策,不会分散股东对公司的控制权。

2. 债券筹资的缺点

(1) 财务风险较高。债券有固定的到期日,并需定期支付利息,发行公司必须承担按期付息偿本的义务。公司经营不景气时,亦需向债券持有人付息偿本,从而进一步使公司财务状况恶化,有时甚至导致破产。

(2) 限制条件较多。发行债券的限制条件一般要比长期借款、租赁筹资的限制条件多且严格,对发行资格、筹资规模、发行程序、资金使用等方面都进行了约束,甚至对公司的后续筹资活动也作了限制。

(3) 筹资数量有限。公司利用债券筹资超过一定限度,会导致企业财务风险失控。因此多数国家对发行债券筹资规模都有限定。例如我国《公司法》规定,发行公司流通在外的债券累计总额不得超过公司净资产的40%。

三、融资租赁

租赁是出租人以收取租金为条件，在契约或合同规定的期限内，将资产租借给承租人使用的一种经济行为。租赁行为实质上具有借贷属性，但它直接涉及的是"物"而不是"钱"。

租赁活动在历史上由来已久。现代租赁已经成为企业筹集资产的一种方式，用于补充或部分替代其他筹资方式。

(一) 租赁的种类

现代租赁的种类很多，通常按性质分为经营租赁和融资租赁两大类。

1. 经营租赁

经营租赁又称营运租赁、服务租赁，是由出租人向承租企业提供租赁设备，并提供设备维修保养和人员培训等服务性业务。经营租赁通常为短期租赁。承租企业采用营运租赁的目的，主要不在于融通资本，而是为了获得设备的短期使用以及出租人提供的专门技术服务。其特点主要是：(1) 承租企业可根据需要随时向出租人提出租赁资产；(2) 租赁期较短，不涉及长期而固定的义务；(3) 在设备租赁期间内，承租企业可按规定提前解除租赁合同；(4) 出租人提供专门服务；(5) 租赁期满或合同中止时，租赁设备由出租人收回。

2. 融资租赁

融资租赁又称资本租赁、财务租赁，是由租赁公司按照承租企业的要求融资购买设备，并在契约或合同规定的较长期限内提供给承租企业使用的信用性业务。它是一种以融物为形式，融资为目的的租赁方式，是现代租赁的主要类型。其特点主要是：(1) 承租企业需要向租赁公司提出正式申请，由租赁公司融资购进设备租给承租企业使用；(2) 租赁期限较长，大多为设备耐用年限的一半以上；(3) 租赁合同比较稳定，在规定的租期内非经双方同意，任何一方不得中途解约；(4) 由承租企业负责设备的维修保养和保险，但无权自行拆卸改装；(5) 租赁期满时，按事先约定的办法处置设备，一般有退租、续租、留购三种选择，通常由承租企业留购。

融资租赁按其业务的不同特点，可细分为如下三种具体形式：

(1) 直接租赁。这种租赁是指出租方(租赁公司或生产商) 直接向承租人提供租赁资产的租赁形式。直接租赁是融资租赁的典型形式，通常所说的融资租赁是指直接租赁形式。

(2) 售后租回。这种租赁是指承租人按照协议先将其资产卖给租赁公司，再将该资产租回的租赁形式。采用这种融资租赁形式，承租企业因出售资产而获得了一笔现金，同时因将其租回而保留了资产的使用权。

(3) 杠杆租赁。这种租赁是有贷款人参与的一种租赁形式。杠杆租赁一般涉及承租人、出租人和贷款人三方当事人。在这种形式下，出租人只垫支购买资产所需现金的一部分(一般为 20% ～ 40%)，其余部分(约 60% ～ 80%) 则以该资产为担保向贷款人借资支付。资产出租后，出租人以收取的租金向贷款人还本付息。这种方式使出租人可以在自己投入资金较少的情况下完成大额的租赁业务，故被称为杠杆租赁。

(二) 融资租赁的程序

1. 选择租赁公司

企业决定采用租赁方式取得某项设备时，首先需了解各家租赁公司的经营范围、业务能力、资信情况以及其与其他金融机构如银行的关系，取得租赁公司的融资条件和租赁费率等资料，加以分析比较，从中择优选择。

2. 办理租赁委托

企业选定租赁公司后，便可向其提出正式书面申请，办理委托。租赁申请应说明所需设备的具体要求，同时还要向租赁公司提供承租企业财务状况证明文件。

3. 签订购货协议

由承租人或出租人的一方或双方合作选定设备供应厂商，并与其进行技术和商务谈判，在此基础上签订购货协议。

4. 签订租赁合同

租赁合同由承租企业与租赁公司签订，它是租赁业务的重要文件，具有法律效力。融资租赁合同的内容可分为一般条款和特殊条款两部分。一般条款主要涉及对该次租赁业务具体内容的界定，特殊条款主要涉及租赁业务双方的权利义务约定及对各自行为的约束。

5. 办理验货、付款与保险

租赁合同签订后，设备供应商向承租企业提供设备，承租企业要进行验收，验收合格后签发交货及验收证书，并提交租赁公司，租赁公司据以向供应厂商支付设备价款。同时，承租企业向保险公司办理投保事宜。

6. 支付租金

承租企业在租期内按合同规定的租金数额、支付方式等，向租赁公司支付租金。

7. 合同期满处理设备

融资租赁合同期满时，承租企业根据合同约定，对设备退租、续租或留购。

(三) 租金的确定

在租赁筹资方式下，租金的数额和支付方式对承租企业的未来财务状况具有直接的影响，因此是租赁筹资决策的重要依据。

1. 租金的构成

租赁公司通过向承租企业每期收取租金的方式，收回其在租赁资产上的投入和开展租赁服务的成本费用，并实现利润。因此承租企业支付给租赁公司的租金主要包括以下几方面：

(1) 租赁设备的购置成本，包括设备的买价、运杂费和途中保险费等。

(2) 资金利息，指租赁公司为承租企业购置设备融资而应计的利息。

(3) 租赁手续费，包括租赁公司承办租赁设备的营业费用以及一定的盈利。租赁手续费的高低一般无固定标准，通常由承租企业与租赁公司协商确定，按设备成本的一定比率计算。

2. 确定租金的方法

目前，国际上流行的租金计算方法主要有平均分摊法、等额年金法、附加率法、浮动利率法。我国融资租赁实务中，大多采用平均分摊法和等额年金法。

(1) 平均分摊法。简而言之，平均分摊法就是将所有租赁公司要向承租企业收取的费用汇总之后，按支付次数平摊。这种方法没有充分考虑时间价值因素。每次应付租金的计算公式可列示如下：

$$A = \frac{(C - S) + I + F}{N}$$

式中，A 代表每次支付的租金；C 代表租赁设备购置成本；S 代表租赁设备预计残值（是否纳入计算过程视残值归属而定，归承租企业则不纳入）；I 代表租赁期间利息，根据双方商定的利率按复利计算；F 代表租赁期间手续费，费率由双方商定；N 代表租金支付次数。

【例 3-2】某企业于 2010 年 1 月 1 日从租赁公司租入一套设备，价值 100 万元，租期为 10 年，预计租赁期满时的残值为 5 万元，设备归租赁公司，年利率按 10% 计算，租赁手续费率为设备价值的 2%。租金每年末支付一次。该套设备租赁每次支付租金可计算如下：

$$\frac{(100 - 5) + [100 \times (1 + 10\%)^{10} - 100] + 100 \times 2\%}{10} = 25.64\text{（万元）}$$

(2) 等额年金法。等额年金法是运用年金现值的计算原理计算每期应付租金的方法。在这种方法下，通常以租费率作为折现率，同时租金支付的方式（先付年金或后付年金）对租金高低将产生影响。

若租金支付采取后付年金方式，则每年租金金额为：

$$A = \frac{\text{等额租金现值}}{\text{等额租金现值系数}}$$

式中，等额租金现值为购置成本与残值现值之差；等额租金现值系数取决于租金支付次数和租费率，而租费率中则包含了设备购置资金利息率和手续费率两大因素。

【例 3-3】根据例 3-2 资料，假定设备残值归属承租企业，租费率为 12%。则承租企业每年末支付的租金计算如下：

$$A = \frac{100}{(P/A, 12\%, 10)} = \frac{100}{5.650} = 17.70\text{（万元）}$$

此例如果为先付等额租金方式，则每年初支付租金为

$$A = \frac{100}{(P/A, 12\%, 10) \times (1 + 12\%)} = \frac{100}{5.650 \times 1.12} = 15.80\text{（万元）}$$

(四) 租赁筹资的优缺点

1. 租赁筹资的优点

(1) 迅速获得所需资产。融资租赁是融资与融物相结合的筹资方式，因此往往比先筹集资本再购置资产速度更快，更有利于企业尽快形成生产能力。

(2) 租赁筹资限制较少。使用融资租赁方式不受企业类型和规模限制，租赁合约一般也不会包含对企业经营活动的限制条款，较其他筹资方式更加自由灵活。

(3) 免遭设备陈旧过时的风险。科学技术不断进步，使得固定资产更新周期不断缩短，设备陈旧过时的风险很高，而多数租赁协议规定这种风险由出租人承担，因而承租企业可免遭这种风险。

(4) 租金可在所得税前扣除，承租企业能享受税收利益。

2. 租赁筹资的缺点

租赁筹资的主要缺点是成本较高，租赁公司不但要向承租企业转嫁设备购置资金的成本，而且还要通过收取的租金弥补经营支出并实现盈利，从而加重了承租企业的融资成本负担。承租企业在财务困难时期，支付固定的租金也将构成一项沉重的负担；另外，采用租赁筹资方式如不能享有设备残值，也可视为承租企业的一种机会损失。

第四节　混合性筹资

本章前述投入资本、发行普通股、发行债券等筹资方式筹集的资本，都具有股权资本或债权资本的单一属性。本节所指的混合性筹资是指兼具债权和股权筹资双重属性的长期筹资，通常包括发行优先股筹资、发行可转换债券筹资。此外，本节将附带介绍认股权证。

一、发行优先股筹资

相对于普通股而言，优先股的优先性主要体现在“优先权利”上，包括股利分配优先和公司剩余财产分配优先。具体的优先条件须由公司章程予以明确规定。优先股与普通股具有一些共性，如优先股无到期日，所筹资本归属股权资本等。但它同时又具有公司债券的某些特征，如股东通常无表决权，收益固定，具有财务杠杆作用等。因此，优先股被视为一种介于债券与普通股之间的，集债权与股权于一体的一种混合证券。

(一) 发行优先股的动机

股份公司发行优先股，筹集股权资本只是其目的之一。由于优先股的特性，公司发行优先股往往还有其他的动机：

1. 防止公司股权分散化。由于优先股股东一般没有表决权，发行优先股就可以避免公司股权分散，保障公司的原有控制权。

2. 调剂资金余缺。公司可在发行优先股时选择可赎回优先股，既可以满足当前的资金需要，又可以在将来公司资金充裕时或公司能够找到成本更低的筹资方式时予以赎回，从而减轻公司的股息负担。

3. 改善公司资本结构。公司在安排债权资本与股权资本的比例关系时，可较为便利地利用优先股的发行与赎回来调整。

4. 维持举债能力。通过优先股筹集的资本本质上属于公司的股权资本，发行优先股，有利于巩固股权资本的基础，维持乃至增强公司的借款举债能力。

(三) 发行优先股筹资的优缺点

1. 优先股筹资的优点

(1) 财务风险较低。优先股的股利不是公司的负债，从理论上讲，董事会可以无限期推迟优先股股利的支付，而优先股股东并不能因公司未付股利而迫使其破产。同时，优先股没有固定的到期日，即使需要通过优先股偿债基金进行归还，也只需在相当长的时间内予以支付，从而可以避免出现类似债务到期时的偿付压力。

(2) 保持普通股股东对公司的控制权。当公司既想向外界筹措股权，又想保持原有股东的控制权时，利用优先股筹资尤为恰当。

(3) 从法律上讲，优先股股本属于股权资本，发行优先股能加强公司的股权资本基础，提高公司的借款举债能力。

2. 发行优先股筹资的缺点

(1) 由于优先股股利不能税前列支，得不到减税的好处，虽然其成本低于普通股成本，但

一般高于债券成本。

(2) 优先股股利虽然可以累积发放，但毕竟不能完全豁免，只要公司经营情况好转，股利仍需支付，从而可能形成公司较重的财务负担。

二、发行可转换证券筹资

(一) 可转换证券的概念与种类

所谓可转换证券，是指公司发行的可以转换为普通股的证券，主要包括可转换债券和可转换优先股。可转换债券有时简称可转债，是指由公司发行并规定债券持有人在一定期限内按约定的条件可将其转换为发行公司股票的债券。可转换优先股是指持有人在一定期限内依据约定的条件可将其转换为发行公司普通股或债券的优先股。在公司筹资实务中，可转换债券发展很快，因此下面仅介绍可转换债券。

(二) 可转换债券的特性

从筹资公司的角度看，发行可转换债券具有债务与权益筹资的双重属性，属于一种混合性筹资。利用可转换债券筹资，发行公司赋予可转换债券的持有人可将其转换为该公司股票的权利。因而，对发行公司而言，在可转换债券转换之前需要定期向持有人支付利息。如果在规定的转换期限内，持有人未将可转换债券转换为股票，发行公司还需要到期偿付债券，在这种情形下，可转换债券筹资与普通债券筹资相类似，属于债权筹资属性。如果在规定的转换期限内，持有人将可转换债券转换为股票，则发行公司将债券负债转化为股东权益，从而具有股权筹资的属性。

(三) 可转换债券的发行条件

根据中国证监会《上市公司证券管理办法》的规定，公开发行可转换债券的公司，除应当符合公司公开发行证券的一般条件外，还应当符合下列规定：

(1) 最近 3 个会计年度加权平均净资产收益率平均不低于 6%。扣除非经常性损益后的净利润与扣除前的净利润相比，以低者作为加权平均净资产收益率的计算依据。

(2) 本次发行后累计公司债券余额不超过最近一期期末净资产额的 40%。

(3) 最近 3 个会计年度实现的年均可分配利润不少于公司债券 1 年的利息。

(四) 可转换债券的要素

可转换债券的要素构成可转换债券资本特征的必要因素，体现可转换债券与不可转换债券的区别。

1. 标的股票

可转换债券对股票的转换，实际上是一种股票期权或股票选择权，它的标的物一般是其发行公司自己的普通股，有时也有其他公司股票，如可转换债券发行公司的上市子公司股票(以下介绍中的标的股票仅指发行公司的股票，不涉及其他情况)。

2. 转换价格

可转换债券的转换价格是指以可转换债券转换为股票的每股价格。这种转换价格通常由发行公司在发行可转换债券时约定。

按照我国的有关规定，上市公司发行可转换债券的，以发行可转换债券前一个月股票的平均价格为基准，上浮一定幅度作为转换价格。公司发行可转换债券并约定转换价格后，由于增发新股、配股及其他原因引起公司股票市价发生变动的，应当及时调整转换价格，并向社会公布。

3. 可转换债券的转换比率

可转换债券的转换比率是指每份可转换债券所能转换的股票数。它等于可转换债券的面值除以转换价格。例如某上市公司发行的可转换债券每份面值为 100 元，转换价格为每股 25 元，则转换比率为 4 股，即每份可转换债券可以转换 4 股股票。

4. 转换期限

可转换债券的转换期限是指可转换债券转换为股份的起始日至结束日的期间。一般而言，可转换债券转换期限的长短与可转换债券的期限相关。在我国，可转换债券的期限按规定最短期限为 1 年，最长期限为 6 年。按照规定，上市公司发行可转换债券，自发行结束之日起 6 个月后，持有人可以依据约定的条件随时将其转换为股票。可转换债券转换为股票后，发行股票上市的证券交易所应当安排股票上市流通。

可转换债券持有人请求转换时，其所持债券面额有时发生不足以转换为一股股票的余额，发行公司则应当以现金偿付。

(五) 可转换债券的赎回和回售

可转换债券的赎回是指发行人在发行一段时期后，可以按照赎回条款生效的条件提前购回其未到期的发行在外的可转换债券。赎回行为通常发生在公司股市场价持续一段时间高于转换价格达到某一幅度时(国际上通常把股票市价达到或超过转股价格 100% ～ 150% 作为涨幅界限，同时要求该涨幅持续 30 个交易日作为赎回条件)，公司按事先约定的价格买回未转换的股票。赎回价格一般规定为可转债面值的 103% ～ 106%，越接近转债到期日，赎回价格越低。赎回条款可以限制可转换债券持有人的潜在收益，从而使公司避免承受筹资损失。

回售一般是指公司股市价在一段时间内连续低于转换价格达到某一幅度时，可转换债券持有人按事先约定的价格将所持债券卖回发行人的行为。也有的回售条款是承诺某个条件，比如公司股票在未来时间要达到上市目标，一旦达不到，则履行回售条款。回售条款可以使债券持有人避免因为债券长期无法转换而承受利益损失。

(六) 可转换债券筹资的优缺点

1. 可转换债券筹资的优点

(1) 筹资成本较低。可转换债券赋予了债券持有人以优惠价格转换公司股票的好处，故而其利率低于同一条件下的普通债权，降低了公司的筹资成本。转换为股票后，又可节省股票的发行成本，从而降低股票的资本成本。

(2) 有利于筹集更多的资本。可转换债券的转换价格通常高于发行时的股票价格，因此，可转换债券转换后，其筹资额大于当时发行股票的筹资额。另外也有利于稳定公司的股价。

(3) 有利于调整资本结构。可转换债券是一种具有债权筹资和股权筹资双重性质的筹资方式。可转换债券在转换前属于发行公司的一种债务，若发行公司希望可转换债券持有人转股，还可以借助诱导，促其转换，进而借以调整资本结构。

(4) 有利于避免筹资损失。当公司的股票价格在一段时期内连续高于转换价格并超过某

一幅度时，发行公司可按事先约定的价格赎回未转换的可转换债券，从而避免筹资上的损失。

2. 可转换债券筹资的缺点

(1) 转股后可转换债券筹资将失去利率较低的好处。

(2) 若确需股票筹资，但股价并未上升，可转换债券持有人不愿转股时，发行公司将承受偿债压力。

(3) 若可转换债券转股时股价高于转换价格，则发行遭受筹资损失。

(4) 回售条款的规定可能使发行公司遭受损失。当公司的股票价格在一段时期内连续低于转换价格并达到一定幅度时，可转换债券持有人可按事先约定的价格将所持债券回售公司，从而使发行公司受损。

三、发行认股权证筹资

(一) 认股权证的特点

认股权证是由股份有限公司发行的可认购其股票的一种买入期权。它赋予持有者在一定期限内以事先约定的价格购买发行公司一定股份的权利。

对于筹资公司而言，发行认股权证是一种特殊的筹资手段。认股权证本身含有期权条款，其持有者在认购股份之前，对发行公司既不拥有债权也不拥有股权，而只是拥有股票认购权。尽管如此，发行公司可以通过发行认股权证筹得现金，还可用于公司成立时对承销商的一种补偿。

(二) 认股权证的种类

在国内外的公司筹资实务中，认股权证的形式多种多样，可划分为不同种类。

(1) 长期与短期的认股权证。认股权证按允许认股的期限分为长期认股权证和短期认股权证。长期认股权证的认股期限通常持续几年，有的是永久性的。短期认股权证的认股期限比较短，一般在 90 天以内。

(2) 单独发行与附带发行的认股权证。认股权证按发行方式可分为单独发行的认股权证和附带发行的认股权证。单独发行的认股权证是指不依附于其他证券而独立发行的认股权证。附带发行的认股权证是指依附于债券、优先股、普通股或短期票据发行的认股权证。

(3) 备兑认股权证与配股权证。备兑认股权证是每份备兑证按一定比例含有几家公司的若干股份。配股权证是确认股东配股权的证书，它按股东的持股比例定向派发，赋予股东以优惠的价格认购发行公司一定份数的新股。

(三) 认股权证的作用

在公司的筹资实务中，认股权证的运用十分灵活，对发行公司具有一定的作用。

(1) 为公司筹集额外的现金。认股权证不论是单独发行还是附带发行，大多都为发行公司筹集一笔额外现金，从而增强公司的资本实力和运营能力。

(2) 促进其他筹资方式的运用。单独发行的认股权证有利于将来发售股票。附带发行的认股权证可促进其所依附证券发行的效率。例如，认股权证依附于债券发行，用以促进债券的发售。

第五节　资本成本

正确计算和合理降低资本成本，是制定筹资决策的基础；同时，企业投资决策也必须建立在资本成本的基础之上。因此，资本成本是财务管理中一个非常重要的概念。本节着重从公司长期资本的角度，阐述资本成本的作用和测算方法。

一、资本成本的作用

(一) 资本成本的概念、内容和属性

1. 资本成本的概念

资本成本是企业筹集和使用资本而承付的代价。从投资者的角度看，资本成本也是投资者要求的必要报酬或最低报酬。在市场经济条件下，资本是一种特殊的商品，企业通过各种筹资渠道，采用各种筹资方式获得的资本往往都是有偿的，需要承担一定的成本。

2. 资本成本的内容

资本成本从绝对量的构成来看，包括使用费用和筹集费用两部分。

(1) 使用费用。使用费用是指企业在生产经营和对外投资活动中因使用资本而承付的费用。例如，向债权人支付的利息，向股东分配的股利等。长期资本的使用费用是一种经常性费用，是资本成本的主要内容。

(2) 筹集费用。筹集费用是指企业在筹集资本活动中为获得资本而付出的费用。例如，向银行支付的借款手续费，因发行股票、债券而支付的发行费用等。筹集费用通常在筹资时一次全部支付，在获得资本后的用资过程中不再发生。

3. 资本成本的属性

资本成本作为企业的一种成本，既有一般商品成本的基本属性，又有不同于一般商品成本的某些特性。在企业正常的生产经营活动中，一般商品的生产成本是其生产所耗费的直接材料、直接人工和制造费用之和，对于这种商品的成本，企业需从其收入中予以补偿。资本成本也是企业的一种耗费，也需由企业的收益补偿，但它是为获得和使用资本而付出的代价，通常并不直接表现为生产成本。此外，产品成本需要计算实际数，而资本成本只要求计算预测数或估计数。

资本成本与货币的时间价值既有联系，又有区别。货币的时间价值是资本成本的基础，而资本成本既包括货币的时间价值，又包括投资的风险价值。因此，在有风险的条件下，资本成本也是投资者要求的必要报酬率。

(二) 资本成本的作用

资本成本是企业筹资管理的一个重要概念，对于企业筹资管理和投资管理有重要的作用。

1. 资本成本是企业筹资决策的依据

企业长期资本筹集往往有多种方式可供选择，通过计算各种筹资方式的资本成本，可以帮助企业在各种筹资方式间做出选择。企业为扩大生产经营规模而追加筹资时，可以通过计

算追加筹资方案的边际资本成本率来比较不同方案的优劣。企业的资本结构决策也可以通过计算不同筹资组合的总和资本成本率来完成。

2. 资本成本是进行投资决策的经济标准

只有当投资项目的投资收益率高于其资本成本率时，项目在经济上才是合理的，否则将无利可图，甚至发生亏损。因此，在项目评价中，通常将资本成本率视为一个投资项目的基准收益率，也就是投资收益的下限，是决定一个项目采纳与否的标准。在企业投资评价分析中，可以将资本成本率用于投资方案的净现值和现值指数测算，以比较选择投资方案，进行投资决策。

二、个别资本成本率的测算

个别资本成本率是指企业某次筹资活动筹集的某种长期资本的成本率。可用于企业筹资时对各种筹资方式进行比较。

(一) 个别资本成本率的测算原理

一般而言，个别资本成本率是企业年用资费用与有效筹资额的比率。通常按年计算，其基本的测算公式列示如下：

$$K = \frac{\text{年使用费用}}{\text{筹资总额} - \text{筹集费用}}$$

$$\text{或 } K = \frac{\text{年使用费用}}{\text{筹资总额}(1 - \text{筹资费率})}$$

公式表明，个别资本成本率的高低取决于三个因素，即资金使用费用、筹集费用和筹资总额。使用费用作为经常性费用，是决定个别资本成本率高低的主要因素。筹集费用也是影响个别资本成本率高低的一个因素，如果某项筹资方式的筹集费用较大，则企业实际得到的可用资金数量将减少，其资本成本率往往较高。筹资额也会影响个别资本成本率的高低，筹资额越大，筹资方式的资本成本率通常越低。

需要说明的是，资金筹集费用是一次性费用，在筹资时已经支付，可视作对筹资额的一种抵减，即筹资净额或有效筹资额为筹资总额减去筹资费用。

(二) 股权资本成本率的测算

按照公司股权资本的种类，股权资本成本率主要有优先股资本成本率、普通股资本成本率和留用利润资本成本率等。根据所得税法的规定，公司需以税后利润向股东分派股利，故没有抵税利益。

1. 优先股资本成本率的测算

优先股的股利通常是固定的，公司利用优先股筹资需花费发行费用，同时优先股的股利从税后利润支付。优先股资本成本率的测算与资本成本率测算的基本公式形式非常相似，其公式是：

$$K_p = \frac{D_p}{P_p(1 - f)}$$

式中，K_p 代表优先股资本成本率；D_p 代表优先股每股年股利；P_p 代表优先股筹资总额；f 代表优先股筹资费率。

【例 3-4】某公司准备按面值发行优先股 100 万元，筹资费率为 4%，每年支付 12% 的股利，则该优先股的资本成本计算如下：

$$K_p = \frac{100 \times 12\%}{100 \times (1 - 4\%)} = 12.5\%$$

2. 普通股资本成本率的测算

按照资本成本率实质上是投资必要报酬率的思路，普通股的资本成本率就是普通股投资的必要报酬率。其测算方法一般有三种。

(1) 股利折现模型。股利折现模型的基本形式是：

$$P_c = \sum_{t=1}^{\infty} \frac{D_t}{(1 + K_c)^t}$$

式中：P_c 代表普通股融资净额，即发行价格扣除发行费用；D_t 代表普通股第 t 年的股利；K_c 代表普通股投资必要报酬率，即普通股资本成本率。

上述股利估价模型的具体运用因公司的股利政策而异。如果公司采用固定股利政策，即每年分派现金股利 D 元，则资本成本率计算公式为：

$$K_c = \frac{D}{P_c}$$

【例 3-5】某公司拟发行一批普通股，每股发行价格 15 元，发行费用 1 元，预定每年分派现金股利每股 1.2 元。其资本成本率测算为：

$$K_c = \frac{1.2}{15 - 1} = 8.57\%$$

如果公司采用固定增长股利的政策，股利固定增长率为 g，则资本成本率需按下式测算：

$$K_c = \frac{D_1}{P_c} + g$$

式中：D_1 代表普通股第 1 年的股利；g 代表固定的股利增长率。

【例 3-6】某公司准备增发普通股，每股发行价为 20 元，发行费用 2 元，预定第一年分派现金股利每股 1.5 元，以后每年股利增长 4%。其资本成本率测算为：

$$K_c = \frac{1.5}{20 - 2} + 4\% = 12.33\%$$

(2) 资本资产定价模型。资本资产定价模型可以简单地描述为：普通股投资的必要报酬率等于无风险报酬率加上风险报酬率。其公式为：

$$K_c = R_f + \beta(R_m - R_f)$$

式中：R_f 代表无风险报酬率；R_m 代表市场报酬率；β 代表股票的贝塔系数。

在确定无风险报酬率、市场报酬率和某种股票的 β 值后，就可测算该股票的必要报酬率，即资本成本率。

【例 3-7】已知某股票的 β 值为 1.2，市场报酬率 10%，无风险报酬率 4%。该股票的资本成本率测算为：

$$K_c = 4\% + 1.2 \times (10\% - 4\%) = 11.2\%$$

(3) 风险溢价法。从投资者的角度来看，股票投资的风险一般高于债券，因此股票投资应当比债券投资取得更高的风险报酬，股票投资的必要报酬率就应该在债券利率的基础上，加上股票相应的风险报酬率。

【例 3-8】某公司已发行债券的投资报酬率为 8%。现准备发行一批股票，经分析该股票高于债券的投资风险报酬率为 3%。则该股票的必要报酬率为：

$$8\% + 3\% = 11\%$$

此必要报酬率即为该公司股票的资本成本率。

3. 留用利润资本成本率的测算

公司的留用利润(或留存收益)是公司税后利润分配过程中形成的，其所有权归属于股东。公司留有利润相当于股东对公司追加的股权投资，必须得到股东的认可；而要让股东愿意将利润留存于企业而不作为股利取出，必须给股东提供不低于其持有的普通股收益水平的报酬。因此，留用利润也是有资本成本的，只是在表现形式上属于机会成本。留用利润资本成本率的测算方法与普通股基本相同，只是不需要考虑筹资费用。其公式为：

$$K_r = \frac{D_1}{P_r} + g$$

式中：P_r 代表留用利润的总额，其他与普通股公式一致。

(三) 长期债权资本成本率的测算

企业的长期债权资本通常来自于长期借款和长期债券两种筹资方式。根据企业所得税法的规定，企业债务的利息允许从税前利润中扣除，从而可以抵免企业所得税。因此，企业实际负担的债权资本成本率应当考虑所得税因素。

1. 长期借款的资本成本率

企业长期借款资本成本率可按下列公式测算：

$$K_L = \frac{I_L(1-T)}{L(1-f)}$$

式中：I_L 代表长期借款年利息额；L 代表长期借款筹资额，即借款本金；f 代表借款手续费率。

【例 3-9】公司欲从银行取得一笔长期借款 1 000 万元，手续费 0.5%，年利率 6%，期限 3 年，每年结息一次，到期一次还本。公司所得税税率 25%。这笔借款的资本成本率测算如下：

$$K_L = \frac{1\,000 \times 6\% \times (1-25\%)}{1\,000 \times (1-0.5\%)} = 4.52\%$$

相对于其他筹资方式，长期借款的筹资费用很少。如果忽略不计，长期借款资本成本率可表示为：

$$K_L = i(1-T)$$

式中：i 代表借款利息率。

在有补偿性余额条款，或按贴现法付息时，借款总额中被扣除的部分可以作为借款的筹集费用处理，这时长期借款的资本成本率会明显上升。

【例 3-10】某公司欲从银行取得一笔长期借款 1 000 万元，年利率 6%，期限 3 年，每年结息一次，到期一次还本。公司所得税税率 25%。银行要求留出 20% 的补偿性余额，则该笔借款的资本成本率测算为：

$$K_L = \frac{1\,000 \times 6\% \times (1-25\%)}{1\,000 \times (1-20\%)} = 5.63\%$$

2. 长期债券的资本成本率

企业债券的资金筹集费用一般较高，计算资本成本时不宜忽略。债券的资金筹集费用包括申请费、注册费、印刷费和中介机构发行佣金等，有的费用按一定的标准支付。此外，债券的发行价格有等价、溢价和折价等情况，与面值有时不一致。因此，债券的资本成本率的测算与借款有所不同。

在不考虑货币时间价值时，债券资本成本率可按下列公式测算：

$$K_B = \frac{I_B(1-T)}{B(1-f)}$$

式中：I_B 代表长期债券年利息额，根据票面金额和票面利率计算；B 代表发行债券筹资额，按发行价格确定；f 代表借款手续费率。

【例 3-11】某公司拟等价发行面值1 000元、期限5年、票面利率8%的债券，每年结息一次。发行费用为发行价格的4%，公司所得税税率25%。该批债券的资本成本率测算为：

$$K_B = \frac{1\,000 \times 8\% \times (1-25\%)}{1\,000 \times (1-4\%)} = 6.25\%$$

在例 3-11 中的债券如果按 1 100 元溢价发行，则其资本成本率为：

$$K_B = \frac{1\,000 \times 8\% \times (1-25\%)}{1\,100 \times (1-4\%)} = 5.68\%$$

如果按 950 元折价发行，则其资本成本率为：

$$K_B = \frac{1\,000 \times 8\% \times (1-25\%)}{950 \times (1-4\%)} = 6.58\%$$

若考虑货币时间价值，公司债券的税前资本成本率就是投资者的投资必要报酬率，乘以 $(1-T)$ 折算之后，即可得到税后的资本成本率。其方法如下：

(1) 计算债券的税前资本成本率。

$$P_0 = \sum_{t=1}^{n} \frac{I}{(1+R_b)^t} + \frac{P_n}{(1+R_b)^n}$$

式中：I 代表债券年税前利息额；P_0 代表债券筹资净额，等于债券发行价格扣除筹集费用；P_n 代表债券面额或到期值；R_b 代表债券投资的必要报酬率，即债券的税前资本成本率；t 代表债券期限。

(2) 测算债券的税后资本成本率。

$$K_b = R_b(1-T)$$

【例 3-12】某公司拟按 1 100 元发行面值 1 000 元，票面利率 8%，期限 5 年的债券一批，每年结息一次。债券发行费率为 2%，公司所得税率为 25%。则该批债券的资本成本率计算如下：

$$1\,100 \times (1-2\%) = \sum_{t=1}^{5} \frac{1\,000 \times 8\%}{(1+R_b)^t} + \frac{1\,000}{(1+R_b)^5}$$

$$R_b = 6.14\%$$

$$K_b = R_b(1-T) = 6.14\% \times (1-25\%) = 4.61\%$$

三、综合资本成本率的测算

受多方面因素的制约，企业不可能只采用某种单一的筹资方式。出于降低财务风险和提高权益资本报酬水平的考虑，企业通常都需要多种筹资方式并用，构建合理的资本结构。因此，在分析个别资本成本之外，还需要从企业总体出发，计算综合资本成本率。

综合资本成本率也称加权平均资本成本率，是指一个企业全部长期资本的平均成本率。综合资本成本率通常以各种长期资本的比例为权重，对个别资本成本率进行加权平均测算。其计算公式如下：

$$K_w = \sum_{j=1}^{n} K_j W_j$$

式中：K_w 表示综合资本成本率；K_j 表示第 j 种资本的个别资本成本率；W_j 表示第 j 种资本占总资本的比例。

【例 3-13】某公司账面反映的长期资本总额 1 000 万元，其中长期借款 300 万元，长期债券 100 万元，优先股 50 万元，普通股 450 万元，留存收益 100 万元；各种长期资本成本率依次为 5%，6%，10%，13% 和 12%。该公司综合资本成本率计算如下：

（1）计算各种长期资本的比例：

长期借款资本比例 $= \frac{300}{1\,000} = 0.3$，

长期债券资本比例 $= \frac{100}{1\,000} = 0.1$，

优先股资本比例 $= \frac{50}{1\,000} = 0.05$，

普通股资本比例 $= \frac{450}{1\,000} = 0.45$，

留存收益资本比例 $= \frac{100}{1\,000} = 0.1$。

（2）测算综合资本成本率：

$$K_w = 5\% \times 0.3 + 6\% \times 0.1 + 10\% \times 0.05 + 13\% \times 0.45 + 12\% \times 0.1 = 9.65\%。$$

上述计算中的个别资本占全部资本的比重，是根据账面价值计算的，资料较易取得。但当资本的账面价值与市场价值差别较大时，如股票、债券的市场价格发生较大变动，则基于账面价值的计算结果可能与实际情况产生较大差距。为避免影响筹资决策，资本权重还可以按市场价值或目标价值确定，分别称为市场价值权数和目标价值权数。

使用市场价值权数时，债券、股票均以市场价格计算其价值，并据此计算资本总价值，然后再计算各种筹资方式的权重。这种处理方法能反映企业目前的实际情况。

使用目标价值权数时，债券、股票等按照公司预计的未来目标市场价值确定资本比例。这种方法更加实用于企业未来目标资本结构的决策，但由于企业很难客观合理地确定其证券的目标价值，使得这种权数不易应用。

四、边际资本成本率的测算

（一）边际资本成本率的概念

边际资本成本率是指企业追加筹资的资本成本率。企业无法以某一固定的资本成本来筹措无限的资金，当其筹集的资本超过一定限度时，原来的资本成本就会增加。同时，在企业追加筹资时，企业为了保持或优化原有的资本结构，往往需要通过多种筹资方式的组合来实现。因此，边际资本成本率也是按加权平均法计算的，是追加筹资时所承担的加权平均成本。

边际资本成本通常用于对企业追加筹资的边际资本成本变动趋势的预测，并通过边际

资本成本与投资的边际收益率对比，来帮助企业确定最优追加筹资规模。以下通过例题说明边际资本成本的计算和应用。

【例 3-14】A 企业拥有长期资金 500 万元，其中长期借款 100 万元，资本成本 5%；长期债券 150 万元，资本成本 7%；普通股 250 万元，资本成本 12%。由于扩大经营规模的需要，拟筹集新资金。经分析，认为筹集新资金后，仍应保持目前的资本结构，即长期借款占 20%，长期债券占 30%，普通股占 50%，并测算出了随筹资的增加各种资本成本的变化，见表 3-1。

表 3-1　A 企业追加筹资测算资料表

资金种类	目标资本结构	新筹资额	资本成本
长期借款	20%	50 000 以下 50 000 ～ 100 000 100 000 以上	5% 6% 7%
长期债券	30%	150 000 元以内 150 000 ～ 300 000 元 300 000 元以上	7% 9% 11%
普通股	50%	300 000 元以内 300 000 ～ 600 000 元 600 000 元以上	12% 14% 15%

根据以上资料，A 企业不同追加筹资规模的边际资本成本率计算如下：

(1) 计算筹资突破点

筹资超过一定规模会导致资本成本的变化，因此把引起某种资本成本发生变化的筹资总额临界点称为一定资本结构下的筹资突破点，或筹资总额分界点。在筹资突破点范围内筹资，仍维持原来的资本成本率，一旦筹资总额超过筹资突破点，即便维持现有的资本结构，其资本成本也会增加。筹资突破点的计算公式为：

$$筹资突破点 = \frac{某种资本的成本率分界点}{该资本在总资本中所占的比重}$$

本例中的筹资突破点计算结果见表 3-2。

表 3-2　A 企业筹资总额分界点测算表

资本种类	个别资本成本率(%)	各种资本筹资范围（元）	筹资总额分界点（元）	筹资总额范围（元）
长期债务	5% 6% 7%	50 000 以下 50 000 ～ 100 000 100 000 以上	$\frac{50\ 000}{20\%} = 250\ 000$ $\frac{100\ 000}{20\%} = 500\ 000$	250 000 以下 250 000 ～ 500 000 500 000 以上
优先股	7% 9% 11%	150 000 元以内 150 000 ～ 300 000 元 300 000 元以上	$\frac{150\ 000}{30\%} = 500\ 000$ $\frac{300\ 000}{30\%} = 1000\ 000$	500 000 以下 500 000 ～ 1 000 000 1 000 000 以上
普通股权益	12% 14% 15%	300 000 元以内 300 000 ～ 600 000 元 600 000 元以上	$\frac{300\ 000}{50\%} = 600\ 000$ $\frac{600\ 000}{50\%} = 1200\ 000$	600 000 以下 600 000 ～ 1 200 000 1 200 000 以上

(2) 计算边际资本成本

根据上一步计算出的筹资突破点，可以得到 6 组筹资总额范围：25 万元以内；25 万元 ～ 50 万元；50 万元 ～ 60 万元；60 万元 ～ 100 万元；100 万元 ～ 120 万元 ；120 万元以上。对以上 6 组筹资总额范围分别计算综合资本成本，即可得到各种筹资总额范围的边际资本成本计算结果，见表 3-3。

表 3-3　边际资本成本率计算表

序号	筹资总额范围(元)	资本种类	目标资本结构	个别资本成本率(%)	边际资本成本率(%)
1	250 000 以内	长期借款 长期债券 普通股	0.2 0.3 0.5	5 7 12	1.0 2.1 6.0
第一个筹资总额范围的边际资本成本率 = 9.1					
2	250 000 ～ 500 000	长期借款 长期债券 普通股	0.2 0.3 0.5	6 7 12	1.2 2.1 6.0
第二个筹资总额范围的边际资本成本率 = 9.3					
3	500 000 ～ 600 000	长期借款 长期债券 普通股	0.2 0.3 0.5	7 9 12	1.4 2.7 6.0
第三个筹资总额范围的边际资本成本率 = 10.1					
4	600 000 ～ 1 000 000	长期借款 长期债券 普通股	0.2 0.3 0.5	7 9 14	1.4 2.7 7.0
第四个筹资总额范围的边际资本成本率 = 11.1					
5	1 000 000 ～ 1 200 000	长期借款 长期债券 普通股	0.2 0.3 0.5	7 11 14	1.4 3.3 7.0
第五个筹资总额范围的边际资本成本率 = 11.7					
6	1 200 000 以上	长期借款 长期债券 普通股	0.2 0.3 0.5	7 11 15	1.4 3.3 7.5
第六个筹资总额范围的边际资本成本率 = 12.2					

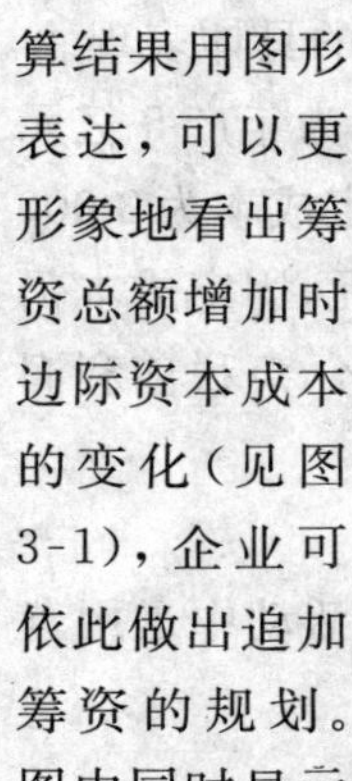
以上计算结果用图形表达，可以更形象地看出筹资总额增加时边际资本成本的变化（见图 3-1），企业可依此做出追加筹资的规划。图中同时显示

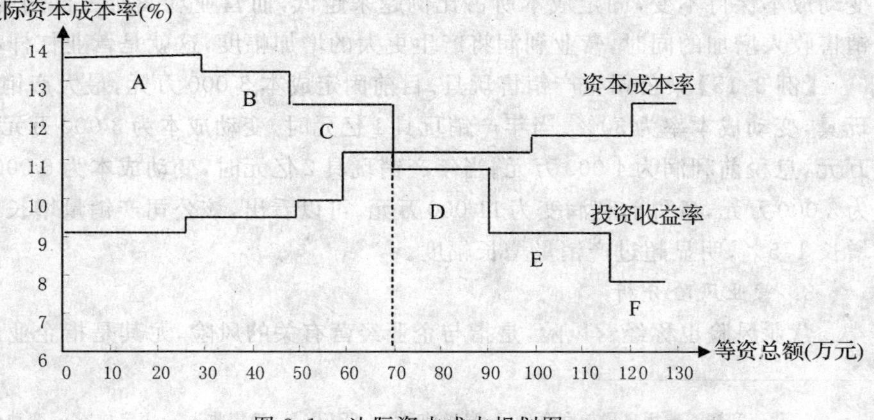

图 3-1　边际资本成本规划图

了企业目前的投资机会，A 至 F 共 6 个项目。企业筹集资本首先可用于内含报酬率最大的 A 项目，然后有可能再选择 B 项目，依此类推。低于 70 万元的筹资总额，是适宜的筹资预算，此时可选择 A、B 和 C 三个项目，它们的投资收益率高于相应的边际资本成本。

第六节 杠杆利益与风险

杠杆在物理学中是一种工具，通过改变支点和力点间的距离，可以产生不同的作用效果。财务管理中也存在相似的杠杆作用，表现为在特定费用存在的条件下，当某一财务变量产生小幅度变动时，另一相关财务变量产生较大变动。合理利用杠杆，可以帮助企业提高经营效率，规避风险。营业杠杆和财务杠杆是企业经营中经常运用的两种工具，本节将对这两类杠杆，以及这两类杠杆的综合 —— 联合杠杆进行分析。

一、营业杠杆利益与风险

(一) 营业杠杆原理

1. 营业杠杆的概念

营业杠杆是指由于企业营业成本中存在固定成本而对企业营业利润带来的影响。这里的营业成本包括销售成本、价内销售税金、销售费用、管理费用等。企业营业成本按是否随营业总额变动而变动，可分为变动成本和固定成本两类。其中变动成本会随营业总额的变动而变动；固定成本在一定的营业规模内，其总额不受营业总额变动的影响。随着企业营业额的增加，单位营业额分摊的固定成本降低，从而增加企业的营业利润，如此就形成企业的营业杠杆。企业利用营业杠杆，有时可以获得一定的营业杠杆利益，有时也承受着相应的营业风险即遭受损失。

2. 营业杠杆利益分析

营业杠杆利益是指在企业扩大营业总额的条件下，单位营业额的固定成本下降而给企业增加的营业利润[①]。在企业一定的营业规模内，由于固定成本并不随产品销售量增加而增加，当销售量增加时，单位销售量所负担的固定成本会相应减少。这样在每一元销售收入中，变动成本保持不变，固定成本所占比例越来越低，而营业利润所占比例则越来越高。因此在销售收入增加的同时，营业利润将产生更大的增加幅度，这就是营业杠杆利益的具体表现。

【例 3-15】某公司生产销售玩具。目前固定成本 3 000 万元，最大产销能力为年产 5 亿元玩具，变动成本率为 30%。当年产销玩具 1 亿元时，变动成本为 3 000 万元，固定成本为 3 000 万元，息税前利润为 4 000 万元。当年产销玩具 2 亿元时，变动成本为 6 000 万元，固定成本仍为 3 000 万元，息税前利润变为 11 000 万元。可以看出，该公司产销量增长 100%，息税前利润增长 175%，明显超过产销量增长幅度。

3. 营业风险分析

营业风险也称经营风险，是指与企业经营有关的风险，尤其是指企业经营活动中运用营

---

① 营业利润一般用息税前利润表示，息税前利润（*EBIT*）= 销售收入 − 固定成本 − 变动成本。

业杠杆带来的负面效应，即由于固定成本的存在，使得企业经营利润的下降幅度大于产销量的下降幅度。影响营业风险的主要因素有：固定成本比重、产品需求的变动、原料价格变动、单位产品变动成本的变化等。企业要获得营业杠杆利益，就需要承担相应的风险。

在例 3-15 中，如果产销玩具由 2 亿元变为 1 亿元，则固定成本仍保持不变，变动成本自 6 000 万元降至 3 000 万元，息税前利润自 11 000 万元降至 4 000 万元。产销额下降幅度为 50%，息税前利润下降幅度为 63.64%，后者仍大于前者。

在发生固定成本的前提下，营业杠杆利益与风险在企业中同时并存。当销售额变动时，企业的营业利润将以更大的幅度同方向变动。企业的未来销售额如何变动通常难以确定，因而企业在杠杆作用下受益还是受损也不确定，但企业可以通过对营业杠杆作用的调节和控制，达到趋利避害的效果。

(二) 营业杠杆系数的测算

为了反映营业杠杆的作用程度，评估营业杠杆利益的大小和风险的高低，需要测算营业杠杆系数。营业杠杆系数是指企业营业利润的变动率相当于营业额变动率的倍数。其测算公式为：

$$DOL=\frac{\Delta EBIT/EBIT}{\Delta S/S}$$

式中：DOL 代表营业杠杆系数；$EBIT$ 代表营业利润，即息税前利润；$\Delta EBIT$ 代表营业利润的变动额；S 代表营业额；ΔS 代表营业额的变动额。

为了便于计算，可将上列公式变换如下：

$$DOL=\frac{S-C}{S-C-F}=1+\frac{F}{EBIT}$$

式中：F 代表固定成本总额；C 代表变动成本总额，可按变动成本率乘以销售总额来确定。

【例 3-16】A 公司的产品销量 50 000 件，单位产品售价 1 000 元，销售总额 5 000 万元，固定成本总额为 800 万元，单位产品变动成本为 600 元，变动成本率为 60%，变动成本总额为 3 000 万元。其营业杠杆系数测算如下：

$$DOL=\frac{5\ 000-3\ 000}{5\ 000-3\ 000-800}=1.67$$

或

$$DOL=1+\frac{800}{5\ 000-3\ 000-800}=1.67$$

在此例中营业杠杆系数为 1.67 的意义在于：当企业销售增长 10% 时，息税前利润将增长 16.7%；反之，当企业销售下降 10% 时，息税前利润也将下降 16.7%。前种情形表现为营业杠杆利益，后一种情形则表现为营业风险。一般而言，企业的营业杠杆系数越大，营业杠杆利益和营业风险就越高；企业的营业杠杆系数越小，营业杠杆利益和营业风险就越低。

营业杠杆系数不是固定不变的，当企业固定成本总额、单位产品变动成本、销售价格、销售数量等因素发生变动时，营业杠杆系数也会发生变动，企业的营业杠杆的作用程度也产生相应的变化，产生不同程度的营业杠杆利益和营业风险。企业也可以通过对上述因素的控制，调节营业杠杆的作用程度。由于营业杠杆系数影响着企业的息税前利润，从而也就制约着企业的筹资能力和资本结构。因此，营业杠杆系数是资本结构决策的一个重要因素。

二、财务杠杆利益与风险

(一)财务杠杆原理

1. 财务杠杆的概念

在企业资本结构一定的条件下,企业从息税前利润中支付债务利息,以及从税后利润中支付优先股股利等资本成本是相对固定的。当息税前利润增长时,每一元利润所负担的固定资本成本就会减少,从而使普通股的每股利润(*EPS*)以更快的速度增长;当息税前利润下降时,每一元利润所负担的固定资本成本就会相应增加,从而导致普通股每股利润以更快的速度下降。这种由于所筹资本的固定成本引起的普通股每股利润的波动幅度大于息税前利润的波动幅度的现象称为财务杠杆,亦称筹资杠杆。企业利用财务杠杆会对股权资本的收益产生一定的影响,有时可能给股权资本的所有者带来额外的收益即财务杠杆利益,有时可能造成一定的损失即遭受财务风险。

2. 财务杠杆利益分析

财务杠杆利益是指企业利用资本成本固定的筹资方式给股权资本带来的额外收益。在企业资本规模和资本结构一定的条件下,企业从息税前利润中支付的债务利息是相对固定的,当息税前利润增加时,扣除固定债务利息之后得到的税前利润,以及扣除固定比例所得税之后的税后利润都会增加,在每 1 元息税前利润所占的比例相应增长,从而使每股利润表现出快于息税前利润的增长速度。

【例 3-17】假设某公司每年需支付债务利息 2 000 万元,已发行普通股 1 000 万股,所得税率 25%。当公司息税前利润为 4 000 万元时,每股利润为(4 000 − 2 000) × (1 − 25%) ÷ 1 000 = 1.5 元 / 股。当公司息税前利润为 11 000 万元时,每股利润为(11 000 − 2 000) × (1 −25%) ÷ 1 000 = 6.75 元 / 股。此时,公司息税前利润上升 175%,而每股税后利润上升 350%。

若公司不需要支付债务利息,则税后利润分别为 3 元 / 股和 8.25 元 / 股,此时的税后利润上升幅度与息税前利润上升幅度一致,均为 175%。

由此可见,在资本结构一定、债务利息保持固定不变的条件下,随着息税前利润的增长,税后利润以更快的速度增长,从而使企业所有者获得财务杠杆利益,即税后利润的增长幅度高于息税前利润的增长幅度。

3. 财务风险分析

财务风险是指企业在经营活动中与筹资有关的风险,尤其是指在筹资活动中利用财务杠杆可能导致企业股权资本所有者收益下降的风险,甚至可能导致企业破产的风险。由于财务杠杆的作用,当息税前利润下降时,税后利润下降得更快,从而给企业股权资本所有者造成财务风险。

在例 3-17 中,若债务利息、普通股股份数和所得税率都保持不变,息税前利润从11 000 万元降至 4 000 万元,则每股税后利润从 6.75 元 / 股降至 1.5 元 / 股;前者下降 63.64%,后者下降 77.78%。由此可见,随着息税前利润的下降,每股税后利润以更快的速度下降。

(二)财务杠杆系数的测算

财务杠杆系数是指企业税后利润的变动率相当于息税前利润变动率的倍数。它反映着

财务杠杆的作用程度。对股份有限公司而言，财务杠杆系数则表现为普通股每股税后利润变动率相当于息税前利润变动率的倍数。为了反映财务杠杆的作用程度，估计财务杠杆利益的大小，评价财务风险的高低，需要测算财务杠杆系数。其测算公式是：

$$DFL=\frac{\Delta EAT/EAT}{\Delta EBIT/EBIT}$$

或

$$DFL=\frac{\Delta EPS/EPS}{\Delta EBIT/EBIT}$$

式中：DFL 代表财务杠杆系数；ΔEAT 代表税后利润变动额；EAT 代表税后利润额；$\Delta EBIT$ 代表息税前利润变动额；$EBIT$ 代表息税前利润额；ΔEPS 代表普通股每股税后利润变动额；EPS 代表普通股每股税后利润额。

为了便于计算，可将上列公式变换如下：

$$DFL=\frac{EBIT}{EBIT-I} \tag{1}$$

式中：I 代表债务年利息额；T 代表公司所得税税率。若企业发行有优先股，年股利额为 P，则公式为：

$$DFL=\frac{EBIT}{EBIT-I-\frac{P}{1-T}} \tag{2}$$

【例 3-18】某公司全部长期资本为 8 000 万元，债权资本比例为 0.4，债务年利率 10%，公司所得税税率 25%。在息税前利润为 1 000 万元时，税后利润为 510 万元。其财务杠杆系数测算如下：

$$DFL=\frac{1\ 000}{1\ 000-510}=2.04$$

对例 3-18 中财务杠杆系数为 2.04 说明：当息税前利润增长 10% 时，普通股每股税后利润将增长 20.4%；反之，当息税前利润下降 10% 时，普通股每股利润将下降 20.4%。前一种情形表现为财务杠杆利益，后一种情形则表现为财务风险。一般而言，财务杠杆系数越大，企业的财务杠杆利益和财务风险就越高；财务杠杆系数越小，企业财务杠杆利益和财务风险就越低。

从公式(1)、(2) 可以看出，企业承担的利息费用(包括优先股股利) 越高，企业的财务杠杆系数也越高。当企业预期未来息税前利润上升时，通过负债筹集更多资金用于经营，可以使企业充分享受财务杠杆带来的好处。而当企业预期未来息税前利润下降时，通过减少负债规模，降低利息支出，可以避免企业的税后利润过快下滑。

财务杠杆系数不但受利息费用影响，也受到利率水平变动、企业资本结构、企业盈利能力等因素的影响。

三、联合杠杆利益与风险

联合杠杆也称总杠杆或复合杠杆，它用来反映企业综合利用财务杠杆和经营杠杆给企业普通股东收益带来的影响。如前所述，营业杠杆通过营业额的变动影响息税前利润，财务杠杆则通过息税前利润的变动影响税后利润或普通股每股税后利润。营业杠杆和财务杠杆两者最终都影响到企业税后利润或普通股每股税后利润，而且这两种杠杆作用密切关联。如果企业同时利用营业杠杆和财务杠杆，那么销售额变动对普通股收益的影响将会更大，总的风险也就更高。

(二)联合杠杆系数的测算

对于营业杠杆和财务杠杆的综合程度的大小，可以用联合杠杆系数来反映。联合杠杆系数也称总杠杆系数，是指普通股每股税后利润变动率相当于营业总额变动率的倍数。它是营业杠杆系数与财务杠杆系数的乘积。用公式表示如下：

$$DCL=\frac{\Delta EAT/EAT}{\Delta S/S}=DOL\times DFL$$

式中：DCL（或 DTL）代表联合杠杆系数。

【例 3-18】A 公司长期资本总额为 200 万元，其中长期负债占 50%，利率为 10%，公司销售额为 50 万元，固定成本总额为 5 万元，变动成本率为 60%，则联合杠杆系数可计算如下：

$EBIT=50-5-50\times60\%=15$(万元)；

$I=200\times50\%\times10\%=10$(万元)；

$DOL=1+\frac{F}{EBIT}=1+\frac{5}{15}=1.33$；

$DFL=\frac{EBIT}{EBIT-I}=\frac{15}{15-10}=3$；

$DCL=DOL\times DFL=1.33\times3=4$。

在此例中，联合杠杆系数为 4 倍，表示当公司营业总额增长 10% 时，普通股每股税后利润将增长 40%，反映公司的联合杠杆利益；反之，当公司营业总额下降 10% 时，普通股每股税后利润将下降 40%，反映公司的联合杠杆风险。

第七节　资本结构决策

一、资本结构的意义

资本结构是指企业各种资本的价值构成及其比例关系。资本结构有广义和狭义之分。广义的资本结构是指企业全部资本价值的构成及其比例关系。它不仅包括长期资本，还包括短期资本，主要是短期债权资本。狭义的资本结构是指企业各种长期资本价值的构成及其比例关系，尤其是指长期的股权资本与债权资本的构成及其比例关系。

企业的资本结构决策是企业筹资管理的一个核心问题。它对企业降低综合资本成本率、获得财务杠杆利益、控制财务风险和增加企业价值起关键作用。企业应当综合考虑有关影响因素，运用适当的方法确定并保持最佳资本结构；若现行资本结构不合理，应通过筹资活动进行调整，使其趋于合理，直至达到最优。

二、资本结构的影响因素

企业的资本结构决策问题，主要是债权资本的比例安排问题。举债可以发挥财务杠杆作用，但同时也会给企业带来一定的财务风险，因此企业举债时必须在风险和报酬之间进行权

衡，控制企业负债规模。以下因素对企业债权资本的比例有重要影响：

(一) 经营者与所有者的态度

从经营者角度看，一旦发生财务危机，其职务和利益将受到重大影响，所以经营者就可能较少地利用财务杠杆，尽量减少债务资本的比例。而企业所有者往往不愿分散其控制权，所以更倾向于举债而不是增发股票。经营者与所有者在负债比例问题上有天然的矛盾，而最终决定权通常在所有者或其代表（如董事会）手中。

(二) 企业信用等级与债权人的态度

企业能否以借款的方式筹资和能筹集多少资本，不仅取决于企业经营者与所有者的态度，还取决于企业的信用等级和债权人的态度。如果企业过高地安排债务融资，而信用等级又不理想，债权人将不愿意接受企业举债的要求，从而使企业无法达到它所希望达到的负债水平。

(三) 政府税收

按照税法规定，企业债务的利息可以在应税所得额中抵扣，而股票的股利不能抵税。一般而言，企业所得税税率越高，借款的抵税作用就越明显。可见，税收政策对企业债务的安排有一种刺激作用。

(四) 企业的财务状况

企业的财务状况包含资产状况、盈利状况和现金流量状况等，对其资本结构决策都有一定的影响。如果企业财务状况较差，对投资者缺乏吸引力，则可能主要通过有担保借款的方式来补充资本，从而形成较高的负债比例；如果企业财务状况良好，则可能倾向于外部融资，有机会获得更多股权资本，同时良好的财务状况也使企业有条件通过留存收益的方式增加股权资本。

(五) 企业发展阶段

企业在一定的发展阶段，会表现出与发展阶段相适应的资本结构状况。一般而言，企业的发展往往先后经历初创期、成长期、成熟期和衰退期。企业的债务比率在初创期通常较低，在成长期开始上升，在成熟期保持相对稳定，在衰退期有所下降。

(六) 行业差别

不同行业的负债水平通常也各不相同。技术密集型企业的资产中固定资产所占比重较高，总资产周转速度较慢，这些企业中必须有相当比重的股权资本作为后盾。劳动密集型企业的流动资产所占比重较大，资本周转快，这些企业通常对负债特别是短期负债更加青睐。因此在资本结构决策中，企业应掌握所处行业的特点及该行业资本结构的一般水准，作为确定企业资本结构的参照系，根据本企业与同行业其他企业相比的特点和差别，决定本企业的资本结构。

二、资本结构决策方法

资本结构决策是企业财务决策的核心内容之一。企业资本结构决策是结合企业有关情况，分析有关因素的影响，运用一定方法确定最佳资本结构。从理论上讲，所谓最优资本结构，是指企业在适度的财务风险条件下，使其预期的综合资本成本率最低，同时使企业价值最大的资本结构。

(一)综合资本成本比较法

这种方法就是在适度财务风险的条件下,测算可供选择的不同长期筹资组合方案的综合资本成本率,并以此为标准相互比较确定最佳资本结构。

【例 3-19】A 公司需筹集 1 000 万元长期资本,可以从银行借款、长期债券、发行普通股三种方式筹集。公司拟定了三种筹资组合方案,有关资料如表 3-3 所示。

表 3-3 A 公司筹资组合方案

筹资方式	方案 Ⅰ	资本成本率	方案 Ⅱ	资本成本率	方案 Ⅲ	资本成本率
银行借款	400	6%	300	5.5%	200	5%
长期债券	100	7%	300	8%	200	7.5%
普通股	500	12%	400	12%	600	12%
合计	1000	—	1000	—	1000	—

假定方案 Ⅰ、Ⅱ、Ⅲ 财务风险相当,下面分别测算三个筹资组合方案的综合资本成本率并比较高低,以确定最佳筹资组合方案。

方案 Ⅰ:$\frac{400}{1000}\times 6\%+\frac{100}{1000}\times 7\%+\frac{500}{1000}\times 12\% = 9.1\%$,

方案 Ⅱ:$\frac{300}{1000}\times 5.5\%+\frac{300}{1000}\times 8\%+\frac{400}{1000}\times 12\% = 8.85\%$,

方案 Ⅲ:$\frac{200}{1000}\times 5\%+\frac{200}{1000}\times 7.5\%+\frac{600}{1000}\times 12\% = 9.7\%$。

从以上计算结果可以看出,方案 Ⅱ 的综合资本成本率最低,所以应该选择方案 Ⅱ。

综合资本成本比较法一般适用于资本规模较小,资本结构较为简单的非股份制企业。综合资本成本比较法的测算原理容易理解,测算过程简单。但该方法仅以综合资本成本率最低为决策依据,没有对不同方案的财务风险进行具体测算,单纯比较综合资本成本高低,可能使选择的结果倾向于风险更高的方案。同时,由于拟订的方案数量有限,最优方案可能被遗漏。

(二)每股利润(*EPS*)分析法

每股利润分析法是利用每股利润无差别点进行资本结构决策的方法。资本结构是否合理,可以通过每股利润的变化进行分析。一般而言,能够提高每股收益的资本结构就是合理的资本结构(不考虑由于每股收益提高而相应增加的风险)。而每股利润的高低,既受到公司资本结构的影响,也受到公司营业利润的影响。因此,公司要确定的最优资本结构,应该使公司在未来一定的营业利润水平下实现最高的每股利润。“每股利润无差别点”可以通过分析资本结构与每股利润之间的关系,帮助决策者分析判断在未来一定的营业利润水平下,对债权或股权筹资应如何选择,才能使公司达到每股利润最大。

所谓每股利润无差别点,是指两种或两种以上的筹资方案下,普通股每股利润相等时的息税前利润点,也称息税前利润平衡点。可通过下列公式表示:

$$\frac{(\overline{EBIT}-I_1)(1-T)-P_1}{N_1}=\frac{(\overline{EBIT}-I_2)(1-T)-P_2}{N_2}$$

式中：$\overline{EBIT}$ 表示每股利润无差别点，即使两种筹资方式普通股每股利润相等的息税前利润点；I_1、I_2 表示两种筹资方式下的长期债务年利息；P_1、P_2 表示两种筹资方式下的优先股年股利；N_1、N_2 表示两种筹资方式下的普通股股份数；T 代表所得税率。

以上公式表示在某个特定的息税前利润水平（即每股利润无差别点）下，两种筹资方式的每股利润恰好相等。从另一方面看，只要公司未来息税前利润不等于每股利润无差别点，两种筹资方式的每股利润就能分出高低，说明在这样的未来息税前利润水平下，一种筹资方式优于另一种筹资方式。如图 3-2 所示。以下通过例题加以说明。

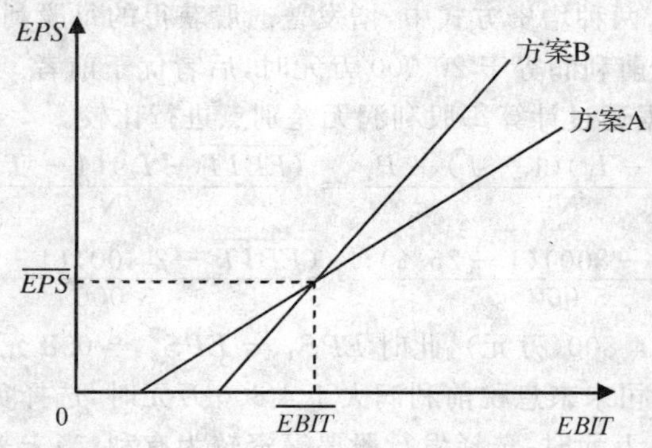

图 3-2　每股利润无差别点分析图

【例 3-20】　某公司现有资本 80 000 万元，现因发展需要准备再筹集 20 000 万元。这些资本可以利用发行股票来筹集，也可以利用发行债券来筹集。假设该公司适用所得税率为 25%。表 3-4 反映了原有资本结构和筹资后的资本结构状况。

表 3-4　公司资本结构变化情况表　　单位：万元

筹资方式	原资本结构	增资后的资本结构	
		增发普通股(方案 A)	增发公司债(方案 B)
公司债务(利率 8%)	10 000	10 000	30 000
普通股(每股面值 10 元)	30 000	50 000	30 000
资本公积	20 000	20 000	20 000
留存收益	20 000	20 000	20 000
资本总额	80 000	100 000	100 000
普通股股份数(万股)	3 000	5 000	3 000

假设公司的新股和公司债均按照面值发行，同时假设公司息税前利润为 20 000 万元，通过表 3-5 可以分别计算出两种增资方式的每股利润。

表 3-5　公司不同资本结构下的每股利润　　单位：万元

项目	增发普通股(方案 A)	增发公司债(方案 B)
预计息税前利润	20 000	20 000
利息	800	2 400
税前利润	19 200	17 600

续表

项目	增发普通股(方案 A)	增发公司债(方案 B)
所得税(税率 25%)	4 800	4 400
净利润	14 400	13 200
普通股股数(万股)	5 000	3 000
每股利润(元 / 股)	2.88	4.4

以上计算结果表明，两种增资方式中，增发普通股获得的每股利润低于增发公司债获得的每股利润，在未来息税前利润等于 20 000 万元时，后者优于前者。

下面再根据以上数据通过计算每股利润无差别点进行比较。

$$\frac{(\overline{EBIT}-I_1)(1-T)-P_1}{N_1}=\frac{(\overline{EBIT}-I_2)(1-T)-P_2}{N_2}$$

$$\frac{(\overline{EBIT}-800)(1-25\%)}{5\ 000}=\frac{(\overline{EBIT}-2\ 400)(1-25\%)}{3\ 000}$$

解上式，得$\overline{EBIT}=4\ 800$(万元)，此时 $EPS_1=EPS_2=0.8$ 元 / 股。

这个结果表明，当公司未来息税前利润大于 4 800 万元时，选择负债筹资较为有利；当未来息税前利润小于 4 800 万元时，选择发行股票筹资较为有利；当未来息税前利润等于 4 800 万元时，两种增资方式没有差别。表 3-4 中设定未来息税前利润为 20 000 万元，大于 4 800 万元，发行公司债券更加合理，这个结论与表 3-4 的计算结果一致。

每股利润分析法的测算原理比较容易理解，测算过程也比较简单。但该方法主要关注普通股每股利润，对财务风险基本未作考虑，而实际上随着负债的增加，投资者承受的风险加大，股票价格及企业价值都会呈下降趋势，基于本方法选择的资本结构未必有利于企业财务管理目标的实现。该方法较适宜资本规模不大，资本结构不太复杂的股份有限公司。

(三) 公司价值比较法

公司价值比较法是通过计算和比较各种资本结构下公司的市场总价值，进而确定最优资本结构的方法。这种方法的理论基础在于：公司的资本结构同时影响公司的盈利性和安全性，倾向于债权资本的资本结构可能导致公司风险增加，从而降低公司价值；而倾向于股权资本的资本结构又往往因资本成本高而损及公司的盈利性，同样无法实现公司的价值最大化。因此，最优的资本结构应当是可以使企业总价值最大，同时综合资本成本最低的资本结构。与资本成本比较法和每股利润分析法相比，公司价值比较法充分考虑了公司的财务风险和资本成本等因素的影响，进行资本结构的决策以公司价值最大为标准，更符合公司价值最大化的财务目标；但其测算原理及测算过程较为复杂，通常用于资本规模较大的上市公司。

该方法首先设定公司的价值等于其长期债务和股票的折现值之和，即

$$V=B+S$$

式中：V 代表公司的价值，即公司总的折现价值；B 代表公司长期债务的折现价值；S 代表公司股票的折现价值。

为简化测算起见，假设长期债务(含长期借款和长期债券)的现值等于其面值(或本金)；股票的现值按公司未来净收益的折现现值测算，测算公式为：

$$S=\frac{(EBIT-I)(1-T)-D_P}{K_s}$$

式中：$EBIT$ 表示公司未来的年息税前利润；I 表示公司长期债务年利息；T 表示公司所得税税率；K_S 表示公司普通股资本成本率；D_P 表示公司优先股股利。

在公司价值测算的基础上，如果公司的全部长期资本由长期债务和普通股组成，则公司的全部资本成本率，即综合资本成本率可按下列公式测算：

$$K_W = K_B \times \frac{B}{V}(1-T) + K_S \times \frac{S}{V}$$

式中：K_W 代表公司资本成本率；K_B 公司长期债务税前资本成本率，可按公司长期债务年利率计算；K_S 表示公司普通股资本成本率。

考虑到公司筹资风险的影响，普通股资本成本率可运用资本资产定价模型来测算，即

$$K_S = R_F + \beta \times (R_M - R_F)$$

式中：R_F 表示无风险报酬率；R_M 表示所有股票的市场报酬率；β 表示公司股票的贝塔系数。

通过上述公式，即可测算公司在不同资本结构下的总价值和综合资本成本率，并以公司价值最大化为标准比较确定公司的最佳资本结构。下面举例说明公司价值比较法的应用。

【例 3-21】A 公司现有的全部长期资本均为普通股资本，无长期债权资本和优先股资本，账面价值 10 000 万元。公司认为这种资本结构不合理，没有发挥财务杠杆的作用，准备举借长期债务，购回部分普通股予以调整。公司预计息税前利润为 2 000 万元，公司所得税税率 25%。经测算，目前的长期债务年利率和普通股资本成本率如表 3-6 所示。

表 3-6 A 公司在不同长期债务规模下的债务年利率和普通股资本成本率测算表

B(万元)	K_B(%)	B	R_F(%)	R_M(%)	K_S(%)
0	—	1.20	10	14	14.8
1 000	8	1.25	10	14	15.0
2 000	8	1.30	10	14	15.2
3 000	10	1.40	10	14	15.6
4 000	10	1.50	10	14	16.0
5 000	12	1.60	10	14	16.4

在表 3-6 中，当 $B=1\,000$ 万元，$\beta=1.20$，$R_F=10\%$，$R_M=14\%$ 时，$K_S=10\%+1.20\times(14\%-10\%)=14.8\%$；其余同理计算。

根据表 3-6 的资料，运用前述公司价值和公司资本成本率的测算方法，可以测算在不同长期债务规模下的公司价值和公司资本成本率，列入表 3-7，据以可比较确定公司最佳资本结构。

表 3-7 A 公司在不同长期债务规模下的公司价值和公司资本成本率测算表

B(万元)	S(万元)	V(万元)	K_B(%)	K_S(%)	K_W(%)
0	10 135	10 135	0	14.8	14.8
1 000	9 600	10 600	8	15	14.2
2 000	9 079	11 079	8	15.2	13.5
3 000	8 173	11 173	10	15.6	13.4
4 000	7 500	11 500	10	16	13.0
5 000	6 402	11 402	12	16.4	13.2

在表 3-7 中，当 $B=1\ 000$ 万元，$K_B=8\%$，$K_S=15\%$，$EBIT=2\ 000$ 万元时：

$$S=\frac{(2\ 000-1\ 000\times 8\%)(1-25\%)}{15\%}=9\ 600(\text{万元})$$

$$V=1\ 000+9\ 600=10\ 600(\text{万元})$$

$$K_W=8\%\times\frac{1\ 000}{10\ 600}(1-25\%)+15\%\times\frac{9\ 600}{10\ 600}=14.2\%$$

其余同理计算。

从表 3-7 可以看到，在没有长期债权资本的情况下，A 公司的价值就是其原有普通股资本的价值，此时 $V=S=10\ 135$ 万元。当 A 公司开始利用长期债权资本部分地替换普通股资本时，公司的价值开始上升，同时公司资本成本率开始下降；长期债权资本达到 4 000 万元时，公司的价值最大(11 500 万元)；同时公司的资本成本率最低(13%)；而当公司的长期债权资本继续增加时，公司的价值又开始下降，公司的资本成本率同时上升。因此可以确定，A 公司的长期债权资本为 4 000 万元时的资本结构为最佳资本结构。此时，A 公司的长期资本价值总额为 11 500 万元，其中普通股资本价值 7 500 万元，占公司总资本价值的比例为 65.2%(即 7 500/11 500)；长期债权资本价值 4 000 万元，占公司总资本价值的比例为 34.8%(即 4 000/11 500)。

与前两种方法相比，公司价值比较法充分考虑了企业的财务风险和资本成本等因素的影响，进行资本结构的决策以公司的价值最大化为标准，更加符合企业的财务管理总体目标。但该方法的原理和运用较复杂，通常用于资本规模比较大的公司。

【本章习题】

一、思考题

1. 试分析股权资本和债权资本的各自构成和特性。
2. 直接筹资和间接筹资的主要差别有哪些？
3. 企业筹资应遵循哪些原则？
4. 试说明投入资本筹资的主体、条件和要求以及优缺点。
2. 试说明发行普通股筹资的优缺点。
6. 试分析债券发行价格的决定因素。
7. 试说明发行债券筹资的优缺点。
8. 试说明长期借款筹资的优缺点。
9. 试分析租金的决定因素。
10. 试说明融资租赁筹资的优缺点。
11. 试说明可转换债券筹资的优缺点。
12. 试分析认股权证的特点和作用。
13. 试分析资本成本对企业财务管理的作用。
14. 试对企业资本结构的决策因素进行定性分析。

二、计算题

1. 某企业发行一批长期债券，该债券面值为1 000元，票面利率12%，偿还期限为5年，每年年末付息一次。

要求：计算市场利率分别为10%、12%和15%时的债券发行价格。

2. 某企业采用融资租赁方式租入一套设备，该设备原值1 200万元，租期5年，租赁期满时残值为60万元。

要求：(1) 若租赁期满时残值归租赁公司所有，年利率9%，手续费率为设备原值的3%，租金年末支付，试用平均分摊法计算租金金额。

(2) 若设备到期归承租企业，租赁费率为12%，租金每年末支付。试用等额年金法计算租金金额。

3. 安达公司拟筹集长期资本400万元，筹资方式如下：(1) 发行长期债券1.6万张，每张面值100元，票面利率11%，筹集费率2%；(2) 发行优先股8万股，每股10元，筹集费率3%，股息率12%；(3) 发行普通股100万股，每股1元，筹集费率4%，第一年末每股股利0.096元，预计年增长率为5%；(4) 留存收益60万元。企业所得税率为25%。

要求：计算该公司的综合资本成本。

4. 白象公司拥有长期资金2 400万元，其中长期借款480万元，长期债券720万元，普通股1200万元。由于扩大经营规模需要，拟追加筹集资金，并保持现有资本结构。追加资金的资本成本率变化如表3-8所示。

表3-8

资本种类	各种资本筹资范围(元)	个别资本成本率(%)
长期借款	20万元及以内 20万元以上	5% 6%
长期债券	120万元及以内 120万元	7% 8%
普通股	160万元及以内 160万元	10% 11%

要求：计算该公司不同追加筹资规模内的边际资本成本。

5. 彩虹公司生产产品的单价为40元，产品变动成本率为50%，固定经营成本为600万元。2009年该公司产品销售量为50万件，2010年销售量为60万件。公司长期资金为5 000万元，其中40%为负债，年利率为6%。公司所得税率为25%，每年支付优先股股利60万元。

要求：分别计算该公司2009年、2010年的经营杠杆系数、财务杠杆系数和联合杠杆系数。

6. 大鹏公司在初创时拟筹资800万元，现有甲、乙两个筹资组合方案可供选择，有关资料如表3-9所示。

表 3-9

筹资方式	方案甲		方案乙	
	筹资额	资本成本率	筹资额	资本成本率
银行借款	400	7%	300	7.5%
长期债券	100	8.5%	100	8%
普通股	300	14%	400	14%
合计	800	—	800	—

要求：确定该公司的最佳筹资组合方案。

7. 峨眉公司 2009 年资本总额为 1 000 万元。其中普通股为 600 万元(30 万股)；债务 400 万元，利率 8%。假定公司所得税税率为 25%。该公司 2010 年计划将资本总额增至 1 200 万元，徐追加筹资 200 万元。现有两个方案可供选择：(1) 发行债券，年利率 10%；(2) 增发普通股 10 万股。预计 2010 年息税前利润为 200 万元。

要求：通过计算说明该公司应选用哪个筹资方案。

8. 福田公司目前全部资本均为股权资本，账面价值 1 000 万元。该公司认为目前资本结构不合理，打算举债购回部分股票予以调整。公司年息税前利润为 300 万元，所得税率假定为 25%。经测算，目前债务利率和股票资本成本见表 3-10。

表 3-10

B(万元)	K_B(%)	B	R_F(%)	R_M(%)	K_s(%)
0	—	1.20	10	15	16
100	8	1.40	10	15	17
200	10	1.60	10	15	18
300	12	1.80	10	15	19
400	14	2.00	10	15	20
500	16	2.20	10	15	21

要求：测算不同债务规模下的公司价值，据以判断公司最佳资本结构。

三、案例题

特雷克逊股份公司是一家大型的石油和天然气勘探公司，其经营业务绝大多数发生于中东和东南亚。最近公司取得了在墨西哥湾勘探石油和天然气的权利，该公司计划通过发行普通股来为新的业务筹集资金。目前公司是通过股票和债券来进行资本筹集的，普通股账面价值为 0.50 美元，市场价值为 2.6 美元，目前股利水平为 0.16 美元 / 股，而且股利近年来一直以 6% 的速度增长。公司面值为 100 美元的债券目前的市场价格为 94 美元，票面利率为 12%，最近刚刚支付了本年的利息。目前公司希望筹集的资本 60% 来自于普通股，剩余部分通过债券筹集。但公司的目标是通过普通股筹资取得公司 70% 的资本。公司所得税率为 35%。

当公司年度股东大会上通过股东配股来为新业务融资的提议被宣布时，两位股东代表提出了反对意见：

A 股东:“我不明白为什么公司要发行股票为新的业务筹资,把已有的收益拿来再投资肯定更好,因为它是一种没有成本的资金来源。”

B 股东:“我也不明白为什么公司要发行股票来为新业务筹资,不过我不同意 A 股东所提的建议。我不认为股东的资金就应该被用来为新的业务融资。相反,公司应该发行更多的债券,因为它相对于普通股成本更低,可以降低公司总体的资本成本。”

要求:

(1) 计算特雷克逊公司的综合资本成本,以供投资决策使用。

(2) 评价 A、B 两位股东的言论。

(资料来源:彼得·阿特勒尔.财务管理基础(原书第三版).北京:机械工业出版社,2003。)

第四章　投资管理

【学习目的与要求】

1. 了解投资及投资管理的概念、意义和分类
2. 掌握固定资产投资的特点及其投资决策程序
3. 掌握现金流量的内容、计算，理解采用现金流量的原因
4. 重点掌握固定投资方法，以及在不同情况下如何进行固定资产投资决策
5. 了解对外投资的动机、特点、原则以及对外投资的主要程序
6. 掌握对外直接投资的方式、制约因素以及评价方法
7. 掌握对外间接投资的分类、种类、风险分析以及投资分析方法

【教学重点与难点】

现金流量的内容与计算；固定资产投资评价指标的计算；对外间接投资的分析方法；不同情况下固定资产投资决策的运用。

【引例】

华电集团投资项目的价值评估

中国华电集团公司（以下简称中国华电）成立于2002年12月29日，注册资本120亿元人民币，是中央直接管理的国有独资公司。截至2005年底，中国华电资产总额达到1492亿元，电源项目分布在全国21个省（市、区），发电装机容量38 814MW，拥有百万千瓦以上电厂13家。

目前，中国华电计划投资建设6个新的火力发电厂。按净现值法测算，新项目净现值为负。从投资评价角度看，净现值小于零，该项目不应进行接收。但是，它为华电提供了一个进入新市场从而盈利的机会。这样的机会称为“实物期权”，它能为某些项目增加大量价值。

中国华电和其他几家发电集团在设计新电厂时有很多选择。它们可以选择建设“基本负荷”的电厂，这种电厂造价比较昂贵，但是经营成本低；也可以建设“峰化产量”的厂房，它的成本比较低，但是经营成本较高。如果中国华电确切地知道未来的需求情况，它就能建设最佳的电厂类型。然而，华电只能大概估计未来趋势，而且在电厂建设过程中，需求模式和电价都有可能发生变化。

华电的工程师设计了一种巧妙的方法来解决这个问题。他们设计了6个建设成本很低但是经营成本高于行业平均水平40%的发电厂。根据对电力的期望需求量计算，这些电厂期望 *NPV* 为负。但是如果实际需求量仅仅达到期望值，华电并不打算使用这些电厂。相反，当需求电量和电价都高于期望值并超过盈亏平衡点后，华电就会启用这些新电厂。实际上，这些电厂给予华电一个能在价格和利润都很高时供应电力的期权。期权的价值高于电厂的建设成本，因此华电采用新的项目。

（资料来源：① 张哲：“不确定条件下电力投资项目的价值分析”，《华北金融》2005.6；

② 梁志宏等:“电力市场下基于实物期权理论的电源投资动态决策模型研究”,《中国电机工程学报》2006.8)

第一节 投资管理概述

投资就是资金的运用,通常是指为了获取预期收益或其他经营目的而投放或垫付一定量资金、从事某项经营活动的决策行为。它包括购置生产设备、兴建工厂、建造新生产线、改造设备等固定资产的投资,也包括购买政府公债、企业股票、公司债券等有价证券的投资。投资活动是企业生产经营活动中最重要的工作之一,对企业的生存和整个经济的发展有着极其重要的意义。投资是一项很重要的资金运用活动,是企业最基本的经济活动之一。企业筹资的目的是投资,分配活动是对投资结果进行分配,而企业能否将筹集到的资金投放于收益高、风险小、回收快的项目上,不仅是企业创建的前提,更是企业生存发展的保证。因此,为加强投资管理,提高投资效率,需对其有一个全面的认识。

一、投资的意义

(一)投资是企业实现财务管理目标的前提

财务管理最主要的目标是实现企业价值最大化,企业为增加利润,提高企业价值,必然采取一定的投资行为,也就是要以较低的投资风险和投资总额获取较多的投资收益。

(二)投资是企业未来可持续发展的重要手段

在开放的市场经济环境下,企业面临着激烈的竞争,企业的规模、生产设备的购置更新、劳动者的素质、产品的技术含量等都是影响企业生存发展的重要因素,而这些因素的改变主要是通过企业的投资活动才能实现。

(三)投资是降低企业风险的重要方法

企业集中必要的财力投放于影响企业经济效益的关键环节或薄弱环节,可以使企业各种生产经营能力配套平衡,形成更大的综合生产力,还可以把资金投向多个行业,实行多元化投资、多样化经营,有利于分散企业的风险,稳定收益。

二、投资的分类

根据不同的标准,企业投资可以分为不同的种类。

(一)按投资时间的长短,可分为短期投资和长期投资

短期投资又称流动资产投资,是指在一年内可以收回的投资,主要包括现金、应收账款、应收票据、存货以及准备在短期内变现的有价证券等。短期投资是企业为保证日常生产经营活动正常进行而进行的投资,具有时间短、变现能力强、流动性大等特点。短期投资的管理是企业营运资金管理的重要内容。

长期投资是指一年以上才能收回的投资,主要包括机器、设备、厂房等固定资产的投资,也包括准备长期持有的有价证券及对无形资产的投资。由于固定资产投资在长期投资中所

占比重最大，因此长期投资有时专指固定资产投资。企业的长期投资，特别是固定资产的投资，对企业的长远发展和长期盈利能力起着非常重要的影响。由于这类投资耗资巨大，回收期较长，且难于变现，因而，未知的影响因素多，风险大。一旦投资决策失误，改变决策或消除不良决策造成的后果成本较高，因此企业在进行长期投资之前，应做好可行性研究等工作，对未来的经济环境、市场状况、资金投向、各期现金流量等做出尽可能合理的预测，以便能做出正常的决策，减少可能发生的损失。

(二)按投资方向和范围不同，投资可分为对内投资和对外投资

对内投资是企业为了保证生产经营活动的连续和规模的扩大，对企业内部生产经营所需各种资产的投资。因此，对内投资又可分为维持性投资和扩大性投资两大类，前者如设备的更新和大修，这类投资一般不扩大企业现有的生产规模，也不改变企业现有的生产经营方向，对企业的前途不产生重大影响。后者是企业为了今后的生存与发展而进行的投资，如增加固定资产、新产品的研制开发等，这类投资或扩大企业的生产经营规模或改变企业的生产经营方向，对企业的前途会产生较大的影响。这类投资一般数额较大，周期较长，风险也较高，因而决策时应审慎行事。企业的对内投资主要包括固定资产投资和流动资产投资，固定资产投资对企业来说是一项重大的资本支出项目，一旦决策付诸实施再要更改会很难，因为它牵涉企业未来多年的生产经营状况，其决策成败影响深远，因此必须对固定资产投资的可行性和效益性进行科学的投资决策。本章讲述的对内投资也主要以固定资产投资为重点。

对外投资是指企业将所拥有的资产直接投入其他企业或购买各种证券形成的投资，其主要形式有对外证券投资和对外直接投资两种。对外证券投资是企业用暂时或长期准备用于内部投资的货币资金，向外购入各种金融资产，以期获取收益或其他长远权利的投资行为，它属于间接投资。对外直接投资是指企业以各种资金直接投放于其他经济实体，并参与其经营活动的投资行为，属于直接投资。无论是对外证券投资或是对外直接投资都可根据其预期回收期的长短进一步划分为短期和长期两种，通常把预期一年内收回本金或盈利的对外投资称为短期对外投资。而预期本金的收回或获益期在一年以上的对外投资称为长期对外投资。

(三)按投资方案间是否相关，投资可分为独立投资和互斥投资

独立投资是指在彼此相互独立的若干个投资方案或项目间选择进行的投资。在这种情况下，项目之间不能相互取代，且某一投资项目的收益和成本不会因其他项目的采纳与否而受到影响。对独立投资而言，若无资金总量的限制，只需评价其经济上是否可行(如内部收益率是否大于基准收益率)，便可决定取舍，项目可全部或部分入选。若一定时期内资金总量不足，则也存在优劣选择，劣者稍后安排，但不影响各项目的最后采纳。

互斥投资，又称为互不相容投资，是各投资项目间有取必有舍，相互排斥，不能同时并存的投资。如企业有一笔资金可用于购买甲机床或乙机床，如购买甲机床就不能购买乙机床，同样，如购买了乙机床就不能购买甲机床，这类投资决策必须将所有投资方案逐个进行分析评价，并加以比较，才能做出科学的判断和选择。显然，对互斥投资项目而言，即使每个投资项目本身从经济上评价都可行，也不能同时入选，而只能取最优投资项目。

(四)按投资的风险程度，投资可分为确定型投资和风险型投资

确定型投资是指未来情况可以较为准确的予以预测的投资。由于未来结果较为确定，风

险很小，因而企业在进行此类投资决策时，可以不考虑风险问题。

风险型投资是指未来情况不确定，难以准确预测的投资。由于未来结果难以确定，风险大，企业在进行此类决策时，应充分考虑到投资的风险问题，采用科学的分析方法，以做出正确的投资决策。

除上述四种主要分类外，按照不同的标准，投资还有很多不同的分类，如按投资的性质可分为生产性资产投资与金融性资产投资；按投资对未来的影响程度，可分为战术性投资与战略性投资；按投资主体可分为个人投资、企业投资、政府投资和外国投资；按投资的融资手段和目的可分为直接投资和间接投资；按投资的效果可分为有效投资和无效投资等等。

第二节　固定资产投资管理

一、固定资产投资的含义及其特征

固定资产，是指企业为了使用（作为劳动资料）而取得的实物资产。固定资产投资是指企业投入资金购建和改造机器设备、厂房建筑物等生产性固定资产（不包括非生产性固定资产），以形成或扩大企业的基本生产经营能力的财务管理活动。固定资产投资一般包括基本建设投资和更新改造投资两大部分，如新建厂房、购置设备、更新生产设施、进行技术改造等。固定资产投资一般具有以下特征：

1. 投资回收时间较长

固定资产投资决策一经做出，便会在较长时间内影响企业，一般的固定资产投资都需要几年甚至十几年才能收回。因此，固定资产投资对企业今后长期的经济效益，甚至对企业的命运都有着决定性的影响。这就要求企业进行固定资产投资必须小心谨慎，进行认真的可行性研究。

2. 投资变现能力较差

固定资产投资的实物形态主要是厂房和机器设备等固定资产，这些资产不易改变用途，出售困难，变现能力较差。因此，固定资产一经完成，再想改变用途，不是无法实现，就是代价太大。所以，有人称固定资产投资具有不可逆转性。

3. 投资资金占用数量相对稳定

固定资产投资一经完成，在资金占用数量上便保持相对稳定，而不像流动资产投资那样经常变动。因为尽管营业量在一定范围内增加，往往并不需要立即增加固定资产投资，通过挖掘潜力，提高效率可以完成增加的业务量。而业务量在一定范围内减少，企业为维持一定的生产能力，也不必大量出售固定资产。

4. 投资决策成败影响深远

固定资产投资对企业未来经济效益和可持续发展具有重要意义，同时也具有很大风险，一个正确的决策可以使企业持续稳定发展并获取长期效益，而一个错误的决策可以使企业毁于一旦。因此，西方企业也将固定资产投资称为沉没投资。

5. 固定资产投资的次数相对较少

与流动资产相比，固定资产投资一般较少发生，特别是大规模的固定资产投资，一般要几年甚至十几年才发生一次。虽然投资次数少，但每次资金的投放量却比较多，对企业未来的财务状况有较大影响。根据这一特点，在进行固定资产投资时，可以有较多的时间进行专门的研究和评价，并要为固定资产投资做专门的筹资工作。

二、固定资产投资决策程序

固定资产的巨额投资对企业的发展，尤其是战略发展具有重要的影响，一旦固定资产投资决策出现失误，首先会影响到企业正常现金流量，这种高昂的资金占用成本，不仅仅会降低企业总资产的收益率，更严重的会威胁到企业的生存。因此，固定资产投资不能在缺乏调查研究的情况下轻率拍板，而必须按特定的程序，运用科学的方法进行可行性分析，以保证决策的正确有效。固定资产投资的管理程序一般包括如下步骤：

1. 投资项目的提出

投资项目的提出是固定资产投资决策程序的第一步，应该是根据企业发展的方向、投资计划、投资环境的变化等情况提出来的。可以由企业的高层管理者提出，也可以由基层或中层人员提出，然后由生产、技术、财务等方面专家组成的专门小组策划方案、写出投资项目建议书。

2. 投资项目的评价

投资项目的评价主要涉及如下几项工作：① 对提出的投资项目进行多种投资方案设计，并进行适当分类，为分析评价做准备。② 预测有关项目的建设周期，项目投产后各种方案的收益、成本费用，测算其现金流量。③ 运用各种投资决策评价指标进行分析，把各项投资方案按可行性大小进行排序。④ 全面详细地写出分析评价报告，报请上级批准。

3. 投资项目的决策

投资项目评价后，应按分权管理的决策权限由企业高层管理人员或相关部门进行决策。不管由谁做出最后决策，一般结果都可以分成以下三种：① 接受这个项目，可以进行投资；② 拒绝这个项目，不能进行投资；③ 发还给项目提出的部门，重新论证后，再做处理。

4. 投资项目的执行

决定对某项目进行投资后，要积极筹措所需资金，并实施投资。在投资项目的执行过程中，要对工程进度、工程质量、施工成本、工程概算进行严格地监督、控制，以确保投资项目按时保质地完成。

5. 投资项目的再评价

在投资项目的执行过程中，应注意原来做出的决策是否合理、正确。一旦出现新的变化，就要及时根据变化的情况做出新的评价。如果情况发生重大变化，原来的投资决策变得不合理，就要进行是否终止投资及怎样终止投资的决策，以避免更大的损失。

完整的投资决策过程应该从投资项目建设前开始，一直到该项目发挥作用的寿命期完为止。

三、投资项目的现金流

现金流量也称现金流动量，是指固定资产投资项目在其计算期内因资本循环而可能或应该发生的各项现金收支，它包括现金流入量、现金流出量以及两者之差——现金净流量，也称为净现金流量(New Cash Flow，简称 *NCF*)。它是计算评价固定资产投资项目评价指标

的一个基础。

(一)现金流量的组成

1. 现金流出量

现金流出量是指固定资产投资项目所引起的企业现金支出额。以某企业购置安装某一大型生产设备为例,其现金流出量为:

(1) 固定资产投资支出,包括该生产设备的购买支出、运输费、安装调试费用以及相关税金等等。

(2) 营运现金支出,包括支付工资、福利费、水电费、差旅费、耗材购置费用等等。

(3) 垫付的流动资金支出,是指与该生产设备运营相关的流动资金增加额,如库存材料、在产品、产成品、应收款等等,该部分的现金支出是一种周转性支出,在项目使用期满时可以收回。

2. 现金流入量

现金流入量是指投资项目所引起的企业现金收入的增加额或者现金支出的节约额。

(1) 营运现金流入,是指生产设备投产后每个计算期内能够增加的营运现金收入或者营运现金支出的节约额,如销售收入、其他业务收入,以及由于该生产线引起的现金支出的节约额。一般而言,营运现金流入占到投资项目现金流入量的比例最大,它的计算公式如下:

营运现金流入 = 销售(营运)收入 − 付现成本
= 销售(营运)收入 −(成本 − 折旧)
= 利润 + 折旧

其中付现成本是指在不考虑折旧条件下由于该生产设备投资所引起的,需要在将来动用现金支付的成本,包括与该项生产设备有关的制造成本和各项期间费用;销售(营运)收入则为扣除增值税后的销售净收入;而公式中的利润项既可是税前利润,也可是税后利润,其选择可由评价主体而定,若从企业角度评价投资项目效益则选税前利润,若从投资者角度评价,一般则选税后利润。

(2) 该生产设备终止使用时的残值收入或者变价收入,简称固定资产残值回收。

(3) 由于该生产设备终止使用引起的垫支在该投资项目上的流动资金的收回,简称流动资金回收。

3. 现金净流量(NPV)

现金净流量是指在固定资产投资项目计算期内,现金流入量与现金流出量的差额,用公式表示如下:

现金净流量 = 现金流入量 − 现金流出量 = 利润总额 + 折旧 −(固定资产投资支出 + 营运现金支出 + 流动资金垫付支出)+ 固定资产残值回收 + 流动资金回收

(二)投资决策中使用现金流量的原因

固定资产投资项目之所以要以按收付实现制计算的现金流量作为评价固定资产投资项目的经济收益,而不是以按权责发生制计算的收入与成本之差 —— 利润作为评价项目经济效益的基础,主要是以下两个方面的原因。

1. 采用现金流量有利于科学地考虑资金时间价值因素

科学的投资决策必须认真考虑资金的时间价值,这就要求在决策时一定要弄清每笔预期收入款项和支出款项的具体时间，因为不同时间的资金具有不同的价值。在衡量方案优劣时，应根据各投资项目寿命周期内各年的现金流量，按照资本成本，结合资金的时间价值来确定。而利润的计算，并不考虑资金收付的时间，它是以权责发生制为基础的。利润与现金流量的差异主要表现以下几个方面：(1) 购置固定资产要付出大量现金，但不计入成本；(2) 将固定资产的价值以折旧或损耗的形式逐期计入成本时，却又不需要付出现金；(3) 计算利润时，不考虑垫支的流动资产的数量和回收时间；(4) 计算利润时，只要销售行为已经确定，就计算为当期的销售收入，尽管其中有一部分并未于当期收到现金。可见，要在投资决策中考虑时间价值的因素，就不能利用利润来衡量项目的优劣，而必须采用现金流量。

2. 采用现金流量能使投资决策更符合客观实际情况

在长期投资决策中，应用现金流量能科学、客观地评价投资方案的优劣，而利润则明显地存在不科学、不客观的成分。这是因为：(1) 利润的计算没有一个统一的标准，在一定程度上要受存货估价、费用摊配和折旧计提的不同方法的影响，因而，净利润的计算比现金流量的计算有更大的主观随意性，作为决策的主要依据不太可靠。(2) 利润反映的是某一会计期间"应计"的现金流量，而不是实际的现金流量。若以未实际收到现金的收入作为收益，具有较大风险，容易高估投资项目的经济效益，存在不科学、不合理的成分。

下面以某企业的生产设备投资案例来说明这个问题。

【例 4-1】某企业购买安装某生产设备总额为 800 万元，分 4 年等额投入，第 4 年开始投产，有效期为 5 年，投产开始垫付流动资金 200 万，投资期结束时收回，投产后每年可取得的销售收入 700 万，付现成本 300 万，该项目的利润和现金流量见表 4-1：

表 4-1　某生产设备投资项目的利润与现金流量分布表　　单位：万元

年份	1	2	3	4	5	6	7	8	合计
投资	(200)	(200)	(200)	(200)					(800)
销售收入				700	700	700	700	700	3 500
直线折旧法									
付现成本				300	300	300	300	300	1 500
折旧				160	160	160	160	160	800
利润				240	240	240	240	240	1 200
加速折旧法									
付现成本				300	300	300	300	300	1 500
折旧				320	192	114	87	87	800
利润				80	208	286	313	313	1 200
营业现金流量				300	300	300	300	300	1 500
流动资金				(200)				200	0
现金净流量	(200)	(200)	(200)	(200)	400	400	400	700	1 200

由上例可以看出，在该生产设备投资的计算期内，利润的合计与现金流量的合计数均为 1200 万。但是从第 4 年看，无论按照直线折旧法还是加速折旧法都有正的利润存在(240 万或是 80 万)，但是其现金净流量却是负的 200 万，换句话说投资者需要再筹集 200 万投入该生产设备的营运中，否则无法维持该生产设备的正常运转。由此看来，一个固定资产投资项目有无实际收益或者能否良性维持下去，关键不在于其有无账面利润，而是要看有无现金净流量。因此，在投资项目决策中现金流量分析比利润分析更为重要，更能说明问题。

另外，从上例也可以看出，利润的确认及各期的分布，明显受到某些主观因素和政策的

影响，例如折旧方法的使用不同，造成第 4 年的利润可以是 240 万，也可以是 80 万，其他各年也不尽相同，这就使投资效益评价标准的客观性受到一定程度的削弱，特别是考虑到货币时间价值的情况下，早期确认的收益和晚期的收益也是有很大区别。而现金流量是客观实在的，不会受到人为因素的影响，因此从这个角度讲，用以收付实现制为基础计算确定的现金流量作为评价投资效益的统一标准，是投资决策的最佳选择。

(三)所得税对现金流量的影响

上述讨论使得我们了解到，折旧会影响到投资期内各期的利润分布，但不会影响到现金流量。如此说来，进行固定资产投资决策时能否不考虑折旧的影响呢？答案是否定的。因为折旧方法的选择会影响到各计算期内的应交所得税，进而影响到各计算期内的净现金流量。所得税作为企业的一种现金流出，它的大小取决于利润的大小和税率的高低。因此折旧对投资决策的影响是通过所得税来体现的。我们通过现金净流量的公式有种直观的体会。

在不考虑所得税的情况下：

$$现金净流量 = 销售收入 - 付现成本$$

考虑所得税的情况下：

$$\begin{aligned}现金净流量 &= (销售收入 - 付现成本 - 折旧) \times (1 - 税率) + 折旧 \\ &= (销售收入 - 付现成本) \times (1 - 税率) + 折旧 \times 税率 \\ &= 税后收入 - 税后付现成本 + 折旧 \times 税率\end{aligned}$$

从以上公式可以看出，所得税对固定资产投资的现金流量的影响是通过收入、付现成本以及折旧这三个方面进行的。

企业在日常所发生的各种费用中，有的可以作为财务成本从税前利润中列支，如生产成本、期间费用等等，而有的不能从税前利润中列支，如各项罚款支出、收益分配性支出等。凡是可以从税前列支的项目，其实际现金流出量是将其相应减少的所得税因素考虑进去，在扣除了所得税影响以后的费用净额称之为税后成本。

与税后成本相对应的是税后收益，同样，由于所得税的作用，企业应税收入有一部分会流出企业，在支付所得税后，实际得到的现金流入称之为税后收益。这里所说的应税收益是指根据税法要求需要纳税的收入，不包括项目结束时收回的垫支流动资金等现金流入。

折旧费用本身构成企业成本的一部分，会减少企业利润，虽然在本期并不需要实际的现金流出，但因增加的成本而减少的企业利润使得企业本身少交了所得税，使得税金的现金流出减少。因此，折旧可以起到通过减少税负而减少企业现金流出的作用，称之为“折旧抵税”。

【例 4-2】假设甲、乙两家公司的固定资产投资项目各计算期内，销售收入、付现成本均相同，所得税税率为 33%，但这两家公司固定资产折旧在各计算期内的情况不同，比较它们之间的现金流量表。见表：

表 4-2 甲、乙公司的现金流量比较 单位：万元

项　目	甲公司	乙公司
销售收入	200	200
费用		
付现成本	80	80
折旧	20	10

续表

项　目	甲公司	乙公司
合计	100	90
税前收益	100	110
所得税	33	36.3
税后利润	67	73.7
营业现金流入		
税后收益	67	73.7
折旧	20	10
合计	87	83.7
现金流入差额	3.3＝(20－10)×33%	

从该例看出，甲公司的折旧比乙公司多提10万元，但其税后利润并没有减少10万元，而只是少了6.7万，这是折旧的抵税作用；而甲公司的营业现金流入却比乙公司高出3.3万元，这是抵税收益。所以在营业收入同样的情况下，折旧额大的投资其利润低，但其实际的现金流入量却高。因此，在固定资产投资项目决策过程中，折旧的这种抵税作用和所得税对现金流量的影响是不容忽视的。

四、固定资产投资项目评价指标

投资项目评价指标是指评价固定资产投资方案是否可行的标准，评价指标很多，但可概括为两大类，一类是不考虑资金的时间价值，称之为非贴现评价指标或静态评价指标；另一类考察资金的时间价值，称之为贴现评价指标或称为动态评价指标。这两大类指标是从不同角度反映了投资项目的经济效果，在实际使用时，一般重点考察贴现评价指标，以静态评价指标为辅。

(一) 非贴现评价指标

由于非贴现评价指标不考虑资金的时间价值，因此计算简单，易于理解和掌握。但这种方法直接根据不同时期的现金流量计算分析固定资产投资项目，将不同时间的货币收支看成是等效的，并不能正确反映投资项目的经济效益，因此在投资决策过程中往往只作为辅助手段，进行初选评估。常用的非贴现评价指标主要包括投资回收期指标和平均收益率指标。

1. 投资回收期

投资回收期(Payback Period Method)是指投资引起的现金流入量积累到与投资额相等所需要的时间，一般以年为单位，是一种使用很久很广的投资决策指标。投资回收期越短，则固定资产的变现能力越强，所承担的风险越低。投资回收期的计算，因每年的营业净现金流量是否相等而有所不同。

(1) 如果每年的营业净现金流量(*NCF*)相等，且原始投资一次支出，则投资回收期可按下式计算：

$$投资回收期=\frac{原始投资额}{每年\ NCF}=原始投资额未收回前总年数+\frac{原始投资全部收回当年年初尚未收回成本}{当年总现金流量}$$

(2) 如果每年 NCF 不相等，或是原始投资分几年投入。那么应逐年累计其流入量并且与投资总额相比较来求出投资回收期：

$$\sum_{t=1}^{n} I_t = \sum_{t=1}^{n} O_t$$

式中：I_t 为第 t 年的现金流入量；O_t 为第 t 年的现金流出量；n 为投资所涉及的年限。

【例 4-3】 有 4 个水泵灌溉工程方案，即甲、乙、丙、丁方案，他们的投资、年经营费用及年生产总收入分别列于表 4-3：

表 4-3　甲、乙、丙、丁灌溉工程方案项目数据表　　单位：元

项目	年份	投资	经营费用	生产总收入	净收益	投资回收期	按 10% 的贴现率的收益净现值
甲	0	(20 000)				1	−1 818
	1		5 000	25 000	20 000		
	2		5 000	5 000	0		
	3		5 000	5 000	0		
	合计				2 0000		
乙	0	(20 000)				2	34 920
	1		5 000	15000	10 000		
	2		5 000	15000	10 000		
	3		5 000	55000	50 000		
	合计				70 000		
丙	0	(20 000)				2	34 090
	1		5 000	5 000	0		
	2		5 000	25 000	20 000		
	3		5 000	55 000	50 000		
	合计				70 000		
丁	0	(20 000)				2.1	37 888
	1		5 000	10 000	5 000		
	2		5 000	15 000	10 000		
	3		5 000	65 000	60 000		

根据上述项目表中的数据和投资回收期公司计算可得，甲方案回收期为 1 年，乙、丙两方案回收期为 2 年，而丁方案回收期为 2.1 年。如果按照投资回收期衡量指标评价，则甲方案最佳。由此可以看出根据投资回收期指标衡量投资决策行为时，计算比较简单，结果直观，但也存在明显的弊端。

投资回收期法最大的弊端是忽视了投资收益的净现值。如上例甲方案的投资回收期为 1 年，但净现值却为负值；而丁方案的投资回收期最长为 2.1 年，但净现值在四个备选方案中

是最大的，为 37 888 元。因此，如果考虑到货币的时间价值的存在，选择甲方案肯定是错误的决策，但以投资回收期的标准，只能选择甲方案。由此可见，投资回收期法是不能够作为固定资产投资决策的评价标准。

尽管投资回收期法存在不足之处，但该方法仍然在投资决策中具有很大作用，是因为一下几个原因：

第一，便于合理承担风险。固定资产投资项目金额越大，投资期限越长，则不确定因素越多，企业在该投资项目上承担的风险也就越大，因此，有必要预先规定合理的回收期间，以便尽可能早地收回全部投资，从而避免使企业承担过多的风险。

第二，简单方便。利用回收期法进行投资决策分析比较简便，投资项目分析的费用也比较低廉，而采用较复杂的评价方法所带来的费用，可能比避免的错误决策所带来的收益要高。因此，在分析评价投资规模较小的投资项目时，西方企业仍采用回收期法。

第三，取长补短。在实践中，可以将其他贴现评价指标与回收期法结合起来使用，从而尽可能弥补回收期法的缺陷，使投资决策更趋于合理、科学，避免单独使用所带来的损失。

2. 会计收益率法

会计收益率法（Accounting Rate of Return Method，*ARR*），也称为投资收益率法，是指投资项目的预期年平均净收益与其平均投资额之间的比率。

$$会计收益率(ARR)=\frac{年平均净收益}{平均投资额}\times 100\%$$

【例 4-4】假设某企业购置一台大型生产设备，原始投资额为 20 000 元，使用寿命为 5 年，采用直线法计提折旧，且残值为零。预计年税后会计利润分别为 1 000 元、6 000 元、6 000 元、6 000 元、1 000 元，则其会计收益率计算如下：

$$会计收益率(ARR)=\frac{(1\,000+6\,000+6\,000+6\,000+1\,000)\div 5}{20\,000}\times 100\%=20\%$$

与投资回收期一样，在使用会计收益率指标对投资项目进行决策分析时，首先要设置目标会计收益率，如果计算的会计收益率大于或等于目标会计收益率时，则该投资项目可以接受，否则，不可行。多个项目使用该方法时，则选择会计收益率最高的项目。上述例题中，当企业的期望会计收益率为 20% 时，该固定资产投资项目可行，反之则不可行。

会计收益率和投资回收期法类似，非贴现评价指标都没有考虑到货币资金的时间价值，单独使用，极有可能导致决策失误，因此，一般来讲，应与贴现评价指标结合使用。

(二) 贴现评价指标

贴现评价指标主要的特点就是考虑了资金的时间价值，并将未来各年的现金流量统一折算成现时价值后再进行分析评价。它动态、精确、全面地考虑了投资项目期内的现金流量状况，但计算方法较为复杂，一般适用于对投资项目的详细可行性研究，或重大投资项目的分析决策，又称为动态评价法。常用的贴现评价指标包括净现值法、内含报酬率法、盈利能力指数法等。

1. 净现值指标

净现值（Net Present Value，缩写为 *NPV*）是指投资项目投入使用后的净现金流量，按资本成本或企业要求达到的报酬率（可以是资本成本率，也可以是最低投资报酬率）将未来现金流入量折算为现值，减去初始投资以后的余额。其计算公式为：

$$NPV = \text{未来现金流入现值} - \text{未来现金流出现值}$$

亦可表示为：

$$NPV = \left[\frac{NCF_1}{(1+i)^1} + \frac{NCF_2}{(1+i)^2} + \cdots + \frac{NCF_n}{(1+i)^n}\right] - C = \sum_{t=1}^{n} \frac{NCF_t}{(1+i)^t} - C$$

式中：NPV 为净现值；NCF_t 为第 t 年的净现金流量；K 为贴现率（资本成本或者企业的目标报酬率）；N 为项目预计使用年限；C 为初始投资额。

净现值还有另外一种表达方法，即净现值是从投资开始至项目寿命终结时所有一切现金流量（包括现金流出和现金流入）的现值之和。其计算公式为：

$$NPV = \sum_{t=1}^{n} \frac{CFAT_t}{(1+k)^t}$$

式中：n 为开始投资至项目寿命终结时的年数；$CFAT_t$ 为第 t 年的现金流量；k 为贴现率（资本成本或企业的目标报酬率）。

从上述公式中，我们可以大概了解到净现值的计算过程。

第一步：计算每年的营业净现金流量。

第二步：计算未来报酬的总现值，这又可分为三个步骤

a. 将每年的营业净现金流量折算成现值。如果每年的 NCF 相等，则按年金法折成现值；如果每年的 NCF 不相等，则先对每年的 NCF 进行贴现，然后加以合计。

b. 将终结现金流量这算成现值。

c. 计算未来报酬的总现值。

第三步：计算净现值。

若投资项目的净现值大于零，说明投资项目的投资报酬率大于资本成本率或企业要求的最低报酬率，是可以接受的项目。净现值小于零，说明投资项目的报酬率达不到企业的最低要求，项目不可行。若两个投资项目是互相排斥的，并且，它们的净现值均为正值，则净现值较高的投资项目是可以接受的项目。若净现值等于零，说明贴现后现金流入正好等于贴现后的现金流出，该投资项目的投资报酬率就等于预定的贴现率，项目是否可行，取决于预定的贴现率是否是企业可以接受的报酬率。

【例 4-5】某企业现有 A、B、C 三项投资机会，假设贴现率为 10%，各年的现金净流量见表 4-4：

表 4-4　项目现金净流量表　　单位：元

时间(年)	0	1	2	3	合计
A 项目	(60 000)	38 000	48 000		26 000
B 项目	(30 000)	8 000	22 000	22 000	22 000
C 项目	(45 000)	18 000	18 000	18 000	9 000

根据净现值公式计算步骤如下：

$$\begin{aligned} NPV_A &= [38\,000 \times (P/F, 10\%, 1) + 48\,000 \times (P/F, 10\%, 2)] - 60\,000 \\ &= (38\,000 \times 0.9091 + 48\,000 \times 0.8264) - 60\,000 \\ &= 74\,213 - 60\,000 \\ &= 14\,213(\text{元})。\end{aligned}$$

$NPV_B = [8\ 000 \times (P/F,10\%,1) + 22\ 000 \times (P/F,10\%,2) + + 22\ 000 \times (P/F,10\%,3)] - 60\ 000$

$= (8\ 000 \times 0.9091 + 22\ 000 \times 0.8264 + 22\ 000 \times 0.7513) - 30\ 000$

$= 41\ 982 - 30\ 000$

$= 11\ 982$(元)。

$NPV_C = 18\ 000 \times (P/A,10\%,3) - 60\ 000 = 18\ 000 \times 2.487 - 45\ 000 = -234$(元)。

由以上结果可知,A,B 两项目的净现值为正数,而 C 项目的净现值为负数,如果企业的目标报酬率为 10%,A,B 项目均可以接受,而 C 项目则将被排斥,因为 C 项目的报酬率将会低于 10%。如果在 A,B 两个项目中进行选择,则 A 项目的净现值最高,应当被企业视为最佳选择。

净现值分析法所依据的原理是:假设预计的现金流入在年末均可实现,而且原始投资所需资金是在以预定贴现率为资本成本率时借入的,那么,该投资方案的净现值就可以理解为偿还本息后的剩余收益。因此,当净现值为正数时,说明该投资项目在偿还本息后仍有剩余收益,即可以获利。若净现值等于零,说明该项目在偿还本息后一无所获。当净现值小于零时,说明该项目的所得还不足以偿还本息。企业投资的目的均是为了获利,因此,以净现值指标分析评价投资项目,结果非常直观,易于理解,因而在实际工作中也得到了广泛的运用。

净现值分析法的优点是考虑了项目整个期间的收益和资金的时间价值,其缺点是难以确定贴现率。因为净现值的大小,很大程度上依赖于所采用的贴现率。贴现率的高低,对投资项目评价起着非常敏感的作用。一般而言,在实际操作过程中,贴现率往往选取标准有三个:固定资产投资项目所筹资金的实际资本成本率;企业的目标报酬率和所在行业的平均报酬率。

2. 内含报酬率

内含报酬率(Internal Rate of Return Method, *IRR*)又称内部报酬率,定义为使投资项目的净现值等于零的贴现率。若固定资产投资项目的内含报酬率大于企业的目标收益率,则项目可以接受,反之则拒绝。内含报酬率实际上反映了投资项目的真实报酬,目前越来越多的企业使用该项指标对投资项目进行评价。内部报酬率的计算公式为:

$$\frac{NCF_1}{(1+R)^1} + \frac{NCF_2}{(1+R)^2} + \cdots + \frac{NCF_n}{(1+R)^n} - C = 0$$

$$\sum_{t=1}^{n} \frac{NCF_t}{(1+R)^t} - C = 0$$

式中:NCF_t 为第 t 年的现金净流量;R 为内含报酬率;n 为固定资产使用年限;C 为初始投资额。

内部报酬率的计算过程。

如果每年的 NCF 相等,则按下列步骤计算:

第一步:计算年金现值系数。

$$\text{年现金值系数} = \frac{\text{初始投资额}}{\text{每年 } NCF}$$

第二步:查年金现值系数表,在相同的期数内,找出与上述年金现值系数相邻近的较大和较小的两个贴现率。

第三步:根据上述两个邻近的贴现率和已求得的年金现值系数,采用插值法计算出该投

资方案的内部报酬率。

如果每年的 NCF 不相等，则需要按下列步骤计算：

第一步：先预估一个贴现率，并按此贴现率计算净现值。如果计算出的净现值为正数，则表示预估的贴现率小于该项目的实际内部报酬率，应提高贴现率，再进行测算；如果计算出的净现值为负数，则表明预估的贴现率大于该方案的实际内部报酬率，应降低贴现率，再进行测算。经过如此反复测算，找到净现值由正到负并且比较接近于零的两个贴现率。

第二步：根据上述两个邻近的贴现率再来用插值法，计算出方案的实际内部报酬率。

【例 4-6】某投资项目在建设起点一次性投入 254 580 元，当年完工并投产，投产后每年可获得净现金流量 50 000 元，经营期为 15 年，求内含报酬率。

解：$50\ 000 \times (P/A, IRR, 15) - 254\ 580 = 0$；

$(P/A, IRR, 15) = 5.0916$；

查年金现值系数表：$IRR = 18\%$。

【例 4-7】某企业拟建一项固定资产，需要投资 100 万元，按直线法计提折旧，使用年限 10 年，期末无残值。该项工程于当年投产，预计投产后每年可获利 10 万元。计算该项目的内含报酬率。

解：$NCF_0 = -100$(万元)，$NCF_{1\sim10} = 10 + \frac{100}{10} = 20$(万元)。

根据内含报酬率的定义，则：

$20 \times (P/A, IRR, 10) - 100 = 0$，$(P/A, IRR, 10) = 5$。

查年金现值系数表：

$(P/A, 14\%, 10) = 5.2161$，$(P/A, 16\%, 10) = 4.8332$。

所以，IRR 在 14% 和 16% 之间，采用插值法求解为：

$\frac{IRR - 14\%}{16\% - 14\%} = \frac{5 - 5.2161}{4.8332 - 5.2161}$，$IRR = 15.13\%$。

【例 4-8】已知某项目的现金流量如下：

$NCF_0 = -1000$ 万元，$NCF_1 = 0$ 万元，$NCF_{2\sim8} = 360$ 万元，$NCF_{9\sim10} = 250$ 万元，$NCF_{11} = 350$ 万元。计算该项目的内含报酬率。

解：$360 \times (P/A, IRR, 7) \times (P/F, IRR, 1) + 250 \times (P/A, IRR, 2) \times (P/F, IRR, 3) + 350 \times (P/A, IRR, 11) - 1\ 000 = 0$。

当贴现率为 24% 时，$NPV = 39.2177$(万元)；

当贴现率为 26% 时，$NPV = -30.1907$(万元)。

因此，IRR 应该在 24% 和 26% 之间，采用插值法求解：

$\frac{IRR - 24\%}{26\% - 24\%} = \frac{0 - 39.3177}{-30.1907 - 39.3177}$，$IRR = 25.13\%$。

值得注意的是，当企业面临两个互斥项目的选择，或者项目现金流特征的变化不止一次的变化时(即由正到负或由负到正的变化)，单独采用内含报酬率指标进行决策时，有可能得到错误的结果。此时，应结合净现金流量指标综合评价固定资产投资项目。

内含报酬率是在考虑项目的资本成本前衡量其预期现金流获利能力的测量指标。这样，若投资项目的 IRR 高于其资本成本，项目的收益大于资本成本，可以接受该项目；反之，说明项目的收益小于资本成本，则拒绝该项目。在有多个备选方案的互斥选择决策中，应选用内部报酬率超过资本成本或必要报酬率最多的投资项目。一般来说，由于内含报酬率比净现值更容易反映投资项目的潜在获利能力，以及回报率的概念比较直观，加之计算时不需要估计项目的资本成本，只需要简单地输入项目预期产生的现金流量，因此，管理者比较偏好使用内含报酬率指标。

3. 获利指数

获利指数(Profitability Index, PI)又称利润指数、盈利能力指数、现值指数、效益－成本比率等，是指固定资产投资项目未来现金流入量的总现值与未来现金流出量的总现值之比。其计算公式为：

$$PI=\left[\frac{NCF_1}{(1+i)^1}+\frac{NCF_2}{(1+i)^2}+\cdots+\frac{NCF_n}{(1+i)^n}\right]/C=\sum_{t=1}^{n}\frac{NCF_t}{(1+i)^t}/C$$

获利指数的计算过程如下：

第一步：计算未来净现金量的总现值，这与计算净现值所采用的方法相同。

第二步：计算获利指数，即根据未来的报酬总现值和初始投资额之比计算获利指数。

从公式中可以看出，若 $PI>1$，则未来的现金流入量的现值大于现金流出量的现值，即收益大于成本，净现值为正数，投资报酬率会超过预定的贴现率，项目可行。$PI=1$ 时，收益等于成本，净现值为零，投资报酬率刚好等于预定贴现率。若 $PI<1$，项目未来现金流入量的现值小于其现金流出量的现值，净现值为负数，投资报酬率肯定小于预定的贴现率，项目不可行。

【例 4-9】运用获利指数对例 4-5 进行评价：

$PI_A=74\ 213\div 60\ 000=1.24$，

$PI_B=41\ 982\div 30\ 000=1.40$，

$PI_C=44\ 766\div 45\ 000=0.99$。

由上面的计算可知，A、B项目的获利指标均大于1，且B项比A项目的指数大，而C项目的指数小于1。如果A、B、C项目互斥，则应选择B项目。与用净现值指标的分析结果相反，主要是因为净现值指标为绝对数指标，反映某一投资项目的绝对收益，而这种收益往往与原始投资额有关。因此，用净现值指标评价投资项目时，会对那些大额投资有利，可能会选一些急功近利的项目。但获利指数是个相对数指标，可以反映投资项目的效率，将其未来收益与原始投资比较后看其所得，相对更为科学，更能真实地反映投资项目的实际收益水平。因此，获利指数可以看成是一元原始投资可能获得净收益的现值，因此，可以作为独立投资项目获利能力的评价。

4. 等年值指标

等年值(Uniform Annual Value, UAV)就是把投资项目的所有现金流量都等额分摊到各年所得到的值。等年值可以表示等年现金流入量、等年现金流出量以及等年净现金流量。等年值适用于评价产出相同但费用不同的各投资方案的优劣，因为此时只需比较各方案的年费用大小即可。它也适用于虽然投资类型相同，但投资有效年限不同，不能直接或独立地测定其未来现金流量的投资项目。

【例 4-10】某企业为提高生产效率，为降低生产费用，拟投资安装某项固定资产，投资项目实施前每年的生产费用为 90 000 元，安装某项固定资产后，生产费用降低至 30 000 元，其他各项支出如下：电费 4 000 元，保养费 12 000 元，保险等杂费 500 元，该项固定资产价值为

150 000 元，估计该项固定资产可用 8 年。则该企业是否值得投资该项固定资产？假设资本成本率为 12%。

解：该企业投资该固定资产的等年值

$$UAV = 30\ 000 + 4\ 000 + 12\ 000 + 500 + 150\ 000 \times \frac{12\% \times (1+12\%)^8}{(1+12\%)^8 - 1}$$

$$= 46\ 500 + \frac{150\ 000}{4.96764} = 76\ 695(\text{元})。$$

等年值在用于固定资产投资项目的评价时，通常是指与该资产相关的现金流出的年平均值，也称平均年成本。如果不考虑货币的时间价值，平均年成本便是投资项目未来使用年限内的现金流出总额与使用年限的比值。如果考虑货币的时间价值，则是该资产未来使用年限中现金流出总额与其年金现值系数的比值。因此，等年值指标最大的优点在于：特别适用于比较有效期不同的各投资方案的优劣。由于投资项目的有效期会影响净现值，因此，有效期不同的各个方案在进行评价时，如用净现值的大小来做决策就不一定合理。因为有效期短的方案，在其寿命终止后，企业可以进行与原有项目同样的再投资，或完全不同的投资，因此对企业来说肯定不会相同，但若从成本的观念出发，只需比较其平均年成本便可以做出较为合理的决策。但此方法的不足之处在于：只能说明不同投资方案中哪个方案更好，而不能说明各方案本身的投资效益的好坏。

通过上述不同评价指标的介绍，我们可以发现，各种评价指标之间并不是相互割裂的，而是可以相互结合、互为补充的，都有其自身的特点。在实际工作中，也常常是将各种评价方法集于一身，而非单独使用某一指标，也只有这样，才可能对各种投资项目做出全面合理的评价。只有根据不同投资方案的特点，有针对性地选用合适的评价指标，并有效地结合使用，才能确保投资决策的正确、有效、科学。

(三) 考虑风险因素下的贴现评价指标

在前面的分析中，我们一直没有考虑固定资产投资决策中的风险因素。而事实上，我们对固定资产投资项目未来的现金流量预测和估计并不是未来实际肯定发生的结果。未来实际的现金流量具有不确定性，即具有风险性。而对企业而言，投资项目一旦被接受，可能会改变该企业目前的总风险，因此企业不应以相同的资本成本或企业目标报酬率为标准来决定各投资项目的接受与否，而应视其增加或降低企业总风险程度的大小来调整其资本成本或企业目标报酬率的标准，并据以评价项目的可行性及其优劣。

1. 风险调整折现率法(Risk-Adjusted Discount Rates, RADR)

风险调整折现率法是将与投资项目有关的风险报酬率加到资本成本或企业目标投资报酬率中，构成按风险调整的折现率，并据以计算动态无风险评价指标，来进行投资决策分析的一种方法。风险调整折现率法一般分两步进行：

第一步，根据对项目风险程度的估计结果，将无风险的贴现率调整为有风险的贴现率。贴现率的调整方法包括资本资产定价模型、风险补偿模型、按风险等级调整等；

第二步，以风险调整后的贴现率对项目现金流量进行贴现，计算出方案的净现值或现值指数，并据以对方案做出评价。

下面重点介绍三种风险调整折现率的方法：

(1) 用资本资产定价模型来调整贴现率

我们在讨论资本资产定价模型时曾指出，证券的风险可分为两部分：可分散风险和不可分散风险。不可分散风险是由β值来测量的，而可分散风险属于公司特别风险，可以通过合理的证券投资组合来消除。在进行资本预算时，可以引入与证券风险模型大致相同的模型——企业总资产风险模型。

总资产风险 ＝ 不可分散风险 ＋ 可分散风险

可分散风险可通过企业的多元化经营来消除，那么，在进行投资时，值得注意的风险只是不可分散风险。这时，特定投资项目按风除调整的贴现率可按下式来计算：

$$K_j = R_F + \beta_j \times (R_m - R_F)$$

式中：K_j 表示项目 j 按风险调整的贴现率或项目的必要报酬率；R_F 表示无风险报酬率；β_j 表示项目 j 的不可分散风险的 β 值系数；R_m 表示所有项目平均的贴现率或必要报酬率。

(2) 用风险报酬率模型来调整贴现率

根据上一种方法的思想，一项投资项目的总报酬可以分为无风险报酬率和风险报酬率两部分，如公式所示：

$$K = R_F + bV$$

因此，特定项目按风险调整的贴现率可按下式计算：

$$K_i = R_F + b_i V_i$$

式中：K_i 表示项目 i 按风险调整的贴现率；R_F 表示无风险报酬率；b_i 表示项目 i 的风险报酬系数；V_i 表示项目 i 的预期标准离差率。

按风险调整贴现率以后，具体的评价方法与无风险时基本相同。这种方法，对风险大的项目采用较高的贴现率，对风险小的项目采用较低的贴现率，简单明了，便于理解，因此被广泛采用。但这种方法把时间价值和风险价值混在一起，人为地假定风险一年比一年大，这是不合理的。

(3) 按投资项目的风险等级来调整贴现率

这种方法是对影响投资项目风险的各因素进行评分，根据评分来确定风险等级，并根据风险等级来调整贴现率的一种方法，可用表 4-5 来说明。

表 4-5　按风险等级调整的贴现率表

项目 \ 因素	固定资产投资项目的风险状况及得分									
	A		B		C		D		E	
	状况	得分	状况	得分	状况	得分	状况	得分	状况	得分
市场竞争	无	1	较弱	3	一般	5	较强	8	很强	12
战略协调										
投资回收期										
资源供应										
总分										

总分	风险等级	调整后贴现率
0 ～ 8	很低	7%
8 ～ 16	较低	9%

续表

总分	风险等级	调整后贴现率
16 ～ 24	一般	12%
24 ～ 32	较高	15%
32 ～ 40	很高	17%
40 ～ 48	最高	25%

表 4-5 中的分数、分数等级、贴现率的确定都由企业的管理人员根据以往的经验来设定，具体的评分工作则应由销售、生产、技术、财务等部门组成专家小组来进行。所列的影响由于风险的因素可能会更多，风险状况也可能会列出更多的情况。

2. 按风险调整现金流量法

风险的存在使得各年的现金流量变得不确定，因此，就需要按风险情况对各年的现金流量进行调整。这种直接按风险调整现金流量，然后进行长期投资决策的评价指标，叫做按风险调整现金流量指标，具体调整办法很多，这里介绍最常用的确定当量法。

在风险投资决策中，由于各年的现金流量具有不确定性，这就必须进行调整。所谓确定当量法就是把不确定的各年现金流量，按照一定的系数（通常称为约当系数）折算为大约相当于确定的现金流量的数量，然后，利用无风险贴现率来评价风险投资项目的决策分析方法。肯定当量法可分以下两步骤进行：

第一步，确定方案的肯定当量系数，并据以调整现金流量；

第二步，根据调整后的现金流量计算净现值、现值指数或内含报酬率，并据以评价方案的可行性及其优劣。

约当系数是肯定的现金流量对与之相当的、不肯定的现金流量的比值，通常用 d 来表示。在进行评价时可根据各年现金流量风险的大小，选用不同的约当系数。当现金流量为确定时，可取 $d = 1.00$；当现金流量的风险很小时，可取 $1.00 > d \geqslant 0.80$；当风险一般时，可取 $0.80 > d \geqslant 0.40$；当现金流量风险很大时，可取 $0.40 > d > 0$。

约当系数的选用可能会因人而异，敢于冒险的风险分析者会选用较高的约当系数，而不愿冒险的投资者可能选用较低的约当系数。为了防止因决策者的偏好不同而造成决策失误，有些企业根据标准离差率来确定约当系数。因为标准离差率是衡量风险大小的一个很好指标，因而，用它来确定约当系数是合理的。标准离差率与约当系数的经验对照关系详见表 4-6。

表 4-6 约当量系数表

标准离差率	约当系数
0.00 ～ 0.07	1
0.08 ～ 0.15	0.9
0.16 ～ 0.23	0.8
0.24 ～ 0.32	0.7
0.33 ～ 0.42	0.6
0.43 ～ 0.54	0.5
0.55 ～ 0.70	0.4
…	…

【例 4-11】某公司准备进行一项固定资产投资项目，其各年的净现金流量和分析人员确定的约当系数，已列示在表 4-7 中，无风险贴现率为 10%，试判断此项目是否可行。

表 4-7　投资项目现金流与对应约当量情况

项目	第 0 年	第 1 年	第 2 年	第 3 年	第 4 年
NCF_t	－20 000	8 000	8 000	8 000	8 000
d_t	1.0	0.95	0.9	0.8	0.8

解：根据表 4-7 中的约当量数据将未进行风险调整的现金流量直接调整为确定的现金净流量，以便计算其净现值。

$$NPV = 0.95\times 8\,000\times(P/F,10\%,1)+0.9\times 8\,000\times(P/F,10\%,2)+0.8\times 8\,000\times(P/F,10\%,3)+0.8\times 8\,000\times(P/F,10\%,4)+1.0\times(-20\,000) = 2\,003(\text{元})。$$

从以上分析可以看出，按风险程度对现金流量进行调整后，计算出的净现值为正数，故可以进行投资。采用确定当量法来对现金流量进行调整，进而做出投资决策，克服了调整贴现率法夸大远期风险的缺点，但如何准确、合理地确定约当系数却是一个十分困难的问题。

四、固定资产投资评价指标的应用

(一) 固定资产更新决策

固定资产更新决策是指对原有的固定资产是否更新的选择决策。随着科学技术水平的不断提高，企业原有的旧生产设备可能显得已经落后，原料消耗大，维修费用高，而新设备则耗能低，效率高。这时，尽管旧设备仍可继续使用，但企业会考虑是否有必要采用更新的设备和工艺来代替。因为设备的更新往往投资较大，对企业的长期发展具有重要影响，因此固定资产更新决策也是投资评价的一个重要内容。固定资产更新决策与通常的项目决策有所不同，设备的更新可能不会引起销售额的变化，或者很难从企业的总销售额中分离出某项固定资产的贡献。因此，设备更新决策主要通过更新前后成本现值的比较，作为决策的基础，如果能判断出销售额的变化，也作为成本的减项处理。

【例 4-12】某公司为了提高生产效率，拟对某主要生产设备进行更新投资以替换旧设备，以减少成本，增加收益。旧设备原购置成本为 40 000 元，已使用 5 年，估计还可使用 5 年，已提折旧 20 000 元，假定使用期满后无残值，如果现在销售可得价款 10 000 元. 使用该设备每年可获收入 50 000 元，每年的付现成本为 30 000 元。该公司现准备用一台新设备来代替原有的旧设备，新设备的购置成本为 60 000 元，估计可使用 5 年，期满有残值 10 000 元，使用新设备后，每年收入可达 80 000 元，每年付现成本为 40 000 元。假设该公司的资本成本为 10%，所得税率为 40%，新、旧设备均采用直线折旧法计提折旧。试做出该公司是继续使用旧设备还是对其进行更新的决策。

在本例中，一个方案是继续使用旧设备，另一个方案是出售旧设备而购置新设备。为此，我们可采用差量法来分析项目的择优选择，下面先对差量分析法做简要介绍。

差量，是指各种不同备选方案之间的差异，具体分为收入差量、成本差量和利润差量。差量分析法，是指对不同备选方案所预期的收入、成本、利润之间的差额进行分析比较后，从中选择出最优方案的决策方法。假设存在 A 和 B 两个备选方案，其决策过程是：

(1) 差量收入 = A 方案收入 − B 方案收入；

(2) 差量成本 = A 方案成本 − B 方案成本；

(3) 差量利润 = 差量收入 − 差量成本。

若差量利润 > 0，则 A 方案优；若差量利润 < 0，则 B 方案优；若差量利润 = 0，A、B 方案等效。下面分别计算两个方案的现金流量差量，所有差量均用希腊字母“Δ”表示。

1. 计算初始投资与折旧的现金流量的差量

Δ初始投资 = 60 000 − 10 000 = 50 000(元)，

Δ年折旧额 = 10 000 − 4 000 = 6 000(元)。

2. 通过表 4-8 来计算各年营业现金流量的差值

表 4-8　两方案营运现金流差量表　单位：元

项　目	第 1 ～ 5 年
Δ销售收入(1)	30 000
付现成本(2)	10 000
Δ折旧额(3)	6 000
Δ税前净利(4) = (1)−(2)−(3)	14 000
Δ所得税(5) = (4) × 40%	5 600
Δ税后净利(6) = (4)−(5)	8 400
Δ营业净现金流量(7) = (6) + (3) = (1)−(2)−(5)	14 400

3. 利用上表计算两个方案现金流量的差值

表 4-9　两方案投资项目现金净流量表　单位：元

项　目	第 0 年	第 1 年	第 2 年	第 3 年	第 4 年	第 5 年
Δ初始投资	(50 000)					
Δ营业净现金流量		14 400	14 400	14 400	14 400	14 400
Δ终结现金流量						10 000
Δ现金流量	(50 000)	14 400	14 400	14 400	14 400	24 400

4. 计算净现金流量差值的总现值

$\Delta NPV = 14\ 000 \times (P/A, 10\%, 4) + 24\ 400 \times (P/F, 10\%, 5) - 50\ 000$

$= 14\ 400 \times 3.170 + 24\ 400 \times 0.621 - 50\ 000$

$= 10\ 800$(元)。

投资项目更新后，有净现值 10 800 元，故应进行更新。另外，本例题也可以分别计算两个项目的净现值来进行对比，其结果是一样。

(二) 资本限制条件下的投资决策

在进行固定资产投资决策时，投资规模往往会受到企业资本量的约束，特别是那些以企业内部融资为主的企业，这种情况就更为普遍。如果企业有若干个投资项目，但受资本量有限的影响，只能有选择地进行投资。其基本规则是：淘汰净现值为负的项目；在有限的资本量范围内，进行不同的投资组合，使组合投资的净现值最大。

【例 4-13】扬子江公司可用于投资的资本总额为 200 万元，现有 6 个投资项目可供选择。具体资料如表 4-10 所示。

表 4-10　有限资本量的投资项目数据表　单位：元

投资项目	初始投资	净现值
A	300 000	180 000
B	720 000	540 000
C	960 000	600 000
D	660 000	900 000
E	540 000	600 000
F	300 000	－60 000

在计算出各项目净现值的基础上，以净现值为正的前 5 个项目在资本限额内进行各种可能的组合，以使选择净现值总和最大的一组项目。具体可以进行如表 4-11 所示的测试。

表 4-11　有限资本量下的各种可能投资组合　单位：元

投资组合	初始投资	净现值
ABC	1 980 000	1 320 000
ABD	1 680 000	1 620 000
ABE	1 560 000	1 320 000
BDE	1 920 000	2 040 000
ACD	1 920 000	1 680 000
ADE	1 500 000	1 680 000

表中 BDE 组合投资最优，一方面其初始投资小于 200 万元，另一方面其净现值额为 204 万元，为各种投资组合的最大值，所以，理应选择 B、D、E 三个项目进行投资。

(三) 项目寿命不等的投资决策

大部分项目投资决策都会涉及两个或两个以上的寿命不同的投资项目的选择问题。由于项目的寿命不同，因而就不能对它们的净现值、内含报酬率和现值指数进行直接比较。为了使投资项目的各项指标具有可比性，必须设法使两个项目在相同的寿命周期内进行比较。下面举例加以说明。

【例 4-14】某企业准备更新一套旧设备，现有两种新设备可供选择：一是半自动化的 A 设备，需 200 000 元的初始投资，每年产生 80 000 元的净现金流量，项目的使用寿命为 4 年，4 年后必须更新且无残值；二是全自动化的 B 设备，需初始投资 250 000 元，使用寿命为 6 年，每年产生 70 000 元的净现金流量，6 年后必须更新且无残值。企业的资本成本为 12%，那么，该企业该选用哪个项目呢？

两个项目的净现值计算如下：

$$NPV_A = 80\,000 \times (P/A, 12\%, 4) - 200\,000$$
$$= 80\,000 \times 3.0373 - 200\,000$$
$$= 42\,984(元)。$$
$$NPV_B = 70\,000 \times (P/A, 12\%, 6) - 250\,000$$
$$= 70\,000 \times 4.1114 - 250\,000$$
$$= 37\,798(元)。$$

项目的净现值表明A项目优于B项目，应先用A项目。但这种分析是不完全的，因为没有考虑两个项目的寿命差异。为了使指标的对比更加合理，必须考虑对相同年度内的两个项目的净现值进行比较，或者是对两个项目的年均净现值进行比较，这便出现了进行合理比较的两种基本方法——最小公倍寿命法和年均净现值法。

1. *最小公倍寿命法*

最小公倍数是指求出两个项目使用年限的最小公倍数，使得投资项目的寿命周期相等的方法。对于前面所举的A项目和B项目来说，它们的最小公倍寿命为12年。对于A项目，假定第5年初和第9年初可重复投资，对于B项目，假定第7年初可重复投资。12年内的现金流量如表4-12所示。

表4-12　按最小公倍数法表达的投资项目现金流量情况　　单位：万元

t	0	1	2	3	4	5	6	7	8	9	10	11	12
A项目：													
第1年初投资现金流量	−20	8	8	8	8								
第5年初投资现金流量					−20	8	8	8	8				
第9年初投资现金流量									−20	8	8	8	8
现金流量合计	−20	8	8	8	−12	8	8	8	−12	8	8	8	8
B项目													
第1年初投资现金流量	−25	7	7	7	7	7	7						
第7年初投资现金流量							−25	7	7	7	7	7	7
现金流量合计	−25	7	7	7	7	7	−18	7	7	7	7	7	7

计算A、B项目以12年为期限的净现值：

A项目12年期净现值＝第1年净现值＋第5年净现值$\times (P/F, 12\%, 4)$＋第9年净现值$\times (P/F, 12\%, 8)$

$$= 42\,984 + 42\,984 \times 0.6355 + 42\,984 \times 0.4039$$
$$= 87\,661.58(元)。$$

B项目12年期净现值＝第1年净现值＋第7年净现值$\times (P/F, 12\%, 6)$

$$= 37\,798 + 37\,798 \times 0.5066$$
$$= 56\,946.47(元)。$$

对A、B两个固定资产投资项目进行对比，公倍寿命为12年，项目A的净现值为87 661.58元，而项目B的净现值为56 946.47元，因此，该企业应选择半自动化A项目。但在有些情况下，计算两个项目的最小公倍寿命是很麻烦的。例如，一个项目的寿命为7年，另一个项目的寿命为8年，那么，最小公倍寿命为56年。在这种情况下，应用最小公倍寿命法来评价这两个项目，工作量就相当大了。

2. 年均净现值法

年均净现值(简记为 $ANPV$) 是把固定资产投资现金量总的净现值转化为项目每年的平均净现值。年均净现值的计算公式为:

$$ANPV = NPV/(P/A,i,n)$$

仍以上例的两个固定资产投资项目为例,分别计算 A 项目和 B 项目的年均净现值。

$$ANPV_A = \frac{42\ 984}{(P/A,12\%,4)} = 42\ 984/3.0373 = 14\ 152.04,$$

$$ANPV_B = \frac{37\ 798}{(P/A,12\%,6)} = 37\ 798/4.1114 = 9\ 193.46。$$

从上面计算可以看出,项目 A 的年均净现值比项目 B 高,故应选用项目 A。把这一计算结果与最小公倍寿命法计算的结果相比较,两者的结果显然是一致的。

(四) 固定资产项目投资时机的决策

很多固定资产投资项目在进行决策时,需要考虑时机的选择,因为市场存在着价格及成本上升与下降的风险。例如,购置某生产设备,如果购买得早,可以早获得收益,从货币的时间价值上衡量,晚购置投入使用获得收益也晚,是不利因素。但是晚购置进行生产产品也可能获得更高的售价或者更低的成本,所以,采用一定的方法来决定何时进行投资开发项目也是决策的重要内容。

在进行此类决策时,决策的基本原则是寻求净现值最大的方案。由于不同方案时间不同,所以不能把净现值简单对比,必须把晚投资所获得的净现值换算为早投资的第 1 年初时的现值,然后进行对比。

【例 4-15】某公司拥有一稀有矿藏,这种资产价格在不断上升,根据预测 4 年后价格将上升 30%。公司面临着何时开发比较合适的问题。不论现在开发还是以后开发,投资均相同,营运资金均于投产开始时垫支,建设期均为 1 年,从第 2 年开始投产,投产后 5 年就把矿藏全部开采完。有关资料如表 4-13 所示。

表 4-13　矿产开发有关数据

投资与收回数据	金额	收入与成本	金额
固定资产投资(建设成本)	80(万元)	年产销量	2 000(吨)
营运资金垫支(建设期末)	10(万元)	现在投资每吨售价	0.1(万元)
固定资产残值	0(万元)	4 年后每吨售价	0.13(万元)
资本成本	10%	付现成本	60(万元)

根据上述资料数据作出投资开发时机决策。

(1) 计算价格为 0.1 万元时的营业现金流量,见表 4-13。

年折旧额 = 80 ÷ 5 = 16(万元),

营业现金流量 = 200 × (1 − 40%) − 60 × (1 − 40%) + 16 × 40% = 90.4(万元)。

(2) 计算当价格上涨 30% 时的营业现金流量。

营业现金流量 = 200 × (1 + 30%) × (1 − 40%) − 60 × (1 − 40%) + 16 × 40%
　　　　　　 = 126.4(万元)。

(3) 则早开发的各年现金流量,见表 4-14。

表 4-14 早开发营运资金流量表 单位:万元

年份	第 0 年	第 1 年	第 2～4 年	第 5 年	第 6 年
固定资产投资	－80				
营运资金垫支		－10			
营业现金流量			90.4	126.4	126.4
营运资金回收					10
现金流量	－80	－10	90.4	126.4	136.4

则现在开发的净现值为:

$NPV = 90.4 \times (P/A,10\%,3) \times (P/F,10\%,1) + 126.4 \times (P/F,10\%,5) + 136.4 \times (P/F,10\%,6) - 10 \times (P/F,10\%,1) - 80$

$= 90.4 \times 2.487 \times 0.909 + 126.4 \times 0.6209 + 136.4 \times 0.5645 - 10 \times 0.909 - 80$

$= 270.76$(万元)。

(4) 晚开发各年现金流量

因为 4 年后(即第 5 年)价格将上升,且项目建设期为 1 年,为了保证尽快获得高利润,应该在第 3 年末投资,晚开发各年现金流量如表 4-15 示:

表 4-15 晚开发营运资金流量 单位:万元

年份	第 0～2 年	第 3 年	第 4 年	第 5～8 年	第 9 年
固定资产投资		－80			
营运资金垫支			－10		
营业现金流量				126.4	126.4
营运资金回收					10
现金流量	0	－80	－10	126.4	136.4

则晚开发的净现值为:

$NPV = 126.4 \times (P/A,10\%,4) \times (P/F,10\%,4) + 136.4 \times (P/F,10\%,9) - 60 \times (P/F,10\%,3) - 10 \times (P/F,10\%,4)$

$= 126.4 \times 3.1699 \times 0.6830 + 136.4 \times 0.4241 - 80 \times 0.7513 - 10 \times 0.6830$

$= 264.57$(万元)。

从计算结果看出,早开发的净现值为 270.76 万元,而晚开发的净现值为 264.57 万元,因此,应该选择早开发的投资时机。

(五) 投资建设期决策

从开始投资至投资结束投入生产所需要的时间,称为投资建设期。集中施工力量、加班加点、交叉作业、使用最新设备等都可以缩短投资建设期,使项目早日竣工投入使用,更早的产生经济效益。但是缩短投资建设期往往需要增加投资额,究竟是否应该缩短投资建设期,需要在经济上进行衡量,以进行选择。如果缩短投资建设期给企业带来的净现值大,就应该选择缩短投资建设期;否则,就应该选择正常投资建设期。

【例 4-16】某公司进行一项投资，正常投资期 3 年，每年投资 300 万元，3 年共投资 900 万元。第 4 ～ 13 年每年现金净流量为 350 万元。若把投资期缩短为两年，每年需投资 450 万元，两年共投资 900 万元，竣工投产后的项目寿命和每年现金净流量不变。资本成本为 20%，假设寿命终结时无残值，不用垫支营运资金。试分析判断是否应缩短投资建设期。

该题可通过差值计算方法和净现值方法计算可得出结果，这里主要就后一种方法进行分析。

(1) 计算正常投资建设期的净现值。

正常投资期的净现值 $= -300 - 300 \times (P/A, 20\%, 2) + 350 \times (P/A, 20\%, 10) \times (P/F, 20\%, 3)$

$= -300 - 300 \times 1.528 + 350 \times 4.192 \times 0.579$

$= 91.11$(万元)。

(2) 计算缩短投资建设期的净现值。

缩短投资期的净现值 $= -450 - 450 \times (P/F, 20\%, 1) + 350 \times (P/A, 20\%, 10) \times (P/F, 20\%, 2)$

$= -450 - 450 \times 1.528 + 350 \times 4.192 \times 0.694$

$= 193.39$(万元)。

则缩短投资建设期的净现值比正常投资建设期的净现值大，应采用缩短投资建设期的方案。

第三节　对外投资管理

一、对外投资概述

对外投资是指企业将所拥有的资产直接投入其他企业或购买各种证券形成的投资，其主要形式有对外证券投资和对外直接投资两种。对外证券投资是企业用暂时或长期准备用于内部投资的货币资金，向外购入各种金融资产，以期获取收益或其他长远权利的投资行为，它属于间接投资。对外直接投资是指企业以各种资金直接投放于其他经济实体，并参与其经营活动的投资行为，属于直接投资。

在市场经济条件下，对外投资是企业投资的一个重要方面，与企业对内投资相互补充和促进，它对提高企业收益，降低企业风险有十分重要的意义。

(一) 对外投资的动机

1. 提高闲置资金利用率

资产闲置则不能保值增值。企业在经营过程中，有时会出现资金短缺，有时会出现资金多余。比如现金溢余或机器设备闲置等，此时就需要为闲置资金找出路，将资金从收益性较差的项目转入收益性较高的项目上去，以增加企业收益、使企业总价值达到最大。

2. 分散投资风险

企业进行投资，不一定能获得预期收益，在现实中企业投资有的报酬远低于期望值，有

的甚至血本无归，这就是投资的风险问题。而所有的投资者的目的都是低风险、高报酬，因此需要对风险进行研究，将各种投资组合，实行多元化投资。所谓多元化投资，是指资金投向多个项目而不是单一项目上。这样做的好处是各项目的风险不等，当有的项目利润下降时，有的项目则可能利润增加，几个项目的盈利与亏损相互抵消，企业可以避免投资损失。对外投资与对内投资相比，投资渠道更广，投资选择面更宽，更为灵活方便，更能发挥降低投资风险的作用。

3. 提高企业偿债能力

保持良好的偿债能力是现代企业财务管理的重点之一。偿债能力强，标志企业财务状况好，抵御风险的能力强。企业偿债能力强弱，既与资本结构有关，也与资产结构有关。在企业资产中，固定资产等长期资产流动性最弱，流动资产流动性较强，而现金、有价证券等流动资产其流动性又高于存货。因此，适当增加有价证券投资，可以增加资产流动性，提高企业偿债能力。遇特殊情况需支付大量现金时，可将有价证券变现来满足需要。

4. 建立良好的合作关系

市场经济条件下，企业之间竞争激烈，为了自身的生存与发展，企业需要与自己生产经营活动密切相关的厂商建立良好的业务关系，以切实保证供销渠道畅通，为企业创造稳定的获利资源。因此，企业往往对这些厂商进行投资，或购买这些厂商的股票，以成为利益一致的经营伙伴。对特别重要的原材料、零配件供应厂商，往往还进行控股，以保障本企业利益。

(二) 对外投资的特点

企业对外投资的种类较多，投资的形式也多样化。各种投资在投资收益、投资风险、投资的变现能力等方面都有较大的差异，每一种投资都各有特点。归纳起来，主要有以下几种特点：

1. 对外投资的对象多样化，决策程序比较复杂

企业对外投资与内部投资相比较，投资的对象更加多样化。对外投资包括对外直接投资和证券投资。对外直接投资就是把资金直接投向被投资企业并参与其经营管理活动。直接投资又可分为对外合作投资、对外合资投资和对外合并投资。证券投资是指通过购买被投资企业的证券所进行的投资。证券投资又可分为股票投资、企业债券投资、国库券投资、短期融资券投资等。这种投资的多样化，决定了投资决策的复杂化。企业在对外投资时，必须充分考虑影响投资的各种因素，依据科学的投资程序进行投资决策，尽可能避免决策失误给企业带来更大的经济损失。

2. 对外投资收益与风险差别较大

企业对外投资的种类不同，其投资的收益与风险也各不相同。一般来说，高风险的投资项目，也要求高收益；低风险的投资项目，投资收益也较低。投资的收益与风险受多种因素影响。投资的回收期、投资的形式、投资的性质都会影响到企业的投资收益与风险。投资的回收期长，未来的不确定性因素较多，则其风险就较大，要求的投资收益也高；权益性投资比债权性投资的风险大，要求的投资收益也较高。企业在选择对外投资时，必须综合地考虑投资收益与风险之间的关系，在收益与风险之间权衡利弊。

3. 对外投资的变现能力差别较大

不同种类的对外投资变现能力具有较大的差别，证券投资比直接投资的变现能力强，在

企业急需现金时，可以随时将证券出售兑换成现金。而直接投资则较难在短期内转变成现金。因此，企业在选择对外投资时，必须考虑到投资的变现能力，以满足企业未来对现金的需求。

4. 对外投资回收的时间和方式差别较大

对外投资按其投资期限长短可分为长期投资和短期投资，长期投资的回收期限较长，需要几年甚至几十年；短期投资一般在一年以内就可以收回。对外投资回收的方式也有较大的差别，证券投资只需要在证券市场上卖掉证券就可以收回投资，而直接投资的回收方式则比较复杂。因此，企业在对外投资时，应考虑本企业未来现金的流动情况安排投资组合。

(三) 对外投资的原则

1. 效益性原则

在市场经济条件下，企业必须提高经济效益，获取更多的利润，才能实现企业总体的财务目标。企业在进行对外投资时，必须考虑到该项投资的经济效益，以及对企业整体经济效益的影响。在综合考虑其他因素的同时，应尽可能选择一个经济效益最好的项目。尤其是在证券投资的情况下，可供选择的投资对象很多，企业必须广泛收集有关的投资信息，了解市场发展的趋势，以便做出正确的投资决策。

2. 安全性原则

企业的对外投资一般都会面临许多风险。一般说来，风险越大，报酬率越高；风险越小，报酬率越低。因此，企业必须在投资报酬和风险之间权衡利弊。所谓安全性原则就是投资能够按期收回本金和应得的投资收益。通常投资于资金雄厚的大企业要比投资于小企业安全；投资于基础产业要比投资于高技术产业安全；债权性投资要比股权性投资安全。企业在对外投资时，要全面考虑被投资企业的财务状况、经营成果、行业特点以及发展前景等，以便保证对外投资的安全性。

3. 流动性原则

企业的对外投资因其目的不同，投资的性质也各异。有的对外投资期限很长，一般不考虑在近期变现；有的对外投资，只是为了充分利用现有的闲置资金，这部分资金以后可能会有其他的用途，这种投资就应当考虑其流动性，以便在将来需要现金时，能够及时变现。一般说来，证券投资的流动性比直接投资的流动性强，因此，企业如果要提高对外投资的流动性，可以考虑以证券投资为主。

4. 整体性原则

企业的对外投资活动是企业整体经营活动的一个重要组成部分，对外投资必须服从企业的整体经营活动，对外投资的目标应与企业总的经营目标相一致。尽管企业对外投资的目的有许多，但都要服从企业的整体目标，只有这样才能提高企业的整体经济效益，才能有利于企业的长期稳定发展。

(四) 对外投资的主要程序

对外投资的回收期限长短不一，变现力有很大差别，风险往往高于企业对内投资，加上对外投资的对象又十分复杂，因此为保证对外投资决策的正确性，必须按科学的程序来进行投资。主要程序如下：

1. 确定对外投资的基本形式

首先要分析本企业的生产经营状况与财务状况，明确对外投资的目的：是为了单纯取得收益？还是为控制供销渠道，扩大市场占有率？目的不同，投资的形式、投资对象的选择与投资效果的判断标准也不同。因此，应先分析本企业的状况，明确投资目的，确定投资形式。

2. 认真进行可行性分析，科学选择投资对象

投资对象的选择，就是根据投资分析的结果，遵照已确定的投资原则，从众多的投资项目或有价证券中，选择符合企业要求的投资项目，购买适当的有价证券。选择投资对象不仅要考虑有关投资项目和有价证券本身的发展前景和盈利能力，而且要通盘考虑各种投资项目和有价证券在投资期限上的配合情况和在投资风险方面的抵消能力，以达到整体上的配合。

企业对内投资决策的一些基本原理和方法，也适用对外投资决策，净现值、内部报酬率、投资回收期等指标，也是判别对外直接投资优劣的基本标准。当然，对外投资分析在很多方面比对内投资分析要复杂得多。例如，在进行对外投资分析时，必须结合投资目的。如果企业投资的目的是为了保证原材料的供应，则应以投资对象的生产能力为重点进行分析；如果以分散风险为主要目的，应寻找同本企业盈利变化呈负相关的企业作为投资对象，并重点对利润的波动情况进行分析。

3. 根据投资对象的特点，正确选择出资方式

企业对外投资，可以用货币资产出资，也可以用实物资产出资，还可以用无形资产出资。出资方式中的资产应是投资对象所需的，但不能影响本企业的正常生产经营。在利用无形资产进行投资时，应特别注意它是否会对本企业造成不必要的竞争，损害本企业利益。

4. 根据国家有关规定，合理确定投资资产的价值

企业以各种资产对外进行投资，应按下列原则计价：(1) 以现金、存款等货币资产方式向其他单位投资的，按照实际支付的金额计价；(2) 以实物、无形资产方式向其他单位投资的，按照评估确认或者合同、协议约定的价值计价。

5. 加强对被投资企业的监控，不断提高投资效益

企业的对外投资，很多都属于权益性投资，有权对被投资企业进行监控，参与其重大生产经营决策。企业应在积极参与管理的基础上、发现被投资企业生产经营中存在的问题，及时提出改进措施，不断提高投资效益。

6. 认真评价投资业绩，及时反馈各种信息

当投资项目完成或在投资项目执行中，要按科学的方法，对投资业绩进行评价。在评价时，通常要考虑以下几方面问题：(1) 投资的盈利能力；(2) 投资的风险状况；(3) 投资的变现能力；(4) 投资的发展前景。在具体评价时，可采用实际投资效果与预期效果相比较、或实际投资与替代项目的投资效果相比较的方法来评价投资业绩的好坏。

通过对投资业绩的评价，可以总结经验教训，分析利弊得失，及时反馈各种信息，为以后投资决策提供依据。同时，还可根据业绩评价的结果，适当调整原有投资对象，以趋利除弊，较好地实现投资目标。

二、对外直接投资

企业以货币资产、实物资产、无形资产对其他企业进行直接投资，如有需要，投资者可以

参与被投资企业的经营活动，它是企业重要的投资方式。企业对外进行直接投资，有利于充分利用企业资产，提高企业发展速度，增加企业投资报酬，降低企业经营风险，因而对实现财务管理目标具有重要意义。

(一) 对外直接投资的方式

1. 合资经营方式

合资经营方式是指投资企业通过与其他企业共同投资组建合资经营企业所进行的对外投资。合资经营企业是由投资各方按照共同投资、共同经营、共享利润、共担风险的原则而设立的企业。合资经营企业是由两个或两个以上的投资者共同出资设立的有限责任公司，它具有独立的法人资格，以其全部财产作为企业从事经营活动的经济担保，合资各方以其出资额为限对企业债务承担有限责任。合资经营企业的投资各方必须将出资折成相应的股份，并根据各自出资额在注册资本中所占的股权比例对企业享受权利和承担义务，共享利润，共担风险。

2. 合作经营方式

合作经营方式是指投资企业与其他企业组建合作经营企业所进行的对外投资。合作经营是一种契约式的合营企业，它是指投资企业与其附属企业通过签订合同、协议等形式来规定各方面的权利和义务而组建的企业。合作经营企业在法律形式上可以是法人，也可以不是法人，各方所投入的资本不必折成股份，投资各方的责任完全由投资协议来确定。这种投资方式比较灵活、简便，但不像合资经营企业那样规范。

3. 购并控股方式

购并控股方式是指通过兼并其他企业或者购买其他企业的部分股权以实现对被投资企业控股的目的所进行的对外投资。购并控股是企业对外投资的一种重要方式，它可以通过出资购买被投资企业资产的方式进行，也可以通过出资购买股票的方式实现对被投资企业的控股。企业通过购并可以扩大生产经营规模，实现资产重组，增强企业的经济实力。

(二) 对外直接投资制约因素

无论对外直接投资采用何种形式，其目的都只有一个，即：充分利用本企业的资产，扩大企业规模，加快企业发展，获取投资报酬。但由于对外直接投资具有投资时间长、投资数额大、不能随意抽回投资的缺点，投资风险较大，因此企业在投资时必须考虑以下因素：

1. 企业资产的利用情况和对内投资报酬

投资目的是将资产利用到收益最高的项目上。如本企业本身经营状况良好、产销顺畅、收益水平很高、没有闲置资产，则根本不必考虑对外投资；反之，如企业生产经营发展受到限制、产销不畅、盈利下降，此时企业就需要寻找有利的对外投资机会，以更有效地利用闲置的资产。

2. 企业资金宽裕度与资金市场获利水平

对外投资是对内投资的补充，因此，对外投资资金的运用以不损害本企业正常的生产经营为度。在满足本企业内部资金运用的前提下，有闲置资金才能用于对外投资。同时，对外投资是风险相当大的，企业还应考虑资金市场的平均报酬率。如资金市场平均利率较高时，企业多余资金出让，可以获得稳定的利息收益；当资金市场平均利率较低时，企业则可能考虑对外投资，以获取较高的收益。

3. 投资项目的获利水平和综合情况

对外投资的基本原则之一是需要较高的获利能力。如果投资项目盈利水平高，并且较稳定，就可以考虑接受。有的项目可能目前盈利水平不高，但能改善本企业的经营条件，如可以使本企业供销状况改善等，从而对企业今后发展有利，企业也可以考虑投资。

(三) 对外直接投资评价

如前所述，企业对外直接投资的决策方法与固定资产投资基本相同，但对外直接投资有一些特殊问题，如直接投资的计价问题、投资决策的评价主体问题。在此主要讨论主体问题，这个问题从理论上讲有以下三种观点：

(1) 认为应以母公司为评价主体。理由是企业对外投资的目的是为了母公司的利益。

(2) 认为应以投资项目为评价主体。理由是对外投资多是长期性的，投资项目的收益通常用于再投资而不是返回母公司。

(3) 认为应分别以母公司和投资项目为主体各自进行评价。财务管理的目标是多元化的，因此对外投资的评价也应全方位进行。

以母公司为主体或以投资项目为主体分别评价，评价的结果可能大不相同。因为母公司和投资项目的资金来源不一定相同，因而资金成本可能不一致；其次，母公司和投资项目的税率可能不一致，因为它们所处的地区，行业可能不相同，因而适用的税收优惠也不同。此外，个别项目对投资项目是费用，而对总公司则是收入，如专利使用费、许可证费。实业界多数认为分别以母公司和投资项目为主体进行双重评价，可以兼顾各方利益，更有利决策。

【例 4-17】A 公司和 B 公司打算合资组建一新企业——C 公司，生产新型农用机械。项目分析评价小组收集到以下资料：

(1) 组建C公司需要固定资产投资 15 400 万元，并需投入营运资金 4 000 万元。合资期限 5 年，采用直线法计提折旧，5 年后固定资产残值为 400 万元。合资期间每年销售收入为 10 000 万元，付现成本第 1 年为 4 000 万元，以后每年增加设备运行费 500 万元。

(2)C 公司的 15 400 万元固定资产，双方各出资 50%。营运资金 4 000 万元通过贷款解决。据测算，C 公司综合资金成本为 10%，A 公司和 B 公司的综合资金成本率分别为 9% 与 11%。

(3)A 公司每年可以向 C 公司销售零配件，预计年销售利润为 1100 万元。B 公司每年可从 C 公司获得 1 200 万元的技术转让收入，但要为此每年支付 100 万元的有关费用。另 A 公司实现的利润，除 20% 以公积金、公益金形式留归 C 公司使用外，其余部分 A 公司与 B 公司各分配 50%。但提取的折旧不分配，留在 C 公司。

(4)A 公司、B 公司和 C 公司的所得税率均为 30%，母公司从子公司分得的股利不再交纳所得税。

(5)C 公司在第 5 年末出售，全部资产预计售价为 14 000 万元，扣除税金及有关费用后预计净现金流量为 8 000 万元，该净收入 A 公司和 B 公司各分 50%，分回母公司不再纳税。

现根据以上资料分别以各公司为主体进行投资项目的可行性评价：

(1) 以 C 公司为评价主体

根据资料计算出该投资项目的营业现金流量、项目全部现金流量和净现值，见表 4-16、4-17：

表 4-16　投资项目的营业现金流量计算表　单位：万元

项目	第 1 年	第 2 年	第 3 年	第 4 年	第 5 年
销售收入(1)	10 000	10 000	10 000	10 000	10 000
付现成本(2)	4 000	4 500	5 000	5 500	6 000
折旧(3)	3 000	3 000	3 000	3 000	3 000
税前净利(4) = (1) − (2) − (3)	3 000	2 500	2 000	1 500	1 000
所得税(5) = (4) × 30%	900	750	600	450	300
税后净利(6) = (4) − (5)	2 100	1750	1 400	1050	700
现金流量(7) = (1) − (2) − (3) = (3) + (6)	5 100	4 750	4 400	4 050	3 700

表 4-17　投资项目的现金流量计算表　单位：万元

项目	第 0 年	第 1 年	第 2 年	第 3 年	第 4 年	第 5 年
固定资产投资	−15 400					
营运资金垫支	−4 000					
营业现金流量		5 100	4 750	4 400	4 050	3 700
终结现金流量						8 000
现金流量合计	−19 400	5 100	4 750	4 400	4 050	11 700

则该项投资项目净现值计算如下：

$$NPV = -19\ 400 + 5\ 100 \times (P/F, 10\%, 1) + 4\ 750 \times (P/F, 10\%, 2) + 4\ 400 \times (P/F, 10\%, 3) + 4\ 050 \times (P/F, 10\%, 4) + 11\ 700 \times (P/F, 10\%, 5)$$

$$= -19\ 400 + 5\ 100 \times 0.9091 + 4\ 750 \times 0.826 + 4\ 400 \times 0.751 + 4\ 060 \times 0.683 + 11\ 700 \times 0.621$$

$$= 2\ 496(\text{万元})。$$

由计算结果可知，以 C 公司为主体评价投资项目是可行的，净现值为 2 496 万元，因此可以进行投资。

(2) 以 A 公司为评价主体

根据资料计算销售增加带来的营业现金流量、项目的现金流量和净现值，如表 4-18、4-19 所示。

表 4-18　投资项目营业现金流量计算表　单位：万元

项目	第 1 年	第 2 年	第 3 年	第 4 年	第 5 年
销售利润	1 100	1 100	1 100	1 100	1 100
所得税	330	330	330	330	330
税后净现金流量	770	770	770	770	770

表 4-19　投资项目的现金流量计算表　　单位：万元

项目	第 0 年	第 1 年	第 2 年	第 3 年	第 4 年	第 5 年
初始投资	－7700					
销售净现金流量		770	770	770	770	770
股利净现金流量		840	700	560	420	280
终结现金流量						4 000
现金流量合计	－7 700	1 610	1 470	1 330	1 190	5 050

表4-19中的股利净现金流量是按C公司各年税后净利扣除20%以后再乘以50%计算的。

以 A 公司为评价主体对该项投资项目净现值计算如下：

$$NPV=-7\,700+1\,610\times(P/F,9\%,1)+1\,470\times(P/F,9\%,2)+1\,330\times(P/F,9\%,3)+1\,190\times(P/F,9\%,4)+5\,050\times(P/F,9\%,5)$$
$$=-7\,700+1\,610\times0.917+1\,470\times0.842+1\,330\times0.772+1\,190\times0.708+5\,050\times0.650$$
$$=166(\text{万元})。$$

通过以上计算可知以 A 公司为主体进行评价，由于该投资项目有净现值 166 万元，因此可以投资。

(3) 以 B 公司为评价主体

同理，据资料计算各年技术转让净收入、项目现金流量和净现值，如表 4-20、4-21 所示。

表 4-20　投资项目营业现金流量计算表　　单位：万元

项目	第 1 年	第 2 年	第 3 年	第 4 年	第 5 年
技术转让收入	1 200	1 200	1 200	1 200	1 200
付现成本	100	100	100	100	100
税前净利	1 100	1 100	1 100	1 100	1 100
所得税	330	330	330	330	330
税后净现金流量	770	770	770	770	770

表 4-21　投资项目的现金流量计算表　　单位：万元

项目	第 0 年	第 1 年	第 2 年	第 3 年	第 4 年	第 5 年
初始投资	－7 700					
技术转让净现金流量		770	770	770	770	770
股利净现金流量		840	700	560	420	280
终结现金流量						4000
现金流量合计	－7 700	1 610	1 470	1 330	1 190	5 050

表中的股利净现金流量是按 C 公司各年税后净利扣除 20% 以后再乘以 50% 计算的。

则以 B 公司为评价主体对该项投资项目净现值计算如下：

$$NPV=-7\,700+1610\times(P/F,9\%,1)+1\,470\times(P/F,9\%,2)+1\,330\times(P/F,9\%,$$

3) + 1 190 × (P/F,9%,4) + 5 050 × (P/F,9%,5)

= − 7 700 + 1 610 × 0.901 + 1 470 × 0.812 + 1 330 × 0.781 + 1 190 × 0.659 + 5 050 × 0.593

= − 304(万元)。

通过以上计算可知以 B 公司为主体进行评价，由于该投资项目有净现值 − 304 万元，因此该项目不能投资。

三、对外证券投资

证券是指票面载有一定金额的、代表持有者索偿权(财产所有权或债券)的、可以有偿转让的凭证。对外证券投资是指企业将不影响本身正常周转的资金购买证券，它是企业对外投资的重要组成部分。科学的进行证券投资，可以充分地利用企业的闲置资金，增加资产流动性和企业收益，减少企业生产经营风险，有利于实现企业的财务目标。因此，对外证券投资决策是指以有价证券为投资对象进行分析和评价，从证券市场选择适宜的证券并组成证券组合，作为投资方案。

证券的种类有很多，可以按照不同的标准进行分类。例如，按证券的期限不同，可分为短期证券和长期证券，短期证券是指期限短于一年的证券，长期证券是指期限长于一年的证券；按证券的发行主体不同，可分为政府证券、金融证券和公司证券，政府证券是指中央政府或地方政府为筹集资金而发行的证券，金融证券是指银行或其他金融机构为筹集资金而发行的证券，公司证券也称为企业证券，是指公司为筹集资金而发行的证券；按证券所体现的经济内容不同，可分为债券、股票和投资基金。

由于证券价值和收益的计算在《证券投资学》中的相关课程中会有详细介绍，这里按照证券体现的经济内容分类，仅就证券投资的特点、分类、风险以及投资分析方法等投资评价做必要的介绍。

(一)债券的投资评价

债券是发行者为筹集资金，向债权人发行的，在约定时间支付一定比例的利息，并在到期时偿还本金的一种有价证券。债券面值是指设定的票面金额，它代表发行人借入并且承诺于未来某一特定日期偿付给债券持有人的金额。债券票面利率是指债券发行者预计一年内向投资者支付的利息占票面金额的比率。票面利率不同于实际利率，实际利率通常是指按复利计算的一年期的利率。债券的计息和付息方式有多种，可能使用单利或复利计息，利息支付可能半年一次、一年一次或到期日一次兑付，这就使得票面利率不等于实际利率。债券的到期日指偿还本金的日期。债券一般都规定到期日，以便到期时归还本金。债券的种类繁多，通常按发行主体不同，债券可分为政府债券、金融债券和公司债券。

政府债券是指政府作为发行人的债券，在我国通常由财政部发行，政府担保，我国习惯上把政府债务称为公债，从期限上可以再分为短期的国库券、中期债券和长期债券。

金融债券是经中央银行或其他政府金融管理部门批准，由银行或其他金融机构发行的债务凭证。凭证上通常标有发行机构的名称、利率、还款期、发行日期等。金融债券的期限一般是 1 ～ 5 年，利率略高于同期的定期存款利率。不能提前抽回本金。

公司债券是指有限责任公司和股份有限公司出于发展业务或补充资本的需要，经股东

大会或董事会审议决定，为募集资金而向社会发行的债券。

1.债券投资的特点

相对于其他金融投资而言，债券投资具有以下特点：

(1) 债券投资属于债权性投资。虽然债券投资、股票投资都属于证券投资，但投资的性质不同：债券投资属于债权性投资，债券持有人作为发行公司的债权人，定期获取利息并到期收回本金，但无权参与公司经营管理；股票投资属于股权性投资，股票持有人作为发行公司的股东，有权参与公司的经营管理；因此，债券体现债权、债务关系，股票体现所有权关系。

(2) 债券投资的风险较小。债券具有规定的还本付息日，其求偿权位于股东之前，因此债券投资到期能够收回本金(或部分本金)，其风险较股票投资小。特别是政府发行的债券，由于有国家财力作后盾，其本金的安全性非常高，通常视为无风险证券。

(3) 债券投资的收益较稳定。债券投资的收益是按票面金额和票面利率计算的利息收入及债券转让的价差，与发行公司的经营状况无关，因而其投资的收益比较稳定。

(4) 债券价格的波动性较小。债券的市场价格尽管有一定的波动性，仍由于前述原因，债券的价格毕竟不会偏离其价值太多，其波动性相对较小。

(5) 流动性好。许多债券如政府及大企业发行的债券，一般都可以在金融市场迅速出售，具有较好的变现能力。

2.债券投资的风险

债券投资的风险从来源划分可分为以下五种：

(1) 违约风险。债券是按期还本付息的证券，但如债券发行人由于自身财务困难、经营不善、决策失误等原因改变了其支付能力，到期不能还本付息，这就是违约风险。一般而言，中央政府公债没有违约风险，而地方政府和企业发行的债券或多或少有违约风险。因此，投资者购买债券时，应参照证券评估机构的信用评价，并对发行人的偿债能力进行分析，以避免违约风险。

(2) 利率风险。指市场利率变动引起债券价格下跌的风险。通常利率的升降对债券价格涨跌具有反作用，期限越长的债券利率风险越大，即使国库券也会有利率风险。

(3) 购买力风险。指由于通货膨胀使债券到期或出售获得的货币实际购买力下降的风险。在通货膨胀时期，债券到期日越长，购买力风险越大；而不固定利率证券受到的影响则小。

(4) 流动性风险。指投资者想将债券变现时，债券不能立即出售的风险。能够在较短时间内按市价大量出售的证券，流动性风险较小。国库券几乎可以立即以合理价转让，流动性风险小。不知名公司债券流动性风险更大。

(5) 再投资风险。指购买债券时期限决策不当而丧失的投资收益。购买短期债券，而没有购买长期债券，会有再投资风险。一般而言，由于利率风险的影响，长期利率会高于短期利率。但是，当再投资风险大于利率风险时，预期市场利率将持续下降，人们会热衷于寻求长期投资机会，可能出现短期利率高于长期利率的现象。例如，长期债券的利率为15%，短期债券的利率为12%，为减少利率风险买了短期债券。在短期债券到期收回现金时，如果利率降低到10%，则丧失了更佳的投资收益。

(6) 汇率风险。汇率风险是指由于外汇汇率的变动而给外币债券的投资者带来的风险。当投资者购买了某种外币债券时，本国货币与该外币的汇率变动会使投资者难以确定未来的本位币收入。如果在债券到期时，该外币贬值，就会使投资者遭受损失。

3. 债券投资决策

债券投资决策是一个非常复杂的问题，对于投资者来说又是十分重要的。决策过程应在上述风险分析的基础上，分为两步，即基本评价和技术分析。

(1) 基本评价。这是对影响债券价格的各种基本因素（如经济增长、利率水平、通货膨胀、企业财务状况等）进行分析。因为一个公司未来的发展前景实际上是由这些基本因素所决定的。基本评价既包括对宏观经济形势（如经济增长、经济周期、利率水平、通货膨胀、货币金融政策、财政政策、产业政策等）进行的分析，也包括对公司财务状况（如资产结构、偿债能力、获利能力等）进行的分析。宏观经济形势对整个证券市场都会产生影响，它主要是影响证券市场的基本走势，因此对宏观经济形势的基本方面进行分析，有利于从战略上把握债券投资的方向。在宏观经济形势已经确定的情况下，对公司财务状况的分析就更加重要。公司分析主要应对公司的财务状况和公司的经营状况进行分析。对公司财务状况的分析主要是通过公司定期公布的财务报告进行；对公司经营状况的分析主要了解公司的内部管理是否有效率、公司的商品和劳务的销售情况、市场占有率、产品的寿命周期、公司的投资计划、公司未来新的利润增长点、公司的发展前景等等。

(2) 技术分析。这是运用数学和逻辑的方法，通过对证券市场过去和现在的市场行为进行分析，从而预测证券市场上债券的未来变化趋势。技术分析是在证券市场上广泛使用的一种分析方法，是长期以来证券投资者进行证券投资的经验总结。技术分析对证券投资是大有裨益的，作为一个证券投资者，有必要熟练掌握技术分析的基本方法。

关于债券的具体估价方法在前面第二章第三节中已有详细的论述，这里不再赘述。

(二) 股票的投资评价

股票投资是企业通过认购股票成为股份有限公司股东并获取股利收益的投资。股票投资与债券投资的主要区别在于：① 从投资收益来看，股票投资收益不能事先确定，具有较强的波动性；② 从投资风险来看，债券投资按事先约定还本付息，收益较稳定，投资风险较小，股票投资因股票分红收益的不确定性和股票价格起伏不定，成为风险最大的有价证券；③ 从投资权利来看，在各种投资方式中，股票投资者的权利最大（优先股除外），作为股东有权参与企业的经营管理。

1. 股票的分类

股票的种类很多，可以从不同的角度进行分类，由于相关课程对股票分类会有详细介绍，在这里主要从投资功能的角度进行分类，可以分为以下几种：

(1) 蓝筹股股票。是指一些经营资信状况良好的大公司所发行的普通股股票。这类股票通常都有稳定而丰厚的利润，投资风险较小，是市场上的热门股票，比较受投资者的欢迎。

(2) 成长性股票。是指营业收入和利润都具有良好的增长幅度和增长潜力的公司所发行的股票。这类公司具有良好的发展前景，其营业收入和利润的增长幅度都明显高于市场的平均水平，并且具有广阔的发展潜力。这种股票通常分配的现金股利较少，往往将利润作为内部留存收益，用于进一步扩大营业规模。投资者购买成长性股票，可以从股票的价格上升中获得较高的投资收益。

(3) 周期性股票。是指营业收入和利润呈周期性波动的公司所发行的股票。这类公司的经济景气时，利润会有较大的增长，其股票价格也会上升；在经济不景气时，利润会减少，股票的

价格也会下降。因此，购买这种股票必须分析整个宏观经济形势，了解经济发展的周期性。

(4) 防守性股票。是指受经济周期影响较小，收益比较稳定的公司的股票。这种股票是相对于周期性股票而言的。在经济景气时，这类公司的经营业绩也会增长，但不很明显；在经济不景气时，其收益会高于其他公司，具有较好的稳定性。一般来说，购买这类股票的风险较小。通常公用事业类公司的股票多属于这类股票。

(5) 投机性股票。是指价格波动较大，经营前景不确定的公司的股票。这类股票的价格波动幅度很大，在短期内价格可能会上涨或下跌许多，具有较强的投机性。因此，这类股票的投资风险很大，一般不适合于稳健的投资者，比较吸引一些敢于冒险的投机者。

2. 股票投资的风险

股票投资的风险远远高于债券，其风险按能否分散可以分为两类：

(1) 不可分散风险，又叫系统风险。此风险源自整个证券市场，指由于宏观因素变化对股市所有证券都带来损失的可能性。如国家宏观经济状况变化引起的通货膨胀、经济衰退，国家财政金融税收等经济政策变化引起整个股市平均报酬率变动等。这种风险无论购买何种股票都不能避免，不能通过多角化投资回避。

(2) 可分散风险，也叫非系统风险或公司特有风险。该风险是指某一些局部因素变动对个别企业的股票造成损失的可能性。它不是普遍存在的，源自个别公司企业本身的商业活动和财务活动，如某些企业因经营管理不善、产品更新迟缓、销售市场缩小、竞争失败等原因造成的风险。这种风险可以通过多角化投资来分散。

3. 股票投资决策

与债券投资一样，股票投资决策也是一个非常复杂的问题，对于投资者来说又是十分重要的。关于股票投资的具体方法在前面第二章第三节中已有详细的论述，此处不再赘述。

【本章习题】

一、思考题

1. 怎么样理解企业投资的重要意义？
2. 简述企业投资的分类。
3. 固定资产投资与其他企业投资行为相比，都有哪些特点？
4. 为什么用现金流量作为投资项目的评价指标？投资项目的现金流量都有哪些内容？
5. 固定资产投资项目评价的指标都有哪些？各有什么样的优缺点？
6. 企业为什么需要对外投资？应该遵循什么样的投资原则？
7. 企业的股票投资过程中存在哪些风险？

二、计算题

1. 某项目初始投资 1 000 万元，项目寿命周期为 5 年，投产后，每年销售收入 600 万元，付现成本 100 万元。固定资产折旧年限为 5 年，期末无残值，采用平均年限法计提折旧。如果所得税税率为 40%，资本成本为 8%。

要求：计算该项目的平均收益率、回收期、净现值、获利指数与内含报酬率，并做出该项

目是否可行的决策。(卢文峰,《财务管理习题集》,中国财政经济出版社,2006)

2. 某公司正在考虑对包装机器进行以新换旧。现有的机器是五年前花 10 000 元购买的,采用直线折旧法在十年内折旧,设残值为零。现有机器每年产生 2 500 元销售收入,每年经营支出需 500 元。如果更换则旧机器的售价为 3 000 元。新机器的购置价格为 20 000 元。由于新机器有更大的生产能力,在余下的五年内每年将产生销售收入 7 000 元,每年的经营支出为 1 000 元。新机器采用直线折旧法在五年内折旧,设残值为零。但新机器在五年末的市场价格为 5 000 元,因为新机器的生产能力扩大了,所以需要增加 2 000 元。投资者所要求的收益率为 10%,公司所得税税率为 34%。

分析要求:

(1) 第零年年末的净支出为多少?

(2) 在今后 5 年内税后净经营现金流量为多少?

(3) 第 5 年年末的残值为多少?

(4) 售旧购新方案的投资回收期为多久?

(5) 售旧购新方案的净现值为多少?

(6) 售旧购新方案的内部收益率为多少?根据净现值和内部收益率,对方案进行决策。(卢文峰,《财务管理习题集》,中国财政经济出版社,2006)

3. 某项目投资具有以下现金流,如表 1。假设无通货膨胀,公司采用 10% 的年折现率,项目的净现值为 900 元。

表 1　现金流量净值表　　单位:元

各年末	0	1	2	3
净现金流量	(2 100)	1 300	1 200	1 100

要求:

(1) 如果预计年通货膨胀率为 5%,采用名义年折现率(即包含年通货膨胀率)计算该项目净现值;

(2) 如果预计年通货贬值率为 5%,采用年名义折现率(即扣除年通货膨胀率)计算该项目的净现值。

(卢文峰,《财务管理习题集》,中国财政经济出版社,2006)

4. 大华公司准备购入一设备以扩充生产能力。现有甲、乙两个方案可供选择:甲方案需投资 30 000 元,使用寿命 5 年,采用直线法计提折旧,5 年后设备无残值,5 年中每年销售收入为 15 000 元,每年的付现成本为 5 000 元。乙方案需投资 36 000 元,采用年数总和法计提折旧,使用寿命也是 5 年,5 年后有残值收入 6 000 元,5 年中每年收入为 17 000 元. 付现成本第一年为 6 000 元,以后随着设备陈旧逐年将增加修理费 300 元,另需垫支营运资金 3 000 元。假设所得税率为 40%,贴现率为 10%。

要求:计算两个方案的净现值、投资回收期,并判断应选用哪个方案。

5. 宝都公司正在对一座早已购置、目前正在出租的厂房使用方案进行重新评价,当时该厂房的购置价格为 225 万元。公司可以继续向现有的租赁用户出租,获得每年 12 万元的租金。而且,现有租赁用户也表达了愿意租赁该厂房至少 15 年。此外,如果不采用出租方案,公司可以对现有厂房结构进行改造以满足自身经营的需要。宝都公司生产经理认为,该厂房经过改造后可以适合于以下两种新产品生产流水线中的任何一条。与这两种新产品生产流水

线方案相关厂房改造投资、设备初始投资、成本和收益数据列于表 2：

表 2 新产品生产流水线方案的成本和收益 单位：万元

	产品 A	产品 B
厂房改造投资	36	54
设备初始投资	144	162
年税前现金收入(期限为 15 年)	105	127.5
年税前现金支出(期限为 15 年)	60	75

该厂房对产品 A 或产品 B 生产流水线的使用期限仅为 15 年。因为 15 年后，厂房规模太小将不再适合任何生产线。到时，宝都公司准备再将厂房出租给类似于目前的租赁用户。为了便于再次出租，宝都公司需要在第 15 年年末对厂房进行再装修；如果采用产品 A 的生产流水线，厂房的再装修投资为 3.75 万元；如果采用产品 B 的生产流水线，厂房的再装修投资将高达 28.125 万元。这些付现投资支出将作为概念支出抵扣所得税。

无论采用何种方案，宝都公司都将把该厂房的购置价格 225 万元在 30 年内提完折旧，期末残值为零。生产线寿命期为 15 年，采用直线折旧法，设公司所得税税率为 34%，对该投资所要求的收益率为 12%。出于简化，假设所有现金流量均发生在年末，生产线设备购置的初始投资均发生在第 0 年年末，再装修成本发生在第 15 年年末。同样，假设宝都公司经营总体上都是赢利的。

要求：作为财务管理人员，你将会向公司管理层提出何种建议？

(吴树畅，郭云，《财务管理学习辅导》，西南财经大学出版社，2007)

6. 仲景公司有 A，B，C 三个独立的投资方案，有关数据见表 43，现在该公司可筹集资金 300 万元，若投资者要求的收益率为 8%。

表 3 A、B、C 投资项目有关数据 单位：万元

方案	寿命期	初始投资(第 0 年年末投入)	年净现金流量
A	8 年	(100)	20
B	10 年	(150)	24
C	12 年	(200)	28

要求：试选择投资项目组合。

(吴树畅，郭云，《财务管理学习辅导》，西南财经大学出版社，2007)

7. 某企业拟投产一种新产品 A，预计 A 产品的适销期为 4 年，A 产品的生产可利用原有旧设备，该设备的原值 110 万元，税法规定的使用年限为 10 年，已使用 5 年，按直线法计提折旧，税法规定的残值为 10 万元。目前变现价值为 50 万元，四年后的变现价值为零。生产 A 产品需垫支营运资金，一部分可利用因规格不符合 B 产品而拟出售的材料，并已找好买方。该材料原购入价值为 10 万元，协商的变现价值为 5 万元。此外，还需追加垫支的其他营运资金为 10 万元。预计四年后材料变现价值约为 5 万元。预计 A 产品投产后该产品每年会为企业创造 40 万元的净利润，但 A 产品的上市会使原有 B 产品的价格下降，致使 B 产品的销售收入每年减少 2 万元，从而会使 B 产品本身所能为企业创造的利润减少。企业适用的所得税税率为 40%，投资者要求的最低报酬率为 10%。

要求：判断该新产品应否投产？

(吴树畅，郭云，《财务管理学习辅导》，西南财经大学出版社，2007)

三、案例分析题

东华电子公司合资项目评价案例

北京东方电子公司与上海浦华电子公司拟合资组建一新企业——东华电子公东华电子公司，准备生产新型电子计算机，项目分析评价小组已收集到如下材料：

1. 为组建该项合资企业，共需固定资产投资12 000万元，另需垫支营运资金3 000万元，采用直线法计提折旧，双方商定合资期限为5年，5年后固定资产残值为2 000万元。5年中每年销售收入为8 000万元，付现成本第1年为3 000万元，以后随设备陈旧，逐年将增加修理费400万元。

2. 为完成该项目所需的12 000万元固定资产投资，由双方共同出资，每家出资比例为50%，垫支的营运资金3 000万元拟通过银行借款解决。根据分析小组测算，东华公司的加权平均资本成本为10%，东方电子公司的加权平均资本成本为8%，浦华电子公司加权平均的资本成本为12%。

3. 预计东华公司实现的利润有20%以公积金、公益金的方式留归东华公司使用，其余全部进行分配，东方公司和浦华公司各得50%。但提取出的折旧不能分配，只能留在东华公司以补充资金需求。

4. 东方公司每年可以从东华公司获得800万元的技术转让收入，但要为此支付200万元的有关费用。浦华公司每年可向东华公司销售1 000万元的零配件，其销售利润预计为300万元，另外，浦华公司每年还可从东华公司获得300万元的技术转计收入，但要为此支付100万元的有关费用。

5. 设东方公司、浦华公司和东华公司的所得税税率均为30%，假设从子公司分得的股利不再缴纳所得税，但其他有关收益要按30%的所得税税率依法纳税。

6. 投资项目在第5年底出售给投资者经营，设备残值、累计折旧及提取的公积金等估计售价为10 000万元，扣除税金和有关费用后预计净现金流量为6 000万元。该笔现金流量东方公司和浦华公司各分50%，假设分回母公司后不再纳税。

张玉强是一家投资咨询公司的项目经理，他分别从东华公司、东方公司和浦华公司的角度对项目进行了评价，评价结果如下：

（一）以东华公司为评价主体

1. 计算该投资项目的营业现金流量，如表4所示：

表4　投资项目的营业现金流量计算表　　单位：万元

项目	第1年	第2年	第3年	第4年	第5年
销售收入①	8 000	8 000	8 000	8 000	8 000
付现成本②	3 000	3 400	3 800	4 200	4 600
折旧③	2 000	2 000	2 000	2 000	2 000
税前净利④＝①－②－③	3 000	2 600	2 200	1 800	1 400
所得税⑤＝①×30%	900	780	660	540	420
税后净利⑥＝④－⑤	2 100	1820	1 540	1 260	980
现金流量⑦＝①－②－⑤	4 100	3 820	3 540	3 260	2 980

2. 计算该项目的全部现金流量，如表 5 所示：

表 5　投资项目现金流量计算表　　单位：万元

项目	第 0 年	第 1 年	第 2 年	第 3 年	第 4 年	第 5 年
固定资产投资	－12 000					
营运资金垫支	－3 000					
营业现金流量		4 100	3 820	3 540	3 260	2 980
终结现金流量						6 000
现金流量合计	－15 000	4 100	3 820	3 540	3 260	8 980

3. 计算该项目的净现值，如表 6 所示：

表 6　投资项目净现值计算表　　单位：万元

年	现金流量	$PVIF_{10\%}$	现值
0	－15 000	1.000	－15 000
1	4 100	0.909	3 727
2	3 820	0.826	3 155
3	3 540	0.751	2 659
4	3 260	0.683	2 227
5	8 980	0.621	5 577
净现值 ＝ 2 354 万元			

从上述现金流量表的计算可以得知，该投资项目有净现值 2 354 万元，说明是一个比较好的投资项目，可以进行投资。

（二）以东方公司为主体进行评价

1. 计算技术转让费收入而带来的净现金流量，如表 7 所示：

表 7　投资项目营业现金流量计算表　　单位：万元

项目	第 1 年	第 2 年	第 3 年	第 4 年	第 5 年
销售收入	800	800	800	800	800
付现成本	200	200	200	200	200
税前净利	600	600	600	600	600
所得税	180	180	180	180	180
税后净现金流量	420	420	420	420	420

2. 计算进行该项投资的全部现金流量，如表 8 所示：

表 8　投资项目现金流量计算表　　单位：万元

项目	第 0 年	第 1 年	第 2 年	第 3 年	第 4 年	第 5 年
初始投资	－6 000					
技术转让费净现金流量		420	420	420	420	420
股利收入净现金流量		840	728	616	504	392
终结现金流量						3 000
现金流量合计	－6 000	1 260	1 148	1 036	924	3 812

在表中，股利收入净现金流量是根据东华公司各年的净利，扣除 20% 以后，除以 2 得到的。

3. 计算进行该项投资的净现值，如表 9 所示：

表 9　投资项目净现值计算表　　单位：万元

年	现金流量	$PVIF_{10\%}$	现值
0	－6 000	1.000	－6 000
1	1 260	0.926	1 166
2	1 148	0.837	984
3	1 036	0.816	823
4	924	0.763	679
5	3 812	0.713	2 596
净现值 ＝ 248 万元			

从上述现金流量表的计算可以得知，该投资项目有净现值 284 万元，说明是一个比较好的投资项目，可以进行投资。

（三）以浦华公司为主体进行评价

1. 计算增加销售收入和技术转让费而带来的净现金流量，如表 10 所示：

表 10　投资项目营业现金流量计算表　　单位：万元

项目	第 1 年	第 2 年	第 3 年	第 4 年	第 5 年
销售利润	300	300	300	300	300
技术转让利润	200	200	200	200	200
税前利润合计	500	500	500	500	500
所得税	150	150	150	150	150
税后净现金流量	350	350	350	350	350

2. 计算进行该项投资的全部现金流量，如表 11 所示：

表 11　投资项目现金流量计算表　　单位：万元

项目	第 0 年	第 1 年	第 2 年	第 3 年	第 4 年	第 5 年
初始投资	－6 000					
技术转让费净现金流量		350	350	350	350	350
股利收入净现金流量		840	728	616	504	392
终结现金流量						3 000
现金流量合计	－6 000	1 190	1 078	969	854	3 642

3. 计算进行该项投资的净现值，如表 12 所示：

表 12　投资项目净现值计算表　　单位：万元

年	现金流量	$PVIF_{10\%}$	现值
0	－6 000	1.000	－6 000
1	1 190	0.893	1 062
2	1 078	0.797	859
3	969	0.712	690
4	854	0.636	543
5	3 642	0.567	2 065
净现值 ＝－790 万元			

从上述净现值的计算过程中，可以得知，当以浦华公司为主体进行评价时，该项投资项目的净现值为－790 万元，故不能进行投资。

案例思考题

从东方公司、东华公司的角度评价，该投资项目不错，可以投资，而从浦华公司的角度来评价，该项目没有效益，不能投资。你认为该如何分析这项重大的项目投资决策呢？

第五章 营运资金管理

【学习目的与要求】

1. 营运资金的概念、特点；

2. 流动资产的含义、特征及其管理要求；

3. 现金的持有动机、成本及最佳现金持有量的确定；

4. 应收账款的功能、成本；

5. 流动负债的含义、特征及其管理要求。

【教学重点与难点】

最佳现金持有量的确定，应收账款的信用政策，存货经济批量及存货储存量的控制以及流动负债的管理内容。

【引例】

存货透露行业冷暖

截止 2004 年 10 月 29 日，沪深两市共有 1 000 多家上市公司公布了三季度报告，从这些公司的存货指标分析来看，整体表现良好。据本报信息部统计，三季度各公司主营业务销售收入同比平均增幅为 32%；而存货余额与年初相比平均增幅为 22%，存货余额的增幅约为销售收入增幅的 68%，处于比较正常的范围内。但是，从各行业具体的情况来看，存在较为明显的差异。其中：存货余额增幅相对较大的行业有：电力、煤气及水的生产和供应行业，其存货余额与年初相比增幅 49%，为该行业收入增幅的 1.44 倍；信息技术业主营业务收入增幅不到 2%，存货余额增幅则达到了 26%；电子和建筑行业存货余额的增幅也略高于行业收入的增幅；金属、非金属行业存货余额增幅为 42%，虽然低于收入的增幅，但鉴于增幅较大，也被关注。

存货余额增幅相对较小的行业有：农、林、牧、渔业主营业务收入同比增长 41%，而存货余额则基本持平；石油、化学、塑胶、塑料行业存货余额增幅为 13%，远低于收入 35% 的增幅；纺织服装皮毛业、食品饮料业、医药生物业、社会服务业和批发零售业的存货余额增幅也明显小于行业收入的增幅；其他的如采掘业、机械设备业、地产等行业存货余额的增幅则处于所有行业的平均水平。一般来说，如果一个公司的存货余额突然大幅增长，而销售收入增幅不大甚至有所下降，这很可能意味着公司的销售出现了异常情况。如存货余额增幅居第一的西藏金珠(600773)，其三季度末存货余额增长了 14.5 倍，销售收入则下降了六成多，原因就在于公司基本面发生了显著的变化，传统主营贸易业务受国家取消对西藏外贸行业的诸多优惠政策及周边国家政治局势的影响，目前已基本处于停止状态。

由于存货指标是反映公司未来销售增长潜力的先行和辅助性指标，因此，分析各公司的存货变化情况有利于我们对各行业以及相关公司的发展前景作出判断。(资料来源于人大经济论坛)

第一节 营运资金管理概述

一、营运资金的概念和特点

(一)营运资金的概念

营运资金(Working Capital),也叫营运资本。营运资金的概念可以从广义和狭义两方面来理解。广义的营运资金又称总营运资本,是指一个企业投放在流动资产上的资金,具体包括现金、有价证券、应收账款、存货等占用的资金。狭义的营运资金亦称营运资金净额,是指某时点内企业的流动资产与流动负债的差额。在本章的研究中,营运资金指的是狭义的营运资金。因此,对营运资金的管理既包括流动资产的管理,又包括流动负债的管理。

流动资产是指可以在一年内或超过一年的一个营业周期内变现或运用的资产,流动资产具有占用时间短、周转快、易变现等特点。企业拥有较多的流动资产,可在一定程度上降低财务风险。流动资产在资产负债表上主要包括货币资金、短期投资、应收票据、应收账款、预付账款和存货。流动负债是指需要在一年或者超过一年的一个营业周期内偿还的债务。流动负债又称短期融资,具有成本低、偿还期短的特点,必须认真进行管理,否则,将使企业承受较大的风险。流动负债主要包括短期借款、应付票据、应付账款、应付职工薪酬及应付税费等。

企业为了正常的生产经营,必须保持一定数量的营运资金,用于偿付到期的债务和支付当期各类费用。企业的流动资产越多,短期偿债能力就越强,发生财务危机的风险也就越低。但是,资金过多的占用在流动资产项目上,会造成资金浪费,导致资产收益率降低。因此,科学地制定营运资金管理政策,使企业的营运资金保持在一个合理的水平,对提高企业股东价值具有重要的意义。

(二)营运资金的特点

为了有效地管理企业的营运资金,必须研究营运资金的特点,以便有针对性地进行管理。营运资金一般具有以下特点。

1. 营运资金的周转具有短期性

企业占用在流动资产上的资金,周转一次所需要的时间较短,通常会在一年或一个营业周期内收回,对企业影响的时间比较短,根据这一特点,营运资金可通过商业信用、银行短期借款等短期筹资方式来加以解决。

2. 营运资金的实物形态具有易变现性

短期投资、应收账款、存货等流动资产一般具有较强的变现能力,如果遇到意外情况,企业出现资金周转不灵、现金短缺时,便可迅速变卖这些资产,以获取现金。这一点对企业应付临时性的资金需求有重要意义。

3. 营运资金的数量具有波动性

流动资产或流动负债容易受内外条件的影响,数量的波动往往很大。

4. 营运资金来源具有多样性

相对于企业的长期资金,营运资金在来源上具有灵活多样性。营运资金的需求问题既可通过长期筹资方式解决,也可通过短期筹资方式解决。仅短期筹资就有银行短期借款、商业信用、票据贴现等多种方式。

(三)营运资金的管理目标

有效的营运资金管理是企业从事理财活动的基础。由于营运资金在企业资金总额中占有较大比重,并伴随企业内部条件和市场环境的变化而处于运营过程中,所以,对营运资金管理的好坏直接影响到企业整个资本的运作。有效的营运资金管理应实现以下目标:

1. 充分的流动性

如果一个企业缺乏相应的资金用以偿还到期的债务,那么,企业正常的生产和经营活动就将受到影响。因此,企业最根本的管理目标之一就是要保持营运资金具有充分的流动性,以确保日常生产经营活动的需要。而企业营运资金流动性的高低在很大程度上取决于对流动资产和流动负债的控制能力。

2. 最小的风险性

营运资金本身的特点决定了企业的资金管理具有风险性。在市场经济条件下,企业的风险呈多样化且难以避免,但可以预防。因此,企业在其可供选择的融资渠道中,应该注意分析其资金结构和风险分布,尽量保持流动资产与流动负债之间的平衡,加强对流动比率、速动比率等财务指标的监控,从而降低到期不能偿债的风险程度。

3. 价值最大化

企业拥有的营运资金与其他资金的目的是相同的,即都是使其创造价值最大化。为此,企业应合理确定现金维持量,保持良好的库存结构,加快应收账款的回收,稳妥地进行证券投资,消除不需要的流动负债,使企业整个营运资金能够按照预定的意图进行运营,促使企业实现价值最大化。

(四)营运资金管理的基本要求

营运资金的管理就是对企业流动资产和流动负债的管理。它既要保证有足够的资金满足生产经营的需要,又要保证能按时按量偿还各种到期债务。企业营运资金管理的基本要求是:

1. 合理确定并控制流动资金的需要量

企业流动资金的需要量取决于生产经营规模和流动资金的周转速度,同时也受市场及供、产、销情况的影响。企业应综合考虑各种因素,合理确定流动资金的需要量,既要保证企业经营的需要,又不能因安排过量而浪费。平时也应控制流动资金的占用,使其纳入计划预算的控制范围内。

2. 合理确定流动资金的来源构成

企业应选择合适的筹资渠道及方式,力求以最小的代价谋取最大的经济利益,并使筹资与日后的偿债能力等合理配合。

3. 加快资金周转,提高资金效益

当企业的经营规模一定时,流动资产周转的速度与流动资金需要量成反方向变化。企业应加强内部责任管理,适度加速存货周转、缩短应收账款的收款周期、延长应付账款的付款周期,以改进资金的利用效果。

第二节　流动资产管理

一、流动资产的概念和特点

流动资产是指企业可以在一年或者超过一年的一个营业周期内变现或者运用的资产，是企业资产中必不可少的组成部分。

(一) 流动资产的概念

流动资产在企业的再生产过程中以各种不同的形态同时存在，这些不同的存在形态就是流动资产的组成部分，主要包括以下四个部分内容：

1. 货币资金

它是企业在再生产过程中由于种种原因而持有的、停留在货币形态的资金，包括库存现金和存入银行的各种款项。

2. 应收及预付款项

它是指在商业信用的条件下企业延期收回和预先支付的款项，如应收票据、应收账款、其他应收款、预付账款、待摊费用等。

3. 存货

它是企业在再生产过程中为销售或者耗用而储备的物资，包括原材料、燃料、包装物、低值易耗品、修理用备件、在产品、自制半成品、产成品、外购商品等。

4. 短期投资

它是指各种能够随时变现、持有时间不超过一年的有价证券以及不超过一年的其他投资，如各种短期债券、股票等。

(二) 流动资产的特点

流动资产在一个生产周期中就能完成一次循环，并伴随着再生产过程周而复始地进行周转。从循环周转情况看，流动资产具有以下特点：

1. 流动资产占用形态具有变动性

流动资产在企业再生产过程中是不断循环的。在供应阶段，企业用现金购买原材料等劳动对象，相应的流动资产则从现金形态转化为存货(储备状态)；在生产阶段，原材料等劳动对象投入生产，随着对劳动对象的加工，最后生产出产品，流动资产则从储备状态依次转化为未完工产品形态和成品形态；在销售阶段，企业将产成品销售出去并收回货款，流动资产则从存货形态转化为现金形态。流动资产占用形态的不断变化，形成流动资产周而复始的运动。

2. 流动资产占用数量具有波动性

在企业再生产过程中，随着供销季节的变化，流动资产的占用数量有高有低，起伏不定，具有波动性。季节性企业如此，非季节性的企业也是如此。随着流动资产占用量的变动，要考虑合理安排流动资金的来源和供需平衡的问题。

3. 流动资产循环与生产经营周期具有一致性

企业的生产经营过程，也是劳动对象等物质要素的消耗过程。劳动对象投入生产后，它的实物形态便发生了变化，或者构成了产品的实体，或者有助于产品的形成。其价值也随之全部转移到了所生产的产品中去，构成产品价值的一部分。当产品销售取得收入后，这部分价值便一次性得到了补偿。完成一次生产经营周期，流动资产也完成一次循环。所以，流动资产完成一次循环的时间与生产经营周期具有一致性。生产经营周期决定着流动资产的循环时间，流动资产周转又综合反映供产销全过程。

(三) 流动资产的分类

为了合理使用流动资产，加强对流动资产的管理，需要对流动资产进行科学的分类。流动资产按不同的标准可进行不同的分类。

1. 按照流动资产在企业生产经营中所起的作用分类

按照流动资产在企业生产经营中所起的作用，流动资产可以分为生产领域的流动资产和流通领域的流动资产两类。

(1) 生产领域的流动资产

这是指在产品的生产过程中发挥作用的流动资产。包括原材料及主要材料、辅助材料、燃料、修理用备件、低值易耗品、包装物、外购半成品、在产品、待加工的自制半成品等。

(2) 流通领域的流动资产

这是指商品流通过程中发挥作用的流动资产。包括产成品、外购商品、准备销售的半成品和零部件、货币资金等。

2. 按资产形成的来源分类

按资产形成的来源，流动资产可以分为自有流动资产和借入流动资产。自有流动资产是指可供企业长期占用、自主支配的资产；借入流动资产是指可供企业短期使用，以后应归还给所有者的资产。

3. 按流动资产变现能力的强弱分类

按流动资产变现能力的强弱，流动资产可分为速动资产和非速动资产。其中，速动资产包括现金、短期投资、应收票据、应收账款（扣除坏账准备）、预收账款、其他应收款等；存货、待摊费用、待处理流动资产损失、一年内到期（或收回）的长期投资则属于非速动资产。

4. 按流动资产的盈利能力分类

流动资产是企业价值补偿与增值的主要来源，不同的构成项目对流动资产项目收益能力的形成具有不同的作用。按流动资产的盈利能力，流动资产可分为收益性流动资产和非收益性流动资产。

(四) 流动资产管理的要求

企业的流动资产数额大，涉及面广。为了提高其使用效率，财务管理部门必须对流动资产进行全面的控制和管理。为此，应贯彻以下几项要求：

1. 正确预测流动资产的需要量

流动资产的需要量是指企业在一定时期内为保证生产经营正常进行所需要的流动资产数量。在流动资产的管理中，必须保证企业完成生产经营任务的合理资金需要。凡是企业供、产、销各职能部门的合理需要，应该千方百计地保证予以满足，促进生产经营的发展。与此同时，又要合理节约资金，提高资金使用效果。流动资产的管理必须正确处理保证生产经营需

要和节约合理使用资金两者之间的关系。这就要求企业应根据生产经营规模和合理节约使用资金的要求正确预测流动资产的需要量。

2. 合理地筹集生产经营所需要的资金

企业确定了流动资产需要量后，应及时筹集资金，以保证资金的需要。在筹资过程中应认真比较选择不同的筹资渠道和筹资方式，力争以较小的代价筹集到企业所需的资金。

3. 科学地控制流动资产的数量，加速流动资产的循环和周转

在一定的生产规模和供产销条件下，企业所需的流动资产数量上取决于流动资产的周转速度。周转速度越快，所需的流动资产数量越少；反之，所需的流动资产数量越多。加速流动资产的周转，企业就能以占用较少的流动资产超额完成任务，同时可以将节约下来的资金用于其他项目上，以提高企业的经济效益。因此，企业应在科学地控制流动资产数量的基础上，加速流动资产的循环和周转，提高资产的利用效率。

二、现金管理

现金是企业流动性最强的资产，拥有足够的现金对降低企业财务风险、增强企业资金的流动性具有十分重要的意义。

(一) 现金管理的目的与内容

1. 企业持有现金的动机

企业持有现金的动机主要有如下三个方面：

(1) 支付动机。是指持有现金以便满足日常支付的需要，如用于购买材料、支付工资、缴纳税款、支付股利等。企业每天的现金流入和流出很少等额发生，保留一定的现金余额可使企业在现金支出大于现金收入时，不致中断交易。支付需要现金的数量，取决于其销售水平。正常营业活动所产生的现金收入和支出以及它们的差额，一般同销售量呈正比例变化。其他现金的收支，如买卖有价证券、购入机器设备、偿还借款等，比较难预测，但随着销售数量的增加，都有增加倾向。

(2) 预防动机。预防动机是指持有现金，以应付意外事件对现金的需要。企业预计的现金需要量一般是指正常情况下的需要量，但有许多意外事件会影响企业现金的收入与支出。例如，地震、水灾、火灾等自然灾害、生产事故、主要顾客未能及时付款等，都会打破企业的现金预算，使现金收支不平衡。持有较多的现金，便可以更好地应付这些意外事件的发生。

为预防动机所持有的现金余额称作预防性现金余额。预防性现金余额的多少取决于以下三个因素：一是现金收支预测的可靠程度；二是企业临时借款的多少；三是企业愿意承担的风险（现金短缺的风险）程度。

(3) 投机动机。投机动机是指企业持有现金，以便在出现比较有利的机会时从事投机活动，从中获得利益。例如：当预期利率上升、有价证券的价格要下跌时，投机活动就会鼓励企业暂时持有现金，直到利率停止上升为止。当预期利率将要下降，有价证券的价格将要上升时，企业可能会将现金投资于有价证券，以便从有价证券价格的上升中得到收益。为投机目的而储备的现金余额称为投机性现金余额。

2. 现金管理的目的

现金管理的目的，是保证企业生产经营所需要现金的同时，节约使用资金，并从暂时闲置的现金中获得最多的利息收入。企业的库存现金没有收益，银行存款的利息率也远远低于

企业的资金利润率。企业现金过多，会降低企业的收益；但现金过少，又可能会出现现金短缺，影响生产经营活动。现金管理应力求做到既保证企业交易所需资金，降低风险，又不使企业有过多的闲置资金，以增加收益。

(二)现金管理的内容

现金管理的内容包括：(1)编制现金预算，以便合理地估计未来现金需求；(2)对日常的现金收支进行控制，力求加速收款、延期付款；(3)用特定的方法确定最佳的现金持有量，当企业实际的现金余额与最佳持有量不一致时，采取短期融资策略或采取归还借款和投资于有价证券等策略达到理想状况。

1.现金预算表

现金收支计划是预计未来一定时期企业现金的收支状况，并进行现金平衡的计划，是企业财务管理的一个重要工具。

现金收支计划的编制方法很多，不同的方法采用不同的计划表格形式。现以现金全额收支法为例，列示现金收支计划的基本格式，如表5-1所示。

表5-1

现金收支项目	上月实际数	本月计划数
(一)现金收入		
(1)营业现金收入		
现销和当月应收账款的收回		
前期赊销本期回收额		
提供劳务的现金收入		
合计		
(2)其他现金流入量		
固定资产变价收入		
利息收入		
租金收入		
股利收入		
其他收入		
合计		
(3)现金流入量合计(3)=(1)+(2)		
(二)现金支出		
(4)营业现金支出		
材料采购支出		
支付当月材料购货款		
支付前期材料购货款		
工资支出		
管理费用支出		
销售费用支出		
财务费用支出		
合计		
(5)其他现金支出		
厂房、设备投资支出		
税款支出		
利息支出		
归还债务		
股利支出		
证券投资		
其他现金支出		
(6)现金支出合计(6)=(4)+(5)		

续表

现金收支项目	上月实际数	本月计划数
(三) 净现金流量(7) = (3) − (6)		
(四) 现金余缺 (8) 期初现金余缺 (9) 净现金流量 (10) 期末现金余额(10) = (8) + (3) − (6) (11) 最佳现金持有量 (12) 现金余缺		
(五) 融通资金合计		

如表 5-1 所示，现金预算一般由五部分组成，即：现金收入、现金支出、净现金流量、现金余缺、融通资金。

(1) 现金收入

现金收入主要指产品销售收入和应收账款的收回。财务人员编制现金预算时，应注意以下两点：① 必须将现销和赊销分开，并单独分析赊销的收款时间和金额；② 必须考虑企业收款中可能出现的有关因素，如现金折扣、销售退回、坏账损失等。

营业现金收入 = 当期现销收入 + 赊销收现额

赊销收现额 = 前期赊销本期收现额 + 当期赊销额 − 本期赊销次期收现额

其他现金收入通常有设备租赁收入、证券投资利息收入、股利收入等。

(2) 现金支出

现金支出主要有材料采购支出、工资支出和其他支出。在确定材料采购支出时，必须注意以下几点：一是要确定材料采购付款的金额及时间与销售收入的关系。材料采购的现金支出与销售量存在一定的联系，但不同企业、不同条件下这种关系并不相同，财务人员必须认真分析两者之间关系的规律性，以合理确定采购资金支出的数量和时间；二是要分清现购和赊购，并单独分析赊购的付款时间和金额；三是设法预测外界的影响，如价格变动、材料供应紧张程度等；四是估计采购商品物资中可能发生退货、可能享受的折扣等，以合理确定现金的支出数额。

直接人工工资有可能随着销售量和生产量的增长而增长。但在计时工资制下，工资的变动相对稳定，当生产稍有上升时，可能并不马上增加人员，只是销售量大幅度变动或工资调整时，才会引起工资数额的大幅度变动。如果采取计件工资制，工资的数额将随生产数量同比例地变化。另外，对销售费用和管理费用也必须合理地预测和估计。

其他现金支出，主要包括固定资产投资支出、偿还债务的本金和利息支出、所得税支出、股利支出或上缴利润等。固定资产投资支出一般都要事先规划，可从有关规划中获得这方面数据；债务的本金和利息的支出情况可以从有关筹划计划中获得；所得税的数量应以当年的利润为基础进行估算；股利支出或上缴利润数额可根据企业利润分配政策进行测算。

(3) 净现金流量

净现金流量，是指现金收入与现金支出之间的差额，其计算公式为：

净现金流量 = 现金收入 − 现金支出

= (营业现金收入 + 其他现金收入) − (营业现金支出 + 其他现金支出)

(4) 现金余缺

现金余缺是指预算现金期末余额与最佳现金持有量之间的差额。如果期末现金余额大于最佳持有量，说明现金有多余，应设法进行投资或归还债务；如果期末现金余额小于最佳现金持有量，则说明现金短缺，应进行筹资予以补足。期末现金余缺额的计算公式为：

现金余缺 = 期末现金余额 − 最佳现金持有量

(5) 融通资金

融通资金是根据企业现金余缺状况进行的资金调配活动。在预算期内，企业的现金若出现短缺，应通过银行贷款或其他办法筹措资金，以满足企业现金支出的需要；若现金出现剩余，应通过归还贷款、偿付利息或短期投资等措施，使企业的资金得以充分有效的利用。

2. 最佳现金持有量

现金的管理除了做好日常收支，加速现金流转速度外，还需控制好现金持有规模，即确定适当的现金持有量。下面是几种确定最佳现金持有量的方法。

(1) 成本分析模式

成本分析模式是通过分析持有现金的成本，寻找持有成本最低的现金持有量。

企业持有的现金，将会有以下三种成本：

① 机会成本。现金作为企业的一项资金占用，是有代价的，这种代价就是它的机会成本。现金资产的流动性极佳，但盈利性极差。持有现金则不能将其投入生产经营活动，失去因此而获得的收益。企业为了经营业务，有必要持有一定的现金，以应付意外的现金需要。但现金拥有量过多，机会成本代价大幅度上升，就不划算了。

② 管理成本。企业拥有现金，会发生管理费用，如管理人员工资、安全措施费等。这些费用是现金的管理成本。管理成本是一种固定成本，与现金持有量之间无明显的比例关系。

③ 短缺成本。现金的短缺成本，是因缺乏必要的现金，不能应付业务开支所需，而使企业蒙受损失或为此付出的代价。现金的短缺成本随现金持有量的增加而下降，随现金持有量的减少而上升。

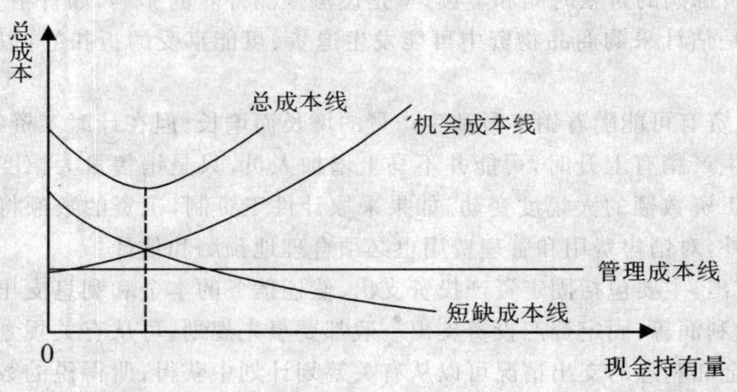

图 5-1　持有现金的总成本

上述三项成本之和最小的现金持有量，就是最佳现金持有量。如果把以上三种成本线放在一个图上(见图 5-1)，就能表现出持有现金的总成本(总代价)，找出最佳现金持有量的点：机会成本线向右上方倾斜，短缺成本线向右下方倾斜，管理成本线为平行于横轴的平行线，总成本线便是一条抛物线，该抛物线的最低点即为持有现金的最低总成本。超过这一点，机

会成本上升的代价又会大于短缺成本下降的好处;这一点之前,短缺成本上升的代价又会大于机会成本下降的好处。这一点横轴上的量,即是最佳现金持有量。

最佳现金持有量的具体计算,可以先分别计算出各种方案的机会成本、管理成本、短缺成本之和,再从中选出总成本之和最低的现金持有量即为最佳现金持有量。

【例 5-1】某企业有四种现金持有方案,它们各自的机会成本、管理成本、短缺成本见表 5-2。

表 5-2 现金持有方案 单位:元

项目 \ 方案	甲	乙	丙	丁
现金持有量	25 000	50 000	75 000	100 000
机会成本	3 000	6 000	9 000	12 000
管理成本	20 000	20 000	20 000	20 000
短缺成本	12 000	6 750	2 500	0

注:机会成本率即该企业的资本收益率为 12%。

这四种方案的总成本计算结果见表 5-3。

表 5-3 现金持有总成本 单位:元

项目 \ 方案	甲	乙	丙	丁
机会成本	3 000	6 000	9 000	12 000
管理成本	20 000	20 000	20 000	20 000
短缺成本	12 000	6 750	2 500	0
总成本	35 000	32 750	31 500	32 000

将以上各方案的总成本加以比较可知,丙方案的总成本最低,也就是说当企业持有 75 000 元现金时,各方面的总代价最低,对企业最合算,故 75 000 元是该企业的最佳现金持有量。

(2) 存货模式

现金持有量的存货模式又称鲍莫模型,是威廉·鲍莫(William J. Baumol) 提出的用以确定目标现金持有量的模型。

企业每次以有价证券转换回现金是要付出代价的(如支付经纪费用),这被称为现金的交易成本。现金的交易成本与现金转换次数、每次的转换量有关。假定现金每次的交易成本是固定的,在企业一定时期现金使用量确定的前提下,每次以有价证券转换回现金的金额越大,企业平时持有的现金量便越高,转换的次数便越少,现金的交易成本就越低;反之,每次转换回现金的金额越低,企业平时持有的现金量便越低,转换的次数会越多,现金的交易成本就越高。可见,现金的交易成本与现金的平时持有量成反比,这与现金短缺成本的性质是一致的。在现金成本构成的图上,可以将现金的交易成本与现金的短缺成本合并为同一条曲线,并不再考虑大体为固定不变的管理成本,这样,现金的成本构成可重新表现为图 5-2 所示。

在图 5-2 中,现金的机会成本和交易成本是两条随现金持有量呈不同方向发展的曲线,两条曲线交叉点相应的现金持有量即是总成本最低的现金持有量，它可以运用现金持有量存货模式求出。以下通过举例，说明现金持有量存货模式的应用。

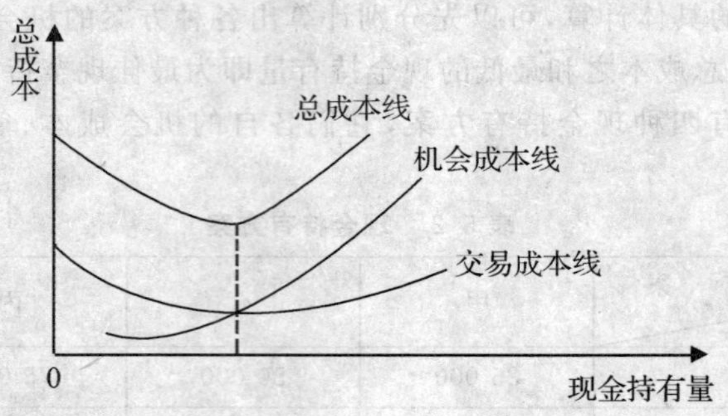

图 5-2　现金的成本构成

【例 5-2】某企业的现金使用量是均衡的，每周的现金净流出量为 100 000 元。若该企业第 0 周开始时持有现金 300 000 元，那么这些现金够企业支用 3 周，在第 3 周结束时现金持有量将降为 0，其 3 周内的平均现金持有量则为 150 000 元(300 000÷2)。第 4 周开始时，企业需将300 000 元的有价证券转换为现金以备支用；待第 6 周结束时，现金持有量再次降为零，这 3 周内的现金平均余额仍为 150 000 元。如此循环，企业一段时期内的现金持有状况可表现为图 5-3 所示。

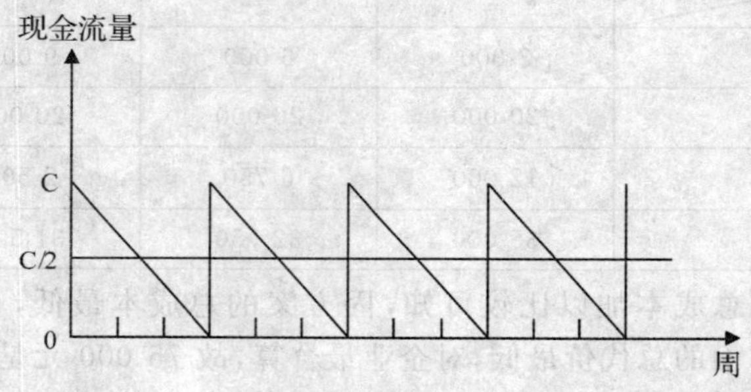

图 5-3　一段时期内的现金持有状况

在图 5-3 中，每 3 周为一个现金使用的循环期，以 C 代表各循环期之初的现金持有量，以 $C/2$ 代表各循环期内的现金平均持有量。

如果企业将 C 定得高些，比如定为 600 000 元，每周的现金净流出量仍为 100 000 元，这些现金将够支用 6 周，企业可以在 6 周后再出售有价证券补充现金，这能够减少现金的交易成本；但 6 周内的现金平均余额将增加为 300 000 元(600 000÷2)，这又会增加现金的机会成本。

如果企业将 C 定得低些，比如定为 200 000 元，每周的现金净流出量还是 100 000 元，那么这些现金只够支用 2 周，企业必须频繁地每 2 周就出售有价证券，这必然增加现金的交易成本；不过 2 周循环期内的现金平均余额可降为 100 000 元(200 000÷2)，这降低了现金的机会成本。

于是，企业需要合理地确定 C，以使现金的相关总成本最低。解决这一问题先要明确三点：

(1) 一定期间内的现金需求量，用 T 表示。

(2) 每次出售有价证券以补充现金所需的交易成本，用 F 表示；一定时期内出售有价证券的总交易成本为：

$$交易成本 = (T/C) \times F$$

(3) 持有现金的机会成本率，用 K 表示；一定时期内持有现金的总机会成本表示为：

$$机会成本 = (C/2) \times K$$

在以上的举例中，企业一年的现金需求量为 100 000 元 × 52 周 = 5 200 000 元。该企业有几种确定 C 的方案，每种方案对应的机会成本和交易成本，分别见表 5-4、表 5-5。

表 5-4　　单位：元

初始现金持有量 C	平均现金持有量 $C/2$	机会成本($K = 0.1$) $(C/2) \times K$
600 000	300 000	30 000
400 000	200 000	20 000
300 000	150 000	15 000
200 000	100 000	10 000
100 000	50 000	5 000

表 5-5　　单位：元

现金总需求 T	初始现金持有量 C	交易成本($F = 1\ 000$) $(T/C) \times F$
5 200 000	600 000	8 667
5 200 000	400 000	13 000
5 200 000	300 000	17 333
5 200 000	200 000	26 000
5 200 000	100 000	52 000

计算出了各种方案的机会成本和交易成本，将它们相加，就可以得到各种方案的总成本：

$$总成本 = 机会成本 + 交易成本 = (C/2) \times K + (T/C) \times F$$

该企业各种初始现金持有量方案的总成本见表 5-6。

表 5-6　　单位：元

初始现金持有量	机会成本	交易成本	总成本
600 000	30 000	8 667	38 667
400 000	20 000	13 000	33 000
300 000	15 000	17 333	32 333
200 000	10 000	26 000	36 000
100 000	5 000	52 000	57 000

表 5-6 显示，当企业的初始现金持有量为 300 000 元时，现金总成本最低。以上结论是通过对各种初始现金持有量方案的逐次成本计算得出的。此外，也可以利用公式求出成本最低的现金持有量，这一现金持有量称为最佳现金持有量，以 C^* 表示。

从图 5-2 中已知，最佳现金持有量 C^* 是机会成本线与交易成本线交叉点所对应的现金持有量，因此 C^* 应当满足：机会成本 = 交易成本，即

$$(C/2) \times K = (T/C) \times F$$

整理后，可得出

$$C^{*}=(2T\times F)/K$$

等式两边分别取平方根，有

$$C^{*}=\sqrt{(2T\times F)/K}$$

本例中，$T=5\ 200\ 000$元，$F=1\ 000$元，$K=0.1$，利用上述公式即可计算出最佳现金持有量为：$C^{*}=\sqrt{(2\times 5\ 200\ 000\times 1000)\div 0.1}=322\ 490$(元)。

为了验证这一结果的正确性，可以计算出比 322 490 元略高和略低的几种现金持有量的成本，比较它们的高低，见表 5-7。

表 5-7　　单位：元

初始现金持有量	机会成本	交易成本	总成本
335 000	16 750	15 522	32 272
330 000	16 500	15 758	32 258
322 490	16 125	16 125	32 250
310 000	15 500	16 774	32 274
305 000	15 250	17 049	32 299

表 5-7 说明，不论初始现金持有量高于还是低于 322 490 元，总成本都会升高，所以 322 490 元是最佳的现金持有量。

现金持有量的存货模式是一种简单、直观的确定最佳现金持有量的方法；但它也有缺点，即假定现金的流出量稳定不变，实际上这很少有。相比而言，那些适用于现金流量不确定的控制最佳现金持有量的方法，就显得更具普遍应用性。

(3) 随机模式

随机模式是在现金需求量难以预知的情况下进行现金持有量控制的方法。对企业来讲，现金需求量往往波动大且难以预知，但企业可以根据历史经验和现实需要，测算出一个现金持有量的控制范围，即制定出现金持有量的上限和下限，将现金量控制在上下限之内。当现金量达到控制上限时，用现金购入有价证券，使现金持有量下降；当现金量降到控制下限时，则抛售有价证券换回现金，使现金持有量回升。若现金量在控制的上下限之内，便不必进行现金与有价证券的转换，保持它们各自的现有存量。这种对现金持有量的控制，见图 5-4。

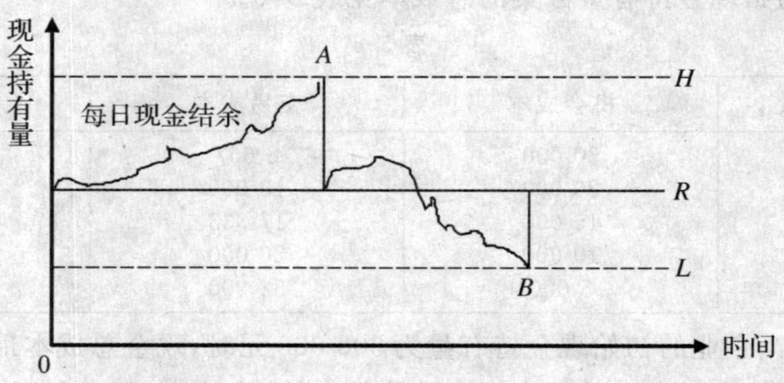

图 5-4　现金持有量的随机模式

图 5-4 中，虚线 H 为现金存量的上限，虚线 L 为现金存量的下限，实线 R 为最优现金返回线。从图 5-4 中可以看到，企业的现金存量（表现为现金每日余额）是随机波动的，当其达到 A 点时，即达到了现金控制的上限，企业应用现金购买有价证券，使现金持有量回落到现金返回线（R 线）的水平；当现金存量降至 B 点时，即达到了现金控制的下限，企业则应转让

有价证券换回现金，使其存量回升至现金返回线的水平。现金存量在上下限之间的波动属控制范围内的变化，是合理的，不予理会。以上关系中的上限 H、现金返回线 R 可按下列公式计算：

$$R = \sqrt[3]{\frac{3b\delta^2}{4i}} + L$$

$$H = 3R - 2L$$

式中：b 为每次有价证券的固定转换成本；i 为有价证券的日利息率；δ 为预期每日现金余额变化的标准差(可根据历史资料测算)。

而下限 L 的确定，则要受到企业每日的最低现金需要、管理人员的风险承受倾向等因素的影响。

【例 5-3】假定某公司有价证券的年利率为 9%，每次固定转换成本为 50 元，公司认为任何时候其银行活期存款及现金余额均不能低于 1 000 元，又根据以往经验测算出现金余额波动的标准差为 800 元。最优现金返回线 R、现金控制上限 H 的计算为：

有价证券日利率 $= 9\% \div 360 = 0.025\%$，

$$R = \sqrt[3]{\frac{3b\delta^2}{4i}} + L = \sqrt[3]{\frac{3 \times 50 \times 800^2}{4 \times 0.025\%}} + 1\,000 = 5\,579(\text{元})；$$

$$H = 3R - 2L = 3 \times 5\,579 - 2 \times 1\,000 = 14\,737(\text{元})。$$

这样，当公司的现金余额达到 14 737 元时，即应以 9 158 元(14 737－5 579) 的现金去投资于有价证券，使现金持有量回落为 5 579 元；当公司的现金余额降至 1 000 元时，则应转让 4 579 元(5 579－1 000) 的有价证券，使现金持有量回升为 5 579 元，这可以用图 5-5 表示。

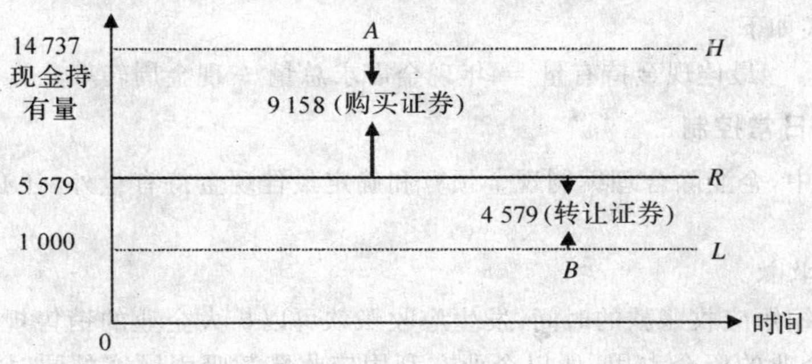

图 5-5　随机模式的示例

随机模式建立在企业的现金未来需求总量和收支不可预测的前提下，因此计算出来的现金持有量比较保守。

(4) 因素分析模式

因素分析模式是根据上年现金实际占用额以及本年有关因素的变动情况，并对不合理的现金占用进行调整，以确定最佳现金持有量的方法。这种方法在实际工作中具有较强的实用性，同时也比较简单易行。一般来说，现金持有量与企业的销售收入呈正比关系，销售收入增加，企业的现金需要量就随之增加。基于此，因素分析模式的计算公式可表示如下：

最佳现金持有量 ＝(上年现金平均占用额 － 不合理占用额)×
(1 ＋ 预计销售收入变动的百分比)

【例 5-4】某企业 2009 年的现金实际平均占用额为 1 200 万元，经分析其中不合理的现金占用额为 40 万元。2010 年预计销售收入可比上年增长 15%，要求采用因素分析模式确定该企业 2010 年的最佳现金持有量。

根据因素分析模式的计算公式，该企业 2010 年的最佳现金持有量为：

$$(1\ 200-40)\times(1+15\%)=1\ 334(\text{万元})$$

(5) 现金周转模式

现金周转模式是从现金周转的角度出发，根据现金的周转速度来确定最佳现金持有量。现金周转期是指现金投入生产经营开始，到最终转化为现金的过程。在企业的全年现金需求量一定的情况下，如果现金周转期越短，则企业的现金持有量就越小。现金周转期大致包括三个方面：一是存货周转期，是指从购买原材料到转化为产品并出售所需要的时间；二是应收账款周转期，是指将应收账款转化为现金所需要的时间，即从产品销售到回收现金的时间；三是应付账款周转期，是指从收到尚未付款的材料开始到现金支付之前所用的时间。

现金周转期可用下列公式表示：

$$\text{现金周转期}=\text{存货周转期}+\text{应收账款周转期}-\text{应付账款周转期}$$

现金周转期就是现金周转一次所需要的天数。根据现金周转期可以计算出现金周转率，即在一年中现金周转的次数。其计算公式为：

$$\text{现金周转率}=\frac{360}{\text{现金周转期}}$$

现金周转率越高，说明企业现金周转的速度越快，在全年现金需求量一定的情况下，企业所需的现金持有量越小。

在企业全年的现金持有量需求确定以后，可以根据现金周转期或周转率计算最佳现金持有量，计算公式如下：

$$\text{最佳现金持有量}=\text{年现金需求总量}\div\text{现金周转率}$$

(三) 现金的日常控制

在现金管理中，企业除合理编制现金预算和确定最佳现金持有量外，还必须进行现金的日常控制。

1. 加速现金收款

这主要是指缩短应收账款的时间。发生应收账款可以扩大企业的销售规模，增加销售收入，但也会增加企业的资金占用。所以企业在利用应收账款吸引顾客的同时，应尽可能地缩短收款时间，并在这两者之间找出适当的平衡点，实施妥善的收账策略。下面是西方国家常用的两种收款方式：

(1) 邮政信箱法

这种方法又称锁箱法。采用这种方法，企业要在各主要城市租用专门的邮政信箱，并开立分行存款户，授权当地银行每日开启信箱，在取得客户支票后立即予以结算，并通过电汇将款项转账划拨到企业总部。这样不但缩短了支票邮寄时间，还免除了企业办理收账、贷款存入银行等手续，因而缩短了支票邮寄时间以及在企业停留的时间。但采用这种方法成本较高，企业需为开启邮政信箱银行的额外服务支付劳务费和办理转账手续费，这样会导致企业增加成本。因此，是否采用这种方法收款，需要视这种方法产生的收益和增加成本的大小而定。

(2) 银行业务集中法

这是一种企业建立多个收款中心来加速现金流转的方法。采用这种方法，企业总部所在地开户银行为集中银行，并在收款额集中的若干地区设立若干个收款中心；客户收到账单后直接将款项汇给当地收款中心，中心收款后立即存入当地银行；当地银行在进行票据交换后立即转给企业总部所在银行。这种方法可以缩短客户邮寄支票和支票托收所需时间，也就缩短了现金从客户到企业的中间周转时间。采用这种方法在多处设立收款中心，从而也增加了企业相应的费用支出，还需要企业权衡利弊加以取舍。

2. 力争现金流量同步

如果企业能尽量使它的现金流入和现金流出发生的时间趋于一致，就可以使其持有的交易性现金余额降到最低水平。这就是所谓的现金流量同步。

3. 使用现金浮游量

现金浮游量是指企业账户上现金余额与银行账号上现金余额之间的差额。形成现金浮游量的主要原因是未达账项。由于从企业开出支票，收票人收到支票并存入银行，至银行将款项划出企业账户，中间需要一段时间。在这段时间里，尽管企业已开出了支票，却仍然可以动用活期存款账户上的这笔资金。不过企业在使用浮游量时，一定要控制好使用时间，否则会发生银行存款的透支。

4. 推迟应付账款的支付

这主要是指企业在不影响自己声誉的前提下，尽可能地推迟应付账款的支付期，充分运用供货方所提供的优惠。如遇到企业紧需现金，甚至可以放弃供货方的折扣优惠，在信用期的最后一天支付款项。当然，这要权衡折扣优惠与急需现金之间的利弊得失而定。

三、应收账款管理

这里所说的应收账款是指因对外销售产品、材料、供应劳务及其他原因，应向购货单位或接受劳务的单位及其他单位收取的款项，包括应收销售款、其他应收款、应收票据等。

(一) 应收账款管理的目标

发生应收账款的原因，主要有以下两种：

第一，商业竞争。这是发生应收账款的主要原因。在社会主义市场经济的条件下，存在着激烈的商业竞争。竞争机制的作用迫使企业以各种手段扩大销售，除了依靠产品质量、价格、售后服务、广告等外，赊销也是扩大销售的手段之一。对于同等的产品价格、类似的质量水平、一样的售后服务，实行赊销的产品或商品的销售额将大于现金销售的产品或商品的销售额，这是因为顾客将从赊销中得到好处。出于扩大销售的竞争需要，企业不得不以赊销或其他优惠方式招揽顾客，于是就产生了应收账款。由竞争引起的应收账款，是一种商业信用。

第二，销售和收款的时间差距。商品成交的时间和收到货款的时间经常不一致，这也导致了应收账款。当然，现实生活中现金销售是很普遍的，特别是零售企业更常见。不过就一般批发和大量生产企业来讲，发货的时间和收到货款的时间往往不同，这是因为货款结算需要时间的缘故。结算手段越是落后，结算所需时间就越长，销售企业只能承认这种现实并承担由此引起的资金垫支。由于销售和收款的时间差而造成的应收账款，不属于商业信用，也不是应收账款的主要内容，不再对它进行深入讨论，而只论述属于商业信用的应收账款的管理。

既然企业发生应收账款的主要原因是扩大销售，增强竞争力，那么其管理的目标就是取得利润。应收账款是企业的一项资金投放，是为了扩大销售和盈利而进行的投资。而投资肯定要发生成本，这就需要在应收账款信用政策所增加的盈利和这种政策的成本之间作出权衡。只有当应收账款所增加的盈利超过所增加的成本时，才应当实施应收账款赊销；如果应收账款赊销有着良好的盈利前景，就应当放宽信用条件增加赊销量。

(二) 信用政策的确定

应收账款赊销的效果好坏，依赖于企业的信用政策。信用政策包括：信用期间、信用标准和现金折扣政策。

1. 信用期间

信用期间是企业允许顾客从购货到付款之间的时间，或者说是企业给予顾客的付款期间。例如，若某企业允许顾客在购货后的50天内付款，则信用期为50天。信用期过短，不足以吸引顾客，在竞争中会使销售额下降；信用期过长，对销售额增加固然有利，但只顾及销售增长而盲目放宽信用期，所得的收益有时会被增长的费用抵消，甚至造成利润减少。因此，企业必须慎重研究，确定出恰当的信用期。

信用期的确定，主要是分析改变现行信用期对收入和成本的影响。延长信用期，会使销售额增加，产生有利影响；与此同时，应收账款、收账费用和坏账损失增加，会产生不利影响。当前者大于后者时，可以延长信用期，否则不宜延长。如果缩短信用期，情况与此相反。

【例 5-5】某公司现在采用 30 天按发票金额付款的信用政策，拟将信用期放宽至 60 天，仍按发票金额付款即不给折扣。假设风险投资的最低报酬率为 15%，其他有关的数据见表 5-7。

表 5-7　不同信用期下公司的销售和成本数据

项　目 \ 信用期	30 天	60 天
销售量(件)	100 000	120 000
销售额(元)(单价 5 元)	500 000	600 000
销售成本(元)		
变动成本(每件 4 元)	400 000	480 000
固定成本(元)	50 000	50 000
毛利(元)	50 000	70 000
可能发生的收账费用(元)	3 000	4 000
可能发生的坏账损失(元)	5 000	9 000

在分析时，先计算放开宽信用期得到的收益，然后计算增加的成本，最后根据两者比较的结果作出判断。

(1) 收益的增加：

收益的增加＝销售量的增加×单位边际贡献

＝(120 000－100 000)×(5－4)＝20 000(元)。

(2) 应收账款占用资金的应计利息增加：

应收账款应计利息＝应收账款占用资金×资本成本，

应收账款占用资金 = 应收账款平均余额 × 变动成本率，

应收账款平均余额 = 日销售额 × 平均收现期。

30天信用期应计利息 $= \frac{500\ 000}{360} \times 30 \times \frac{400\ 000}{500\ 000} \times 15\% = 5\ 000$(元)，

60天信用期应计利息 $= \frac{600\ 000}{360} \times 60 \times \frac{480\ 000}{600\ 000} \times 15\% = 12\ 000$(元)，

应计利息增加 = 12 000 − 5 000 = 7 000(元)。

(3) 收账费用和坏账损失增加：

收账费用增加 = 4 000 − 3 000 = 1 000(元)，

坏账损失增加 = 9 000 − 5 000 = 4 000(元)。

(4) 改变信用期的税前损益：

收益增加 − 成本费用增加 = 20 000 − (7 000 + 1 000 + 4 000) = 8 000(元)。

由于收益的增加大于成本增加，故应采用60天的信用期。

上述信用期分析的方法是比较简略的，可以满足一般制定信用政策的需要。如有必要，也可以进行更细致的分析，如进一步考虑销货增加引起存货增加而多占用的资金，等等。

【例5-6】沿用例5-5，现假定信用期由30天改为60天，由于销售量的增加，平均存货水平将从9 000件上升到20 000件，每件存货成本按变动成本4元计算，其他情况依旧。

由于增添了新的存货增加因素，需在原来分析的基础上，再考虑存货增加而多占用资金所带来的影响，重新计算放宽信用的损益。

存货增加而多占用资金的利息 = (20 000 − 9 000) × 4 × 15% = 6 600(元)，

改变信用期的税前收益 = 8 000 − 6 600 = 1 400(元)。

因为仍然可以获得税前收益，所以尽管会增加平均存货，还是应该采用60天的信用期。

更进一步的细致分析，还应考虑存货增加引起的应付账款的增加。这种负债的增加会节约企业的营运资金，减少营运资金的"应计利息"。因此，信用期变动的分析，一方面要考虑对利润表的影响(包括收入、成本和费用)；另一方面要考虑对资产负债表的影响(包括应收账款、存货、应付账款)，并且要将对资金占用的影响用"资本成本"转化为"应计利息"，以便进行统一的得失比较。

此外，还有一个值得注意的细节，就是"应收账款占用资金"应当按"应收账款平均余额乘以变动成本率"计算确定。

2. 信用标准

信用标准，是指顾客获得企业的交易信用所应具备的条件。如果顾客达不到信用标准，便不能享受企业的信用或只能享受较低的信用优惠。

企业在设定某一顾客的信用标准时，往往先要评估他赖账的可能性，这可以通过"5C"系统来进行。所谓"5C"系统，是评估顾客信用品质的五个方面，即：品质(Character)、能力(Capacity)、资本(Capital)、抵押(Collateral)和条件(Conditions)。

(1) 品质。品质指顾客的信誉，即履行偿债义务的可能性。企业必须设法了解顾客过去的付款记录，看其是否有按期如数付款的一贯做法，及与其他供货企业的关系是否良好。这一点经常被视为评价顾客信用的首要因素。

(2) 能力。能力指顾客的偿债能力，即其流动资产的数量和质量以及与流动负债的比例。

顾客的流动资产越多，其转换为现金支付款项的能力越强。同时，还应注意顾客流动资产的质量，看是否有存货过多、过时或质量下降，影响其变现能力和支付能力的情况。

(3) 资本。资本指顾客的财务实力和财务状况，表明顾客可能偿还债务的背景。

(4) 抵押。抵押指顾客拒付款项或无力支付款项时能被用作抵押的资产。这对于不知底细或信用状况有争议的顾客尤为重要。一旦收不到这些顾客的款项便以抵押品抵补。如果这些顾客提供足够的抵押，就可以考虑向他们提供相应的信用。

(5) 条件。条件指可能影响顾客付款能力的经济环境。比如，万一出现经济不景气，会对顾客的付款产生什么影响，顾客会如何做，等等，这需要了解顾客在过去困难时期的付款历史。

3. 现金折扣政策

现金折扣是企业对顾客在商品价格上所做的扣减。向顾客提供这种价格上的优惠，主要目的在于吸引顾客为享受优惠而提前付款，缩短企业的平均收款期。另外，现金折扣也能招揽一些视折扣为减价出售的顾客前来购货，借此扩大销售量。折扣的表示常采用如"5/10、3/20、*n*/30"这样一些符号形式。这三种符号的含义为：5/10 表示 10 天内付款，可享受 5% 的价格优惠，即只需支付原价的 95%，如原价为 10 000 元，只支付 9 500 元；3/20 表示 20 天内付款，可享受 3% 的价格优惠，即只需支付原价的 97%，若原价为 10 000 元，只支付 9 700 元；*n*/30 表示付款的最后期限为 30 天，此时付款无优惠。

企业采用什么程度的现金折扣，要与信用期间结合起来考虑。比如，要求顾客最迟不超过 30 天付款，若希望顾客 20 天、10 天付款，能给予多大折扣？或者给予 5%、3% 的折扣，能吸引顾客在多少天内付款？不论是信用期间还是现金折扣，都可能给企业带来收益，但也会增加成本。现金折扣带给企业的好处前面已讲过，它使企业增加的成本，则指的是价格折扣损失。当企业给予顾客某种现金折扣时，应当考虑折扣所能带来的收益与成本孰高孰低，权衡利弊，抉择决断。

因为现金折扣是与信用期间结合使用的，所以确定折扣程度的方法与程序实际上与前述确定信用期间的方法与程序一致，只不过要把所提供的延期付款时间和折扣综合起来，看各方案的延期与折扣能取得多大的收益增量，再计算各方案带来的成本变化，最终确定最佳方案。

【例 5-7】沿用例 5-5，假定该公司在放宽信用期的同时，为了吸引顾客尽早付款，提出了 0.8/30、*n*/60 的现金折扣条件，估计会有一半的顾客（按 60 天信用期所能实现的销售量计）将享受现金折扣优惠。

(1) 收益的增加：

收益的增加 = 销售量的增加 × 单位边际贡献

$$= (120\ 000 - 100\ 000) \times (5 - 4) = 20\ 000(\text{元})。$$

(2) 应收账款占用资金的应计利息增加：

$$30\text{天信用期应计利息} = \frac{500\ 000}{360} \times 30 \times \frac{400\ 000}{500\ 000} \times 15\% = 5\ 000(\text{元}),$$

$$\text{提供现金折扣的应计利息} = \left(\frac{600\ 000 \times 50\%}{360} \times 60 \times \frac{48\ 0000 \times 50\%}{600\ 000 \times 50\%} \times 15\%\right) +$$

$$\left(\frac{600\ 000 \times 50\%}{360} \times 30 \times \frac{480\ 000 \times 50\%}{600\ 000 \times 50\%} \times 15\%\right) = 6\ 000 + 3\ 000 = 9\ 000(\text{元}),$$

应计利息增加 = 9 000 − 5 000 = 4 000(元)。

(3) 收账费用和坏账损失增加:

收账费用增加 = 4 000 − 3 000 = 1 000(元),

坏账损失增加 = 9 000 − 5 000 = 4 000(元)。

(4) 估计现金折扣成本的变化:

现金折扣成本增加 = 新的销售水平 × 新的现金折扣率 ×
享受现金折扣的顾客比例 − 旧的销售水平 ×
旧的现金折扣率 × 享受现金折扣的顾客比例
= 600 000 × 0.8% × 50% − 500 000 × 0 × 0
= 2 400(元)。

(5) 提供现金折扣后的税前损益:

收益增加 − 成本费用增加 = 20 000 − (4 000 + 1 000 + 4 000 + 2 400) = 8 600(元)。

由于可获得税前收益,故应当放宽信用期,提供现金折扣。

(三) 应收账款的收账

应收账款发生后,企业应采取各种措施,尽量争取按期收回款项,否则会因拖欠时间过长而发生坏账,使企业蒙受损失。这些措施包括对应收账款回收情况的监督、对坏账损失的事先准备和制定适当的收账政策。

1. 应收账款回收情况的监督

企业已发生的应收账款时间有长有短,有的尚未超过收款期,有的则超过了收款期。一般来讲,拖欠时间越长,款项收回的可能性越小,形成坏账的可能性越大。对此,企业应实施严密的监督,随时掌握回收情况,实施对应收账款回收情况的监督,可以通过编制账龄分析表进行。

账龄分析表是一张能显示应收账款在外天数(账龄)长短的报告,其格式见表 5-8。

表 5-8　账龄分析表

1998 年 12 月 31 日

应收账款账龄	账户数量	金额(千元)	百分率(%)
信用期内	200	80	40
超过信用期 1 ~ 20 天	100	40	20
超过信用期 21 ~ 40 天	50	20	10
超过信用期 41 ~ 60 天	30	20	10
超过信用期 61 ~ 80 天	20	20	10
超过信用期 81 ~ 100 天	15	10	5
超过信用期 100 天以上	5	10	5
合　计	420	200	100

利用账龄分析表,企业可以了解到以下情况:

(1) 有多少欠款尚在信用期内。表 5-8 显示,有价值 80 000 元的应收账款处在信用期内,占全部应收账款的 40%。这些款项未到偿付期,欠款是正常的;但到期后能否收回,还要待时再定。故及时的监督仍是必要的。

(2) 有多少欠款超过了信用期，超过时间长短的款项各占多少，有多少欠款会因拖欠时间太久而可能成为坏账。表 5-8 显示，有价值 120 000 元的应收账款已超过了信用期，占全部应收账款的 60%。不过，其中拖欠时间较短的(20 天内) 有 40 000 元，占全部应收账款的 20%，这部分欠款收回的可能性很大；拖欠时间较长的(21 ～ 100 天) 有 70 000 元，占全部应收账款的 35%，这部分欠款的回收有一定难度；拖欠时间很长的(100 天以上) 有 10 000 元，占全部应收账款的 5%，这部分欠款有可能成为坏账。对不同拖欠时间的欠款，企业应采取不同的收账方法，制定出经济、可行的收账政策；对可能发生的坏账损失，则应提前作出准备，充分估计这一因素对损益的影响。

2. 收账政策的制定

企业对各种不同过期账款的催收方式，包括准备为此付出的代价，就是它的收账政策。比如，对过期较短的顾客，不过多地打扰，以免将来失去这一市场；对过期稍长的顾客，可措辞婉转地写信催款；对过期较长的顾客，频繁的信件催款并电话催询；对过期很长的顾客，可在催款时措辞严厉，必要时提请有关部门仲裁或提起诉讼，等等。

催收账款要发生费用，某些催款方式的费用还会很高(如诉讼费)。一般说来，收账的花费越大，收账措施越有力，可收回的账款应越多，坏账损失也就越小。因此制定收账政策，又要在收账费用和所减少坏账损失之间作出权衡。制定有效、得当的收账政策很大程度上靠有关人员的经验；从财务管理的角度讲，也有一些数量化的方法可以参照。根据收账政策的优劣在于应收账款总成本最小化的道理，可以通过比较各收账方案成本的大小对其加以选择。

四、存货管理

(一) 存货管理的目标

存货是指企业在生产经营过程中为销售或者耗用而储备的物资，包括材料、燃料、低值易耗品、在产品、半成品、产成品、商品等。

如果工业企业能在生产投料时随时购入所需的原材料，或者商业企业能在销售时随时购入该项商品，就不需要存货。但实际上，企业总有储存存货的需要，并因此占用或多或少的资金。这种存货的需要出自以下原因：

第一，保证生产或销售的经营需要。实际上，企业很少能做到随时购入生产或销售所需的各种物资，即使是市场供应量充足的物资也如此。这不仅因为不时会出现某种材料的市场断货，还因为企业距供货点较远而需要必要的途中运输及可能出现运输故障。一旦生产或销售所需物资短缺，生产经营将被迫停顿，造成损失。为了避免或减少出现停工待料、停业待货等事故，企业需要储存存货。

第二，出自价格的考虑。零购物资的价格往往较高，而整批购买在价格上常有优惠。但是，过多的存货要占用较多的资金，并且会增加包括仓储费、保险费、维护费、管理人员工资在内的各项开支。存货占用资金是有成本的，占用过多会使利息支出增加并导致利润的损失；各项开支的增加更直接使成本上升。进行存货管理，就要尽力在各种存货成本与存货效益之间作出权衡，达到两者的最佳结合，这也就是存货管理的目标。

(二) 储备存货的有关成本

与储备存货有关的成本，包括以下三种：

1. 取得成本

取得成本指为取得某种存货而支出的成本，通常用 TC_a 来表示。其又分为订货成本和购置成本。

(1) 订货成本

订货成本指取得订单的成本，如办公费、差旅费、邮资、电报电话费等支出。订货成本中有一部分与订货次数无关，如常设采购机构的基本开支等，称为订货的固定成本，用 F_1 表示；另一部分与订货次数有关，如差旅费、邮资等，称为订货的变动成本。每次订货的变动成本用 K 表示；订货次数等于存货年需要量 D 与每次进货量 Q 之商。订货成本的计算公式为：

$$订货成本 = F_1 + \frac{D}{Q}K$$

(2) 购置成本

购置成本指存货本身的价值，经常用数量与单价的乘积来确定。年需要量用 D 表示，单价用 U 表示，于是购置成本为 DU。

订货成本加上购置成本，就等于存货的取得成本。其公式可表达为：

$$\begin{aligned} 取得成本 &= 订货成本 + 购置成本 \\ &= 订货固定成本 + 订货变动成本 + 购置成本 \end{aligned}$$

$$即 \quad TC_a = F_1 + \frac{D}{Q}K + DU$$

2. 储存成本

储存成本指为保持存货而发生的成本，包括存货占用资金所应计的利息（若企业用现有现金购买存货，便失去了现金存放银行或投资于证券本应取得的利息，视为“放弃利息”；若企业借款购买存货，便要支付利息费用，视为“付出利息”）、仓库费用、保险费用、存货破损和变质损失，等等，通常用 TC_c 来表示。

储存成本也分为固定成本和变动成本。固定成本与存货数量的多少无关，如仓库折旧、仓库职工的固定月工资等，常用 F_2 表示。变动成本与存货的数量有关，如存货资金的应计利息、存货的破损和变质损失、存货的保险费用等，单位成本用 K_c 来表示。用公式表达的储存成本为：

$$储存成本 = 储存固定成本 + 储存变动成本$$

$$即 \quad TC_c = F_2 + K_c\frac{Q}{2}$$

3. 缺货成本

缺货成本指由于存货供应中断而造成的损失，包括材料供应中断造成的停工损失、产成品库存缺货造成的拖欠发货损失和丧失销售机会的损失（还应包括需要主观估计的商誉损失）；如果生产企业以紧急采购代用材料解决库存材料中断之急，那么缺货成本表现为紧急额外购入成本（紧急额外购入的开支会大于正常采购的开支）。缺货成本用 TC_s 表示。

如果以 TC 来表示储备存货的总成本，它的计算公式为：

$$TC = TC_a + TC_c + TC_s = F_1 + \frac{D}{Q}K + DU + F_2 + K_c\frac{Q}{2} + TC_s$$

企业存货的最优化，即是使上式 TC 值最小。

(三)存货决策

存货的决策涉及四项内容:决定进货项目、选择供应单位、决定进货时间和决定进货批量。决定进货项目和选择供应单位是销售部门、采购部门和生产部门的职责。财务部门要做的是决定进货时间和决定进货批量(分别用 T 和 Q 表示)。按照存货管理的目的,需要通过合理的进货批量和进货时间,使存货的总成本最低,这个批量叫做经济订货量或经济批量。有了经济订货量,可以很容易地找出最适宜的进货时间。

与存货总成本有关的变量(即影响总成本的因素)很多,为了解决比较复杂的问题,有必要简化或舍弃一些变量,先研究解决简单的问题,然后再扩展到复杂的问题。这需要设立一些假设,在此基础上建立经济订货量的基本模型。

1. 经济订货量基本模型

经济订货量基本模型需要设立的假设条件是:

(1) 企业能够及时补充存货,即需要订货时便可立即取得存货。

(2) 能集中到货,而不是陆续入库。

(3) 不允许缺货,既无缺货成本,TC_s 为零,这是因为良好的存货管理本来就不应该出现缺货成本。

(4) 需求量稳定,并且能预测,即 D 为已知常量。

(5) 存货单价不变,即 U 为已知常量。

(6) 企业现金充足,不会因现金短缺而影响进货。

(7) 所需存货市场供应充足,不会因买不到需要的存货而影响其他方面。

设立了上述假设后,存货总成本的公式可以简化为:

$$TC = F_1 + \frac{D}{Q}K + DU + F_2 + K_c\frac{Q}{2}$$

当 F_1、K、D、U、F_2、K_c 为常数量时,TC 的大小取决于 Q。为了求出 TC 的极小值,对其进行求导演算,可得出下列公式:

$$Q^* = \sqrt{\frac{2KD}{K_c}}$$

这一公式称为经济订货量基本模型,求出的每次订货批量,可使 TC 达到最小值。

这个基本模型还可以演变为其他形式:

每年最佳订货次数公式:$N^* = \dfrac{D}{Q^*} = \dfrac{D}{\sqrt{\dfrac{2KD}{K_c}}} = \sqrt{\dfrac{DK_c}{2K}}$;

与批量有关的存货总成本公式:$TC_{(Q^*)} = \dfrac{KD}{\sqrt{\dfrac{2KD}{K_c}}} + \dfrac{\sqrt{\dfrac{2KD}{K_c}}}{2} \times K_c = \sqrt{2KDK_c}$;

最佳订货周期公式:$t^* = \dfrac{1}{N^*} = \dfrac{1}{\sqrt{\dfrac{DK_c}{2K}}}$;

经济订货量占用资金:$I^* = \dfrac{Q^*}{2} \times U = \dfrac{\sqrt{\dfrac{2KD}{K_c}}}{2} \times U = \sqrt{\dfrac{KD}{2K_c}} \times U$。

【例 5-8】某企业每年耗用某种材料 3 600 kg，单位存储成本为 2 元，一次订货成本 25 元。则：

$$Q^* = \sqrt{\frac{2KD}{K_c}} = \sqrt{\frac{2 \times 3\ 600 \times 25}{2}} = 300\ \text{kg}, N^* = \frac{D}{Q^*} = \frac{3\ 600}{300} = 12(\text{次}),$$

$$TC_{(Q^*)} = \sqrt{2KDK_c} = \sqrt{2 \times 25 \times 3\ 600 \times 2} = 600(\text{元}),$$

$$t^* = \frac{1}{N^*} = \frac{1}{12}(\text{年}) = 1(\text{个月}), I^* = \frac{Q^*}{2} \times U = \frac{300}{2} \times 10 = 1\ 500(\text{元})。$$

经济订货量也可以用图解法求得：先计算出一系列不同批量的各有关成本，然后在坐标图上描出由各有关成本构成的订货成本线、储存成本线和总成本线，总成本线的最低点（或者是订货成本线和储存成本线的交接点）相应的批量，即经济订货量。

不同批量下的有关成本指标见表 5-9。

表 5-9 不同批量下的有关成本数据

订货批量(kg)	100	200	300	400	500	600
平均存量(kg)	50	100	150	200	250	300
储存成本(元)	100	200	300	400	500	600
订货次数(次)	36	18	12	9	7.2	6
订货成本(元)	900	450	300	225	180	150
总成本(元)	1 000	650	600	625	680	750

不同批量的有关成本变动情况可见图 5-6。从以上成本指标的计算和图形中可以很清楚地看出，当订货批量为 300 千克时总成本最低，小于或大于这一批量都是不合算的。

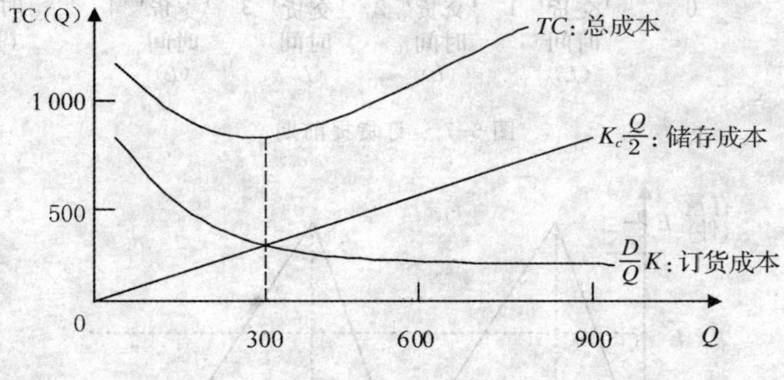

图 5-6 不同批量的成本变动情况

2. 基本模型的扩展

经济订货量的基本模型是在前述各假设条件下建立的，但现实生活中能够满足这些假设条件的情况十分罕见。为使模型更接近于实际情况，具有较高的可用性，需逐一放宽假设，同时改进模型。

(1) 订货提前期

一般情况下，企业的存货不能做到随用随时补充，因此不能等存货用光再去订货，而需要在没有用完时提前订货。在提前订货的情况下，企业再次发出订货单时，尚有存货的库存量，称为再订货点，用 R 来表示。它的数量等于交货时间(L) 和每日平均需用量(d) 的乘积：

$$R = L \times d$$

续例 5-8，企业订货日至到货期的时间为 10 天，每日存货需要量为 10 kg，那么：

$$R = L \times d = 10 \times 10 = 100 \text{ kg}$$

即企业在尚存 100 kg 存货时，就应当再次订货，等到下批订货到达时（再次发出订货单 10 天后），原有库存刚好用完。此时，有关存货的每次订货批量、订货次数、订货间隔时间等并无变化，与瞬时补充时相同。订货提前期的情形见图 5-7。这就是说，订货提前期对经济订货量并无影响，可仍以原来瞬时补充情况下的 300 kg 为订货批量，只不过在达到再订货点（库存 100 kg）时即发出订货单罢了。

(2) 存货陆续供应和使用

在建立基本模型时，是假设存货一次全部入库，故存货增加时存量变化为一条垂直的直线。事实上，各批存货可能陆续入库，使存量陆续增加。尤其是产成品入库和在产品转移，几乎总是陆续供应和陆续耗用的。在这种情况下，需要对图 5-7 基本模型做一些修改。

【例 5-9】某零件年需用量(D)为 3 600 件，每日送货量(P)为 30 件，每日耗用量(d)为 10 件，单价(U)为 10 元，一次订货成本（生产准备成本）(K)为 25 元，单位储存变动成本(K_c)为 2 元。存货数量的变动见图 5-8。

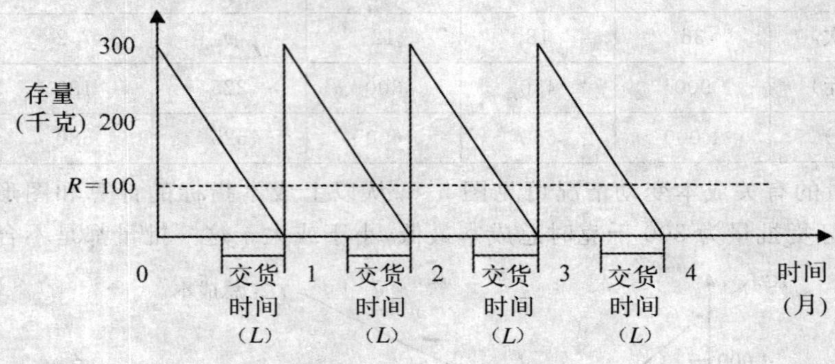

图 5-7　订货提前期

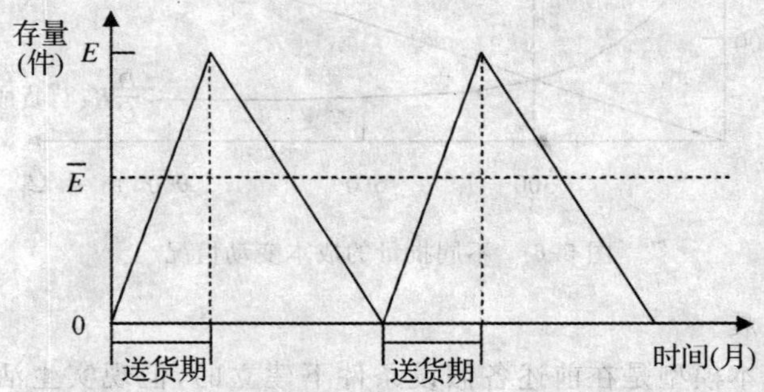

图 5-8　陆续供货时存货数量的变动

设每批订货批量为 Q。由于每日送货量为 P，故该批货全部送达所需日数为 Q/P，称之为送货期。

因零件每日耗用量为 d，故送货期内的全部耗用量为：$\frac{Q}{P} \times d$。

由于零件边送边用，所以每批送完时，最高库存量为：$E = Q - \frac{Q}{P} \times d$

平均存量则为：$\bar{E} = \frac{1}{2}(Q - \frac{Q}{P} \times d)$

图 5-8 中的 E 表示最高库存量，$\bar{E}$ 表示平均库存量。这样，与批量有关的总成本为：

$$TC(Q) = \frac{D}{Q} \times K + \frac{1}{2}(Q - \frac{Q}{P} \cdot d) \times K_c = \frac{D}{Q} \times K + \frac{Q}{2}(1 - \frac{d}{P}) \times K_c。$$

在订货变动成本与储存变动成本相等时，$TC(Q)$ 有最小值，故存货陆续供应和使用的经济订货量公式为：

$$\frac{D}{Q} \times K = \frac{Q}{2}(1 - \frac{d}{P}) \times K_c, Q^* = \sqrt{\frac{2KD}{K_c} \times \frac{P}{P-d}}$$

将这一公式代入上述 $TC(Q)$ 公式，可得出存货陆续供应和使用的经济订货量总成本公式为：$TC_{(Q^*)} = \sqrt{2KDK_c \times (1 - \frac{d}{P})}$。

将上述例 6-8 数据代入，则：

$$Q^* = \sqrt{\frac{2 \times 25 \times 3\,600}{2} \times \frac{30}{30-10}} = 367(件),$$

$$TC_{(Q^*)} = \sqrt{2 \times 25 \times 3\,600 \times 2 \times (1 - \frac{10}{30})} = 490(元)。$$

陆续供应和使用的经济订货量模型，还可以用于自制和外购的选择决策。自制零件属于边送边用的情况，单位成本可能较低，但每批零件投产的生产准备成本比一次外购订货的订货成本可能高出许多。外购零件的单位成本可能较高，但订货成本可能比较低。要在自制零件和外购零件之间作出选择，需要全面衡量它们各自的总成本，才能得出正确的结论。这时，就可借用陆续供应或瞬时补充的模型。

【例 5-10】某生产企业使用 A 零件，可以外购，也可以自制。如果外购，单价 4 元，一次订货成本 10 元；如果自制，单位成本 3 元，每次生产准备成本 600 元。每日产量 50 件。零件的全年需求量为 3 600 件，储存变动成本为零件价值的 20%，每日平均需求最多为 10 件。

下面分别计算零件外购和自制的总成本，以选择较优的方案。

(1) 外购零件

$$Q^* = \sqrt{\frac{2KD}{K_c}} = \sqrt{\frac{2 \times 10 \times 3\,600}{4 \times 0.2}} = 300(件),$$

$$TC_{(Q^*)} = \sqrt{2KDK_c} = \sqrt{2 \times 10 \times 3\,600 \times 4 \times 0.2} = 240(元),$$

$$TC = DU + TC_{(Q^*)} = 3\,600 \times 4 + 240 = 14\,640(元)。$$

(2) 自制零件

$$Q^* = \sqrt{\frac{2KD}{K_c} \times \frac{P}{P-d}} = \sqrt{\frac{2 \times 600 \times 3\,600}{3 \times 0.2} \times \frac{50}{50-10}} = 3\,000(件),$$

$$TC_{(Q^*)} = \sqrt{2KDK_c \times (1 - \frac{d}{P})}$$

$$= \sqrt{2 \times 600 \times 3\,600 \times 3 \times 0.2 \times \left(1 - \frac{10}{50}\right)}$$

$= 1\ 440$(元),

$TC = DU + TC_{(Q^*)} = 3\ 600 \times 3 + 1\ 440 = 12\ 240$(元)。

由于自制的总成本(12 240 元)低于外购的总成本(14 640 元),故以自制为宜。

3. 保险储备

以前讨论假定存货的供需稳定且确知,即每日需求量不变,交货时间也固定不变。实际上,每日需求量可能变化,交货时间也可能变化。按照某一订货批量(如经济订货批量)和再订货点发出订单后,如果需求增大或送货延迟,就会发生缺货或供货中断。为防止由此造成的损失,就需要多储备一些存货以备应急之需,称为保险储备(安全存量)。这些存货在正常情况下不动用,只有当存货过量使用或送货延迟时才动用。保险储备如图 5-9 所示。

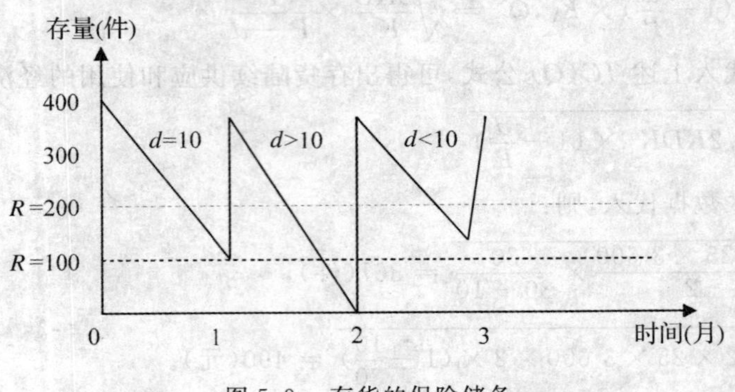

图 5-9 存货的保险储备

图 5-9 中,年需用量(D) 为 3 600 件,已计算出经济订货量为 300 件,每年订货 12 次。又知全年平均日需求量(d) 为 10 件,平均每次交货时间(L) 为 10 天。为防止需求变化引起缺货损失,设保险储备量(B) 为 100 件,再订货点 R 由此而相应提高为:

$R =$ 交货时间 $\times$ 平均日需求 $+$ 保险储备 $= L \times d + B = 10 \times 10 + 100 = 200$(件)

在第一个订货周期里,$d = 10$,不需要动用保险储备;在第二个订货周期内,$d > 10$,需求量大于供货量,需要动用保险储备;在第三个订货周期内,$d < 10$,不仅不需动用保险储备,正常储备亦未用完,下次存货即已送到。

建立保险储备,固然可以使企业避免缺货或供应中断造成的损失,但存货平均储备量加大却会使储备成本升高。研究保险储备的目的,就是要找出合理的保险储备量,使缺货或供应中断损失和储备成本之和最小。方法上可先计算出各不同保险储备量的总成本,然后再对总成本进行比较,选定其中最低的。

如果设与此有关的总成本为 $TC(S、B)$,缺货成本为 C_S,保险储备成本为 C_B,则:

$$TC(S,B) = C_S + C_B$$

设单位缺货成本为 K_U,一次订货缺货量为 S,年订货次数为 N,保险储备量为 B,单位存货成本为 K_C,则:

$$C_S = K_U \times S \times N$$

$$C_B = B \times K_C$$

$$TC(S、B) = K_u \times S \times N + B \times K_C$$

现实中,缺货量 S 具有概率性,其概率可根据历史经验估计得出;保险储备量 B 可选择而定。

【例 5-11】假定某存货的年需要量 $D=3\ 600$ 件，单位储存变动成本 $K_C=2$ 元，单位缺货成本 $K_U=4$ 元，交货时间 $L=10$ 天；已经计算出经济订货量 $Q=300$ 件，每年订货次数 $N=12$ 次。交货期内的存货需要量及其概率分布见表 5-10。

表 5-10

需要量（$10\times d$）	70	80	90	100	110	120	130
概率（P_i）	0.01	0.04	0.20	0.50	0.20	0.04	0.01

先计算不同保险储备的总成本：

(1) 不设置保险储备量

即令 $B=0$，且以100件为再订货点。此种情况下，当需求量为100件或其以下时，不会发生缺货，其概率为0.75(0.01+0.04+0.20+0.50)；当需求量为110件时，缺货10件(110－100)，其概率为0.20；当需求量为120件时，缺货20件(120－100)，其概率为0.04；当需求量为130件时，缺货30件(130－100)，其概率为0.01。因此，$B=0$ 时缺货的期望值 S_0、总成本 $TC(S、B)$ 可计算如下：

$S_0=(110-100)\times0.2+(120-100)\times0.04+(130-100)\times0.01=3.1$(件)，

$TC(S、B)=K_U\times S\times N+B\times K_C=4\times3.1\times12+0\times2=148.8$(元)。

(2) 保险储备量为10件

即 $B=10$ 件，以110件为再订货点。此种情况下，当需求量为110件或其以下时，不会发生缺货，其概率为0.95(0.01+0.04+0.20+0.50+0.20)；当需求量为120件时，缺货10件(120－110)，其概率为0.04；当需求量为130件时，缺货20件(130－110)，其概率为0.01。因此，$B=10$ 件时缺货的期望值 S_{10}、总成本 $TC(S、B)$ 可计算如下：

$S_{10}=(120-110)\times0.04+(130-110)\times0.01=0.6$(件)，

$TC(S、B)=K_U\times S\times N+B\times K_C=4\times0.6\times12+10\times2=48.8$(元)。

(3) 保险储备量为20件

同样运用以上方法，可计算 S_{20}、$TC(S、B)$ 为：

$S_{20}=(130-120)\times0.01=0.1$(件)，

$TC(S、B)=4\times0.1\times12+20\times2=44.8$(元)。

(4) 保险储备量为30件

即 $B=30$ 件，以130件为再订货点。此种情况下可满足最大需求，不会发生缺货，因此：

$S_{30}=0$，$TC(S、B)=4\times0\times12+30\times2=60$(元)。

然后，比较上述不同保险储备量的总成本，以其低者为最佳。

当 $B=20$ 件时，总成本为44.8元，是各总成本中最低的。故应确定保险储备量为20件，或者说应确定以120件为再订货点。

以上举例解决了由于需求量变化引起的缺货问题。至于由于延迟交货引起的缺货，也可以通过建立保险储备量的方法来解决。确定其保险储备量时，可将延迟的天数折算为增加的需求量，其余计算过程与前述方法相同。如前例，若企业延迟到货3天的概率为0.01，则可认为缺货30件(3×10)或者交货期内需求量为130件(10×10+30)的概率为0.01。这样就把交货延迟问题转换成了需求过量问题。

(三)存货的日常控制方法

1. ABC 分类控制法

ABC分类控制法就是把企业种类繁多的存货,按其重要程度、使用率、价值大小、资金占用等标准分成三大类,然后分别采用不同的管理方法。

A类存货:品种、数量约占全部存货的10%,资金约占全部金额的70%。对A类存货应实行重点控制,科学地确定该类存货的经济订货量。通常每月要检查一次A类存货的最近使用率、库存情况以及运送时间,对存货的收、发、存应有详细记录。

B类存货:品种、数量约占全部存货的20%,资金约占全部金额的20%。B类存货品种、价值均不大,可采用中等储备、普通管理的方法,大约每隔三个月检查调整一次。

C类存货:品种、数量约占全部存货的70%,资金约占全部金额的10%。对C类存货的控制方法应力求简便易行,一般每年调整检查一次。

采用ABC分类控制法,既能突出存货控制重点,又能兼顾全面,提高控制的效率。

2. 警戒线法

警戒线法也称红线法,是一个非常方便实用的存货控制方法。使用该方法时,存货被存放在一个一个的箱子中,而每个箱子的周围都有一道红线,用它来表明订货点。当箱子的存货下降到订货点时,红线就会露出来,这时存货管理人员就要下订单给供货商以补充存货。

3. 双箱法

使用双箱法管理存货时,存货被存放在两个箱子里,当第一个箱子中的存货用完时,存货管理人员一方面从第二个箱子里取出存货,一方面下订单给供货商。这种方法非常适合用来控制生产过程中的螺丝或零售业中多种货物的存货管理。

4. 计算机存货控制系统

采用计算机存货控制系统,企业需要事先对所有的存货进行盘点,并把库存数据输入计算机储存。以后,每当存货被取走时,计算机及时做出记录并修正库存余额。当库存量降到订货点时,计算机自动发出订单,并在收到订货时调整库存量。计算机存货控制系统在西方的零售商店中得到广泛的应用。

第三节　流动负债管理

企业对资金的需求通常并不是稳定的,而是有一定的周期性或者说具有波动性。当企业预测未来的资金需求将下降时,或由于经营活动的周期性或季节性而出现资金需求时,短期融资是解决这些资金需求的一个较佳途径。短期融资是支持企业流动资产的资金来源,它使企业产生一年或一年以内的债务,在资产负债表中显示为流动负债。

一、企业短期信用融资

企业短期信用融资是指企业在正常生产经营过程中形成的应付账款、应计负债和汇票。随着企业经营规模的扩大和销售收入的增加,这三项资金来源因大量购买原材料和支付各种费用而增加。一般说来,企业对这些资金不必负担利息费用,应利用好这些短期债务。

(一) 应付账款

应付账款是企业的原料供应商向企业提供的一种短期信用，它是以赊购原料的形式产生的负债，它建立在供应商相信购货人有能力付清款项的基础上，购货人在赊账的条件下，向供货人购买原料时，根据信用条件承诺在拥有原料后短期内付款。在这种情况下，双方无需签订正式单据来表明购货人的支付义务，信用条件双方事先商定。应付账款是企业的短期负债，它在资产负债表中被归类为流动负债，并且是流动负债中最大的一类。应付账款又称商业信用，它来源于一般商业贸易，是自发性的短期融资。

(二) 应计负债

企业中还有另一种短期资金的来源，即应计负债。它包括应付税金、利息和工资，这些应付款项的支付有一定的期间。如企业交纳税金时都有一定的宽限期，比如在 3 月 31 日应交的一季度税金，可以宽限到 4 月 15 日，此时会计记录的是应付税费.这种宽限期的存在，也为企业提供了一个短期资金来源。企业在营业收益核算中，利息费按月计提，但利息却不是按月支付。如长期债券利息是按每年或每半年支付一次，一年内的短期银行贷款基本是到期本息一次性付清。利息费的提取与实际支付的时间差，也为企业提供了短期资金来源。在资产负债表中，应计负债显示在右边，是企业的流动负债，是企业内部产生的短期资金。

(三) 汇票

汇票是企业签发的，表明将来一定时期向供应商支付货款的证书。从汇票开出到汇票到期通常有 30 ～ 90 天，在这段时间内，汇票为企业提供了短期资金来源。汇票通常经银行承兑成为银行承兑票据，由银行承担付款义务。汇票广泛应用于企业的国际贸易中，特别是那些彼此不相识的进出口企业。如中国的一个企业向日本一企业出口一批货物，日本企业向中国企业签发了一张 90 天的汇票。在这 90 天里，日本企业可以利用这笔短期资金。如果中国企业需要这笔资金，可以将这张汇票卖给银行(即贴现)，立即取得这笔资金的使用权。

二、短期银行贷款

短期银行贷款作为一种短期资金来源，它的重要性仅次于商业信用。银行贷款与商业信用不同，后者为企业提供的是内部自生性资金，而前者为企业提供的是外部资金，它是非自生性资金。短期银行贷款的作用实际上不仅限于企业所需资金的金额上，随着企业资金需求的增加，企业会要求银行提供更多的资金。这种资金的供求关系使银行与企业之间存在特殊联系。

(一) 银行贷款的特点

1. 期限

尽管银行提供长期贷款，但更多的是提供短期贷款。短期贷款期限为 1 年以内，通常是 90 天或 180 天，贷款到期后，借款人必须偿还或者要求延期偿还，银行将视借款人的财务状况决定是否同意延期。

2. 补偿余额

银行通常要求常年客户必须保持一定水平的活期存款余额，这个余额一般为短期贷款额的 10% ～ 20%，毫无疑问，余额的存在提高了企业的实际贷款利率。有补偿余额要求的短期贷款的实际成本与短期贷款名义利率之间的差别值得注意。

3. 信用限额

信用限额是银行与借款人之间达成的一种协议，它规定银行愿意借给客户的最高贷款额，这实际上是银行给了企业一个信用额度。例如，某公司与一家银行确立了合作关系，银行根据该公司的财务状况，认为其最高贷款额为10 000万元，公司的财务经理第1次从银行借得3 000万元，以后可以根据公司对资金的需要增加贷款，银行将自动给付资金，直到最高贷款额。银行考虑最高贷款额的因素是企业的财务状况和信用风险。对于银行的这种灵活性，也是企业选择银行需要考虑的因素。

4. 周转信用协定

一些大型公司经常采用周转信用协定的方式与银行确定正式的信用额度。在周转信用协定中，确定借款人某一期间内的贷款总额，在此期间内，按使用银行贷款的实际资金额支付相应的利息费。如果企业的实际贷款额在此期间内没有达到规定的贷款额，将向银行支付未使用贷款额一定百分比(通常在0.5%以下)的补偿费用。这个协定实际上是企业向银行支付贷款使用承诺费。周转信用协定与信用限额有很大的区别，前者是银行与企业确立的一种法律关系，银行享有贷款使用承诺费，保证企业对规定贷款额度以内资金的需求，而后者没有法律约束，当企业财务状况发生变化时，银行可以决定取消信用限额。

(二)银行贷款利息

银行和借款企业商定的借款利息支付方法一般有三种。

1. 利随本清法

利随本清法又称收款法，是在借款到期时向银行支付利息的方法。采用这种方法，借款的名义利率(即约定利率)等于其实际利率。

2. 贴现法

贴现法是银行向企业发放贷款时，先从本金中扣除利息部分，而到期时借款企业再偿还全部本金的一种计息方法。在此方法下，企业可利用的贷款额只有本金扣除利息后的差额部分，因此，其实际利率要比名义利率高。贴现法的实际贷款利率公式如下：

贴现贷款实际利率 = 利息 ÷(贷款金额 − 利息)× 100%

或　贴现贷款实际利率 = 名义利率 ÷(1 − 名义利率)× 100%

3. 加息分摊法

加息分摊法是指在借款企业分期偿还借款时，银行先按约定利率计算出企业借款的本利和，然后要求企业在贷款期内等额偿还借款的本利和。

(三)短期银行借款的优缺点

1. 短期银行借款筹资的优点

(1) 筹资灵活方便

短期银行借款的重要性仅次于商业信用，是许多企业重要的资金来源。同时，短期银行借款可以根据企业的需要随时安排，取得借款也相当简便，便于灵活使用。

(2) 资金成本较低

尽管短期银行借款的成本高于商业信用成本，但一般要比长期借款成本低，更低于债券和自有资金成本。

2. 短期银行借款的缺点

(1) 财务风险高

由于短期银行借款的期限较短，使企业经常面临着偿还的压力，所以，当企业经营不善、缺乏足够的现金流量时，就会使企业面临着不能及时偿债的风险。

(2) 筹资限制多

与长期借款一样，短期银行借款也有许多限制条件，从而约束了企业的经营活动。

三、商业票据

商业票据是实力雄厚的大型企业开出的无担保期票，这些期票的销售对象是商业公司、保险公司、商业银行等。商业票据的二级市场不发达，投资者通常要持有至到期日。发行商业票据的企业都有极强的信用，商业票据的期限一般为 90 ～ 180 天。商业票据满足企业短期流动资金的需求，在企业负债中占的比例较小。

(一) 商业票据的发行

商业票据的发行可通过经纪人发行或不通过经纪人而直接销售。

1. 经纪人销售

商业票据首先由发行人将票据卖给经纪人，然后由经纪人以更高一些的价格再卖给投资者，经纪人通过转卖商业票据的差价获得手续费收入。

2. 直接销售

不通过经纪人销售，而由发行人直接向投资者发售，这种发售的费用低于经纪人销售。在直接销售中，发行人要承担商业票据不能全部售出的风险，而在经纪人销售中，不能全部售出的风险是由经纪人承担的。

3. 财务公司发行

财务公司发行的票据一般是为某个特定的公司筹资，它发行商业票据的规模较大，而售价相对较低，投资者购买会获得较高的收益率。财务公司发行的商业票据一般不会通过经纪人销售，而是直接销售。

(二) 商业票据的一般特点

1. 商业票据的成本

商业票据的利率水平略低于市场优惠利率，企业通过发行商业票据可以筹集到低成本的资金。商业票据利率的高低取决于企业的信用强度，信用强度高，利率相对较低，反之则利率较高。

2. 商业票据的期限

由于商业票据是企业依靠信用发行的短期融资证券，期限在一年以内，一般为 90 ～ 180 天。

3. 商业票据的使用

商业票据不需要资产抵押，但对它的使用非常严格，一般公司的商业票据在其流动负债中只占较少的部分。

四、短期抵押融资

前面介绍的短期融资都不需要资产抵押，但无抵押品的短期融资是有限的，它的增加会使企业的财务风险加大,进而影响短期资金来源的稳定。如果企业获得无抵押短期资金有困难,则短期抵押融资为企业开辟了另外的融资途径。

(一)短期抵押融资的特点

1. 抵押品的期限

对短期贷款来说,流动资产是最适当的抵押品,就如同固定资产适合于长期债务抵押一样。对债权人来说,要求抵押品的期限与贷款的期限一致,在借款人不能偿还贷款时,可以用抵押品来偿债。在期限匹配上,如果用应收账款作抵押品,应收账款的回收期即为贷款期。同样,如果用企业的存货作抵押品,将视存货的变现时间确定贷款期。因此,企业流动资产的变现速度是短期抵押贷款中的关键。在这种短期贷款中,用于抵押的流动资产主要是应收账款和存货。从流动性来讲,这两种流动资产的流动性较佳,但企业经营中的任何变化,都会影响其变现的速度。

2. 贷款的金额

贷款人(一般是商业银行)接受借款人的抵押品后,将根据抵押品的价值决定贷款的金额。一般来说,银行愿意向借款人提供的资金额是抵押品账面价值的一个百分比。具体的贷款额是多少取决于借款人抵押品的质量,或者说取决于用于抵押的流动资产的种类及其变现速度。也与贷款人的风险偏好有关,偏于保守的银行对抵押品的要求更高一些。

3. 贷款的利率

提供短期抵押贷款的多是商业银行或商业信托投资公司,他们认为提供短期抵押贷款是一种风险投资,抵押贷款客户的信用比非抵押贷款的客户要差,并且抵押贷款的管理因抵押品的流动性而比较困难,因此利率高于非抵押贷款。一些商业银行还因要承担检查流动资产账户等的费用,而向借款人另外收取一定的手续费。在贷款前,借款人要承担银行评价和审核用于抵押的流动资产的费用。因此短期抵押贷款的成本高于非抵押贷款。

(二)短期抵押贷款的种类

用于抵押的流动资产通常是应付账款和存货,也因此有应收账款抵押贷款和存货抵押贷款两种。

1. 应收账款抵押贷款

应收账款是流动性很强的资产,银行将其作为贷款的抵押品时,因不同企业应收账款的特点而分为选择性和非选择性。有些企业数额大的应收账款比较集中,银行在审核用于抵押的应收账款时,可以选择那些风险比较低的应收账款作为贷款的抵押品。由于抵押品是经银行选择的,贷款金额占抵押品账面价值的百分比较高,可达90%。这种由银行选择抵押品的贷款称为选择性抵押贷款。有些企业的应收账款笔数多,每笔金额少且分散,逐笔审查的费用高。发放贷款的银行辨别各个应收账款账户的信用情况非常困难,为避免逐笔审查应收账款的成本,只能注意应收账款的总额,但贷款的金额占应收账款账面价值的百分比低,一般只有50%左右。这种抵押贷款称为非选择性抵押贷款。

在应收账款抵押贷款中,贷款人对应收账款拥有所有权,而且还拥有对借款人的追索权。这意味着如果借款人的某个购货人没有付款,损失由借款人承担,也就是说,用于抵押的应收账款的坏账损失由借款人承担。借款人收回的应收账款立即交给贷款人,贷款余额就是贷款额减已收回的应收账款。

2. 存货抵押贷款

流动资产中的存货也可成为企业贷款的抵押品，从银行获得短期贷款。用作抵押品的存货必须容易辨认，有明确的名称、可描述的特性和外形，有稳定的存在形态和耐用性，还要有一般商品的市场性（即可迅速在市场上卖出而收回现金）。贷款合同中对抵押品有详细的说明，合同中还规定借款人必须负担包括抵押品的安全和保险费在内的一切安全保管费。贷款利率的高低与抵押品的市场性有关，容易在市场上出卖而收回现金的抵押品，利率会低一些。贷款额一般是抵押品账面价值的一定百分比。

【本章习题】

一、思考题

1. 营运资金的概念、特点有哪些？
2. 流动资产的含义及其特征是什么？
3. 现金的持有动机、成本及最佳现金持有量的确定步骤有哪些？
4. 应收账款的功能、成本包括哪些？
5. 应收账款的信用政策该如何选择？
6. 存货经济批量的内涵是什么？如何决定？
7. 流动负债的含义、特征是什么？

二、计算题

1. 某公司购买材料，其付款条件为“2/10，*N*/30”。该公司记录表明：一般在收到货物后15天支付款项。当经理询问公司为什么不取得现金折扣时，会计回答道，占用这一资本的成本仅为2%，而银行贷款成本却为10%，每年按360天计算。

(1) 该公司会计错在哪里？

(2) 丧失折扣的实际成本有多大？

(3) 如果公司不能获得银行贷款，而被迫使用商业信用资本，为降低年利息成本，你应向该公司提出何种建议？

2. 某公司拟采购一批材料，供应商规定的付款条件如下：“2/10，1/20，*N*/30”，每年按360天计算。

(1) 假设银行短期贷款利率为15%，计算放弃现金折扣的成本，并确定对公司最有利的付款日期。

(2) 假设目前有一短期投资报酬率为40%，确定对该公司最有利的付款日期。

3. C公司生产中使用甲零件，全年共需耗用3 600件，该零件既可自行制造也可外购取得。如果自制，单位制造成本为10元，每次生产准备成本34.375元，每日生产量32件。如果外购，购入单价为9.8元，从发出订单到货物到达需要10天时间，一次订货成本72元。外购零件时可能发生延迟交货，延迟的时间和概率如下表：

到货延迟天数	0	1	2	3
概率	0.6	0.25	0.1	0.05

假设该零件的单位储存变动成本为4元，单位缺货成本为5元，一年按360天计算。建立保险储备时，最小增量为10件。

要求：计算并回答以下问题。

(1) 假设不考虑缺货的影响，C公司自制与外购方案哪个成本低？

(2) 假设考虑缺货的影响，C公司自制与外购方案哪个成本低？

4. 假设某企业明年需要现金8 400万元，已知有价证券的报酬率为7%，将有价证券转换为现金的转换成本为150元，则最佳现金持有量和此时的相关最低总成本分别是多少？

5. 某公司每次转换有价证券的固定成本为100元，有价证券的年利率为9%，日现金余额变化的标准差为900元，现金余额的下限为2 000元。

要求：计算该企业的最佳现金持有量和上限值。

6. 某商业企业估计在目前的营运政策下，今年销售将达10万件。该公司只销售一种商品，商品销售单价为10元，销售的变动成本率为80%，资金成本为16%。目前的信用政策为$N/25$，即无现金折扣。由于部分客户经常拖欠货款，平均收现期为30天，坏账损失为1%。该公司的财务主管拟改变信用政策，信用条件为$N/40$，预期影响如下：销售量增加1万件；增加部分的坏账损失比率为4%；全部销售的平均收现期为45天，一年按360天计算，设存货周转天数保持90天不变。

要求：(1) 计算改变信用政策预期资金变动额。

(2) 计算改变信用政策预期利润变动额。

7. 某企业信用条件为：$N/60$，年赊销额为4 000万元，公司变动成本率为75%，客户一般信用期间为到期后28天付款。若一年为365天，则公司平均收账期为多少天？平均应收账款为多少？

三、案例分析题

1993年12月，美国环球航空公司(TWA)被美国的商务旅行人士认为是最好的国内长途航空公司和排名第二的短途航空公司，此时距它摆脱破产威胁仅一个月。美国环球航空公司的未来看起来无限风光——员工们同意以消减工资为代价，作为交换，他们可以获得公司的股权。公司进行了债务重组，降低了债务成本。由于成为公司的所有者，员工对公司的成功倾注了更多的热情和关注。但不幸的是，这家全美第七大航空公司发现其“新生”持续的时间并不长。1994年夏，美国航空公司就不得不为当年预期的1.35亿美元的亏损寻找弥补的方法。许多分析家认为公司濒临第二次或许是最后一次破产，主要原因在于，就其资产的流动性而言，该公司处于极不稳定状态。分析家预计美国环球航空公司销售在未来的数月内将会下降，而公司的现金储备却不足以支持其度过销售下降的时期。另外，分析家对TWA前景很悲观，因为它只有通过发行股票、债券或出售资产才能获得必需的资金。在不到4个月时间里公司股票价格下降了50%，投资者因此也意识到了美国环球航空公司的资产流动性问

题。显然，美国环球航空公司必须提高其资产流动性以确保它能够生存下来，必须通过裁员、减少航班、用节省燃料的飞机代替过时的飞机来降低成本。

美国环球航空公司终于从第二次破产边缘走了出来，但是其财务状况仍然非常糟糕。悲惨坠机事件、劳动力问题以及更新飞机等不可预测问题使公司在随后的几年里损失惨重。例如，1996 年美国环球航空公司损失了 2.85 亿美元，1997 年和 1998 年分别损失了 1.1 亿美元和 1.2 亿美元。但是，美国环球航空公司也采取了措施改善其流动性状况——1999 年的乘客量达到历史记录，收入明显增加，同时单位成本下降。此外，美国环球航空公司还通过提高营运效率来改善其短期资产流动性。

（资料来源：[美] 斯科特. 贝斯利. 尤金. *F*. 布里格姆著，刘爱娟等译. 财务管理精要. 北京：机械工业出版社，2002）

思考题：结合本案例，讨论营运资本策略对公司的重要意义。

第六章　利润分配管理

【学习目的与要求】

本章主要讲授利润分配的程序、股利支付的方式、股利理论的演变等内容，通过本章的学习需要掌握：

1. 理解利润分配的顺序；
2. 熟悉股利支付的程序和方式；
3. 了解股利理论的演变过程；
4. 掌握各种股利政策及其基本原理和影响因素。

【教学重点与难点】

利润分配的顺序，股利支付的方式；股利政策的比较，股票回购的原理和影响因素。

【引例】

南方公司是一家大型钢铁公司，公司业绩一直很稳定，其盈余的长期成长率为12%。2000年公司税后盈利为1 000万元，当年发放股利共250万元。2001年，因公司面临一投资机会，预计其盈利可达到1 400万元，而该公司投资总额为900万元，预计2002年以后仍会恢复12%的增长率。公司目标资本结构负债/权益为4∶5。现在公司面临股利分配政策的选择，可供选择的股利分配政策有固定股利支付率政策、剩余股利政策以及固定或稳定增长的股利政策。

如果你是该公司的财务分析人员，请你计算2001年公司实行不同股利政策时的股利水平，并比较不同的股利政策，做出你认为正确的选择。

第一节　收益分配概述

企业年度决算后实现的利润总额，要在国家、企业的所有者和企业之间进行分配。利润分配关系着国家、企业、职工及所有者各方面的利益，是一项政策性较强的工作，必须严格按照国家的法规和制度执行。利润分配的结果，形成了国家的所得税收入，投资者的投资报酬和企业的留用利润等不同的项目，其中企业的留用利润是指盈余公积金和未分配利润。由于税法具有强制性和严肃性，缴纳税款是企业必须履行的义务，从这个意义上看，财务管理中的利润分配，主要指企业的净利润分配，利润分配的实质就是确定给投资者分红与企业留用利润的比例。

一、利润分配基本原则

(一)依法分配原则

为规范企业的利润分配行为，国家制定和颁布了若干法规，这些法规规定了企业利润分

配的基本要求、一般程序和重大比例。企业的利润分配必须依法进行，这是正确处理企业各项财务关系的关键。

(二) 分配与积累并重原则

企业的利润分配，要正确处理长期利益和近期利益这两者的关系，坚持分配与积累并重。企业除按规定提取法定盈余公积金以外，可适当留存一部分利润作为积累，这部分未分配利润仍归企业所有者所有。这部分积累的净利润不仅可以为企业扩大生产筹措资金，增强企业发展能力和抵抗风险的能力，同时，还可以供未来年度进行分配，起到以丰补歉、平抑利润分配数额波动、稳定投资报酬率的作用。

(三) 兼顾职工利益原则

企业的净利润归投资者所有，是企业的基本制度。但企业职工不一定是企业的投资者，净利润就不一定归他们所有，而企业的利润是由全体职工的劳动创造的，他们除了获得工资和奖金等劳动报酬以外，还应该以适当的方式参与净利润的分配，如在净利润中提取公益金，用于企业职工的集体福利设施支出。公益金是所有者权益的一部分，职工对这些福利设施具有使用权并负有保管之责，但没有所有权。

(四) 投资与收益对等原则

企业利润分配应当体现"谁投资谁收益"、收益大小与投资比例相适应，即投资与收益对等原则，这是正确处理企业与投资者利益关系的立足点。投资者因投资行为，以出资额依法享有利润分配权，就要求企业在向投资者分配利润时，要遵守公开、公平、公正的"三公"原则，不搞幕后交易，不帮助大股东侵蚀小股东利益，一视同仁地对待所有投资者，任何人不得以在企业中的其他特殊地位谋取私利，这样才能从根本上保护投资者的利益。

二、利润分配的一般程序

利润分配程序是指公司制企业根据适用法律、法规或规定，对企业一定期间实现的净利润进行分派必须经过的先后步骤。

(一) 非股份制企业的利润分配程序

根据我国《公司法》等有关规定，非股份制企业当年实现的利润总额应按国家有关税法的规定作相应的调整，然后依法交纳所得税。交纳所得税后的净利润按下列顺序进行分配：

1. 弥补以前年度的亏损

按我国财务和税务制度的规定，企业的年度亏损，可以由下一年度的税前利润弥补，下一年度税前利润尚不足于弥补的，可以由以后年度的利润继续弥补，但用税前利润弥补以前年度亏损的连续期限不超过 5 年。5 年内弥补不足的，用本年税后利润弥补。"本年净利润"加"年初未分配利润"为企业可供分配的利润，只有可供分配的利润大于零时，企业才能进行后续分配。

2. 提取法定盈余公积金

可供分配的利润大于零是计提法定盈余公积金的必要条件。法定盈余公积金以净利润扣除以前年度亏损为基数，按 10% 提取。即企业年初未分配利润为借方余额时，法定盈余公积金计提基数为："本年净利润"减"年初未分配利润（借方）余额"，若企业年初未分配利润为贷方余额时，法定盈余公积金计提基数为本年净利润，未分配利润贷方余额在计算可供投资者分配的净利润时计入。当企业法定盈余公积金达到注册资本的 50% 时，可不再提取。法定盈余公积金主要用于弥补企业亏损和按规定转增资本金，但转增资本金后的法定盈余公积金一般不低于转增前公司注册资本的 25%。

3. 提取任意盈余公积金

公司从税后利润中提取法定盈余公积金后，经股东大会决议，还可以从税后利润中提取任意公积金。非公司制企业经类似权力机构批准，也可提取任意盈余公积。

4. 向投资者分配利润

企业本年净利润扣除弥补以前年度亏损、提取法定盈余公积金和公益金后的余额，加上年初未分配利润贷方余额，即为企业本年可供投资者分配的利润，按照分配与积累并重原则，确定应向投资者分配的利润数额。

【例 6-1】某公司 2003 年初未分配利润账户的贷方余额为 37 万元，2004 年发生亏损 100 万元，2004 年 ~ 2008 年间的每年税前利润为 10 万元，2009 年税前利润为 15 万元，2010 年税前利润为 40 万元。所得税税率为 40%，盈余公积金计提比例为 10%。

要求：(1)2009 年是否交纳所得税？是否计提盈余公积金？

(2)2010 年可供给投资者分配的利润为多少？

解：(1)2009 年初未分配利润 = 37 − 100 + 10 × 5 = − 13(万元)(为以后年度税后利润应弥补的亏损)；

2009 年应交纳所得税 = 15 × 40% = 6(万元)，

本年税后利润 = 15 − 6 = 9(万元)，

企业可供分配的利润 = 9 − 13 = − 4(万元)，不能计提盈余公积金。

(2)2010 年税后利润 = 40(1 − 40%) = 24(万元)，

可供给分配的利润 = 24 − 4 = 20(万元)，

计提盈余公积金 = 20 × 10% = 2(万元)，

可供给投资者分配的利润 = 20 − 2 = 18(万元)。

分配给投资者的利润，是投资者从企业获得的投资回报。向投资者分配利润应遵循纳税在先、企业积累在先、无盈余不分利的原则，其分配顺序在利润分配的最后阶段，这体现了投资者对企业的权利、义务以及投资者所承担的风险。

(二) 股份制企业的利润分配程序

(1) 弥补以前年度亏损。

(2) 提取法定盈余公积金。

(3) 支付优先股股息。一般地，优先股按事先约定的股息率取得股息，不受企业盈利与否或多少的影响。

(4) 提取任意盈余公积金。任意盈余公积金是根据企业发展的需要自行提取的公积金，其提取基数与计提盈余公积金的基数相同，计提比例由股东会根据需要决定。

(5) 支付普通股股利。

从上述利润分配程序看，股利来源于企业的税后利润，但净利润不能全部用于发放股利，股份制企业必须按照有关法规和公司章程规定的顺序、比例，在提取了法定盈余公积金、公益金后，才能向优先股股东支付股息，在提取了任意盈余公积金之后，才能向普通股股东

发放股利。如股份公司当年无利润或出现亏损，原则上不得分配股利。但为维护公司股票的信誉，经股东大会特别决议，可按股票面值较低比率用盈余公积金支付股利，支付股利后留存的法定盈余公积金不得低于注册资本的25%。

第二节　股利分配政策

股利分配政策是指企业管理层对与股利有关的事项所采取的方针策略。股利分配在公司制企业经营理财决策中，始终占有重要地位。这是因为股利的发放，既关系到公司股东的经济利益，又关系到公司的未来发展。通常较高的股利，一方面可使股东获取可观的投资收益；另一方面还会引起公司股票市价上涨，从而使股东除股利收入外还获得了资本利得。但是过高的股利必将使公司留存收益大量减少，或者影响公司未来发展，或者大量举债，增加公司资本成本负担，最终影响公司未来收益，进而降低股东权益。而较低的股利，虽然使公司有较多的发展资金，但与公司股东的愿望相背离，股票市价可能下降，公司形象将受到损害。因而对公司管理当局而言，如何均衡股利发放与企业的未来发展，并使公司股票价格稳中有升，便成为企业经营管理层孜孜以求的目标。

一、股利分配政策类型

股利分配政策的核心问题是确定支付股利与留用利润的比例，即股利支付率问题。

目前企业财务管理中，常用的股利政策主要有以下几种类型：

(一) 剩余股利政策

剩余股利政策主张，企业未来有良好的投资机会时，根据企业设定的最佳资本结构，确定未来投资所需的权益资金，先最大限度地使用留用利润来满足投资方案所需的权益资本，然后将剩余部分作为股利发放给股东。

【例6-2】某企业遵循剩余股利政策，其目标资本结构为资产负债率60%。

要求：(1) 如果该年的税后利润为60万元，在没有增发新股的情况下，企业可以从事的最大投资支出是多少？(2) 如果企业下一年拟投资100万元，企业将支付股利多少？

解：(1) 企业最大的投资支出 $= 60/(1-60\%) = 150$(万元)，

(2) 企业支付股利 $= 60 - 100 \times (1-60\%) = 20$(万元)。

剩余股利政策成立的基础是，大多数投资者认为，如果企业再投资的收益率高于投资者在同样风险下其他投资的收益率，他们宁愿把利润保留下来用于企业再投资，而不是用于支付股利。如企业有投资收益率达12%的再投资机会，而股东取得股息后再投资的收益率只有10%时，则股东们愿意选择利润保留于企业。股东取得股息再投资后10%的收益率，就是企业利润留存的成本。如果投资者能够找到其他投资机会，使得投资收益大于企业利用保留利润再投资的收益，则投资者更喜欢发放现金股利。这意味着投资者对于盈利的留存或发放股利毫无偏好，关键是企业投资项目的净现值必须大于零。

剩余股利政策的优点是可以最大限度地满足企业对再投资的权益资金需要，保持理想的资本结构，并能使综合资本成本最低；它的缺点是忽略了不同股东对资本利得与股利的偏好，损害那些偏好现金股利的股东利益，从而有可能影响股东对企业的信心。此外企业采用剩余股利政策是以投资的未来收益为前提的，由于企业管理层与股东之间存在信息不对称，股东不一定了解企业投资未来收益水平，也会影响股东对企业的信心。

(二) 固定股利政策

固定股利政策表现为每股股利支付额固定的形式。其基本特征是，不论经济情况如何，也不论企业经营好坏，不降低股利的发放额，将企业每年的每股股利支付额，稳定在某一特定水平上保持不变，只有企业管理当局认为企业的盈利确已增加，而且未来的盈利足以支付更多的股利时，企业才会提高每股股利支付额。

稳定的股利政策的实行比较广泛。如果企业的盈利下降，而股利并未减少，那么，投资者会认为企业未来的经济情况会有好转，一般的投资者都比较喜欢投资于具有稳定的股利支付政策的企业。而稳定的股利政策则有助于消除投资者心中的不确定感，对于那些期望每期有固定数额收入的投资者，则更喜欢比较稳定的股利政策，因此，许多企业都在努力促使其股利的稳定性。固定股利政策的缺点主要在于股利的支付与盈利相脱节，当盈利较低时仍要支付固定股利，这可能会出现资金短缺、财务状况恶化等问题，影响企业的长远发展。这种股利政策适用于盈利稳定或处于成长期的企业。

(三) 固定股利支付率政策

固定股利支付率政策，是将每年盈利的某一固定百分比作为股利分配给股东。实行这一政策的企业认为，只有维持固定股利支付率，才能使股利与公司盈利紧密结合，体现多盈多分、少盈少分、不盈不分的原则，这样才算真正做到公平的对待每一股东。这一政策的问题在于，如果企业的盈利各年间波动不定，则其股利也随之波动。由于股利随盈利而波动，会影响股东对企业未来经营的信心，不利于企业股票的市场价格的稳定与上涨。因此大多数企业并不采用这一股利政策。

(四) 正常股利加额外股利政策

正常股利加额外股利政策介于固定股利与固定股利支付率之间的一种股利政策。其特征是：企业一般每年都支付较低的固定股利，当盈利增长较多时，再根据实际情况加付额外股利。即当企业盈余较低或现金投资较多时，可维护较低的固定股利，而当企业盈利有较大幅度增加时，则加付额外股利。这种政策既能保证股利的稳定性，使依靠股利度日的股东有比较稳定的收入，从而吸引住这部分股东，又能做到股利和盈利有较好的配合，使企业具有较大的灵活性。这种股利政策适用于盈利与现金流量波动不够稳定的企业，因而也被大多数企业所采用。

二、影响股利分配的因素

理论上，股利是否影响企业价值存在相当大的分歧，现实经济生活中，企业仍然是要进行股利分配的。当然，企业分配股利并不是无所限制，总是要受到一些因素的影响，一般认为，企业股利政策的影响因素主要有法律因素、企业因素、股东意愿及其他因素等几个方面。

(一) 法律因素

为了保护债权人、投资者和国家的利益，有关法规对企业的股利分配有如下限制：

1. 资本保全限制

资本保全限制规定，企业不能用资本发放股利。如我国法律规定：各种资本公积准备不能转增股本，已实现的资本公积只能转增股本，不能分派现金股利；盈余公积主要用于弥补亏损和转增股本，一般情况下不得用于向投资者分配利润或现金股利。

2. 资本积累限制

企业积累限制规定，企业必须按税后利润的一定比例和基数，提取法定盈余公积金。企业当年出现亏损时，一般不得给投资者分配利润。

3. 偿债能力限制

偿债能力限制是指企业按时足额偿付各种到期债务的能力。如果企业已经无力偿付到期债务或因支付股利将使其失去偿还能力，则企业不能支付现金股利。

(二) 企业因素

企业资金的灵活周转，是企业生产经营得以正常进行的必要条件。因此企业长期发展和短期经营活动对现金的需求，便成为对股利的最重要的限制因素。其相关因素主要有：

1. 资产的流动性

企业现金股利的分配，应以一定资产流动性为前提。如果企业的资产流动性越好，说明其变现能力越强，股利支付能力也就越强。高速成长的盈利性企业，其资产可能缺乏流动性，因为他们的大部分资金投资在固定资产和永久性流动资产上了，这类企业当期利润虽然多但资产变现能力差，企业的股利支付能力就会削弱。

2. 投资机会

有着良好投资机会的企业需要有强大的资金支持，因而往往少发现金股利，将大部分盈余留存下来进行再投资；缺乏良好投资机会的企业，保留大量盈余的结果必然是大量资金闲置，于是倾向于支付较高的现金股利。所以，处于成长中的企业，因一般具有较多的良好投资机会而多采取低股利政策，许多处于经营收缩期的企业，则因缺少良好的投资机会而多采取高股利政策。

3. 筹资能力

如果企业规模大、经营好、利润丰厚，其筹资能力一般很强，那么在决定股利支付数额时，有较大选择余地。但对那些规模小、新创办、风险大的企业，其筹资能力有限，这类企业应尽量减少现金股利支付，而将利润更多地留存在企业，作为内部筹资。

4. 盈利的稳定性

企业的现金股利来源于税后利润。盈利相对稳定的企业，有可能支付较高股利，而盈利不稳定的企业，一般采用低股利政策。这是因为，对于盈利不稳定的企业，低股利政策可以减少因盈利下降而造成的股利无法支付、企业形象受损、股价急剧下降的风险，还可以将更多的盈利用于再投资，以提高企业的权益资本比重，减少财务风险。

5. 资本成本

留用利润是企业内部筹资的一种重要方式，同发行新股或举借债务相比，不但筹资成本较低，而且具有很强的隐蔽性。企业如果一方面大量发放股利，而另一方面又以支付高额资本成本为代价筹集其他资本，那么，这种舍近求远的做法无论如何是不恰当的，甚至有损于股东利益。因而从资本成本考虑，如果企业扩大规模，需要增加权益资本时，不妨采取低股利政策。

(三)股东意愿

股东在避税、规避风险、稳定收入和股权稀释等方面的意愿，也会对企业的股利政策产生影响。毫无疑问，企业的股利政策不可能使每个股东财富最大化，企业制定股利政策的目的在于，对绝大多数股东的财富产生有利影响。

1. 避税考虑

企业的股利政策不得不受到股东的所得税影响。在我国，由于现金股利收入的税率是20%，而股票交易尚未征收资本利得税，因此，低股利支付政策，可以给股东带来更多的资本利得收入，达到避税目的。

2. 规避风险

“双鸟在林，不如一鸟在手”。在一部分投资者看来，股利的风险小于资本利得的风险，当期股利的支付解除了投资者心中的不确定性。因此，他们往往会要求企业支付较多的股利，从而减少股东投资风险。

3. 稳定收入

如果一个企业拥有很大比例的富有股东，这些股东多半不会依赖企业发放的现金股利维持生活，它们对定期支付现金股利的要求不会显得十分迫切。相反，如果一个企业绝大部分股东，属于低收入阶层以及养老基金等机构投资者，他们需要企业发放的现金股利来维持生活或用于发放养老金等，因此，这部分股东特别关注现金股利，尤其是稳定的现金股利发放。

4. 股权稀释

企业必须认识到高股利支付率会导致现有股东股权和盈利的稀释，如果企业支付大量现金股利，然后再发行新的普通股以融通所需资金，现有股东的控制权就有可能被稀释。另外，随着新普通股的发行，流通在外的普通股股数增加，最终将导致普通股的每股盈利和每股市价的下降，对现有股东产生不利影响。

(四)其他因素

影响股利政策的其他因素主要包括：不属于法规规范的债务合同约束、政府对机构投资者的投资限制以及因通货膨胀带来的企业对重置实物资产的特殊考虑等。

1. 债务合同约束

企业的债务合同特别是长期债务合同，往往有限制企业现金股利支付的条款，这使得企业只能采用低股利政策。

2. 机构投资者的投资限制

机构投资者包括养老基金、储蓄银行、信托基金、保险企业和其他一些机构。机构投资者对投资股票种类的选择，往往与股利特别是稳定股利的支付有关。如果某种股票连续几年不支付股利或所支付的股利金额起伏较大，则该股票一般不能成为机构投资者的投资对象。因此，如果某一企业想更多地吸引机构投资者，则应采用较高而且稳定的股利政策。

3. 通货膨胀的影响

在通货膨胀的情况下，企业固定资产折旧的购买水平会下降，会导致没有足够的资金来源重置固定资产。这时较多的留存利润就会当做弥补固定资产折旧购买力水平下降的资金来源，因此，在通货膨胀时期，企业股利政策往往偏紧。

三、股利种类

企业通常以多种形式发放股利，股利支付形式一般有现金股利、股票股利、财产股利和负债股利，其中最为常见的是现金股利和股票股利。在现实生活中，我国上市公司的股利分配广泛采用一部分股票股利和一部分现金股利的做法。其效果是股票股利和现金股利的综合。

(一)现金股利

现金股利是指企业以现金的方式向股东支付股利，也称为红利。现金股利是企业最常见的、也是最易被投资者接受的股利支付方式。企业支付现金股利，除了要有累计的未分配利润外，还要有足够的现金。因此，企业在支付现金前，必须做好财务上的安排，以便有充足的现金支付股利。因为企业一旦向股东宣告发放股利，就对股东承担了支付的责任，必须如期履约，否则不仅会丧失企业信誉，而且会带来不必要的麻烦。

(二)股票股利

股票股利是指应分给股东的股利以额外增发股票形式来发放。以股票作为股利，一般都是按在册股东持有股份的一定比例来发放，对于不满一股的股利仍采用现金发放。股票股利最大的优点就是节约现金支出，因而常被现金短缺的企业所采用。发放股票股利时，在企业账面上，只需减少未分配利润项目金额的同时，增加股本和资本公积等项目金额，并通过中央清算登记系统增加股东持股数量。显然，发放股票股利是一种增资行为，须经股东大会同意，并按法定程序办理增资手续。但发放股票股利与其他的增资行为不同的是，它不增加股东财富，企业的财产价值和股东的股权结构也不会改变，改变的只是股东权益内部各项目的金额。

【例 6-3】某企业在发放股票股利前，股东权益情况如表 6-1 所示。

表 6-1　发放股票股利前的股东权益情况　　单位：元

项目	金额
普通股股本(面值 1 元，已发行 200 000 股)	200 000
盈余公积(含公益金)	400 000
资本公积	400 000
未分配利润	2000 000
股东权益合计	3000 000

假定该企业宣布发放10%的股票股利，即发放20 000 股普通股股票，现有股东每持100股可得 10 股新发股票。如该股票当时市价 20 元，发放股票股利以市价计算。则：

未分配利润划出的资金为：$20\times200\,000\times10\% = 400\,000$(元)，

普通股股本增加为：$1\times200\,000\times10\% = 20\,000$(元)，

资本公积增加为：$400\,000-20\,000 = 380\,000$(元)。

发放股票股利后，企业股东权益各项目如表 6-2 所示。

表 6-2　发放股票股利后的股东权益情况　　单位:元

项目	金额
普通股股本(面值 1 元,已发行 220 000 股)	220 000
盈余公积(含公益金)	400 000
资本公积	780 000
未分配利润	1600 000
股东权益合计	3000 000

【例 6-4】假定上述企业本年盈利 440 000 元,某股东持有 20 000 股普通股,发放股票股利对该股东的影响如表 6-3 所示。

表 6-3　发放股票股利后对股东的影响　　单位:元

项目	发放前	发放后
每股盈余	440 000/200 000 = 2.2	2.2/(1+10%) = 2
每股市价	20	20/(1+10%) = 18.18
持股比例	20 000/200 000 = 10%	10%
所持股总价值	20 × 20 000 = 400 000	18.18 × 22 000 = 400 000

发放股票股利后每股盈余和每股市价的计算公式为:

$$发放股票股利后的每股盈余 = EPS_0/(1+D)$$

$$发放股票股利后的每股市价 = M/(1+D)$$

式中:EPS_0 为发放股票股利后的每股盈余;M 为发放股票股利后的每股市价;D 为股票股利发放率。

【例 6-5】某公司年终利润分配前的有关资料如表 6-4 所示。

表 6-4　年终利润分配前各项指标值

项目金额	金额
年初未分配利润	1 000 万元
本年税后利润	2 000 万元
普通股股本(500 万股,每股 1 元)	500 万元
资本公积金	100 万元
盈余公积金(含公益金)	400 万元
所有者权益合计	4 000 万元
每股市价	40 万元

该公司决定:本年按规定比例 15% 提取盈余公积金(含公益金),发放股票股利 10%,并且按发放股票股利的股数派发现金股利,每股 0.1 元。

要求:假设股票的每股市价与每股净资产成正比例,计算利润分配后的盈余公积金(含公益金)、股本、股票股利、资本公积金、现金股利、未分配利润数额和预计的普通股每股市价。

解:由于本年可供分配的利润(1 000 + 2 000) > 0,可按本年税后利润计提盈余公积金(含公益金)。

盈余公积金(含公益金)余额 = 400 + 2 000 × 15% = 400 + 300 = 700(万元),

股本余额 = 500(1 + 10%) = 550(万元),

股票股利 = 40 × 500 × 10% = 2 000(万元),

资本公积金余额 = 100 + (40 − 1) × 500 × 10% = 2 050(万元),

现金股利 = 500(1 + 10%) × 0.1 = 55(万元),

未分配利润余额 = 1 000 + (2 000 − 300 − 2 000 − 55) = 645(万元),

利润分配后所有者权益合计 = 645 + 2 050 + 700 + 550 = 3 945(万元)

或 = 4 000 − 55 = 3 945(万元),

利润分配前每股净资产 = 4 000/500 = 8(元),

利润分配后每股净资产 = 3 945/550 = 7.17(元),

利润分配后预计每股市价 = 40 × 7.17/8 = 35.85(元)。

尽管股票股利不直接增加股东的财富,也不增加企业的价值,但对股东和企业都有好处。

对股东的意义在于:

(1) 如果企业在发放股票股利后同时发放现金股利,股东会因为持股数的增加而得到更多的现金。

(2) 有时企业发行股票股利后,股价并不成同比例下降,这样便增加了股东的财富。因为股票股利通常为成长中的企业所采用,投资者可能会认为,企业的盈余将会有大幅度增长,并能抵消增发股票所带来的消极影响,从而使股价稳定不变或略有上升。

(3) 在股东需要现金时,可以将分得的股票股利出售,从中获得纳税上的好处。

对企业的意义在于:

(1) 能达到节约现金的目的。企业采用股票股利或股票股利与现金股利相互配合的政策,既能使股东满意,又能使企业留存一定现金,便于进行再投资,有利于企业长期发展。

(2) 在盈余和现金股利不变的情况下,发放股票股利可以降低每股价值,从而吸引更多的投资者。

四、股利支付程序

企业通常在年度末,计算出当期盈利之后,才决定向股东发放股利。但是,在资本市场中,股票可以自由交换,公司的股东也经常变换。那么,哪些人应该领取股利,对此,公司必须事先确定与股利支付相关的时间界限。这个时间界限包括:

1. 股利宣告日

股利一般是按每年度或每半年进行分配。一般来说,分配股利首先要由公司董事会向公众发布分红预案,在发布分红预案的同时或之后,公司董事会将公告召开公司股东大会的日期。股利宣告日是指董事会将股东大会决议通过的分红方案(或发放股利情况)予以公告的日期。在公告中将宣布每股股利、股权登记日、除息日和股利支付日等事项。

2. 股权登记日

股权登记日是指有权领取股利的股东资格登记截止日期。只有在股权登记日前在公司股东名册上有名的股东，才有权分享当期股利，在股权登记日以后列入名单的股东无权领取股利。

3. 除息日

除息日是指领取股利的权利与股票相互分离的日期。在除息日前，股利权从属于股票，持有股票者即享有领取股利的权利；从除息日开始，股利权与股票相分离，新购入股票的人不能享有股利。除息日的确定是证券市场交割方式决定的。因为股票买卖的交接、过户需要一定的时间。在美国，当股票交割方式采用例行日交割时，股票在成交后的第五个营业日才办理交割，也即在股票登记日的四个营业日以前购入股票的新股东，才有资格领取股利。在我国，由于采用次日交割方式，则除息日与登记日差一个工作日。

4. 股利发放日

即向股东发放股利的日期。

以上海证券交易所为例，某股份公司董事会在股东大会召开后公布最后分红方案的公告中称："在 2003 年 3 月 10 日 M 公司在某地召开的股东大会上，通过了董事会关于每股普通股分派股息 0.4 元的 2002 年度股息分配方案。股权登记日是 2003 年 4 月 17 日，除息日是 2003 年 4 月 18 日，股利支付日为 2003 年 4 月 24 日，特此公告。"此例中，股利宣告日是 3 月 10 日；股权登记日是 4 月 17 日；除息日是 4 月 18 日；股利发放日为 4 月 24 日。

第三节　股票分割和股票回购

一、股票分割

(一) 股票分割的概念

股票分割又称拆股，是指股份公司用某一特定数额的新股按一定比例交换一定数额的流通在外的股份的行为。例如，将原来的 1 股股票交换成 5 股股票。股票分割不属于某种股利方式，但其所产生的效果与发放股票股利近似。

从会计的角度看，股票分割对公司的资本结构、资产的账面价值、股东权益的各账户（普通股、资本公积、留存收益等）都不产生影响，只是使公司发行在外的股票总数增加，每股股票代表的账面价值降低，因此，股票分割与发放股票股利的作用非常相似，都是在不增加股东权益的情况下增加股票的数量。所不同的是股票分割导致的股票数量的增加量可以远大于发放股票股利，而且在会计处理上也有所不同。从实务上看，由于股票分割与股票股利非常接近，所以一般要根据证券管理部门的具体规定对两者加以区分。有的国家证券交易机构规定，发放 25% 以上的股票股利即属于股票分割。

(二) 股票分割的意义

1. 降低公司股票价格

由于股票分割是在不增加股东权益的情况下增加流通中的股票数量，分割后每股股票所代表的股东权益的价值将降低，每股股票的市场价格也将相应降低。当股票的市场价格过高时，股票交易会因每手交易所需的资金量太大而受到影响，特别是许多小户、散户，因资金

实力有限而难以入市交易，使这类股票的流通性降低，股东人数减少。因此，许多公司在其股价过高时采用股票分割的方法降低股票的交易价格，提高公司股票的流通性，使公司的股东更为广泛。

2. 传递远期良好信号

一般而言，股票分割往往是成长中的公司所为，因此，企业进行股票分割往往被视为一种利好消息而影响其股票价格，这样公司股东就能从股份数量和股票价格中获得相对收益。

3. 增加股东的现金股利

股票分割在有些情况下也会增加股东的现金股利。尽管股票分割后各股东持有的股数增加，但持股比例不变，持有股票的总价值不变。不过，只要股票分割后每股现金股利的下降幅度小于股票分割幅度，股东仍能多获现金股利。例如，假定某企业股票分割前每股现金股利 3 元，某股东持有 100 股，可分得现金股利 300 元；企业按 1 换 2 的比例进行股票分割后，该股东股数增为 200 股，若现金股利降为每股 1.8 元，该股东可得现金股利 360 元，仍大于其股票分割前所得的现金股利。

4. 为新股发行做准备

在新股发行之前利用股票分割降低股价，有利于提高股票的可转让性和促进市场交易活动，由此增加投资者对股票的兴趣，促进新发行股票的畅销。

尽管股票分割与发放股票股利都能达到降低企业股价的目的，但一般地讲，只有在企业股价剧涨且预期难以下降时，才采用股票分割的办法降低股价，而在企业股价上涨幅度不大时，往往通过发放股票股利将股价维持在理想的范围之内。

与股票分割相反，企业有时也进行股票合并操作。股票合并又称合股、逆向分割或反分割，即公司用 1 股新股换取 1 股以上的旧股（如 1 股换 2 股）。显然，股票合并将减少流通在外的股票数量，提高每股股票的面值和其所代表的净资产的数额，进而提高股票的市场价格。股票合并通常是一些业绩不佳，股价过低的公司进行的，他们希望通过这种操作来提高股票价格，使之达到一个合理的交易价格水平。公司实行股票合并一般认为是承认自己处于财务困境，因此，在实际中，除公司兼并之外，很少有股票合并的现象。

(三) 股票分割与股票股利的比较

(1) 从股票分割和股票股利对公司的影响来看，共同之处在于公司股东权益总额均不变。不同之处在于股票股利将使股本总数扩大，公司留存收益减少，每股面值不变；而股票分割则不影响公司的股本总额和留存收益，仅使每股面额变小。

(2) 从两者对市场的影响来看，共同之处在于都对投资者传递了较为积极的信息。不同之处在于股票分割必定能够促使股票市价下降，而股票股利则不一定。一般来说，股票股利的数额较大时，才可能使股票市价大幅下降。因此，只有在公司股价急剧上涨且预期难以下降时，才采用股票分割的方法降低股价。而在公司股价上涨幅度不大时，通常采用发放股票股利的方法将股价维持在理想的范围之内。

二、股票回购

(一) 股票回购的概念

股票回购是指上市公司从股票市场上购回一定数额本公司发行在外股票的行为。公司在股票回购完成后可以将所回购的股票注销，但在绝大多数情况下，公司将回购的股份作为"库藏股"保留，仍属于发行在外的股份，但不参与每股收益的计算和收益分配。库藏股日后可移作他用(例如，雇员福利计划、发行可转换债券等)，或在需要资金时将其出售。

股票回购既是一项重要的股利政策，也是完善公司治理结构、优化企业资本结构的重要方法。股票回购作为成熟证券市场上一项常见的公司理财行为，不仅对市场参与各方产生一定的影响，而且为上市公司本身带来显著的财务效应。

股票回购最早产生于美国，起源于公司规避政府对现金红利的限制。1973 年 ~ 1974 年，美国政府对公司支付现金红利施加了限制条款，许多公司转而采用股票回购方式向股东分配收益。

在相对成熟的美国证券市场上，股票回购的方式主要有以下几种：

(1) 公开市场回购。即公司在股票的公开交易市场上回购股票，这种方法的缺点是在公开市场购买时会推高股价，从而增加回购成本，另外交易税和交易佣金也是不可忽视的成本。

(2) 要约回购。公司以一事先确定的价格向市场要约回购股票，为吸引卖者，要约价格一般会定得略高于市价。如果愿意售回的股票多于要约数量，公司按一定的配购比例向股东配购。

(3) 协议回购。当公司欲从一个或几个主要股东手中回购股票时，一般会采用这种方式。但这种交易需要制定合理的回购价格，防止大股东借此高价收回股票，损坏未收回股份的股东利益。

股票回购必须遵守国家有关法律法规。我国《公司法》规定，公司不得收购本公司股票。但是，有下列情形之一的除外：

(1) 减少公司注册资本；

(2) 与持有本公司股份的其他公司合并；

(3) 将股份奖励给本公司职工；

(4) 股东因对股东大会作出的公司合并、分立决议持异议，要求公司收购其股份的。

公司因上述第 1 项至第 3 项的原因收购本公司股份的，应当经股东大会决议。公司依照上述规定收购本公司股份后，属于第 1 项情形的，应当自收购之日起十日内注销；属于第 2 项、第 4 项情形的，应当在六个月内转让或者注销。

(二) 股票回购的意义

1. 反收购措施

股票回购在国外经常是一种重要的反收购措施，此举有助于公司管理者避开竞争对手企图收购的威胁。股票回购导致股价上升和公司流通在外的股票数量减少，从而使收购方要获得控制公司的法定股份比例变得更为困难；股票回购后，公司流通在外的股份少了，可以防止浮动股票落入进攻企业手中(不过，由于回购的股票无表决权，回购后进攻企业持股比例也会有所上升，因此公司需将回购股票再卖给稳定股东，才能起到反收购的作用)；在反收购战中，目标公司通常在股价已上升后实施股票回购，此举使得目标公司流动资金减少，财务状况恶化，减弱了公司被作为收购目标的吸引力。

2. 改善资本结构，追求财务杠杆利益

当企业管理当局认为，其权益资本在整个企业资本结构中所占的比例过大，资产负债率过小时，就有可能利用留存收益或通过对外举债来回购企业发行在外的普通股，实践证明，

这是一种迅速提高资产负债率的很好方法。无论是用现金回购还是负债回购股份,都会改变公司的资本结构,提高财务杠杆比率。在现金回购方式下,假定公司中长期负债规模不变,则伴随股票回购而来的是股权资本在公司资本结构中的比重下降,公司财务杠杆比率提高;在用增加债务回购股份的情况下,一方面是公司中长期负债增加,另一方面是股权资本比重下降,公司财务杠杆比率提高。公司资本结构中权益资本比重的下降和公司财务杠杆比率的提高,一般来说会导致两个相互联系的结果:一是公司加权平均资本成本的变化;二是公司财务风险可能随债务比重增大到一定点之后而增大。所以,公司股票回购必须考虑优化其资本结构,合理发挥其财务杠杆效应。

3. 稳定公司股价

过低的股价,无疑将对公司经营造成严重影响,股价过低,使人们对公司的信心下降,使消费者对公司产品产生怀疑,削弱公司出售产品、开拓市场的能力。在这种情况下,公司回购本公司股票以支撑公司股价,有利于改善公司形象,股价在上升过程中,投资者又重新关注公司的运营情况,消费者对公司产品的信任增加,公司也有了进一步配股融资的可能。因此,在股价过低时回购股票,是维护公司形象的有力途径。在西方国家,股份回购也是政府稳定股市的重要手段之一。无论是美国 1987 年"黑色星期一"、1997 年亚洲金融危机,还是"911"事件发生后,在市场暴跌出现恐慌时,监管部门为保持市场的稳定,一般都会放松管制,允许上市公司动用资金,甚至向上市公司提供低息优惠贷款购买自己的股票,以防止股市出现崩盘。

4. 帮助股东从股票回购中获得少纳税或推迟纳税的好处

在美国现金股利要按普通收入所得税率纳税,而资本利得就可以以较低的优惠税率纳税。股东从回购股票得到的现金只有在回购价格超出股东的购买价格时才须纳税,并且是按照较低的优惠税率缴纳的。股票回购使得股东能够以较低的资本利得税取代现金股利必须缴纳的较高普通个人所得税。由于个人资本利得税低于股利收入税,且可延期支付,加大了公司以股票回购来代替现金股利支付的动力。我国股利的个人所得税税率为 20%,而股票转让所得的个人所得税还未征收,将来需要卖出股票换取现金时只需付出成交额一定比例的佣金、过户费和印花税。因此,通过股票回购,用提高股价的方式代替向股东支付现金股利,对公司和股东均有好处。

5. 分配公司超额现金

如果公司的现金超过其投资机会的需要量,但又没有较好的投资机会可以使用该笔现金时,最好是分配股利。但出于股东避税、控股等多种因素的考虑,就可能通过股票回购而非现金股利的方式进行分配。这是因为,股票回购会引起每股收益和每股市价的上升。假定市盈率不变,则股东所持有的股份的总价值将会随之增加,从而起到了分配超额现金的作用。

6. 作为实行股权激励计划的股票来源

如公司实施管理层或者员工股票期权计划,直接发行新股会稀释原有股东权益,而通过回购股份再将该股份赋予员工则既满足了员工的持股需求,又不影响原有股东的权益。

(三)股票回购对公司利润的影响

当一个公司实行股票回购时,股价将发生变化,这种变化是两方面的叠加:首先,股票回购后公司股票的每股净资产值将发生变化。在假设净资产收益率和市盈率都不变的情况下,股票的净资产值和股价存在一个不变的常数关系,也就是净资产倍数。因此,股价将随着每股净资产值的变化而发生相应的变化,而股票回购中净资产值的变化可能是向上的,也可能是向下的；其次，由于公司回购行为的影响，及投资者对此的心理预期，将促使市场看好该股而使该股股价上升，这种影响一般总是向上的。

假设A公司股本为10 000万股，全部为可流通股，每股净资产值为2.00元，让我们来看看在下列三种情况下进行股票回购，会对公司产生什么样的影响。

(1) 股票价格低于净资产值。假设股票价格为1.50元，在这种情况下，假设回购30%即3 000万股流通股，回购后公司净资产值为15 500万元，回购后总股本为7 000万股，则每股净资产值上升为2.21元，将引起股价上升。

(2) 股票价格高于净资产值，但股权融资成本仍高于银行利率。在这种情况下，公司进行回购仍是有利可图的，可以降低融资成本，提高每股税后利润。假设A公司每年利润为3 000万元，全部派发为红利，银行一年期贷款利率为10%，股价为2.50元。公司股权融资成本为12%，高于银行利率10%。若公司用银行贷款来回购30%的公司股票，则公司利润变为2 250万元(＝3 000－10 000×30%×2.50×10%，未考虑税收因素)，公司股本变为7 000万股，每股利润上升为0.321元，较回购前的0.03元上升了0.021元。

(3) 其他情况下。在非上述情况下回购股票，无疑将使每股税后利润下降，损害公司股东(指回购后的剩余股东)的利益。因此，这时股票回购只能作为股市大跌时稳定股价、增强投资者信心的手段，亦或是反收购战中消耗公司剩余资金的"焦土战术"，这种措施并不是任何情况下都适用。因为短期内股价也许会上升，但从长期来看，由于每股税后利润的下降，公司股价的上升只是暂时现象，因此若非为了应付非常状况，一般无需采用股票回购。

(四)股票回购的负面效应

股票回购是一把双刃剑，我们在正确认识股票回购的积极意义的基础上，必须对由于股票回购而可能带来的负效应保持清醒的头脑。

1. 财务风险效应

一般来说，股票回购会减少总股本，在利润预期不变的情况下，可以增加每股利润，从而使股价上升。但具体到某一公司，如果利用债务资金回购股票，会使资产负债率提高，企业债务负担增加，财务风险加大。尤其是当企业总资本报酬率小于借款利率时，企业净资产收益率会低于总资本报酬率。随着资产负债率的提高，企业净资产收益率将会加速降低，企业将为此承担巨大的财务风险。所以，在一般情况下，上市公司不应仅仅为了追求财务杠杆效应而进行股票回购，对于高资产负债率的企业特别应该注意。

2. 支付风险效应

由于股票回购需要大量的现金支出，因此不可避免地会对上市公司形成很大的支付压力。例如，如果用于股票回购的现金支出高于其可供分配利润和经营活动产生的现金净流量，即使公司的流动比率和速动比率较高，具有良好的支付能力，但一次性支付巨额资金用于股票回购，仍将不可避免地会对企业的正常运营带来一定的影响，面临严峻的支付风险。

3. 容易导致内幕操纵股价

公司可能利用股票回购操纵股价，误导投资者，导致证券的管理混乱，损害社会股东的利益。

【例6-6】某公司2006年的有关资料如下：

(1) 息税前利润800万元；

(2) 所得税税率为30%；

(3) 总负债 200 万元，平均成本率为 10%；

(4) 普通股预期报酬率为 15%；

(5) 发行普通股，股数为 60 万股(每股面值 1 元)，账面价值 10 元。

现在该公司可以增加 400 万元债务，以便以现行市价购回股票。假设该项措施使得负债平均成本率上升至 12%，普通股预期收益率上升了 1%，则该方案是否可行？

公司实行股票回归方案前：

税前利润 = 800—200 × 10% = 780(万元)，

税后利润 = 780 × (1 − 30%) = 546(万元)，

每股盈余 = 546 ÷ 60 = 9.1(元)，

股票市价 = 9.1 ÷ 15% = 60.67(元)。

若实行了该股票回购方案，则：

税前利润 = 800 − (200 + 400) × 12% = 728 (万元)，

税后利润 = 728 × (1 − 30%) = 509.6(万元)，

剩余的股份数额 = 600 000 − (4 000 000 ÷ 60.67) = 534 070(股)，

新的每股收益 = 5096 000 ÷ 534 070 = 9.54(元)，

新的股票价格 = 9.54 ÷ 0.16 = 59.62(元)。

显然，企业回购股票会使股票的价格降低，即企业的总价值会降低，所以该方案是不可行的。

总之，虽然从各种法规上看，股票回购不一定可行，但是从理论上讲，它确实是股份公司可以采用的一种股利支付、调整资本结构、筹集资金、企业兼并和掌握控制权的有效方法，因此，仍需深入细致地研究它。

【本章习题】

一、计算题

1. M公司 1994 年开业，历年的税前利润如下表(假设无其他纳税调整事项，所得税税率为 40%)。

1994	亏损	100 000 元
1995	利润	40 000 元
1996	亏损	30 000 元
1997	利润	10000 元
1998	利润	10 000 元
1999	利润	10 000 元
2000	利润	10 000 元
2001	利润	40 000 元
2002	利润	20 000 元

计算回答：

(1)2000 年应否交纳所得税?应否提取盈余公积金(含公益金)?

(2)2001 年应否交纳所得税?应否提取盈余公积金(含公益金)?

(3)2002 年应否提取盈余公积金(含公益金)?可否给股东分配股利?

2. N 公司 2001 年的税后利润为 260 万元，目前最佳资本结构为资产负债率 45%，执行 20% 的固定股利支付率政策，因产品销路稳定，2002 年拟投资 600 万元扩大生产能力。

计算：(1) 公司需留存利润；(2) 公司外部权益资本筹资额。

3. 某公司的本年税后利润为 300 万元，下年拟投资一新项目，需投资 400 万元，公司的目标资本结构为负债与权益之比 2∶3，公司流通在外的普通股为 200 万股，公司采用剩余股利政策。

要求计算：(1) 公司本年可发放的股利额；(2) 股利支付率；(3) 每股股利。

4. 某企业 2002 年实现销售收入 2 480 万元，全年固定成本 570 万元，变动成本率 55%，所得税率 33%。2002 年应用税后利润弥补上年度亏损 40 万元，按 10% 提取盈余公积金，按 5% 提取公益金，向投资者分配利润的比率为可供投资者分配利润的 40%。

计算：(1)2002 年税后利润；(2)2002 年提取的盈余公积金、公益金和未分配利润。

5. F 公司 2002 年全年实现净利润 1 000 万元，年末在分配股利前的股东权益账户余额如下：股本(面值 1 元) 1 000 万元，盈余公积 500 万元，资本公积 4 000 万元，未分配利润 1 500 万元，合计 7 000 万元。

若公司决定发放 10% 的股票股利，并按发放股票股利后的股数支付现金股利，每股 0.1 元，该公司股票目前市价为 10 元。

计算回答以下互不相关的问题：

(1) 发放股利后该公司股东权益结构有何变化(计算各账户余额)。

(2) 预计 2003 年净利润将增长 5%，若保持 10% 的股票股利发放率与固定股利支付率，则 2003 年发放多少股利?

二、案例分析题

福建新大陆电脑股份有限公司股利分配政策

福建新大陆电脑股份有限公司（以下简称“公司”)2003 年度股东大会于 2004 年 5 月 12 日上午，在福建省福州市马尾区儒江西路 1 号新大陆科技园公司会议室召开，出席会议的股东及股东授权委托代表人数为 5 人，代表公司股份 83 980 000 股，占公司股份总数的 72.4%，符合《公司法》及《公司章程》的规定。会议由董事长胡钢先生主持，公司董事、监事和高级管理人员列席了会议。大会以记名投票方式逐项表决，审议通过了 10 项议案，其中《2003 年度利润分配及资本公积金转增股本的预案》和《2004 年度利润分配政策》经股东审议表决全部通过。

(1)《2003 年度利润分配及资本公积金转增股本的预案》。2003 年度利润分配预案经厦门天健华天有限责任会计师事务所审计，公司 2003 年实现税后净利润 41 559 077.48 元，按净利润的 10% 提取法定公积金，计 4 155 907.75 元，按净利润的 5% 提取法定公益金，计 2 077 953.87 元，加上以前年度未分配利润 35 749 771.33 元，减去本年度实际已支付的 2002 年股利 34 800 000 元，实际可供股东分配的利润为 36 274 987.19 元。公司董事会决定

2003 年度利润暂不分配，剩余未分配利润 36 274 987.19 元转入下一年度一并分配。表决结果为：83 980 000 股同意，占出席股东大会有表决权股份总数的 100%；0 股弃权，占出席股东大会有表决权股份总数的 0%，0 股反对，占出席股东大会有表决权股份总数的 0%。截至 2003 年 12 月 31 日，公司资本公积金余额为 450 757 619.43 元，公司董事会审议决定：以 2003 年年底公司总股本 11 600 万元为基数，实施资本公积金转增股本，转增比例为每 10 股转增 10 股，共计转增股本 11 600 万股，实施资本公积金转增股本后，公司总股本为 23 200 万股，资本公积金余额为 334 757 619.43 元，同时授权公司董事会相应修改公司章程有关条款并办理工商变更登记手续。表决结果为：83 980 000 股同意，占出席股东大会有表决权股份总数的 100%；0 股弃权，占出席股东大会有表决权股份总数的 0%；0 股反对，占出席股东大会有表决权股份总数的 0%。

(2)《2004 年度利润分配政策》。预计 2004 年年度公司分配股利 1 次～2 次，2004 年实现的净利润用于股利分配的比例不超过 80%。公司 2003 年度未分配利润主要用于下一年度股利分配。股利分配主要采用派发现金或送红股的形式，预计现金股息占股利分配的比例不超过 80%。具体分配方案依据公司实际情况由公司董事会提出预案，报公司股东大会审议决定。公司董事会保留根据公司发展和当年盈利情况，对 2004 年利润分配政策作出调整的权利。表决结果为：83 980 000 股同意，占出席股东大会有表决权股份总数的 100%；0 股弃权，占出席股东大会有表决权股份总数的 0%；0 股反对，占出席股东大会有表决权股份总数的 0%。

（资料来源：福建新大陆电脑股份有限公司 2003 年年度报告）

思考题：

(1) 福建新大陆电脑股份有限公司采取的股利政策是什么？

(2) 福建新大陆电脑股份有限公司在股利分配过程中是否有违规行为？并说明理由。

(3) 目前我国上市公司股利分配的现状及存在问题是什么？

第三篇　财务管理的程序

第七章　财务预测与规划

【学习目的与要求】

财务预测、规划和财务预算是企业财务战略管理中的重要环节。通过本章的学习，了解和掌握财务预测与规划的基本方法。

【教学重点与难点】

1. 财务预测的程序。

2. 营业收入百分比法。

3. 可持续增长率的计算及与实际增长率的关系。

【引例】

新疆德隆在公司发展的辉煌时期，涉及的产业包括农业、食品业、水泥、电动工具、汽车零配件、重型卡车、机床业、流通业等，旗下的企业也秉承公司的发展战略，扩张迅速。但好景不长，新疆德隆从一般的民营企业发展到几百亿资产、近两百家企业的大集团，再到2004年出现财务困境，只有短短的十几年。为什么超长增长不能长期实现?德隆的财务安排有效支持了其超长增长下的整体经营战略吗?如果时光回转，科学的财务预测和规划能对德隆起到什么作用?

第一节　财务预测

一、财务预测的概念

财务预测是指利用企业过去和现在的财务活动资料，根据企业未来财务目标，结合企业未来经营战略和面临的财务管理环境，对企业未来营业收入增长及资金需求情况做出的科学推测与估计。

二、财务预测的意义

财务预测的意义和目的主要包括以下五个方面：

1. 财务预测是融资规划的基础和前提

企业要对外提供产品和服务，必须要有一定的资产。营业收入增加的同时，也会带来流动资产和固定资产的增加。为取得扩大销售所需增加的资产，企业要通过内源融资和外源融资来筹措资金。企业融资往往需要较长时间，这就要求预先明确财务需求是什么，以便提前安排融资计划，财务预测所确定的预期营业收入增长率、盈利能力等相关财务指标是进行财务规划进而满足融资需求的基础和前提。

2. 财务预测有助于改善投资决策

根据营业收入增长前景估计出的融资需要不一定总能得到满足，因此，就需要根据可能筹措到的资金来安排营业收入增长，以及有关的投资项目，使投资决策建立在可行的基础上。

3. 财务预测有助于评价企业价值的实现程度

通过财务预测可以估计企业未来发展能否实现企业总体价值目标，有助于股东或利益相关者确定对企业未来的预期。

4. 财务预测可以增强财务活动的可行性和一致性

除了创造企业价值这个总目标外，企业还有一系列具体的目标，如：市场份额、财务杠杆、权益报酬率等等，这些不同目标之间的联系很难看出来，财务预测和随之而来的财务规划采用统一的结构来协调这些不同的目标，把它们紧密联系起来，增强了可行性和一致性。

5. 财务预测有助于应变

财务预测面对未来，是超前思考的过程，不可能十分准确。但是财务预测给人们展现了未来的前景，促使人们制定应变计划，提高对不确定事件的反应能力，从而减少不利事件出现带来的损失，增加利用有利机会带来的收益。

三、财务预测的方法

财务预测是对企业未来营业收入增长及资金需求情况做出的推测与估计，为企业决策提供依据，这就需要科学和严谨的方法与程序。

财务预测的方法有定性预测法和定量预测法两大类。

(一) 定性预测法

定性预测法，又称判断预测法。它是由企业组织一些业务熟悉，并有一定理论知识和综合判断能力的专家和专业人员，利用相关资料，依靠个人经验的主观判断和综合分析能力，对未来状况和趋势做出预测的一种方法。常用的定性预测方法主要有意见汇集法、专家小组法和德尔菲法。

1. 意见汇集法

意见汇集法是由企业财务预测人员根据事先拟定好的预测提纲，对相关管理人员、专家和业务人员展开调查，广泛征求意见，然后把各方面的意见进行整理、归纳、分析、判断，最后做出预测结论。

该方法能广泛收集专业人员的意见，集思广益，并且耗时和耗费都比较少，运用灵活。但预测结果易受个人主观判断的影响，对一个问题可能产生多种不一致的观点，难以得出令人信服的结论。

2. 专家小组法

专家小组法是由企业组织有关方面的专家组成预测小组，通过召开座谈会的形式，进行充分、广泛的调查研究和讨论，然后根据专家小组的集体研究成果做出最后的预测判断。

该方法由专家小组成员面对面地进行集体讨论和研究，可以相互启发、印证和补充，使对预测问题的分析和研究更充分、全面和深入，避免各专家因信息资料不能共享而使预测带有片面性。但由于会议上进行的是面对面的讨论，参加者可能碍于情面而不能充分发表自己的意见，有些观点难免会受到别人左右。

3. 德尔菲法

德尔菲法又称专家调查法，主要是采用通讯方法，通过向有关专家发出预测问题调查表的方式来搜集和征求专家们的意见，并经过多次反复、综合、整理、归纳各专家的意见之后，做出预测判断。

该方法既让各个专家可以各抒已见，又可以集思广益，取长补短。对专家意见进行综合分析，有助于克服预测中的片面性。但该方法占用时间较多，速度较慢。

总体来讲，定性预测法容易受主观因素影响，因而精确度、客观性相对较差。

(二) 定量预测法

定量预测法是指借助于一定的数学方法对企业财务发展趋势、未来财务状况和财务成果做出数量分析的预测方法。财务预测中的定量预测方法主要有营业收入百分比法、回归分析法等。

1. 营业收入百分比法

营业收入百分比法是根据营业收入与资产负债表和利润表项目之间的相关关系，假设企业营业收入与部分成本、费用、资产和负债之间存在稳定的比例关系，根据预测出的营业收入就可以对预测期的资产负债表、利润表项目进行预测的方法。

营业收入百分比法有三个主要特点：一是成本、费用、资产和负债随营业收入的增长而同比例放大，二是总体和单项的资产周转率都不变，三是资产结构保持不变。基于以上三个特点，在营业收入百分比法下，已知预测期营业收入的增长率，就可以根据比例关系预测成本、费用、资产和负债的数值，进而计算企业未来的资金需要量，为企业资金筹措提供了参考依据。该方法操作简单，通俗易懂，但也存在局限性。由于没有考虑各项资产对当期营业收入贡献的差异性，按同比例增长的方法与实际情况可能产生较大的误差，因此在实际操作中，还需要参考其他因素的影响做出适当的调整。此外，未来期间资产结构保持不变也可能与实际情况不符。

2. 回归分析法

回归分析法是利用一系列历史资料求得资金需求量和营业收入的函数关系，在已知预期的营业收入后，根据函数关系预测资金需求量的方法。

回归分析法需要根据资金习性对资金进行划分。资金习性，是资金需要量和业务量之间的依存关系。一般地，资金需求量会随着业务量变化而变化。按照资金需求量和业务量之间的依存关系，可以把所有资金分为不变资金和变动资金。不变资金是指在一定的相关范围内，不受业务量变动的影响而保持固定不变的那部分资金；可变资金是指随业务量的变动而呈正比例变动的那部分资金。根据资金习性建立资金模型，对资金需要量预测分析。资金模型如下：

$$Y = a + bX$$

其中：Y 表示资金需求量，a 表示不变资金，b 表示单位可变资金，X 表示业务量，即销售量或营业收入。

根据一系列历史资料，使用回归技术（如最小二乘数法）计算 a 和 b，从而确定资金模型，就可以进行资金需要量预测。

回归分析法可以建立总资金需求模型，即按营业收入与占用资金总额的历史资料进行回归，得出总资金需求函数。然后根据预测的营业收入，一次计算出资金需求量。

回归分析法也可以分别建立各项资产、负债项目和营业收入的函数关系，即分别按营业收入与各项资产、负债与历史资料进行回归，得出各自的资金需求函数。然后根据预测的营业收入，分别完成各项资产、负债项目的预测，后面的计算步骤与营业收入百分比法相同。

由于回归分析法利用一系列的历史资料和回归技术进行预测，预测结果较为准确。一般地，历史资料跨期越长越准确，在没有足够历史资料的情况下，难以实施。回归技术比较复杂，可以使用相关软件进行操作。

四、财务预测的程序

财务预测是进行财务规划的前提，财务预测将预期市场目标转化为预期财务目标，并进一步转化为预期资产需求和融资需求目标，从而进行财务规划。一般情况下，财务预测之前先要制定市场战略，然后经过预测收入，预测资产需求、融资需求的过程。根据财务预测到财务规划的两次目标转化过程，财务预测的一般程序如下：

(一) 预测营业收入

营业收入预测是财务预测的起点，是资产需求、成本费用、融资需求等一系列预测的基础。营业收入预测完成后才能开始财务预测，一般情况下，财务预测是把营业收入数据视为已知数，作为财务预测的起点。

预测营业收入时需要分析过去及现在财务报表显示的业绩状况，并根据经营战略判断企业的发展状况，研究产品结构和市场结构等。可以采用回归分析法和产品结构法进行预测，回归分析法主要利用历史数据，寻求营业收入与年度之年的函数关系，然后根据函数关系预测营业收入。产品结构法主要是对企业各类产品的营业收入进行预期和调整，按照各类产品所占的比重进行加权汇总来预测总营业收入。

营业收入预测对财务预测的质量有重大影响。如果销售的实际状况超出预测很多，企业没有准备足够的资金添置设备或储备存货，则无法满足顾客需要，不仅会失去盈利机会，还会丧失原有的市场份额。相反，当企业筹集了大量资金购买设备并储备存货，但没有实现预期销售时，则会造成设备闲置和存货积压。

(二) 预计各项资产和自发增长的经营负债

一般来说，资产与营业收入之间存在一定的数量对应关系，用营业收入百分比法或回归分析法可以把这种对应关系用函数表示出来。根据预测期的营业收入和函数就可以预计各项资产的数额。负债项目的预测与资产同理，由于大部分的流动负债项目是经营活动自发增长的，预测期营业收入必然要占用一定的经营负债，用营业收入百分比法或回归分析法可以把这种数量对应关系表示出来，从而对经营负债进行预测。这种自发增长的经营负债可以抵减预测期的一部分融资需求。

(三) 预计各项费用和增加的保留盈余

营业收入百分比法假设营业费用、管理费用等利润表项目与营业收入也存在稳定的比例关系，这样可以根据预测的营业收入估计费用、支出和损失，并在此基础上确定净收益。净收益和股利支付率共同决定保留盈余所能提供的资金数额。

(四) 预计外部融资需求

预测期的外部融资需求是根据会计恒等式计算的，资产总额等于负债总额与权益总额之和。因此，预测期资产增加额等于经营负债自发增长额、保留盈余增加额和外部融资需求之和，其关系如表 7-1 所示：

表 7-1　预测期资产负债表

资产	负债与股东权益
期初数	期初数
预测期资产增加额	预测期经营负债自发增加额
	预测期融资需求
	预测期保留盈余增加额

如表 7-1 所示，预测期融资需求的计算公式如下：

$$融资需求 = 资产增加额 - 负债自发增加额 - 保留盈余增加额$$

五、营业收入百分比法

采用营业收入百分比法进行财务预测的基本步骤如下：

(一) 确定各项资产和负债的营业收入百分比

营业收入百分比法假设企业营业收入与部分资产和负债之间存在稳定的比例关系，因此在预计各项资产和自发增长的经营负债时，要先分析哪些资产和负债与营业收入存在稳定的比例关系，并根据历史数据确定其百分比。

一般而言，资产项目中的货币资金、应收款项和存货等项目，负债项目中的应付账款、应付工资等经营性流动负债项目会随营业收入的改变而改变，固定资产是否变动取决于预测期的经营规模是否在原有的规模之内，长期投资、无形资产、长期负债等项目一般不会随着营业收入改变而改变。与营业收入之间存在稳定比例关系的资产、负债项目在各个企业之间是不一样的，即便是同一企业，在不同年度也有变化，因此在确定资产、负债与营业收入的百分比时要视具体情况而定。

与营业收入有稳定比例关系的项目，根据确定的百分比进行预计，不随营业收入改变而改变的项目在预测期不变。具体公式如下：

$$各项资产(负债)营业收入百分比 = \frac{基期各项资产(负债)}{基期营业收入}$$

注：营业收入百分比也可以根据以前若干年度的平均数确定。

【例 7-1】大华公司 2010 年 12 月 31 日资产负债表如表 1 所示(2010 年期末余额栏)。该公司 2010 年的营业收入为 35 000 万元，净利润为 4 200 万元。

假设大华公司的资产项目中，货币资金、应收票据、应收账款、预收账款、预付账款、其他应收款、存货、固定资产与营业收入之间存在稳定的比例关系；负债项目中，应付票据、应付账款、预收账款、应付职工薪酬、应交税费、其他应付款与营业收入之间存在稳定的比例关

系，各项资产、负债的营业收入百分比按基期数字计算，如：

货币资金营业收入百分比 = 1 200 ÷ 35 000 ≈ 3.43%，

应收账款营业收入百分比 = 4 920 ÷ 35 000 ≈ 14.06%。

以此类推，存在稳定比例关系的资产负债项目的营业收入百分比计算结果见表 7-2（营业收入百分比栏），标注为 N 的栏目，是指该项目与营业收入不存在稳定的比例关系。

表 7-2 资产负债表

2010 年 12 月 31 日

单位：万元

资　产	2010 年期末余额	营业收入百分比	2011 年预测值	负债和股东权益	2010 年期末余额	营业收入百分比	2011 年预测值
流动资产：				流动负债：			
货币资金	1 200	3.43%	1 646.4	短期借款	2 150		☆④
交易性金融资产	300	N	300	交易性金融负债			
应收票据	660	1.89%	907.2	应付票据	1 237	3.53%	1 694.4
应收账款	4 920	14.06%	6748.8	应付账款	2 263	6.47%	3 105.6
预付款项	170	0.49%	235.2	预收款项	700	2%	960
应收利息				应付职工薪酬	310	0.89%	427.2
应收股利				应交税费	320	0.91%	436.8
其他应收款	96.5	0.27%	129.6	应付利息	140	N	140
存货	5 000	14.29%	6 859.2	应付股利	160	N	160
一年内到期的非流动资产	5 000	N	5 000	其他应付款	7.5	0.02%	9.6
其他流动资产				一年内到期的非流动负债			
流动资产合计	17 346.5		21 826.4	其他流动负债			
非流动资产：				流动负债合计	7 287.5		6 933.6
可供出售金融资产				非流动负债：			
持有至到期投资				长期借款	15 000		☆⑤
长期应收款				应付债券			
长期股权投资	2 800	N	2800	长期应付款			
投资性房地产				专项应付款	500	N	500
固定资产	16 000	45.71%	21 940.8	预计负债			
在建工程	3 892	N	3 892	递延所得税负债			
工程物资				其他非流动负债			
固定资产清理				非流动负债合计	15 500		500
生产性生物资产				负债合计	22 787.5		7 433.6
油气资产				股东权益：			
无形资产	5 700	N	5 700	股本	11 000		11 000

续表

资　产	2010 年期末余额	营业收入百分比	2011 年预测值	负债和股东权益	2010 年期末余额	营业收入百分比	2011 年预测值
开发支出				资本公积	9 100		9 100
商誉				减:库存股			
长期待摊费用				盈余公积	1 151		☆①2015
递延所得税资产				未分配利润	1 700		☆②6308
其他非流动资产				股东权益合计	22 951		☆③28423
非流动资产合计	28 392		34 332.8				
资产总计	45 738.5		56 159.2	负债和股东权益总计	45 738.5		

注:N 表示该项目与营业收入没有稳定的比例关系,具体哪些项目与营业收入存在稳定的比例关系,要视企业实际情况而定。

☆ 表示该项目的数据需通过相关数据计算而得。

(二) 预计各项资产和负债

根据 2011 年的预计营业收入和各项目营业收入百分比,可以计算预测期各项资产和负债数额,计算公式如下:

各项资产(负债) 数额 = 预计营业收入 × 各项目营业收入百分比。

假设 2011 年的预计营业收入为 48 000 万元,则各项目计算举例如下:

货币资金预测值 = 48 000 × 3.43% = 1 646.4(万元),

应付票据预测值 = 48 000 × 3.53% = 1 694.4(万元)。

预测结果如表 1 所示(2011 年预测值栏目),由于存在资金缺口,此时预测期资产负债表不平衡,负债和股东权益项目中标注为 ☆ 的项目,在下面步骤中计算。

资产增加总额 = 56 159.2 − 45 738.5 = 10 420.7(万元),

负债增加总额 = 7 433.6 − 22 787.5 =− 15 353.9(万元)。

(三) 预计可动用的金融资产

假设大华公司 2010 年末的交易性金融资产 300 万为可动用的金融资产,则可以减少外部融资 300 万。

(四) 预计增加的留存收益

假设大华公司在 2011 年不会发行新股或配股,股东权益的变化全部来自留存收益的增加。预测期的净利润减去支付的股利就是留存收益增加额,假设大华公司 2011 年的股利支付率为 5%,营业收入净利率与上年相同,则 2011 留存收益预计增加额计算如下:

营业收入净利率 = 上年净利润 ÷ 上年营业收入 = 4 200 ÷ 35 000 = 12%(万元),

净利润 = 预测期营业收入 × 营业收入净利率 = 48 000 × 12% = 5 760(万元),

股利支付 = 净利润 × 股利支付率 = 5 760 × 5% = 288(万元),

留存收益 = 净利润 − 股利支付 = 5 760 − 288 = 5 472(万元)。

若大华公司按净利润 10% 提取公积金,按 5% 提取公益金,则预测期盈余公积增加额和未分配利润增加额分别计算如下:

盈余公积增加额 = 5 760 × 15% = 864(万元),

未分配利润增加额 = 5 472 − 1 152 = 4 608(万元)。

在表 7-2 中盈余公积和未分配利润的预计数字分别为 ☆① = 1 151 + 864 = 2 015,☆② = 1 700 + 4 608 = 6 308,随之合计出 ☆③ 的数额为 28 423。

值得注意的是,该留存收益增加额的计算方法隐含了一个假设,即营业收入净利率可以涵盖增加的利息。设置该假设的目的是为了摆脱筹资预测的数据循环。在筹资预测时,需要先确定留存收益的增加数额,然后确定需要增加的借款,但是借款的改变影响财务费用,进而反过来影响留存收益。为了解决该数据的循环问题,一种办法是使用多次迭代法,逐步逼近可以使数据平衡的留存收益和借款数额;另一个简单的办法是假设销售净利率可以涵盖借款增加的利息,先确定留存收益,然后确定借款的数额。我们这里使用了后一种处理办法。

(五)预计增加的借款

需要的外部筹资额,可以通过增加借款或增发股本筹集,这涉及资本结构管理问题。通常,在目标资本结构允许的情况下企业会优先使用借款筹资。如果已经不宜或不能再增加借款,则需要增发股本。

大华公司 2011 年预计的资金需求计算如下:

外部融资需求 = 资产增加总额 − 负债增加总额 − 可动用的金融资产 − 留存收益增加额
= 10 420.7 − (−15 353.9) − 300 − 5 472
= 20 002.6(万元)。

因此,大华公司的外部融资需求为20 002.6万元。2010年的长期借款15 000万元可以继续使用, 20 002.6 − 15 000 = 5 002.6(万元)。

假设最大短期借款融资能力为 3 000 万元(☆④ 的数额),则 2011 年可以增加短期借款为:3 000 − 2 150 = 850(万元)。

此时尚需外部融资:5 002.6 − 3 000 = 2 002.6(万元)。

在不发行新股的情况下,大华公司预计 2011 年需要新增长期借款 2 002.6 万元,新增短期借款 850 万元。(表 7-2 中预测期 ☆④ = 2 150 + 850 = 3 000,☆⑤ = 15 000 + 2 002.6 = 17 002.6)

财务预测也可以使用经过调整的管理用资产负债表,针对性更强。

营业收入百分比法是一种比较简单的预测方法,存在两个主要的缺陷:一是假设部分经资产与负债与营业收入保持稳定的百分比,可能与事实不符;二是假设营业收入净利率可以涵盖借款利息的增加,也不一定合理。但由于该方法操作简单,可以作为决策提供一定的参考,需要更准确地预测信息可以采用回归分析法、Excel 电子表软件、交互式财务规划模型、综合数据库财务计划系统等。

六、长期财务预测

长期财务预测的时间跨度一般为3年～5年,最长不超过10年。长期财务规划涉及基期和预测期,一般以预测期开始的上一年度为基期,是预测工作的起点。基期数据包括各项财务数据的金额、增长率以及反应财务数据之间关系的财务比率。通常情况下,如果经过历史财务报表数据分析,上年财务数据具有可持续性,则以上年数据作为基期数据;如果不具有可持续性，则要经过修正，以修正后的数据作为基期数据，使之适合预测期的发展情况。

长期财务预测的方法与上述方法基本相同，也是以营业收入预测为起始点，预测时需要注意年度之间的数据关系。

第二节　财务规划

一、财务规划的概念

财务规划是在充分考虑使营业收入增长的投资需求与融资保障能力之间关系的前提下，对企业未来财务活动的整体性决策和科学判断。财务规划的基础和前提是进行财务预测，即财务规划是在对未来期间营业收入、资产、负债、权益等变化趋势与程度预测的基础上进行的，财务预测与规划可以为企业经济效益增长建立指南。

企业以发展求生存，营业收入增长是企业发展的主要表征。营业收入增长需要资产的增长来支撑，比如应收账款、存货、固定资产等，这就需要补充资金。如上一节所述，资产增长所需的资金除了企业经营负债的自发增长和留存收益之外，还需要一定的外部融资。企业的外部融资受资本结构和融资规模等的限制，一般不能随意实现，从而会限制资产的增长，进而限制营业收入的增长。因此，这就需要进行财务规划，来协调营业收入增长和融资需求之间的矛盾，而缺乏有效的财务规划是企业出现财务困境和财务失败的主要原因之一。

二、财务规划的研究内容

财务规划的核心问题是协调营业收入增长和融资能力约束的配合关系。主要包括以下两个方面：

(一) 营业收入增长要求下的融资需求

按照资产负债表从左至右的过程规划，即：营业收入增长带来资产增长，资产增长先用自发性负债增长和留存收益增长满足，资金缺口需要外部融资。

(二) 融资能力约束下可以实现的营业收入最大增长率

按照资产负债表从右至左的过程规划，即资本结构和融资规模决定了企业的融资能力，融资能力约束了资产的增长，从而限定了营业收入可以实现的最大增长率。

三、财务规划的基本模型

企业的融资能力会限制企业的增长，从融资来源上看，企业增长的实现方式有三种：一是完全依靠内部资金增长。有些小企业无法取得借款，有些大企业不愿意借款，它们主要是靠内部积累实现增长，但有限的内部财务资源往往会限制企业的发展。二是主要依靠外部资金增长。从外部筹资，包括增加债务和股东投资，增加负债会增加财务风险，导致筹资能力下降甚至完全丧失，增加股东投入资本不仅会分散控制权，而且会稀释每股盈余，因此主要依靠外部资金实现增长是不能持久的。三是平衡增长，也称为可持续增长。即保持目前的财务结构和与此有关的财务风险，按照股东权益的增长比例增加借款，以此支持销售增长，这是一种可持续的增长方式。在可持续增长条件下，资产、负债与股东权益的数据关系表 7-3 所示：

表 7-3　可持续增长下的资产与权益关系

资产	负债与股东权益
期初资产 100 万	期初负债 40 万 期初股东权益 60 万
资产增加 20 万	股东权益增加 12 万 负债增加 8 万

(一) 可持续增长率的假设条件

可持续增长率(*SGR*)是指不增发新股并保持目前经营效率和财务政策条件下营业收入增长的最大比率。可持续增长率并非追求增长的最大化，企业应在不耗尽财务资源的情况下合理安排营业收入的增长率，使得营业收入的增长与企业的财务政策相配合。过快或过慢的营业收入增长都有可能导致企业陷入财务困境，通过比较实际增长率和可持续增长率，可以判断企业的增长目标是否与财务资源相配合，从而适时进行调整，促使企业健康发展。

可持续增长率模型的基本假设条件有以下五条：

(1) 企业当前的资本结构是个目标结构，并且打算继续维持下去；

(2) 企业当前的股利支付率是一个目标支付率，并且打算继续维持下去；

(3) 不增发新股；

(4) 维持当前营业收入净利率水平，并且可以涵盖负债的利息；

(5) 维持当前资产周转率水平。

在上述假设条件下，营业收入实际增长率与可持续增长率相等。

可持续增长的思想，不是说企业的增长不可以高于或低于可持续增长率，问题在于管理人员必须事先预计并加以解决由于过快或过慢增长所导致的财务问题。如果增长过快，在不增发新股的情况下，超过部分的资金只有两个解决办法：提高资产收益率，或者改变财务政策。提高经营效率并非总是可行的，改变财务政策是有风险和极限的，因此超常增长只能是短期的。从长期来看，企业增长总是受到可持续增长率的制约。

(二) 可持续增长率的计算

1. 根据期初股东权益计算的可持续增长率

限制营业收入增长的是资产，限制资产增长的是融资来源(包括负债和股东权益)。在不改变经营效率和财政政策的情况下，限制资产增长的是股东权益增长率。

可持续增长率 = 满足五个假设前提条件下的营业收入增长率。

由于假设 5(资产周转率不变)：营业收入增长率 = 总资产增长率

由于假设 1(资本结构不变)：总资产增长率 = 股东权益增长率

由于假设 3(不增发新股)：股东权益增长率 = 留存收益本期增加额 / 期初股东权益

可持续增长率 = 满足五个假设前提条件下的营业收入增长率。

因此，有以下公式：

$$可持续增长率=\frac{本期留存收益增加额}{期初股东权益}$$

$$= \frac{本期净利润 \times 本期利润留存率}{期初股东权益}$$

$$= \frac{本期净利润}{本期营业收入} \times \frac{本期营业收入}{期末总资产} \times \frac{期末总资产}{期初股东权益} \times 本期利润留存率$$

= 营业收入净利率×总资产周转率×期初权益期末总资产乘数×本期利润留存率

【例 7-2】根据大华公司 2008 年～2010 年的主要财务数据，计算可持续增长率和实际增长率，如表 7-4 所示：

表 7-4　按期初股东权益计算的持续增长率　　单位：万元

年度	2008 年	2009 年	2010 年
营业收入	1 000	1 100	1 430
净利润	50	55	71.5
股利	20	22	28.6
留存利润	30	33	42.9
股东权益	330	363	405.9①
负债	60	66	151.8③
总资产	390	429	557.7②
营业收入净利率	5%	5%	5%
总资产周转率	2.5641	2.5641	2.5641
期末总资产／期初股东权益	1.3	1.3	1.536 4
利润留存率	0.6	0.6	0.6
可持续增长率	10%	10%	11.82%
实际增长率		10%	30%

注：① 不发行新股，股东权益 = 上期股东权益 + 本期留存收益 = 363 + 42.9 = 405.9。

② 资产周转率保持 2.5641 不变，总资产 = 1 430/2.5641 = 557.7。

③ 负债 = 资产 − 股东权益 = 557.7 − 405.9 = 151.8。

根据可持续增长率公式(按期初股东权益)，表 7-4 中可持续增长率和实际增长率计算如下：

2009 年可持续增长率 = 营业收入净利率×总资产周转率×期初权益期末总资产乘数×本期利润留存率

$= 5\% \times 2.5641 \times 1.3 \times 0.6$

$= 10\%$。

2009 年实际增长率 = (本期营业收入 − 上期营业收入) ÷ 上年营业收入

$= (1\,100 - 1\,000) \div 1\,000$

$= 10\%$。

其他年度计算相同。

2. 根据期末股东权益计算的可持续增长率

由例 7-2 的计算可知，根据期初股东权益计算的可持续增长率，需要知道上年度的股东权益，否则无法计算，比如 2008 年度。如果仅有当年的财务数据，在计算可持续增长率时，就要根据期末的股东权益来计算，此时需要重新推算可持续增长率的计算公式。

由可持续增长率的公式进行推导：

$$\begin{aligned}
\text{可持续增长率} &= \text{营业收入净利率}\times\text{总资产周转率}\times\text{利润留存率}\times\frac{\text{期末总资产}}{\text{期初股东权益}}\\
&= \text{营业收入净利率}\times\text{总资产周转率}\times\text{利润留存率}\times\\
&\quad \frac{\text{期末总资产}}{\text{期末股东权益}-\text{留存收益增加额}}\\
&= \frac{\text{营业收入净利率}\times\text{总资产周转率}\times\text{利润留存率}\times\dfrac{\text{期末总资产}}{\text{期末股东权益}}}{\dfrac{\text{期末股东权益}-\text{留存收益增加额}}{\text{期末股东权益}}}\\
&= \frac{\text{营业收入净利率}\times\text{总资产周转率}\times\text{利润留存率}\times\text{期末权益乘数}}{1-\text{利润留存率}\times\dfrac{\text{净利润}}{\text{期末股东权益}}}\\
&= \frac{\text{利润收入净利率}\times\text{总资产周转率}\times\text{利润留存率}\times\text{期末权益乘数}}{1-\text{利润留存率}\times\dfrac{\text{净利润}}{\text{营业收入}}\times\dfrac{\text{营业收入}}{\text{资产总额}}\times\dfrac{\text{资产总额}}{\text{期末股东权益}}}\\
&= \frac{\text{利润留存率}\times\text{营业收入净利率}\times\text{总资产周转率}\times\text{期末权益乘数}}{1-\text{利润留存率}\times\text{营业收入净利率}\times\text{总资产周转率}\times\text{期末权益乘数}}
\end{aligned}$$

【例 7-3】大华公司有关财务数据同例 7-2，按期末股东权益计算的可持续增长率如表 7-5 所示：

表 7-5　按期末股东权益计算的持续增长率　　单位：万元

年度	2008 年	2009 年	2010 年
营业收入	1 000	1 100	1 430
净利润	50	55	71.5
股利	20	22	28.6
留存利润	30	33	42.9
股东权益	330	363	405.9
负债	60	66	151.8
总资产	390	429	557.7
营业收入净利率	5%	5%	5%
总资产周转率	2.5641	2.5641	2.5641
期末总资产／期末股东权益	1.1818	1.1818	1.3740
利润留存率	0.6	0.6	0.6
可持续增长率	10%	10%	11.82%
实际增长率		10%	30%

根据可持续增长率公式(按期末股东权益)，表 7-5 中可持续增长率计算如下：2008 年可持续增长率 $=\dfrac{0.6\times5\%\times2.5641\times1.1818}{1-0.6\times5\%\times2.5641\times1.1818}=10\%$。

其他年度计算方法相同。

通过对比例 7-2 和例 7-3 可知，两种方法下计算的可持续增长率相同。

(三)可持续增长率与实际增长率

实际增长率和可持续增长率经常不一致。通过分析两者的差异,可以了解企业的经营业绩和财务政策有何变化?高速增长的资金从哪里来?能否持续下去?

【例 7-4】沿用例 7-3 的资料,大华公司 2009 年的经营效率和财务政策与 2008 年相同,2009 年的实际增长率、2008 年和 2009 年的可持续增长率均为 10%。2010 年该公司出现高速增长,实际增长率高达 30%,比可持续增长率高出 18.18%,分析高速增长所需要的资金从哪里来?

分析发现:2010 年的权益乘数增加 0.1922,另外三个财务比率没有变化。企业提高了财务杠杆,这一举措为高速增长提供了所需要的资金,具体分析如下:

1. 计算超常增长的营业收入

按可持续增长率计算的营业收入 = 上年营业收入 ×(1 + 可持续增长率)

= 1 100 ×(1 + 10%) = 1 210(万元),

超常增长的营业收入 = 实际营业收入 − 按可持续增长计算的营业收入

= 1 430 − 1 210 = 220(万元)。

2. 计算超常增长所需资金

实际增长需要资金 = 实际营业收入 ÷ 当年资产周转率

= 1 430 ÷ 2.5641 = 557.7(万元),

可持续增长需要资金 = 可持续增长营业收入 ÷ 上年资产周转率

= 1 210 ÷ 2.5641 = 471.9(万元),

超常增长所需资金 = 实际增长需要资金 − 可持续增长需要资金

= 557.7 − 471.9 = 85.8(万元)。

3. 超常增长所需资金的资金来源

(1) 留存收益提供资金 = 42.9(万元),

其中:按可持续增长率增长提供留存收益 = 33 ×(1 + 10%) = 36.3(万元),

超常增长产生的留存收益 = 实际留存收益 − 可持续增长留存收益

= 42.9 − 36.3 = 6.6(万元)。

(2) 借款提供资金 = 151.8 − 66 = 85.8(万元),

其中:按可持续增长需要增加的借款 = 66 × 10% = 6.6(万元),

超常增长额外借款 = 85.8 − 6.6 = 79.2(万元)。

由以上计算可知,超长增长所需的资金 85.8 万元,有 6.6 万元来自超常增长本身引起的留存收益增加,另外的 79.2 万元来自额外增加的借款。正是由于增量权益资金和增量借款的比例不同于原来的资本结构,使得权益乘数提高到 1.374。上述有关的计算过程可见表 7-6。

表 7-6 超长增长的资金来源

单位:万元

年度	2008 年	2009 年	2010 年	2010 年假设按可持续增长 10%	增加额
营业收入	1 000	1 100	1 430	1 210	220
净利润	50	55	71.5	60.5	11
股利	20	22	28.6	24.2	4.4

续表

年度	2008 年	2009 年	2010 年	2010 年假设按可持续增长 10%	增加额
留存利润	30	33	42.9	36.3	6.6
股东权益	330	363	405.9	399.3	6.6
负债	60	66	151.8	72.6	79.2
总资产	390	429	557.7	471.9	85.8
营业收入净利率	5%	5%	5%		
总资产周转率	2.5641	2.5641	2.5641		
期末总资产／期末股东权益	1.1818	1.1818	1.3740		
利润留存率	0.6	0.6	0.6		
可持续增长率	10%	10%	11.82%		
实际增长率		10%	30%		

(四) 可持续增长率与实际增长率的关系

可持续增长率是企业当前经营效率和财务政策决定的内在增长能力，实际增长率是本年营业收入比上年营业收入的增长百分比。在不增发新股的情况下，它们之间有如下关系：

(1) 如果某一年的经营效率和财务政策与上年相同，则实际增长率、上年的可持续增长率以及本年的可持续增长率三者相等。这种增长状态，在资金上可以永远持续发展下去，可称之为平衡增长。当然，外部条件使公司不断增加的产品能为市场所接受。

(2) 如果某一年的公式中的 4 个财务比率有一个或多个数值增长，则实际增长率就会超过本年的可持续增长率，本年的可持续增长率会超过上年的可持续增长率。由此可见，超常增长是“改变”财务比率的结果，而不是持续当前状态的结果。企业不可能每年提高这 4 个财务比率，也就不可能使超常增长继续下去。

(3) 如果某一年的公式中的 4 个财务比率有一个或多个数值比上年下降，则实际销售增长就会低于本年的可持续增长率，本年的可持续增长率会低于上年的可持续增长率。这是超常增长之后的必然结果，公司对此事先要有所准备。如果不愿意接受这种现实，继续勉强冲刺，现金周转的危机很快就会来临。

(4) 如果公式中的 4 项财务比率已经达到公司的极限水平，单纯的销售增长无助于增加股东财富。销售净利率和资产周转率的乘积是资产净利率，它体现了企业运用资产获取收益的能力，决定于企业的综合效率。至于采用“薄利多销”还是“厚利少销”的方针，则是经营政策选择问题。收益留存率和权益乘数的高低是财务政策选择问题，取决于决策人对收益与风险的权衡。因此，企业的综合效率和承担风险的能力，决定了企业的增长速度。

实际上一个理智的企业在增长率问题上并没很大回旋余地，尤其是从长期来看更是如此。一些企业由于发展过快陷入危机甚至破产，另一些企业由于增长太慢遇到困难甚至被其他企业收购，这说明不当的增长足以毁掉一个企业。

四、营业收入增长要求下的融资规划

外部融资需求是在营业收入增长率已知的前提下，计算出在预测期内支持营业收入增长率所需的外部融资，进而在企业财务目标之下对外部融资来源进行规划。这是按照资产负债表从左至右的过程规划，在财务预测中已经介绍过按营业收入百分比法如何计算外部融资需求，现在来分析满足外部融资需求的财务政策是否可行？

在例 7-2 中，大华公司 2010 年可持续增长率是 11.82%，而实际增长率是 30%，这种高增长提高财务杠杆的结果。企业借款会有很多限制条件，而且也不可能无限制的获得借款，如果大华公司 2011 年想继续 30% 的高增长，它必须继续增加借款或进行权益筹资。如果想要维持 30% 的增长率，2011 年需要额外补充的资金计算如下：

预期营业收入 = 基期营业收入 ×（1 + 30%）
= 1 430 ×（1 + 30%）
= 1 859（万元），

需要资金总额 = 预期营业收入 ÷ 计划资产周转率
= 1 859 ÷ 2.5641
= 725.01（万元），

留存收益提供资金 = 1 859 × 5% × 0.6 = 55.77（万元）。

如果不发行新股，期末股东权益为：405.9 + 55.77 = 461.67（万元），

此时，权益乘数 = 总资产 ÷ 期末股东权益
= 725.01 ÷ 461.67
= 1.5704。

如果大华公司在 2011 年可以继续提高财务杠杆，能够承受 1.5704 的权益乘数，则借款资金来源可以满足营业收入增长带来的资金需求。但财务杠杆的高低是重要的财务政策，不可能随便提高，更不可能无限提高。如果借款无法满足资金需求，就要考虑发行新股、提高利润留存率、销售净利率、资产周转率等，来弥补资金缺口。如同财务杠杆一样，这些财务政策都不可能无限提高，从而限制了企业的增长率，这就说明企业的增长要考虑融资约束。

五、融资能力约束下的增长率

通常情况下，企业的资本结构和融资规模都是受限制的。企业在经营过程中，很难有不受融资约束的增长，资金限制使企业不能实现最大的营业收入增长率，这就要求企业根据自身的融资条件，计算出可以实现的最大营业收入增长率，作为预测营业收入的参照指标。这种按照资产负债表从右至左的规划过程，与营业收入增长率既定条件的融资规划是两个相对的过程。

营业收入增加引起的资金需求增长，除了自然增长的经营负债外，有两种途径来满足：一是内部留存收益的增加；二是外部融资。如果不能或不打算从外部融资，只依靠内部积累来支持营业收入增长，此时的营业收入增长率称为“内含增长率”。

内含增长率的公式推导过程是基于基本会计等式的，推导如下：

资产增加额 = 负债增加额 + 股东权益增加额，即：

$$Z_0 \times \triangle S = N_0 \times \triangle S + P_0 \times (S_0 + \triangle S) \times (1 - d_0)$$

整理得：

$$\text{内含增长率}(IGR) = \frac{\triangle S}{S} = \frac{P_0 \times (1 - d_0)}{Z_0 - N_0 - P_0 \times (1 - d_0)}$$

式中：Z_0 为基期资产营业收入百分比（资产 / 营业收入）；$\triangle S$ 为营业收入增加额；N_0 为基期经营负债营业收入百分比（经营负债 / 营业收入）；P_0 为基期营业收入净利率；S_0 为基期

营业收入；d_0 为基期股利支付率。

【例 7-5】已知大华公司 2009 年的营业收入净利率为 5%，资产营业收入百分比为 39%，经营负债营业收入百分比 3%，股利支付率 40%。2009 年末，为预测 2010 年的营业收入增长率，需要计算 2010 年的内含增长率，以做参考。

计算如下：

$$2010\text{ 年内含增长率}(IGR)=\frac{5\%\times(1-40\%)}{39\%-3\%-5\%\times(1-40\%)}=9.09\%。$$

因为没有外部融资，营业收入增长率受到限制，如果不考虑经营负债的自然增长，只用留存收益融资，内含增长率会更低。

如果在不发行新股的情况下保持企业的资本结构和经营效率不变，按照股东权益的增长比率增加借款，以此支持营业收入的增长，那么这种增长方式就是前面所讲的可持续增长。

【本章习题】

一、思考题

1. 什么是财务预测？简述财务预测的意义。
2. 财务预测的基本方法有哪些？
3. 简述财务预测的基本程序。
4. 什么是财务规划？财务规划主要包括那两个方面的内容？
5. 什么是可持续增长率？如何计算？其与实际增长率的关系如何？

二、案例分析题

1. 凯瑞公司 2010 年的营业收入为 8 000 万元，净利润为 1 000 万元，按净利润 40% 支付股利，按净利润 10% 提取公积金，5% 提取公益金。据凯瑞公司历史资料显示，营业收入与所有资产项目、除短期借款以外的流动负债项目成正比。该公司 2010 年 12 月 31 日资产负债表 7-7 所示：

表 7-7　资产负债表

编制单位：凯瑞公司　　　　2010 年 12 月 31 日　　　　单位：万元

资　产	期末余额	负债和股东权益	期末余额
流动资产	3 200	负债：	
		短期借款	200
		应付票据	1 500
		应付账款	1 000
		应付职工薪酬	200
		长期借款	800
		负债合计	3 700

续表

资　产	期末余额	负债和股东权益	期末余额
非流动资产	2 800	股东权益：	
		股本	800
		资本公积	700
		盈余公积	200
		未分配利润	600
		股东权益合计	2 300
资产总计	6 000	负债和股东权益总计	6 000

要求：

若凯瑞公司2011年预计营业收入1 500万元，采用营业收入百分比法计算该公司2011年需要增加的外部融资(保持上年营业收入净利率、股利支付率，假设营业收入净利率可以涵盖增加的利息)。

2. 嵩阳公司2008年～2010年的有关财务数据如表7-8：

表7-8　各年度增长的资金来源

年度	2008年	2009年	2010年
营业收入	400	440	572
净利润	20	22	28.6
股利	8	8.8	11.44
留存利润	12	13.2	17.16
股东权益	132	145.2	162.36
负债	24	26.4	60.72
总资产	156	171.6	223.08
营业收入净利率			
总资产周转率			
期末总资产／期末股东权益			
利润留存率			
可持续增长率			
实际增长率			

要求：

(1) 计算该公司2008年～2010年的可持续增长率，如果有超长增长，计算分析超长增长的资金来源。

(2) 如果该公司想要在2011年取得20％的增长率，求2011年需要额外补充的资金。

(3) 你会如何安排额外资金需求的融资来源?若保持营业收入净利率、总资产周转率、利润留存率不变，额外资金需求如何满足?

第八章 财务决策

【教学目的与要求】

1. 了解决策的相关内容;概念、分类、目的、决策过程中的障碍

2. 熟悉财务决策的一般步骤、方法与依据

3. 了解财务决策支持系统的相关内容

【教学重点与难点】

财务决策的程序;差量分析法;指标比较法(包括 NPV、MACC、EBIT 等);数学微分法;最优订货量;线性规划法;组合投资(资金有限时);概率分析法(决策表分析法、决策树分析法);损益决策法(主观判断法)。

【引例】

美国国际商用机器公司为了从规模上占领市场,大胆决策购买股权。1982 年用 2.5 亿美元从美国英特尔公司手中买下了 12% 的股权,从而足以对付国内外电脑界的挑战;另一次是 1983 年,又以 2.28 亿美元收购了美国一家专门生产电讯设备的企业罗姆公司 15% 的股权,从而维持了办公室自动化设备方面的"霸王"地位。又如,早在 1965 年,美国的一家公司发明了盒式电视录像装置,可是美国公司只用它来生产一种非常昂贵的广播电台专用设备。而日本索尼的经营者通过分析论证,看到了电视录像装置一旦形成大批量生产,其价格势必降低,许多家庭可以购买得起此种录像装置。这样一来,家用电子产品这个市场就会扩大,如果马上开发研究家用电视录像装置,肯定会获得很好的经济效益和社会效益。由于这一决策的成功,家用电视录像装置的市场一度被日本占去了 90% 多,而美国则长期处于劣势。此例说明,经营决策正确,可以使企业在风雨变幻的市场上独居领先地位,并可保持企业立于不败之地。

第一节 财务决策概述

决策理论(Theory Of Decision Making/Decision Theory)是把第二次世界大战以后发展起来的系统理论、运筹学、计算机科学等综合运用于管理决策问题,形成的一门有关决策过程、准则、类型及方法的较完整的理论体系。决策理论已形成了以诺贝尔经济学奖得主赫伯特·西蒙为代表人物的决策理论学派。"决策"一词通常指从多种可能中作出选择和决定。

西蒙决策理论的基本要点是:

1. 决策贯穿于管理的全过程,管理就是决策

包括:(1) 决策理论是管理理论发展的新阶段;(2) 组织就是作为决策者的个人所组成的系统;(3) 组织的全部管理活动就是决策。

2.决策是一个过程

包括:(1) 情报活动;(2) 设计活动;(3) 抉择活动;(4) 审查活动。

3.决策应采用“有限度的理性”准则或标准

包括:(1) 经济人的“绝对的理性”准则;(2) 组织中人的行为是为实现一定目的,具有有限度理性的以任务为中心的合理地选择手段的“管理人”的行为;(3) 有限度的理性导致管理人寻求“符合要求的”或“令人满意的”措施。

决策理论广泛应用于管理、经济领域,于是就出现了管理决策、经济决策的相关概念。其中,财务决策便是决策理论在财务管理活动中的具体应用。本章后面的部分也将重点讲解财务决策的相关内容。

一、财务决策的概念

财务决策是对财务方案、财务政策进行选择和决定的过程。财务决策的目的在于确定最为令人满意的财务方案。只有确定了效果好并切实可行的方案,财务活动才能取得好的效益,完成企业价值最大化的财务管理目标。因此财务决策是整个财务管理的核心。财务决策需要有财务决策的基础与前提,财务决策则是对财务预测结果的分析与选择。财务决策是一种多标准的综合决策,决定方案取舍的、既有货币化、可计量的经济标准,又有非货币化、不可计量的非经济标准,因此决策方案往往是多种因素综合平衡的结果。

决策在我们当今社会中无所不在,大到国家,小到个人,都离不开决策,例如,日常生活决策、工作决策、企业经营决策、国家发展决策等等。而财务决策对企业来说也是无所不在的,例如,财务管理中的订货决策、资本结构决策、产品定价决策、成本决策、投资决策、销售决策、最优生产量决策、采购决策、生产决策、赊销决策、目标销售量决策、新产品开发决策、风险投资决策、兼并收购决策、广告支出决策、品牌投资决策等等。

二、财务决策的类型

财务决策按照能否程序化,可以分为程序化财务决策和非程序化财务决策。程序化财务决策指对不断重复出现的例行财务活动所作的决策,非程序化财务决策是指对不重复出现、具有独特性的非例行财务活动所作的决策。

财务决策按照决策所涉及的时间长短,可分为长期财务决策和短期财务决策。前者指所涉及时间超过一年的财务决策,后者指所涉及时间不超过一年的财务决策。

财务决策按照决策所处的条件,可分为确定型财务决策、风险型财务决策和非确定型财务决策,前者指对未来情况完全掌握、每种方案只有一种结果的事件的决策;次者指对未来情况不完全掌握、每种方案会出现几种结果,但可按概率确定的条件的决策;后者指对未来情况完全不掌握,每种方案会出现几种结果,且其结果不能确定的事件的决策。

财务决策按照决策所涉及的内容又可以分为投资决策、筹资决策和股利分配决策。前者指资金对外投出和内部配置使用的决策,次者指有关资金筹措的决策,后者指有关利润分配的决策。

财务决策还可以分为生产决策、市场营销决策等。生产决策是指在生产领域中,对生产什么、生产多少以及如何生产等几个方面的问题做出的决策,具体包括剩余生产能力如何运用、亏损产品如何处理、联产品是否进一步加工和生产批量的确定等。市场营销决策往往涉

及三个方面的问题：一是销售价格的确定，即定价决策。它可以针对标准产品，需要从较长时期角度考虑成本补偿和目标利润实现问题，往往要根据完全成本法的单位产品成本来确定；也可以针对新产品，这往往涉及企业的竞争策略，而管理会计提供的决策支持信息也主要是新产品的生产成本；而短期财务决策中的定价决策涉及的主要是剩余生产能力情况下的特殊订货，需要通过成本、业务量和利润之间关系的分析来确定最低可以接受的价格。二是如何在销售价格和销售量之间取得平衡，以谋求利润最大。它要利用经济学中关于供需变化规律的研究成果，通过对成本、业务量和利润之间的依存关系分析来确定最优的价格水平，为市场竞争中的价格竞争提供决策依据。三是如何充分利用有限的资源，以谋求利润最大。它涉及单一约束条件下的品种规划和多因素约束条件下的品种规划两方面的决策。

三、财务决策的目的

所有决策的目的都是使企业目标最优化。例如，营利企业就是利润最大化，非营利慈善组织就是令某种非定量化目标最大化。对于财务决策来说，由于决策的影响是短期的，对于战略的因素考虑较少，而主要注重收益最大化，或在收入不变的情况下寻求成本最低。

四、财务决策过程中的障碍

如同企业管理决策中的其他决策一样，在企业财务决策过程中也会碰到一些障碍，通常可将财务决策过程中的障碍分为主观障碍和客观障碍两大类。

(一) 财务决策过程中的主观障碍

财务决策过程中的主观障碍是指由于决策者在决策过程中的不良心理效应而造成的障碍。因此，决策的主观障碍亦可称为决策的心理障碍。此类障碍具体有以下八种：

1. 完型心理障碍

所谓完型心理即人们总是自觉或不自觉地追求完整或完美的一种心理。按“格式塔”心理学派的解释，人们的心理现象总是表现为结构性、整体性，而心理组织也具有“良好完型原则”。完型心理的积极效用不言而喻，但现实生活中的“完整”或“完美”往往既不现实也无必要。如果我们的决策建立在一种面面俱到的假想中，就很可能患得患失，从而既使决策缺乏可行性，也使决策缺乏有效性。

2. 定势心理障碍

定势是人们从事某项活动时的一种预先准备的心理状态，它能影响后继的心理活动的趋势、程度、方式，其中包括知觉定势、思维定势、观念定势、情感定势、意向定势等。在决策活动中，决策者已有的心理定势的消极效用主要表现在容易使决策者的心理活动特别是思维固化，缺乏变通，妨碍科学决策。比如在用人决策方面，“说你行你就行不行也行，说不行就不行行也不行”，显然就是一种定势障碍，亟待矫正。

3. 自利人格障碍

人的态度总存在着自利倾向，总是因为自我维护的需要而不自觉地形成相应态度。应该说，自利人格具有一定的普遍性，人们的态度形成及改变总是脱离不开自利倾向的影响，但自利人格也具有明显的偏颇性，在自利倾向的影响下，个体态度的形成总是以自己的认知、情感和意向为依据，而不是以一般的事实为依据。由此，在决策过程中，自利人格也是潜在的心理障碍之一。

4. 权威人格障碍

权威人格实际上是权威意识的泛化及定型。其表现在决策中的心理障碍主要为:一方面,决策者由于权威地位(包括其职位、社会地位、资历、专业地位等)而形成的封闭意识及独断人格,听不得反面意见,唯我独尊,一意孤行;另一方面,社会群体由于权威情结而形成依附意向、盲从意向。诚然,权威地位在决策中有着重要作用,但以权威为核心而不是以科学为核心则是决策的大忌。

5. 从众意向障碍

从众意向是指个体受到群体态度或行为的刺激后所表现出来的趋向。在从众的情景下,个体可能会简单地服从群体而放弃自己的意见,这是决策的心理障碍之一。另外在从众意向的支配下,也容易产生所谓的"冒险转移",因为在群体决策中,人们敢冒决策风险的水平远远高于个人决策冒险的平均水平,表现在决策实践中,就是使决策呈现出"左"的倾向,显然是有碍科学化决策的。

6. 情绪意向障碍

决策活动伴随一定的情绪是正常的甚至是合理的,但由于情绪泛化会冲击人们的理性结构,导致非理性决策,因此过多过度的情绪也是决策的心理障碍之一。正如《孙子兵法·火攻篇》所说:"主不可怒而兴师、将不可愠而致战;怒可以复喜,温可以复悦。亡国不可复存,死者不可复生。故明君慎度将警之,此安国全军之道。"

7. 逆反情结障碍

逆反情结也称逆反心理,是个体由于刺激物的消极特征而诱发的非常规性质的逆向反应。在决策中主要表现为平衡逆反,这是一种由于人际关系与认知系统不协调而导致的逆反心理。由于人际关系不协调,有关决策便可能"故意对着干","反其道而行之"。

8. 拜物情结障碍

拜物情结是指在决策活动中重视物的因素而忽略人的因素特别是忽略对人的心理状态及心理特征的分析。影响社会发展的有诸多杠杆如"政治杠杆"、"经济杠杆"、"文化杠杆"等,但关键还在于"心理杠杆"的作用,因为任何社会活动总是由具体的人去推动的,人的活动又是由一定的心理现象操纵的,脱离了心理分析包括更为广泛的社会心理分析,就很容易导致决策的失误。

(二) 主观障碍的解决对策

决策中的主观障碍即心理障碍源自于决策主体不良的心理效应,所以其解决对策主要集中在矫正决策者各种心理障碍上,具体做法有:

1. 培养决策者的整体性思维

培养决策者的整体性思维可以有效矫正完型心理障碍。决策中的整体性思维要求决策者总揽全局、统筹兼顾、抓住问题的主要矛盾和矛盾的主要方面。科学的决策应当把全局作为考虑问题、分析问题和作出决策的出发点和归宿,要注意研究事物的结构,通过优化结构来提高全局的整体功能,要把注意力的重心放在对全局有决定意义的问题和动作上。这样便矫正了面面俱到的完型心理障碍。

2. 培养决策者的自我否定意识

培养决策者的自我否定意识是矫正定势心理的有效方法。只有使决策者时刻保持自我

否定意识，才能使其在决策不囿于已有的经验、习惯和观念，跳出“用有限推导无限，用过去推导将来，用静态推导动态”的定势心理嵌套，与时俱进。

3. 提升决策者的职业道德素质

从众意向、情绪意向、权威人格、自利人格及逆反情结障碍出现的根本原因是决策者职业道德素质不高，所以矫正这几种心理障碍只能从源头入手，逐步提高决策者的职业道德素质。只有决策者有较高的职业道德素养，才能本着对工作、对组织负责的态度，实事求是地进行决策，既敢于坚持正确意见，同时也善于接受正确的意见；才能不为其本人和本部门利益所诱惑，破除自利倾向；才能不为决策时的情绪所困，使决策客观地进行。总之，提升决策者的职业道德素质，是矫正从众意向等心理障碍的根本途径。

4. 强化决策者的人本主义意识

强化决策者的人本主义意识是矫正拜物情结的有效方法。只有强化人本主义意识，才能在决策过程中充分尊重人、理解人、关心人，以人为本，多进行对组织成员的心理分析，发挥人员的积极性，而不仅仅拘泥于决策的“物质”层面，进而矫正决策过程中的拜物情结。

（三）财务决策过程中的客观障碍

财务决策过程中的客观障碍是指由于组织所处环境的复杂多变性、人的认识能力和计算能力的有限性，使得财务决策者不可能无所不知，进而在决策过程中形成的障碍。这类障碍源于决策者对客观世界认识的理性限制，其存在是客观的，对组织的影响也是客观的，故此类障碍称为客观障碍。其具体有以下几种类型：

1. 决策者知识有限性障碍

找出所有可供选择的行动方案，了解每一个备选方案在未来的实施后果，是以决策者拥有完全的知识为前提的。然而，由于时间和精力的限制、认识能力的限制和信息收集所需成本的限制，决策者对于环境中的不同因素对组织活动的影响方面、影响方式、影响程度不可能有完全的了解。这种知识的有限性必然限制着决策者关于行动方案的制订、实施后果的预见以及不同方案的评价能力，在决策过程中形成障碍。

2. 决策者预见能力有限性障碍

任何决策方案的有效实施都需要决策者正确地描述未来的环境状况。然而，决策者不仅知识有限，而且对于这些有限的知识，其认识、利用的能力（如计算能力）也是有限的。这种利用能力的限制决定了他们对未来的预测不可能是完全准确的，他们所预测的未来环境与未来发生变化后的环境状况不可能完全相符，从而影响对不同方案未来实施效果的评价，在决策过程中形成障碍。

3. 决策者设计能力有限性障碍

在一定时间内，决策者能够考虑到的行动范围、能够设计出的备选方案的数量，也是有限的，组织的规模越大面对的环境就越宽泛，存在的行动场所就越广阔，能够设计的行动方案相对于可能存在的行动机会也就越有限，给合理性决策造成障碍的可能就越大。

4. 决策者信息处理能力有限性障碍

决策者作为独特的个体，其信息处理能力相对于决策过程中所需要处理的问题，从客观上来说是有限的，必然会造成决策的障碍。科学研究证实：在短时间的记忆中，大多数人仅能维持七条左右的信息。这样的信息处理能力相对于合理性决策所需的处理能力是远远不够的，给合理性决策造成障碍。

(四) 客观障碍的解决对策

决策中的客观障碍源于决策者对客观世界认识的理性限制，是决策实践中的客观实在，所以人们不可能完全消除这种影响，决策者能做的只是努力减弱人类理性有限性的消极影响，使组织的决策尽可能逼近“合理”的标准，具体做法有：

1. 合理地分配决策权力

合理地分配决策权力即把适当的决策任务交给与需要解决的问题直接相关的人去制定。组织内部的不同成员，在不同的岗位和层次上从事着不同的活动，这些不同活动中的决策，要求掌握与之有关的大量信息，只有让直接从事这些活动的人去制定与他们直接有关的决策，才可以尽可能地收集决策所需的信息，促进这些决策尽可能的合理。

2. 组织专家参与决策

组织专家参与决策，建立决策“智囊团”或“思想库”，“智囊团”中集中了一大批掌握与组织活动有关的各方面知识的专家，利用他们的知识帮助组织分析问题，拟定和评价方案，为决策提供依据，克服决策者知识不完备的局限，使组织在决策时对环境的特点、行动可能性以及各行动方案在未来实施的效果考虑得尽可能全面，从而提高决策的科学性和正确性。

3. 组织员工参与决策

组织是由员工个体所组成，让尽可能多的员工参与决策，可以利用他们对组织内部不同部门和环节的活动条件及要求的充分了解来弥补组织决策者的信息不足，使组织未来行动的设想更加丰富、备选方案数量更多。同时通过员工提出的各种建议还可以启发组织决策者的思路，开拓决策者的视野，了解组织中各利益集团的特征信息，从而有利于组织决策者协调组织中各利益集团的利益关系，制定出支持率较高的决策方案。此外，通过组织员工参与决策可以加强组织成员之间的思想交流和信息沟通，提高员工对所制定决策方案的认同感，进而保证决策方案的顺利实施。

五、财务决策人自身因素对财务决策的影响

(一) 羊群效应行为对财务决策的影响

羊群行为(Herd Behavior)，也称为从众倾向，是一种特殊的非理性行为，它是指经理人在信息环境不确定的情况下，行为受到其他经理人的影响，模仿他人决策，或者过度依赖于舆论，而不考虑信息的行为。羊群行为的发生原因：一是节约信息搜寻成本的需要。决策人时常处于繁杂的信息中，而信息的搜集与筛选是需要大量时间的，这无疑给企业造成巨大的交易成本，如何尽可能地节省成本，模仿他人的决策或者通过舆论来获得信息就成了决策人做财务决策的常用方法。二是推卸责任的需要。三是维护职业声誉的需要。我们可以这样理解，经理人自己做财务决策，项目失败了责任则全部由个人承担，如果决策人采取跟随他人的策略，可能是同行业最好的经理人或其他具有丰富经验的经理人，成功了皆大欢喜，倘若失败，自己也不至于声誉扫地，因为其他好的决策人也是这样做的，从而起到一定的维护职业声誉的作用。其四，从众的本能。

(二) 决策人恶性增资的非理性行为对财务决策的影响

恶性增资是指当决策者面对一系列负面行动后果信息时，仍然执著于先前的决策方案，继续向不利项目投入更多的资源、人力，使企业越来越深地陷入困境的一种现象。Staw 认为

恶性增资是证实偏差影响经理人财务决策的一种表现，通常是指当向一个项目投入大量资源（如资金和时间）后发现完成该项目取得收益的可能性很小，在明确而客观的信息表明应放弃该项目的情况下，经理人仍然继续投入额外资源的现象。决策人的恶性增资倾向普遍存在，因此应该引起经理人的足够重视。决策人在进行财务决策时应该根据一定的标准，如投资收益率、市场占有率等，对投资项目进行评估，尽量根据客观标准来做出决策。

（三）过度自信对财务决策的影响

过度自信可以理解为人们在对某一现象做出判断时总是倾向于高估自己对该现象判断的准确性。人们在做出决策时，总是倾向于过高估计高概率事件发生的概率而低估低概率事件发生的概率。而导致过度自信的原因：一是人们在做复杂决策时容易过分相信自己的能力，而在做简单决策时对自己的能力却没有把握；二是人都有自我归因的倾向，企业的经理人本来就可以说是成功人士，加上自我归因偏差的存在，就更有过度自信的倾向；三是在企业人才的选用过程中，由于信息不对称的存在，企业无法对经理人进行全面的了解；四是治理环境，Paredes 指出 CEO 的高收入会增强其成功感，从而导致了过度自信；五是竞争选择，Goel & Thakor 认为过度自信的经理人会低估其从事活动的风险，从而承担了更多的风险，也更容易取得最好的业绩等等。

（四）经理人框架依赖对财务决策的影响

框架依赖是指情境或问题的描述和呈现方式（框架）会影响人们的判断和选择。框架依赖意味着在不确定的决策情境中，人们的判断与决策依赖于问题的表达形式，本质相同而形式不同的问题往往会导致人们做出不同的决策，产生所谓的框架效应。财务决策人、经理人等企业中高层管理者在进行企业各种财务决策时同样会受到这一经理人框架依赖的影响，会或多或少地因框架效应而做出相应的财务决策和判断。

第二节　财务决策的程序、方法与依据

一、财务决策的程序

一个完整的财务决策程序包括六个基本步骤：第一步就是明确财务决策的问题，认识问题，诊断问题所在；第二步就是确认最优化的目标，即收益最大或成本最小；第三步就是在目标的制约下，根据资源和机会，设计备选方案，运用各种定性和定量的方法分析各方案的影响及其能够达到的目标；第四步，比较各备选方案，选择其中最优的方案，这一最优的方案就是使目标最优化的方案；第五步，执行备选方案，按所选备选方案，进行财务决策；最后，进行方案执行后的效果评估，检验方案最后是否解决了财务决策问题，是否已实现目标。

进行财务决策需经如下具体步骤：

（一）诊断问题

在决策过程中，决策者必须知道哪里需要行动，因此决策过程的第一步是诊断问题或识别机会，而我们认为这也是决策中最关键的一步。诊断问题是决策的关键，必然有它的重要之处。当决策者面对问题需要作出决策时，必须要认清问题所在，不能盲目诊断，否则结果也许会南辕北辙。这就像我们平时遇到问题一样，你要先诊断出这是个什么问题，导致问题出现的原因是什么，如何去解决这个问题？只有当你准确诊断之后，才能作出满意的决策。

任何企业都面临一个由小到大的问题。大了以后怎么发展，基本的路子有两条：一条是多元化，一条是专业化。这时候，决策者就要为企业的发展做出决策。因此必须先要明确，是应该多元化发展还是专业化发展。例如史玉柱的巨人集团盲目追求多元化经营，涉及了电脑业、房地产业、保健品业等，行业跨度太大，新进入的领域并非优势所在，却急于铺摊子，结果其有限的资金被牢牢套死，巨人大厦导致的财务危机几乎拖垮了整个公司。巨人的主业——电脑业的技术创新一度停滞，却把精力和资金大量投入到自己不熟悉的领域，缺乏科学的市场调查，好大喜功，没有形成成熟的多元化管理的能力。

而有些企业却恰恰相反，大前研一曾说，专注是赚钱唯一的途径。可口可乐专心做可乐，成为世界消费品领域的领先者；丰田专注于做汽车，成为日本利润最为丰厚的公司。进入一个行业，专业化，然后全球化，这才是赚钱的唯一途径。通过这些例子我们可以很清楚地看到，正确的决策起着举足轻重的作用。

（二）确定决策目标

确定决策目标是指确定决策所要解决的问题和达到的目的。目标的确定往往并非决策的基础与前提。在摸索选择中辨析自己的归宿与诉求，在具体的路径中揭示决策者的偏好与企图，在实际的行动中逐渐审视和明确自己的目标。这样做虽是迫不得已，却也大致上合乎情理。这样确定目标的原因主要有几种：其一，决策者无法在事前明确地知晓或者清楚地描述决策的目标；其二，决策者目标的确立取决于所出现的备选方案与路径的特点及其可行性；其三，决策者面临多种相互冲突的目标，难以清楚地排序和确定；其四，目标的明确通常是一个连续化的过程，需要在事中体会和修正以及在事后追认与确立。

当十位高级经理认为他们在讨论同一件事情时，实际上他们所确认的目标各不相同。比如，在一项关于公司增长的讨论中，有人认为话题是营业收入的增长，有人认为是市场份额增长更重要，还有人着重考虑净收益。为避免这种混乱，在讨论开始前，就应该明确讨论的目标和相关衡量标准，否则决策参与者就会选择自己默认的标准。

比如有一家大型工业集团的子公司，其某种商业产品在美国的生产能力已趋于饱和，还有一种特殊产品在西欧的生产能力也达到饱和。由于这两处的劳动力和原材料成本都比较高，所以子公司领导团队在考虑是否关闭美国工厂，然后在中国建厂，以保持商业产品和特殊产品的业务增长。多数高管认为决策的目的是设法达到最高的净资产回报率，所以选择将工厂迁往中国是明智的。而实际上，集团 CEO 则认为，如果将工厂迁往中国，那么集团在美国的许多原材料供应部门也需要同时关闭，这会影响到集团总收益。所以这项决策的真正目标是在不影响收益的情况下尽量削减子公司营业费用。当子公司领导们充分认识到这个目标后，他们就会在母公司设置的框框里，设法解决生产能力问题。

明确目标后，就能够避免讨论成为“同意”、“反对”或“推迟”的简单表决，而做到更加精确细微。比如在中国建立特殊产品工厂，对西欧工厂进行升级，在中国建立商业产品工厂同时逐步关闭美国工厂。

也许你已经注意到，决策团队在考虑不同的方案时，成员的第一反应通常是“什么是不能做的”。尤其是在分支机构层面，决策者首先会想每种策略的约束条件，这种约束可能真的存在，也可能纯属凭空想象。他们不仅会假定存在某种约束，而且每当讨论接近某个方案时，

他们就会转移话题。

比如，一家跨国金融服务集团的分公司正在寻求新的收入增长点，尽管将业务拓展至银行服务领域具有很高的可行性，但该分公司的高管们却从未考虑过这么做，他们认为集团禁止分公司进入银行业务。后来，分公司总裁与集团 CEO 详细讨论了集团对分公司的限制，发现集团真正禁止的是分公司从事任何会带来新的监管要求的业务。如此一来，分公司高管们就可以研究一套战略性方案，既能够包含银行业务的特点，又能规避新的监管要求。

（三）设计备选方案

所谓制订方案，就是以企业所要解决的问题为目标，对收集到的情报和信息资料认真整理、分析和科学计算，并以此为依据制定出几个实现目标的方案，提交管理决策者选定。拟订方案也是一项比较复杂、要求较高的重要工作，有时还需采用试验的方法，有的要采用数学的方法，进行可靠性和可行性分析，提出每个方案的利与弊，然后才能提供备选。

目标确定之后，就要研究实现目标的途径和办法，作出实现目标的方案。下面以公关决策方案为例谈一下拟订方案，决策方案要立足于公众，搞好预测，坚持一般拟订方案的原则，重视方案的多样性。

1. 立足公众

拟订方案要先想到公众，这是必不可少的。因为方案的拟订是以目标为依据的，它是围绕目标而设想的措施和途径。目标之中已有公关的一切因素，方案的拟订自然离不开公关。方案一定要立足公众，详细制定优质服务、建立良好信誉和形象的方法、步骤。这就必须了解公众，熟悉公众需求心理及其变化趋势，并拟出对应措施，尤其要有提高内部职工素质的措施。良好信誉和形象的建立，关键是有过硬的员工。人过硬，产品才过硬。人的形象好，产品形象、企业形象才好。所以，教育人、提高人的素质是根本。

2. 搞好调研

决策目标确定以后，职业经理就要围绕决策目标，积极进行有关情况的调查研究。要收集大量的信息，研究有关的背景资料、统计数字、文献综述、专题报告等。经过对大量情报和资料的严格论证，反复计算和细致推敲，明确实现目标的未来环境和条件，认清有利因素和不利因素，预测可能出现的问题，从不同角度，设想出各种各样的可行方案来。研究资料，引出方案，都不能离开决策目标，要估计方案的执行结果对目标的实现情况。每个方案都是有利有弊的，要对方案执行后果可能出现的正反两方面都作出充分估计和确切评价，这样才便于对方案作出取舍。同时，除研究情报资料外，还要估计人的因素以及物质基础，拟出多种方案。

3. 勇于创新

拟订方案应当遵守一些原则，比如：约束原则，即考虑各方面的条件约束；时间原则，即考虑事物发展的阶段性和对决策的时间要求；相互排斥原则，即各方案在内容上相互排斥，不相互重复，不相互包含等。但首要的原则是创新原则，因为事物是发展的，情况是变化的，任何决策目标的实施，都面临许多新问题、新情况。特别是公关决策，面对公众，人们的需求、情绪、愿望经常发生变化，拟订方案决不能抱残守缺，只凭经验，而要勇于创新，用新思维、新格局、新路数来拟订。

4. 多元备选

办任何事情都有多种途径、多种办法。好与坏、优与劣、对与错，都是在比较中发现的。拟订方案必须多元化。最低应有一般方案、应变方案和临时方案。一般方案是从积极角度保证决策目标实现的方案。它可分为实现最理想指标方案、实现中等指标方案和实现最低指标方案。不同层次的方案,成效不同,在组织人力、物力、财力去实施方面也是不同的,付出的代价也是不一样的。除一般方案,还应有应变方案,就是情况发生变化时,有适应这种变化的各种措施。不管情况向好的方面变化还是向坏的方面变化,都要有应变方案,而且不等情况发生变化,就要事先拟订好预防情况变化的方案。有了应变措施,才能争取主动,如果发生了预计以外的情况,应变措施可使目标的实施不至于严重受挫,能迅速恢复正常运转。还有一种应变方案是临时性的。内部或外部的情况突变,事故瞬间发生,对这种中途性的变异,要有临时措施。当然也会出现振奋人心的喜从天降的好消息,如订货多少倍骤增,需要调整生产部署,这也需要临时方案。总之,预防性的应变方案、中途性的应变方案和善后性的应变方案都是必要的。

(四)筛选和确定最满意方案

决策过程的第四步是运用决策方法和根据决策标准对所拟订的各备选方案进行分析论证,作出综合评价,确定所拟订的各种方案的价值或恰当性,选取其中最为满意的方案。为此,管理者起码要具备评价每种方案的价值或相对优势和劣势的能力。在评估过程中,要使用预定的决策标准(如预期的质量)并仔细考虑每种方案的预期成本、收益、不确定性和风险,最后对各种方案进行排序。例如,管理者会提出以下的问题:该方案有助于质量目标的实现吗?该方案的预期成本是多少?与该方案有关的不确定性和风险有多大?

在此基础上,管理者就可以做出最后选择。尽管选择一个方案看起来很简单,只需要考虑全部可行方案并从中挑选一个能最好地解决问题的方案,但实际上做出选择是很困难的。由于最好的选择通常建立在仔细判断的基础上,所以管理者必须仔细考察所掌握的全部事实,并确信自己已获得足够的信息。

首先,你必须将先前所搜集到的客观资料作为评量的依据,同时评估自己是否有足够的资源与人力采纳这项选择方案。除了理性的思考外,个人的主观感受也很重要。反复思索每一个选项,想想未来可能的结果,你对这些结果有什么感受。有些你可能觉得是对的,有的可能觉得不太对劲。你可以问问自己:“如果我做了这个决定,最好的结果是什么?最坏的结果又是什么?”再仔细想想,有没有什么方法可以改进让自己觉得“不对劲”的方案,或是消除自己负面情绪的感受,也许你需要更多的资料消除自己的疑虑,但也有可能你的直觉是对的,某些负面的结果是你当初没有考虑到的。

(五)执行备选方案

选定方案之后,紧接着的步骤是执行方案。执行方案是进行具体的计划安排,组织实施,并对计划执行过程进行控制和搜集执行结果的信息反馈,以便判断决策的正误,及时修正方案,确保决策目标的实现。管理者要明白,方案的有效执行需要足够数量和种类的资源作保障。如果组织内部恰好存在方案执行所需要的资源,那么管理者应设法将这些资源调动起来,并注意不同种类资源的互相搭配,以保证方案的顺利执行。如果组织内部缺乏相应的资源,则应想办法寻找到所需要的资源。

执行方案(Action Program)是策划工作经过了客户提案阶段,可行性方案获得一致肯定后,进入立项实施阶段的方案表述。在政和民通咨询有限公司(AMIC Public Counseling

Corporation）创立人魏涛先生提出的策划的三个步骤中，执行方案与前两者所不同的是，其具有非常强烈的计划性和实务性，即十分具体地交代了工作的步骤、样式，并对总体目标进行了逐一分解，是方案实施的唯一参考书。

相对于客户提案、可行性方案，执行方案把策划的重心放在了“如何高效实施”上，它既要避免内容过于理论性而不得以具体应用，又要避免形式平淡而无新意，更重要的是，它还将企业相应的考评制度、营销模式及管理章程融入其中，将方案的意义、执行的方法宣贯给每一个执行人，让其产生巨大的实践价值，最终完成策划的初衷以及实现其终极目标。

可以说执行方案是完全个性化的，不具有通用性，同一个企业在不同的时间、地点所采用的执行路径也是不同的，所以，魏涛先生也提示所有的企业：设计执行方案必须是针对性的、独一性的。

（六）执行后的效果评估

效果评估是对项目投资的不同方案预期成本和效果的比较，也可以是对几个条件相同、项目相同的终期既成的成本效果的比较。

效果评估的双重作用：一方面是对活动执行效果的评估，它将有利于我们总结经验教训，并及时调整下一步的执行；另一方面也是对我们执行代理公司策划、执行能力的考量。活动效果评估指标实际也是衡量执行代理公司在本次执行推广中的价值指标。这不单单是对执行代理公司的一种考核，通过这样的评估，执行公司更容易发现自身在执行中存在的问题，更好地改善服务、提升自己。效果评估既可检测企业执行推广的效果，又可以考核为企业自身提供服务的执行公司，其双层价值的存在，是我们必须去重视、去执行的一项工作。现阶段，绝大部分的中小型企业压根没有效果评估，大型企业的非大型推广活动也不做效果评估，大众媒体不发达的二线、三线城市没法进行效果评估（缺乏基础数据）。很显然，这些问题不是一时半会儿能解决的问题，也不是一两个企业可以解决的。

二、财务决策方法

财务决策的方法分为定性决策方法和定量决策方法两类。

定性财务决策是通过判断事物所特有的各种因素、属性进行决策的方法，它建立在经验判断、逻辑思维和逻辑推理之上，主要特点是依靠个人经验和综合分析对比进行决策。定性决策的方法有专家会议法、德尔菲法等等。定量决策是通过分析事物各项因素、属性的数量关系进行决策的方法，主要特点是在决策的变量与目标之间建立数学模型，根据决策条件，通过比较计算出决策结果。

定量财务决策的方法主要有：适用于确定型决策的量本利分析法、线性规划法、差量分析决策法、效用曲线法、培欣决策法、马尔可夫法等；适用于非确定型决策的小中取大法、大中取大法、大中取小法、后悔值法等。

（一）线性规划

是在一些线性等式或不等式的约束条件下，求解线性目标函数的最大值或最小值的方法。

（二）量本利分析法

又称保本分析法或盈亏平衡分析法，是通过考察产量（或销售量）、成本和利润的关系以及盈亏变化的规律来为决策提供依据的方法。

【例 8-1】某企业生产两种产品：铁锤和铁铲，它们都要经过制造和装配两道工序，有关资料如表 8-1 所示。假设市场状况良好，企业生产出来的产品都能卖出去，试问何种组合的产品使企业利润最大？

表 8-1　某企业的有关资料

	铁锤	铁铲	工序可利用时间(h)
在制造工序上的时间(h)	2	4	48
在装配工序上的时间(h)	4	2	60
单位产品利润(元)	8	6	—

这是一个典型的线性规划问题。

解：第一步，确定影响目标大小的变量。在本例中，目标是利润，影响利润的变量是铁锤数量 T 和铁铲数量 C。

第二步，列出目标函数方程：$\pi = 8T + 6C$。

第三步，找出约束条件。在本例中，两种产品在一道工序上的总时间不能超过该道工序的可利用时间，即

制造工序：$2T + 4C \leqslant 48$

装配工序：$4T + 2C \leqslant 60$

除此之外，还有两个约束条件，即非负约束：$T \geqslant 0$ ，$C \geqslant 0$

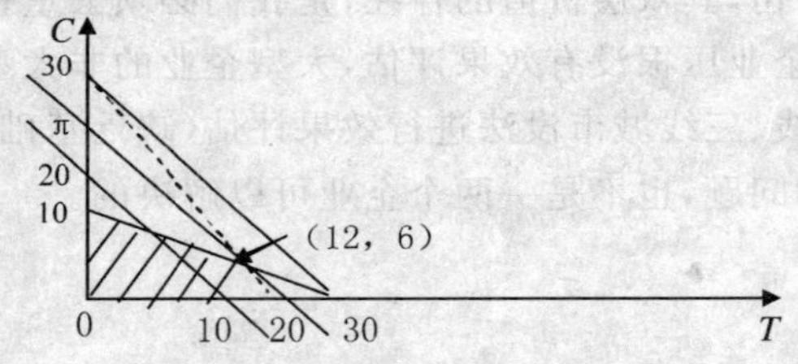

图 8-1　线性规划的图解法

从而线性规划问题成为，如何选取 T 和 C，使 π 在上述四个约束条件下达到最大。

第四步，求出最优解 —— 最优产品组合。通过图解法，求出上述线性规划问题的解为 $T = 12$ 和 $C = 6$，即生产 12 个铁锤和 6 把铁铲使企业的利润最大。

【例 8-2】某企业生产某产品的总固定成本为 60 000 元，单位变动成本为每件 1.8 元，产品价格为每件 3 元。假设某方案带来的产量为 100 000 件，问该方案是否可取？

用量本利方法解此题。

(1) 代数法。代数法是用代数式来表示产量、成本和利润的关系的方法。

假设 P 代表单位产品价格，Q 代表产量或销售量，F 代表总固定成本，v 代表单位变动成本，π 代表总利润，C 代表单位产品贡献($C = P - V$)（单位产品贡献是指多生产一个单位产品给企业带来的利润增量）。

① 求保本产量。

企业不盈不亏时，$PQ = F + vQ$，

所以保本产量 $Q = F/(P - v) = F/C$。

② 求保目标利润的产量。

设目标利润为 π，则 $Pq = F + vQ + \pi$，

所以保目标利润 π 的产量 $Q = (F+\pi)/(P-V) = (F+\pi)/C$。

③ 求利润。$\pi = pQ - F - vQ$。

④ 求安全边际和安全边际率。

安全边际 = 方案带来的产量 － 保本产量，

安全边际率 = 安全边际 / 方案带来的产量。

(2) 图解法。图解法是用图形来考察产量、成本和利润的关系的方法。在应用图解法时，通常假设产品价格和单位变动成本都不随产量的变化而变化，所以销售收入曲线、总变动成本曲线和总成本曲线都是直线。

利用例子中的数据，在坐标图上画出总固定成本曲线、总成本曲线和销售收入曲线，得出量本利分析图，如图 8-2。

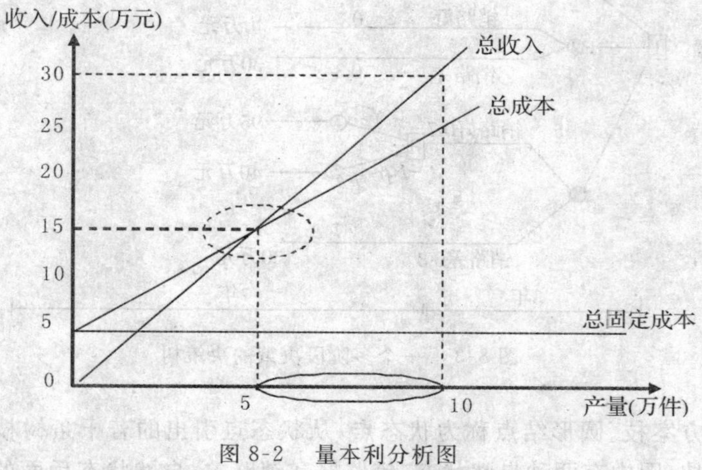

图 8-2　量本利分析图

① 保本产量，即总收入曲线和总成本曲线交点所对应的产量（本例中保本产量为 5 万件）；

② 各个产量上的总收入；

③ 各个产量上的总成本；

④ 各个产量上的总利润，即各个产量上的总收入与总成本之差；

⑤ 各个产量上的总变动成本，即各个产量上的总成本与总固定成本之差；

⑥ 安全边际，即方案带来的产量与保本产量之差[本例中安全边际为（10 － 5）万件]。

在本例中，由于方案带来的产量（10 万件）大于保本产量（5 万件），所以该方案可取。

(三) 决策树法

在比较和选择活动方案时，如果未来情况不止一种，管理者不知道到底哪种情况会发生，但知道每种情况发生的概率，则需采用风险型决策方法。常用的风险决策方法是决策树法。

决策树法是用树状图来描述各种方案在不同情况（或自然状态）下的收益，据此计算每种方案的期望收益从而做出决策的方法。下面通过举例来说明决策树的原理和应用。

【例 8-3】某企业为了扩大某产品的生产，拟建设新厂。据市场预测，产品销路好的概率

为 0.7,销路差的概率为 0.3。有三种方案可供企业选择:

方案 1:新建大厂,需投资 300 万元。据初步估计,销路好时,每年可获利 100 万元;销路差时,每年亏损 20 万元。服务期为 10 年。

方案 2:新建小厂,需投资 140 万元。销路好时,每年可获利 40 万元;销路差时,每年仍可获利 30 万元。服务期为 10 年。

方案 3:先建小厂,3 年后销路好时再扩建,需追加投资 200 万元,服务期为 7 年,估计每年获利 95 万元。

问哪种方案最好?

画出该问题的决策树,如图 8-3 所示。

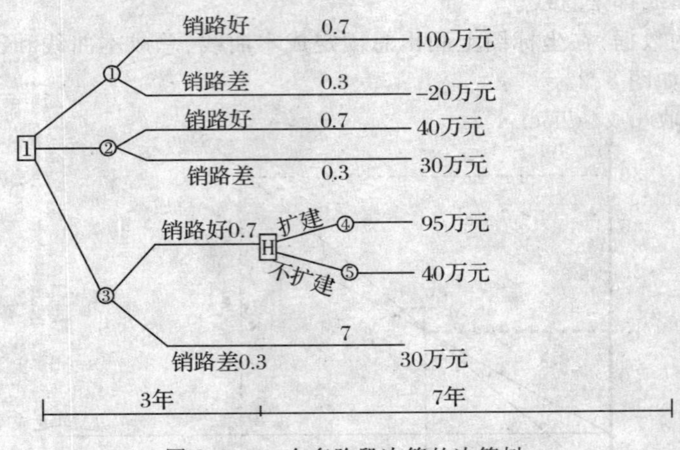

图 8-3　一个多阶段决策的决策树

方案,称为方案枝。圆形结点称为状态点,从状态点引出的若干条树枝表示若干种自然状态,称为状态枝。图中有两种自然状态:销路好和销路差,自然状态后面的数字表示该种自然状态出现的概率。位于状态枝末端的是各种方案在不同自然状态下的收益或损失。据此可以算出各种方案的期望收益。

方案 1(结点 ①) 的期望收益为:$[0.7 \times 100 + 0.3 \times (-20)] \times 10 - 300 = 340$(万元)。

方案 2(结点 ②) 的期望收益为:$(0.7 \times 40 + 0.3 \times 30) \times 10 - 140 = 230$(万元)。

至于方案 3,由于结点 ④ 的期望收益 465($= 95 \times 7 - 200$) 万元大于结点 ⑤ 的期望收益 280($= 40 \times 7$) 万元,所以销路好时,扩建比不扩建好。方案 3(结点 ③) 的期望收益为:$(0.7 \times 40 \times 3 + 0.7 \times 465 + 0.3 \times 30 \times 10) - 140 = 359.5$(万元)。

计算结果表明,在三种方案中,方案 3 最好。

需要说明的是,在上面的计算过程中,我们没有考虑货币的时间价值,这是为了使问题简化。但在实际中,多阶段决策通常要考虑货币的时间价值。

(四) 小中取大法、大中取大法和最小最大后悔值法

【**例 8-4**】某企业打算生产某产品。据市场预测,产品销路有三种情况:销路好、销路一般和销路差。生产该产品有三种方案:① 改进生产线;② 新建生产线;③ 与其他企业合作。据估计,各方案在不同情况下的收益见表 8-2。问企业选择哪个方案?

表 8-2 各方案在不同情况下的收益 单位:万元

后悔值 自然状态 方案	销路好	销路一般	销路差
① 改进生产线	180	120	—40
② 新建生产线	240	100	—80
③ 与其他企业协作	100	70	16

小中取大法:采用这种方法的管理者对未来持悲观的看法,但从悲观的选择中取最大收益的方案。

① 方案的最小收益为—40 万元,② 方案的最小收益为—80 万元,③ 方案的最小收益为 16 万元。经过比较,③ 方案的最小收益最大,所以选择 ③ 方案。

大中取大法:采用这种方法的管理者对未来持乐观的看法,认为未来会出现最好的自然状态,因此不论采取哪种方案,都能获取该方案的最大收益。

① 方案的最大收益为 180 万元,② 方案的最大收益为 240 万元,③ 方案的最大收益为 100 万元。经过比较,② 方案的最大收益最大,所以选择 ② 方案。

最小最大后悔值法:管理者在选择了某方案后,如果将来发生的自然状态表明其他方案的收益更大,那么他(或她)会为自己的选择而后悔。最小最大后悔值法就是使后悔值最小的方法。采用这种方法进行决策时,首先计算各方案在各自然状态下的后悔值(某方案在某自然状态下的后悔值 = 该自然状态下的最大收益 - 该方案在该自然状态下的收益),并找出各方案的最大后悔值,然后进行比较,选择最大后悔值最小的方案作为所要的方案。

在例 8-4 中,在销路好这一自然状态下,② 方案(新建生产线)的收益最大,为 240 万元。在将来发生的自然状态是销路好的情况下,如果管理者恰好选择了这一方案,他就不会后悔,即后悔值为 0。如果他选择的不是 ② 方案,而是其他方案,他就会后悔(后悔没有选择 ② 方案)。比如,他选择的是 ③ 方案(与其他企业合作),该方案在销路好时带来的收益是 100 万元,比选择 ② 方案少带来 140 万元的收益,即后悔值为 140 万元。

表 8-3 各方案在各自然状态下的后悔值 单位:万元

后悔值 自然状态 方案	销路好	销路一般	销路差
① 改进生产线	60	0	56
② 新建生产线	0	20	96
③ 与其他企业协作	140	50	0

由表 8-3 中看出,① 方案的最大后悔值为 60 万元,② 方案的最大后悔值为 96 万元,③ 方案的最大后悔值为 140 万元,经过比较,① 方案的最大后悔值最小,所以选择 ① 方案。

三、财务决策依据

管理人员在做出决策前必须权衡比较各个备选方案。列出各个备选方案的正反效果(包括定量和定性因素)，确定各个备选方案的净效益，然后比较各个备选方案的净效益，选择一个效益最好的方案实施，这就是决策。在财务决策过程中，“成本效益分析”贯穿始终，成本效益分析的结果就成为选择决策方案的依据。效益最大或成本最低的备选方案就是管理人员应采取的方案。成本效益分析需要两方面的信息：

(一) 财务信息

所谓财务信息是指与特定决策相关的能够用货币计量的因素。如在零部件是自制还是外购的决策中，自制的成本和外购的价格因其能用货币进行计量，就属于财务信息。管理会计关注的主要是定量化因素或能用货币计量之因素的成本效益分析。其基本规则是，在其他因素相同的情况下，用货币计量的效益最大或成本最低的方案就是最佳方案。在管理会计中，成本效益分析比日常生活中的决策更为系统化。系统化研究的好处之一，就是能够保证在成本效益分析时与决策有关的所有成本和效益因素都不会被遗漏。如被遗漏，就可能导致错误的决策。

在成本效益分析时，最困难的是在所有的信息中识别出与被选方案有关的成本(即相关成本)和效益因素。在成本效益分析中，成本效益分析的方法是简单的，首先，考察所取得的全部信息，并识别备选方案中与决策有关的成本和效益。然后用表格列出所有的成本及相关的效益。最后将效益减成本，两者之差就是某个或某系列备选方案的净效益或净成本。如何列示成本和效益因素没有固定的形式，但是，在陈述相关信息时，必须保证这些信息容易理解，所有备选方案的最终比较结果是在一个相似的基础上得出的，这样有利于最佳方案的选择。

(二) 非财务信息

尽管管理会计主要关注的是决策方案的财务信息，但非财务信息(或称定性因素)对成本效益分析以及决策，其重要性绝不亚于定量因素或可用货币计量的因素。大多数备选方案中都隐含着非财务性因素，这些非财务性因素中包括决策中的人际因素如雇员士气、公共关系、素质以及不能用货币确切计量的长远影响等等。管理人员在做出具体决策前，必须充分考虑这些定性因素。

决策是面向未来的，而未来含有许多不确定性因素，因此良好的预测是决策的基础，是决策科学化的前提。没有准确科学的预测，就不可能做出符合客观实际的科学决策。同时，决策是规划的基础，没有具体的决策结论，就无法做出相应的计划和预算，也无法进行相应的控制和考核。

第三节　财务决策支持系统

一、财务决策支持系统的概念

财务决策支持系统(Financial Decision Support System，FDSS)是以现代管理科学和信息技术为基础，以计算机为工具，运用数量经济学、模糊数学、控制论和模型技术，对财务管

理中的结构化、半结构化和非结构化问题进行决策分析的人机交互系统。财务决策支持系统是一个庞大的系统工程，需要财务学（会计学、财务管理、管理会计等），计算机科学、统计学、数学、行为科学、心理学、人际关系学等其他学科的支持。这些学科知识构成财务决策支持系统的理论基础。整个财务决策过程与决策者的主观能动性，决策经验、知识、智慧和判断力分不开。以计算机为基础构建的财务决策支持系统能对财务决策者的决策起到辅助和支持作用，无疑增加财务决策的正确性。

二、财务决策支持系统的特点

财务决策支持系统的特点如下：

(1) 独立性。早先的财务决策支持系统都是基于客户 / 服务器并集成在财务管理信息系统或企业资源规划系统（ERP）之中。财务决策支持系统是独立存在，不需要各种系统支持才能有效运行。

(2) 并发交互性。它是基于浏览器 / 服务器模式开发并运行的可以供多用户同时使用。动态的过程交互式的辅助财务决策者，系统在开发的过程中遵循的需求和操作是设计的依据和原则，支持对半结构化和非结构化财务问题的决策。

三、财务决策支持系统的分类

财务决策支持系统从技术层次上可划分为三类：

(1) 专用财务决策系统（Specific FDSS）。专用的财务决策系统是直接面向应用的财务决策系统，它能够完成具体财务决策任务，它允许财务决策者利用它去处理一组财务决策任务，它是由计算机和一组软件组成的综合财务系统。

(2) 财务决策支持系统生成器（FDSS Generator）。财务决策支持系统生成器是间接面向应用用以生成一个专用的财务决策支持系统的软件包，它具有较快建立一个面向特定应用的财务决策支持系统的能力。

(3) 财务决策支持系统工具（FDSS Tools）。财务决策支持系统工具是由一组工具类软件组成，它可以用于开发特定财务决策支持系统，也可以用于开发财务决策支持系统生成器，工具可减少开发相应系统的工作量，简化开发过程和提高开发质量和效率。

四、财务决策支持系统的功能

财务决策支持系统具体功能如下：

(1) 财务决策支持系统能用来整理和提供本系统与财务决策问题有关的各种数据，尽可能地收集、存储和及时提供与财务决策有关的财务信息，及时提供有关各项财务活动的反馈信息，包括系统内和系统相关的信息，保证正确决策。

(2)FDSS 能提供财务决策所能用到的数学、统计和运筹等方法，能对各种数据、模型、方法、知识等进行有效的管理，为使用者提供查找、变更、增加和删除等操作功能，以使用户可以对系统提供的数据、模型和方法等进行有效而灵活的运用。

(3) 运用自有的方法和模型等能对数据进行汇总、分析预测等，提供有效的财务决策支持信息并具有人机对话接口和图形加工输出功能，支持分布式使用。

五、财务决策支持系统的功能子系统

(一) 财务预测决策子系统

财务预测是根据会计核算信息、财务分析信息、ERP 信息以及有关市场信息，采用一定的模型对企业未来的财务活动和成果做出预计。该功能是财务决策的基础，通过预测的各种方案，来选择最优方案进行决策。财务决策是根据企业经营决策(来自于企业 ERP) 的总体要求，从预测的若干个可以选择的财务活动方案中，选择出最优方案的行为。财务管理的核心是财务决策。本功能的实现经历两大步：根据财务预测所提供的信息，确定决策的备选方案；对各种备选方案进行分析、评价、对比，选定最佳方案。本系统的财务预测决策子系统主要进行筹资预测决策、投资预测决策、资产预测决策、成本预测决策、收入和利润预测决策等。

(二) 财务计划与控制子系统

该系统的财务计划所包括的主要功能有：固定资产需要量计划、流动资产需要量计划、资金来源计划、营业收入计划、利润计划、产品成本和期间费用计划等。各计划中的基础数据(上期财务实际数据和非财务资源数据) 由会计管理系统中直接调用和 MIS/ERPS 中间接调用；本期计划数据以财务决策指标为控制数据，各项明细计划指标根据有关标准测算产生。财务控制的方法，在实践中各企业因规模的大小、组织机构状况和业务的繁简等情况各异而有差别。在本系统中设计了预算与经济指标控制和模拟银行控制两种模式，供用户选用。预算与经济指标包括：现金流量预算控制、流动资产及其来源、周转指标控制、收入和利润指标控制等；模拟银行控制包括：现金流量预算、内部各单位存贷款的核算与控制、现金流量预算指标的考核等。

(三) 财务分析子系统

财务分析是评价、分析企业的财务状况和经营成果，找出企业经营中存在的问题，以期改进经营管理与财务决策，提高经济效益。财务分析主要根据会计管理信息、企业 ERPS 信息和财务计划指标，用一定的模型进行分析。该子系统的功能主要包括企业财务状况发展趋势分析、企业盈利能力分析、企业偿债能力分析、企业经营能力分析等综合分析、企业资金来源及其运用情况分析、成本费用分析、销售收入和利润分析等。

(四) 网络综合应用系统

一是可以迅速建立企业内部及企业与客户之间的简捷统一的信息渠道。Internet/Intranet 内各系统采用统一的 TCP /IP 数据传输协议，以及提供的多种数据库访问接口。基于此的财务决策支持系统可以非常方便地同其他数据库系统保持联系，而无需考虑它采用何种操作系统、软件开发工具，以及各所在地的网络物理结构等，甚至还可以通过外连的 Internet 与分布在世界各地的子公司保持快捷的联系。二是能够非常方便地进行系统的开发、维护和升级。财务决策支持系统采用先进的分布式结构和数据库管理系统，具有先进的分布式标准管理和追踪工作流程的用户化事务处理管理方案，软件开发商可以事先生成标准的方法库和模型，然后再根据使用者的不同需要非常方便地在 Intranet 上项目集成。更为方便的是，软件开发者无需亲临企业，即可通过 Internet/Intranet 对原有系统进行修改和

升级，从而保证系统得到及时更新。三是可以为使用者创造一个良好的环境。通过Internet/Intranet的项目管理系统，管理人员可以与分布在各地的相关人员随时以极低的成本进行交流，就关键问题进行讨论，共享资料档案，从而使涉及的人员组成一个超越企业范围，以价值实现为目标的工作组，无论成员身处何处大家都像在同一间办公室一样密切协作，从而大大提高了财务决策支持系统预测的准确性、决策的科学性和监督评价的及时性。四是可以提供一个友好、简单一致的用户界面。利用Internet/Intranet的Web技术，财务决策支持系统可以提供图文声并茂、简单一致的多媒体人机交互界面。用户在图像和声音的指引下，使用类似于自然语言的交互语言下达命令，进行交互控制、易于非专业人员操作。这大大简化培训工作，也提高了系统的效率。同时也解放了财务电化人员，使他们能够集中精力发现新问题，研究新方法开发新系统、充分发挥预测、决策、监督评价的功能，而不需要再对用户支持花费更多的时间。

六、财务决策支持系统的逻辑结构

（一）财务决策支持系统的模型库管理系统

该系统的模型库存放财务预测决策、财务计划与控制、财务分析三方面的模型。这些模型按其性质可分为数学模型和模拟模型两大类。数学模型是运用一定的经济数学方法、对面临的客观环境比较明确、影响因素比较确定的财务问题，按其性质和规律直接构造的模型，主要用于结构化和半结构问题的决策，如总资产报酬模型、销售利润模型、负债模型、存货模型、股权模型等等。模拟模型则是对于系统特性和模型结构比较清楚，但影响因素和环境条件却不确定，数量描述或求解比较困难的财务活动而建立起来的模型，这种模型能解决半结构化或非结构化的问题。考虑到财务决策环境经常变化，相应的模型应设计成能作一定的修改和评价，使决策者能充分地认识问题、发挥其创建力和判析才能，做出正确的决策。

（二）财务决策支持系统的数据库管理系统

一是分析数据来源。首先要清楚地了解FDSS的工作过程。全面分析与其相关的各个系统及原始数据，确定从哪些系统中提取数据。数据库的数据来源于企业内外的多个不同系统，各系统的数据之间存在着许多差异，如结构、单位不一致，同名异义或同义异名等，因此，在将数据放入数据库之前，必须进行清理。二是设计数据库的数据模型，对数据进行转化与综合。数据模型是面向主题建立的，同时又为多个面向应用的数据源的集成提供了统一的标准。数据模型一般包括：FDSS的各个主题域、各主题域之间的联系、编码及属性值、命名规则等。根据数据模型，确定如何对源数据进行析取、合并、汇总、变换、清除等处理，然后传送到数据库。三是选择硬件设备和数据库管理软件，建造数据库本身。由于数据库的数据来源复杂、数据量非常大，因此对硬件的速度、存储容量、可靠性和容错能力提出了更高的要求。数据库的软件是由许多部分组成的，包括：数据的提取、清理和转换。数据通过网络的传递、数据装入、数据库管理系统、数据分析工具、数据的维护、数据库的管理等。其中有些可以选择商品软件，有些则要自行开发，如何将各部分完美地集成起来并不容易。绝大多数数据库要与各种平台连接，因此要构成开放式的平台体系结构，具有良好的可伸缩性，以满足用户对信息需求的不断增长。数据库管理系统是数据库软件的重要组成部分。四是建立数据存取工具。数据的存入是指从外部数据源将数据装入数据库。存入方式取决于数据的更新方式。对最终用户而言，目前大多数数据库是只读性的，对数据的更新只发生在从外部数据源析取数据的时候．由批处理程序定期自动进行，这样可以大大简化数据库的并发控制，改善数据的可用性。数据的提取是指从库中取出所需的数据，这部分主要由桌面信息系统的各种工具组成。在客户机，服务器计算环境下，这部分属于客户端。数据库的最终用户使用这些应用软件，并生成特定的查询，在这里提取信息、分析问题、实施决策。这部分的工具软件，主要是查询生成工具、多维分析工具和数据提取工具等。设计这部分时需要更多地考虑最终用户的要求，易于使用是十分关键的一个因素。

(三) 财务决策支持系统的知识库管理系统及推理机制

决策支持系统应该具有一定的智能，FDSS 解决问题的能力很大程度上还依赖于知识库拥有知识的多少，知识越丰富，解决问题和决策支持的能力就越强。为使本系统尽可能覆盖企业财务决策中可能碰到的问题，通过收集、整理了财务专家们对财务预测、决策、计划、控制、分析的研究成果和实际经验，并在此基础上加以总结和提高，构成系统的知识库。

(四) 财务决策支持系统的人机交互系统

一是输出格式形成器。用来建立一个数据结构，该结构包含描述输出表达式的值和属性，且数值和属性对设备是独立的，因此使得对话部分能支持多种硬件。二是输出构成器。取得由输出格式形成器建立的数据结构，并发出命令给设备输出功能，通过子程序调用来实现。即输出构成器转译对话数据结构命令，以产生一个或几个设备上显示的输出表达形式。它是独立的设备，所产生的用于设备输出功能的命令不为任何设备所专有。三是设备输出功能。能产生设备特有的命令来对一个或更多的专用设备产生输出。四是设备驱动器。它是用户与对话系统的接口，在用户与系统之间传递命令。当输出信息是一个中断信息而不是产生表达方式的命令时，设备驱动器对它们进行缓冲。五是设备输入功能。它的功能与设备输出功能相反。六是输入格式形成器。将用户的输入命令转换成一组动作和动作所对应的目标。七是响应构成器。利用一组动作及其目标，产生命令和数据发送给系统的其他部分，如响应构成器可能调用数据库中的某些数据来进行更新。八是数据结构管理器。存储输入和输出的数据，即存取对话部分所用的数据，如描述输出表达或形成的数据结构。

七、财务决策支持系统的设计分析方法

ROMC(Representation，Operation，Memory and Control Machandise) 方法是一个能较好处理财务决策支持要求与 FDSS 能力之间的关系，并且过程独立的系统分析与开发方法。

(一) 表达式

决策过程中的任何行为(包括情报、设计和选择) 都需要信息的概念化表达，FDSS 通过表达式帮助决策者将问题概念化，形成决策者和计算机处理都能接受的表达方式。表达式是一些与上下文相关的概念化信息，不同风格的决策者对同一信息概念可能采用不同的表达式。例如，表达资产与负债之间的关系，直观型的决策者可能将其要求表达为“一张资产负债比率的直方图”，而分析型的决策者则要求获得相应的“比率数据”。

(二) 操作

操作是对表达式的加工，决策者通过对各种表达式进行各种操作来解决求解问题。对同样一个表达，决策的风格不同，选择的操作也可能不同。例如，对一组数据，有人仅用来画图，有人用来做统计分析。即使选择相同的操作，各个操作的执行顺序和组合也可能因决策风格不同而不同。不同的问题表达方式，不同的操作方式和操作组合，支持了不同类型的决策制定过程，避免了对决策者活动的描述按某一既定顺序进行而带来的FDSS决策过程的单一性和不可改变性，使 ROMC 方法成为过程独立、灵活性很强的分析与设计方法。

(三) 记忆支持

为支持表达式和操作的使用，FDSS 应提供多种记忆支持方式，主要包括：(1) 来自系统内外部的数据库及其子集或集合；(2) 显示表达和保留通过操作产生的中间结果的工作区；(3) 长期存贮工作区中的中间或最终结果的数据库；(4) 用于实现从一个工作区或库访问另一个工作区或库的链接；(5) 用于提醒决策者需要执行某种操作的触发器(信号)；(6) 存贮 FDSS 的缺省值或状态数据，如轴标或报告中的数字栏。有效的记忆支持有助于减少决策者的记忆负担，降低使用表达和操作的复杂度。

(四) 控制机制

FDSS 的表达、操作和记忆支持都是为了支持各种各样的决策过程和决策类型，控制机制则旨在帮助决策者根据其个人风格、技巧和知识，使用表达、操作和记忆支持，实现其决策过程。它是用户与系统的“接口”。控制机制主要有两种，一种是用户可直接使用的控制，如选择系统菜单或功能键、修改缺省值等；一种是间接控制，包括对用户的训练和使用 FDSS 的说明，以帮助决策者学习如何控制 FDSS。

八、财务决策支持系统的支撑技术

(一) 数据仓库

数据仓库是一个面向主题的、集成的、不可更新的、随时间不断变化的数据集合。它提供集成化和历史化的数据；集成不同种类的应用系统；从历史和发展的角度来组织和存储数据，以提供信息化和分析处理之用。也就是说，数据仓库是一个处理过程，能集成地进行数据分析，是一个大的数据库，存储了企业的所有业务数据，但和传统的业务数据库又有所不同。传统的数据库是面向客观世界、面向应用进行数据组织的，而数据仓库则是面向主题的。主题是一个在较高层次上将数据归类的标准，即在较高层次上将企业信息系统中的数据进行综合、归类并进行分析利用的抽象。每一个主题基本对应一个宏观的领域，基于主题组织的数据被划分为各自独立的领域，每一个领域都有自己的逻辑内涵且互不交叉。

(二) 联机分析处理(OLAP)

联机分析处理和数据仓库密切相关的联机分析处理(On-Line Analytical Processing, OLAP)，则用于企业管理人员的决策分析，为制订企业的未来经营管理计划提供辅助决策信息。分析型处理经常要访问大量的历史数据，执行频率也不如操作型处理那么高，因此对相应时间等方面的要求并不高。OLAP 的实现技术主要有 MOLAP，ROLAP 和 HOLAP 三种形式。数据仓库中数据的存贮方式可以是基于关系表的，也可以是基于多维数据库的。维是人们观察事物的一个角度，概念上非常相似于关系表的属性。ROLAP 是基于关系数据库的。OLAP 技术能较好地适应多维数据的表示和存储。关系数据库将多维结构划分为事实表（存放事实的度量值和各维的码值）和维表（存放维的描述信息）两类表，事实表通过每一维的码值同维表联系起来。基于关系表的数据存储方式主要有星型模型和雪花模型两种。在星型模式中，数据库中包括一张“事实表”，对于每一维都有一张“维表”。“事实表”中的每条元组都包含有指向各个“维表”的外键和一些相应的测量数据。“维表”中记录的是有关这一维的属性。事实表中的每一个元组包含一些指针（是外键，主键在其他表中），每个指针指向一张维表，这就构成了数据库的多维联系，相应每条元组中多维外键限定数据测量值。在每张维表中除包含每一维的主键外，还有说明该维的一些其他属性。

（三）数据挖掘

数据挖掘是从数据库或数据仓库中发现并提取隐藏在其中的信息的一种新技术。它建立在数据库，尤其是数据仓库基础之上，面向非专业用户，定位于桌面，支持即兴的随机查询。数据挖掘技术能自动分析数据，对它们进行归纳性的推理和联想，寻找数据间内在的某些关联，从中发掘出潜在的、对信息预测和决策行为起着十分重要作用的模式，从而建立新的业务模型，以达到帮助决策者制定市场策略、做出正确决策的目的。数据挖掘技术涉及数据库、人工智能（Artificial Intelligence）、机器学习、神经计算和统计分析等多种技术，它使决策支持工具（Decision Supporting Tools）跨入了一个新的阶段。随着互联网络的发展，企业（特别是跨国、跨地区企业）有着特别大的构建在 Intranet/Internet 上的财务业务网络，积累着大量的数据和信息，包括有结构化的信息，还有很多非结构化的信息，比如 Web 文档等。从这些全球化的信息资源中找出其企业运作的规律，使得资本得到合理的利用，是系统的一大难点和关键所在。

【本章习题】

一、思考题

1. 财务决策的基本概念、类型、目的分别是什么？
2. 决策过程中的障碍有哪些？
3. 财务决策的一般步骤有什么？
4. 财务决策的方法有哪些？
5. 差量分析法、指标比较法、最优订货量线性规划法的具体步骤是什么？
6. 财务决策支持系统的功能是什么？其逻辑结构包括哪些？

二、案例分析题

深圳劲嘉彩印集团股份有限公司重大投资、重大生产经营及财务决策程序与规则如下：

为了规范深圳劲嘉彩印集团股份有限公司（以下简称“公司”）重大投资、重大生产经营及财务管理，提高公司重大投资、重大生产经营及财务决策的合理性和科学性，规避重大投

资、重大生产经营及财务风险，强化决策责任，实现公司资产保值增值及股东利益最大化的目标，根据《中华人民共和国公司法》及《深圳劲嘉彩印集团股份有限公司章程》的有关规定，结合公司的实际情况，公司制定重大投资、重大生产经营及财务决策程序与规则。

（一）信息来源与处理

1. 重大投资及重大生产经营及财务信息的来源主要是：(1) 公司年度经营计划中关于投资计划、生产经营计划的内容；(2) 日常工作中董事会或经理层搜集的投资信息；(3) 总经理认为现有生产线亟需改造时提出的技改计划项目；(4) 公司中期生产经营目标实现及目标调整的内容；(5) 公司关于发行股票、债券等的决策内容；(6) 公司日常经营中关于融资方案的内容；(7) 宏观经济、政治环境以及市场环境等的变化因素；(8) 其他来源的各种投资、重大生产经营及财务信息。

2. 重大投资及重大生产经营及财务的筛选及传递

(1) 信息的筛选：① 由总经理负责汇总各种重大投资及重大生产经营及财务信息，并对各种信息进行必要的筛选；② 由总经理负责对重大投资及重大生产经营及财务事宜进行必要的市场调研和可行性分析，拟订项目建议书及投资收益、重大生产经营财务分析，制定拟投资项目、重大生产经营事宜的风险对策，分清轻重缓急。

(2) 信息的传递：重大投资及重大生产经营及财务信息由总经理负责传递。

（二）重大投资决策

1. 重大投资的分类

公司重大投资主要分为对内投资和对外投资。(1) 对内投资包括但不限于公司新增固定资产技改项目；公司现有固定资产的填平补齐项目；设立分公司；营销网络及技术中心建设等。(2) 对外投资包括但不限于对外的股权投资；对外收购、兼并企业；包括股票、期货在内的风险投资及委托理财等。

2. 重大投资应遵循的原则

(1) 对内投资决策应遵循以下原则：① 有效性原则，即投资项目必须保证应有的资金使用效率，以保证公司利益最大化；② 成长性原则，即投资项目的实施必须与公司的成长要求相匹配；③ 能力性原则，即新上项目必须与公司可支配或可利用资源、能力相适应，以保证项目的可执行性；④ 自主性原则，即新项目的实施应立足于独立自主，以保证公司资产的完整性、收益的最大化。

(2) 对外投资决策应遵循以下原则：① 合法性原则，即公司的对外投资不能超越有关法律法规的限制；② 有效性原则，即投资项目必须保证应有的资金使用效率，以保证公司利益最大化；③ 适量性及无妨碍性原则，即对外投资不能影响公司自身所需的正常资金周转；④ 风险回避性原则，即必须充分估计项目的风险，并选择风险 — 收益比最小的投资方案。

3. 重大投资的权限划分及决策程序

(1) 投资额在 1 000 万以下的，由总经理办公会议通过；

(2) 投资额在 1 000 万以上，最近一期经审计净资产值 5%(含 5%) 或 10 000 万元(以二者中较低者为准) 以下的，由总经理提出投资方案，并组织有关专家、专业人员进行评估论证，再由总经理办公会审议批准，并报董事会、监事会备案；

(3) 投资额在公司最近一期经审计净资产值 5% 或 10 000 万元(以二者中较低者为准) 至总资产值 30% 或公司最近一期经审计净资产的 50%(以二者中较低者为准) 的投资决策

程序：由总经理负责投资方案的前期拟订、调研工作 — 向董事会提交投资方案及方案的建议说明 — 董事会组织相关专业人士对投资方案进行评审 — 董事会会议审议（监事列席会议实施监督）通过；

(4) 投资额超过公司最近一期总资产值 30% 或公司最近一期经审计净资产的 50%（以二者中较低者为准）的投资决策程序：由总经理负责投资方案的前期拟订、调研工作 — 向董事会提交投资方案及方案的建议说明 — 董事会组织相关专业人士对投资方案进行评审 — 董事会会议审议（监事列席会议实施监督）通过后提交股东大会通过 — 股东大会审议通过；

(5) 必要时董事会可授予总经理适当的重大投资权限，但是不得违反公司章程的规定。

4. 重大投资项目的实施

投资项目由总经理负责实施。总经理认为必要时应及时将项目实施进展情况向董事会、监事会及股东大会汇报。

（三）重大生产经营及财务决策

1. 重大生产经营及财务决策的分类

公司重大生产经营及财务决策主要包括但不限于经营目标决策、经营策略决策、技术及产品开发决策、生产工艺决策、市场营销决策、人事及薪金决策等。

2. 重大生产经营及财务决策应遵循的原则

(1) 合法性原则：即公司的重大生产经营及财务决策必须依据《公司法》及《公司章程》的规定；(2) 系统原则：即决策必须以公司整体目标为核心，以获取整体最优化；(3) 目标原则：即决策必须明确决策的目标所在。针对公司整体而言，其生产经营决策的最终目标是实现最佳经济效益和社会效益，从而实现公司价值的最大化；(4) 反馈原则：即决策过程与执行中必须根据客观情况的变化反馈信息，对初始决策加以调整；(5) 对比优选原则：对每个问题或目标必须有多个备选方案，从中择优实施。

3. 重大生产经营及财务决策的权限划分及决策程序

(1) 市场营销及经营策略、技术及产品开发、生产工艺、人事及薪金的决策由总经理办公会决定；依据法律、法规、规范性文件、公司章程规定需董事会或股东大会决定的薪金，须提交董事会或股东大会审议决定。

(2) 公司年度经营计划由总经理提出方案，总经理办公会讨论通过后提交董事会会议审议（监事列席会议实施监督）通过，公司章程规定需董事会或股东大会作出决定，须提交董事会或股东大会审议决定。

4. 重大经济合同的决策权限及决策程序

(1) 贷款额不超过公司最近一期经审计总资产值的 30% 的投资决策程序：由总经理提出贷款方案及方案的建议说明后由董事会会议审议（监事列席会议实施监督）通过；

(2) 贷款额超过最近一期经审计总资产值 30% 的决策程序：由总经理提出方案及方案的建议说明 — 董事会组织相关专业人士对方案进行评审 — 董事会会议审议后提交股东大会审议（监事列席会议实施监督）— 股东大会审议通过。

问题：

1. 该公司的财务决策程序是否合理？如果不合理，您认为该如何完善？

2. 如果您来做财务决策，应该遵循哪些基本步骤？

第九章　财务控制

【学习目的与要求】

1. 掌握内部控制的基本要素；内部控制的含义；成本中心、利润中心和投资中心的含义、类型、特点及考核指标。

2. 熟悉内部控制的方法；责任预算、责任报告的定义和业绩考核的要求；内部结算价格、结算方式和责任成本的内部结转。

3. 了解内部控制的发展阶段和原则；财务控制的特征和基本原则；财务控制的意义和类型。

【教学重点与难点】

重点：内部控制的基本要素；三大责任中心考核指标；标准成本的制定；标准成本中成本差异的计算和分析方法。

难点：利润中心考核指标各形式的计算方法；投资利润率与剩余收益指标的计算与评价；标准成本差异计算及分析方法。

【引例】

一切伟大的治理都是从学习控制开始的

——吴晓波《大败局》

近十多年来，中国商界风云变幻，每隔一两年便有一些庞大而知名的企业倒地。如德隆、巨人、三鹿等，在这些失败的案例中，归根结底，内控的薄弱是促成这些公司倒闭的主要原因之一。新疆德隆集团是中国颇具典型性的民营企业之一，可是其自身运营模式又充满个性。德隆的发展充满传奇色彩，1986 年，唐氏兄弟起家于新疆乌鲁木齐市，上个世纪 90 年代初在北京投资迪斯科广场，这是他们真正意义上的第一桶金：年盈利 3 000 万元。从 1992 年开始，德隆开始涉足中国股票市场，并从"神秘大户"逐渐发展成证券市场耳熟能详的德隆系。德隆的发展主要分为三个阶段：1986 年～1996 年，是德隆原始积累阶段，在这一阶段主要任务是积累资本，效率优先，追求利润最大化；1997 年～2001 年：全面进入实业化阶段，主要任务是确立项目投资、产业投资、控股和改造"老三股"；2002 年～2005 年，是高速扩张阶段，在这一阶段德隆重组并控股金融机构，巨资收购企业，这也为德隆日后危机的产生埋下伏笔。这样一个高速发展的企业以"覆灭"收场让人出乎意料，然而，从内控的角度来分析整个事情的经过，有着这样的结局自然有着其合理性。德隆的内部控制存在许许多多的漏洞，整个公司的环境、财务和流程都有着高风险，风险控制手段完全失效，是德隆失败的根本原因。对一个企业来讲，为什么内部控制如此重要呢？

第一节 内部控制概述

一、内部控制的含义

目前，国际上对于内部控制并没有一个公认的明确的定义，但在把内部控制与管理控制相结合研究时，逐步发现这两者是不可分割、相互联系的。因此，在 20 世纪 80 年代提出了内部控制结构的概念。1992 年，专门研究内部控制委员会 COSO 提出了《内部控制——整体框架》报告，对内部控制提出了的定义。即："内部控制是受企业董事会、管理当局和其他职员的影响，旨在取得：①经营效果和效率；②财务报告的可靠性；③遵循适当的法规等目标而提供合理保证的一种过程。"内部控制分成了五个方面的内容，分别是控制环境、风险评估、控制活动、信息与沟通和监控。我国在 1997 年公布的《内部控制与审计风险》准则中指出："内部控制是被审计单位为了保证业务活动的有效进行，保护资产的安全与完整，防止、发现、纠正错误与舞弊，保证会计资料的真实、合法、完整而制定和实施的政策和程序。"

总体来讲，我国审计准则和国际审计准则有关内部控制的定义趋于一致，但对内部控制的理解仍然停留在内部控制结构的阶段。因此，本书采用 COSO《内部控制——整体框架》的定义。

二、内部控制的发展阶段

内部控制经历了一个不断发展和完善的历史进程。按照内部控制的演变过程可以分为以下四个发展阶段：

1. 内部牵制阶段(原始组织诞生～20 世纪 40 年代)

内部控制的最初形式是内部牵制。在美国著名审计学家蒙哥马利 1912 年所著的《审计——理论与实践》一书中已明确表述过这一思想。内部牵制的着眼点在于职责的分工和业务流程及其记录上的交叉检查或交叉控制，其目的主要是防止组织内部的错误或舞弊，通过保护组织财产的安全来保障组织运转的有效性。内部控制的内容主要包括：机构牵制、体制牵制、簿记牵制和实物牵制。

由此可见，早期的内部牵制基本上以差错防弊为目的，以职务分离和账目核对为方式，以钱、账、物等会计事项为主要控制对象。

2. 内部控制制度阶段(20 世纪 40～80 年代)

内部控制制度的形成是传统的内部牵制思想与古典管理理论相结合的产物。企业规模的不断扩大与审计模式的变革成为了内部控制制度发展和完善的主要推动力。1986 年，最高审计机关国际组织(INTOSAI)在第十二届国际审计会议上发表的《总声明》中，赋予了内部控制新的定义："内部控制作为完整的财务和其他控制系统，包括组织结构、方法程序和内部审计。它是由管理者根据总体目标而建立的，目的在于帮助企业经营活动合理化，具有经济性、效率性和效果性；保证管理决策的贯彻；维护资产和资源的安全；保证会计记录的准确和完整，并提供及时、可靠的财务和管理信息。"

由此可知,内部控制目标除了保护组织财产的安全以外还包括增进会计信息的可靠性、提高经营效率。

3. 内部控制结构阶段(20 世纪 80～90 年代初)

在这一阶段,管理环境被纳入内部控制的视线,并引起内部控制各要素的重新划分和机构整合。体现“内部控制结构阶段”的标志是 1988 年 4 月美国注册会计师协会(AICPA)下属的审计准则委员会(ASB)发布的《审计准则公告第 55 号》文告。这份文告以“财务报表审计对内部控制结构的考虑”为题,首次采用“内部控制结构”一词取代原有的“内部控制”一词,将内部控制结构界定为:“为合理保证企业特定目标的实现而建立的各种政策和程序”,并且明确了内部控制结构的内容包括三个部分:即控制环境、会计制度和控制程序。

在这三个构成要素中,会计制度是内部控制结构的关键要素,控制程序是保证内部控制结构有效运行的机制。内部控制结构概念的提出,适应了经济形势发展和企业经营管理的需要,因而得到了会计界和审计界的认可。20 世纪 80 年代末兴起的“风险基础审计”便是在这一概念的基础上产生和发展起来的。

4. 内部控制整体框架阶段(20 世纪 90 年代初以后)

在 20 世纪 80 年代,美国发生了一系列财务报告舞弊和企业突发性破产事件,这引起了社会各界对上市公司财务报告真实性问题的普遍关注。同时也引起人们对内部控制的重新思考,是否忽视了内部控制权力配置机制。因此,审计实务需要深化对控制机制的研究,并把它整合为一个有机的框架。于是,内部控制的发展进入第四个阶段。

此时,相对于内部控制结构阶段包括的内容,内部控制整体框架的主要内容拓展到了以下五个方面:控制环境、风险评估、控制活动、信息与沟通和监督。这五方面的内容是相互联系的:控制环境是其他内容的基础,如果缺乏有效的环境控制,企业的内部控制就不可能有效;在规划控制活动时,必须对企业可能面临的风险有细致的分析;风险评估和控制活动必须借助信息与沟通;内部控制的设计和执行必须受到有效地监督。

构建内部控制整体框架旨在保证财务报告的可靠性、提高企业经营的效果和效率以及对现行法规的遵循。

三、内部控制的基本要素

1. 控制环境

控制环境构成一个组织的氛围,影响到组织内部人员控制的自觉性,是所有其他内部控制组成要素的基础。需要注意的是,这里的控制环境并不是内部控制系统赖以生存的内外部客观环境,它本身就是内部控制的一个组成部分。它包括:(1)员工的诚实和职业道德,如有无描述可接受的商业行为、利益冲突及道德行为标准的行为准则;(2)员工的胜任能力,如员工是否能够胜任质量管理的要求;(3)董事会及审计委员会的参与,如董事会是否独立于管理层;(4)管理哲学和经营作风,如管理层对人为操作或错误记录的态度;(5)组织结构,如信息是否达到合适的管理阶层;(6)权力和责任的安排,如关键部门经理的职责是否明确规定;(7)人力资源政策及执行,如是否具有关于雇佣、培训、提升和奖励雇员的政策等。

2. 风险评估

每个组织所面临的风险都是与其特定的存在环境相联系的,必须根据实际情况同时从企业整体与个别作业层次全面有效地甄别和评估其所面临的内部和外部风险,控制活动才能有的放矢。现代企业的风险主要来源于:(1)经营环境的变化;(2)聘用新员工;(3)采用新的或改良信息系统;(4)迅猛的发展速度;(5)新技术的应用;(6)新的行业、产品或经营活动的开发;(7)企业改组;(8)海外经营;(9)新会计方法的采用等。

3. 控制活动

控制活动是确保管理阶层指令得以执行的政策及程序,比如核准、授权、验证、调节、复核营业绩效、保障资产安全及职务分工等。主要的控制活动包括:

(1)业绩评价。即管理层记录经营活动的结果,然后与预算、预测、前期及竞争者的绩效相比较,以衡量目标达到的程度和监督计划的执行情况。

(2)信息处理控制。对信息系统的控制活动可以分为两类,一类是一般控制,帮助管理层确保系统能够持续、适当的运转,如资料中心运作的控制;另一类是应用控制,包括应用软件中的电算化步骤及相关的人工程序,如输入控制。

(3)实物控制。主要保护设备、存货、证券、现金和其他资产的实体安全,定期盘点并与控制记录显示的金额相比较。

(4)职务分离。即先将责任划分,然后将不相容职务分派给不同员工,以降低错误或不当行为的风险。

4. 信息与沟通

信息与沟通是指要注重信息的收集和加工,既要注重与外部的沟通和内部的顺向(自上而下)沟通,也要注重组织内部的横向沟通和逆向(自下而上)沟通。不论是经营层或是其他控制人员发现了内控的缺陷,都应当及时地向适当的管理层报告。

5. 监督

监督是评价内部控制实施质量的过程,即对内部控制设计、运行及修正活动的评价,它包括日常的管理监督活动,也包括内部审计的监督和与组织外部团体进行信息交流的监督。总之,监督并不等同于内部审计,它是对内部控制执行情况的监督。

四、内部控制的原则

内部控制原则指对建立和设计内部控制制度具有指导性的法规和标准。内部控制原则回答的是为实现控制目标应当如何科学地建立和设计内部控制制度的问题。具体而言,内部控制的原则体现为:

1. 合法性原则

合法性原则是指内部控制制度必须符合有关法律法规的规定,体现法律法规和政策的要求,以保证控制系统的权威性。坚持合法性原则是建立内部控制系统的前提条件。

2. 全面性原则

全面性原则是指在符合企业内部控制系统要素要求的前提下,业务流程的设计必须能够覆盖企业业务活动的全貌和企业经营管理的各个环节,并将业务流程中关键控制点落实到政策、执行、监督等各环节,不得留有制度上的空白或遗漏。

3. 岗位分离原则

岗位分离原则是指在企业会计业务流程中把不相容职务进行岗位分设,以避免相关部

门和岗位之间产生串通舞弊、谋取私利的风险。

4. 有效性原则

有效性原则是指在内部控制制度的构建过程中，应注意体系的严密性、协调性、适度性和简便性，力求能有效防止错误和弊端的发生，产生效率和效益。

5. 协调性原则

协调性原则是在业务流程的设计中，各部门或人员必须相互配合，各岗位和环节都应协调同步，从而保证业务程序和手续能够紧密衔接，保持业务活动的连续性和有效性。

6. 相互牵制原则

相互牵制原则是指一项完整的业务活动，必须经过具有相互制约关系的两个或是两个以上的岗位。在横向关系上，至少要有彼此独立的两个部门或是人员办理；在纵向关系上，至少要经过互不隶属的两个岗位和环节，以使下级受上级的监督，上级受下级的牵制。

7. 实时性原则

实时性原则是指内部控制系统的制定应当具有前瞻性，并与企业的外部环境和内部管理的需求相适应，应随着企业经营战略、经营方针以及内部管理需求等内部环境的变化和国家相关法律、法规及政策制度等外部环境的改变进行适时的调整。

8. 经济性原则

经济性原则是指业务流程的设计应以企业治理结构的要求、业务特点、部门设置以及企业规模的特点为依据，正确处理成本和效益的关系，实现运行成本最低、效益最大的目标。这就要求我们在保证控制有效性的前提下，着重抓好关键控制点的工作。

五、内部控制的方法

1. 不相容职务相分离控制

所谓不相容职务是指那些由一个人承担，既可能发生错误和弊端又可掩盖其错误和弊端的职务。企业内部主要不相容职务有：授权批准职务、业务经办职务、财产保管职务、会计记录职务和审核监督职务。这五种职务之间应实行如下分离：(1)授权批准职务与执行业务相分离；(2)业务经办职务与审核监督职务相分离；(3)业务经办职务与会计记录相分离；(4)财产保管职务与会计记录相分离；(5)业务经办职务与财产保管职务相分离。

2. 授权批准控制

授权批准是指企业在处理经济业务时，必须经过授权批准以便进行控制，授权批准按其形式可分为一般授权和特殊授权。前者是指对办理常规业务的权力、条件和责任的规定，其时效性较长；后者是指对办理例外业务的权力、条件和责任的规定，其时效性较短。不论采用哪种授权批准方式，企业必须建立授权批准体系，包括：(1)授权批准的范围，通常企业的所有经营活动都应纳入其范围；(2)授权批准的层次，应根据经济活动的重要性和金额大小确定不同的授权批准层次；(3)授权批准的责任；(4)授权批准的程序，应规定每一类经济业务的相应批准程序以便按程序办理审批，避免越级审批、违章审批的情况。

3. 会计系统控制

它要求企业依据《中华人民共和国会计法》、企业会计准则和国家统一的会计制度，制定适合本企业的会计制度，明确会计凭证、会计账簿和财务会计报告以及相关信息披露的处理程序，规范会计政策的选用标准和审批程序，建立、完善会计档案保管和会计工作交接办法，实行会计人员岗位责任制，充分发挥会计的监督职能，确保企业财务会计报告真实、准确、完整。其主要内容有：(1)凭证编号；(2)复式记账；(3)统一会计科目；(4)会计政策；(5)结账程序。

4.全面预算控制

全面控制是企业财务管理的重要组成部分，它是为达到企业既定目标编制的经营、资本、财务等年度收支总体计划。从某种意义上讲，全面预算也是对企业经济业务规划的授权批准。全面预算控制应抓好以下环节：(1)预算体系的建立，包括预算项目、标准和程序；(2)预算的编制和审定；(3)预算指标的下达及相关责任人或部门的落实；(4)预算执行的授权；(5)预算执行过程的监控；(6)预算差异的分析和调整；(7)预算业绩的考核。

5.实物保全控制

内部控制各种方式都具有保护资产安全的作用，这里所述的实物保全控制是指对实物资产的直接保护，主要内容有以下几个方面：

(1)限制接近：①限制接近现金；②限制接近其他易变现资产；③限制接近存货。

(2)定期盘点：①定期与会计记录核对；②进行差异调整与协调。

(3)记录保护：①严格限制接近会计记录的人员；②会计记录应该妥善保存；③重要资料应留有备份，以便在遭到意外时能够重新恢复。

(4)财产保险：通过投保增加实物资产受损后补偿的程度或机会，保护企业实物安全。

(5)财产记录监督：建立资产个体档案，对资产的增减变动作记录，同时加强对财产的所有权凭证的登记与管理。

6.职工素质控制

内部控制成效的关键在于职工素质的高低程度。职工素质控制的目的在于保证职工忠诚、正直、勤奋、有效地工作，从而保证其他内部控制有效实施。职工素质控制包括：(1)建立严格的招聘程序，保证应聘人员符合招聘要求；(2)制定职工工作规范，用以引导考核职工行为；(3)定期对职工进行培训，帮助其提高业务素质，更好地完成规定的任务；(4)加强考核和奖惩力度，应定期对职工业绩进行考核，奖惩分明；(5)对重要岗位职工(如销售、采购、出纳)应建立职业信用保险机制，如签订信用承诺书，保荐人推荐或办理商业信用保险；(6)工作岗位轮换，可以定期或不定期进行工作岗位轮换，通过轮换及时发现存在的错弊情况，甚至可抑制不法分子的不良动机。

7.风险防范控制

企业在市场经济环境中，不可避免地会遇到各种风险，因此为防范风险，企业应建立评估机制。企业常用的风险评估内容包括：(1)筹资风险评估；(2)投资风险评估；(3)信用风险评估；(4)合同风险评估。风险防范控制是企业一项基础性和经常性工作，企业必要时可设置风险评估部门或岗位，专门负责有关风险的识别、规避和控制。

8.内部报告控制

它要求企业建立和完善内部报告控制，明确相关信息的收集、分析、报告和处理程序，及时提供业务活动中的重要信息，全面反映经济活动情况，增强内部管理的时效性和针对性。

常用的内部报告有：资金分析报告、经营分析表、费用分析表、资产分析表、投资分析表、

财务分析报告等。

9. 电算化控制

电子信息技术控制要求企业结合实际情况和计算机信息技术应用的程度，建立与本企业经营管理业务相适应的信息化控制流程，提高业务处理效率，减少和消除人为操纵因素，同时加强对计算机信息系统开发与维护、访问与变更、数据输入与输出、文件储存与保管、网络安全等方面的控制，保证信息系统安全、有效运用。

10. 内部审计控制

内部审计是内部控制的一种特殊形式，它是一个企业内部经济活动和管理制度是否合规、合理和有效的独立评价机构，在某种意义上讲是对其他内部控制的再控制。

内部审计内容十分广泛，按其目的可以分为财务审计、经营审计和管理审计。内部审计在企业内应保持相对独立性，应独立于其他经营管理部门，最好受董事会或下属的审计委员会直接领导。

第二节　财务控制

一、财务控制概述

为了实现企业一定时期的财务目标、保证企业整体经营目标的完成，企业必须重视财务控制工作，运用科学合理的财务控制方法，加强财务收支、成本费用、财务成果的管理，以达到增收节支，增产促效的目的。

(一)财务控制的含义与特征

1. 财务控制的含义

从管理的角度理解，财务控制的本质就是从财务管理的角度实施管理控制。由于内部控制涉及的企业活动都是与企业财务资源相关的，而且在内部控制的过程中，计划的制订、控制标准的设定以及对执行效果的评价等都离不开财务活动，因此财务控制是企业内部控制的核心。从属性上看，财务控制以资本为依托，由管理者协调并指导各部门、各单位的财务活动去实现企业总体目标。

管理中的控制，是指管理者根据拟订的标准，对下级的工作进行衡量和评价，并及时纠正偏差，以确保组织目标实现的过程。所谓财务控制，是指财务控制主体以法律、法规、制度和财务预算目标等为依据，通过财务手段衡量和矫正企业的经营管理活动，使之按照既定的计划进行，确保企业财务有关的战略得以实现的过程。它是财务管理的重要环节，并与财务预测、财务决策、财务分析一起构成财务管理系统，是财务管理系统的重要组成部分。

2. 财务控制的特征

对于一个企业来说，财务控制的特征主要体现在以下几个方面：

(1)以价值形式为控制手段。财务控制以实现财务预算为目标，而财务预算所包括的现金预算、预计利润表和预计资产负债表都是以价值形式予以反映的(即能够用货币来计量)，所以财务控制必须借助价值手段进行。

(2)以不同岗位、部门和层次的不同经济业务为综合控制对象。财务控制不是单一针对某个岗位或部门的活动,而是散布在企业经营中的一系列行动,并且与企业经营过程结合在一起,以价值为手段,将不同岗位、部门和层次的经济活动综合起来进行控制。

(3)以控制日常现金流量为主要内容。由于日常的财务活动过程表现为组织现金流量的过程,因此,控制现金流量成为日常财务控制的主要内容,在财务控制过程中要以现金预算为依据,通过编制现金流量表来考核现金流量的运行状况。

(二)财务控制的作用

财务控制是财务管理系统的关键环节,它对实现财务管理目标具有决定性作用。在财务管理中,如果仅限于确定合理的决策、甚至制定有切实可行的财务预算,而不对实施的过程加以控制,预定的财务目标是难以实现的。从一定意义上说,财务预测、财务规划和财务决策为财务控制指明方向,提供依据;而财务控制则是对有关财务目标和规划加以落实。此外,由于财务控制是借助货币手段对生产经营活动所实施的控制,在企业整个经济控制系统中是一种连续性、系统性和综合性最强的控制。它在企业经济控制系统中处于一种特殊地位,起着保证、促进、监督和协调等重要作用。

(二)财务控制的类型

可以按照财务控制的时间、主体、手段、对象、依据等对财务控制进行不同的分类。

1.按控制的时间分类,可分为事前财务控制、事中财务控制、事后财务控制

事前财务控制,又称原因控制,是指企业为防止财务资源在质和量上发生偏差,而在行为发生之前进行的控制。这类控制的目的在于防止问题的发生,如财务收支活动发生之前的申报审批制度、产品设计成本的规划等。

事中财务控制,又称过程控制,是指财务活动发生过程中进行的控制。这类控制在问题发生时能及时予以纠正,以免发生重大的损失,如按财务预算要求监督预算的执行过程、对各项收入的去向和支出的用途进行监督、对产品生产过程中发生的成本进行约束等。

事后财务控制,又称为结果控制,是指在财务管理行动结束之后对活动结果进行的分析、评价与考核。这种控制虽无法弥补前一过程已经产生的损失,但可以向管理者提供关于计划效果的真实信息,还可以提供员工绩效评价信息以增强他们工作的积极性。如按财务预算的要求对各责任中心财务收支结果进行评价,并以此作为实施奖罚的标准;在产品成本形成之后进行综合分析与考核,以确定各类责任中心和企业的成本控制责任。

2.按控制的主体分类,可分为出资者的财务控制、经营者的财务控制和财务部门本身的控制

出资者财务控制是指出资者为了实现其资本保全和资本增值目标而对经营者的财务收支活动进行的控制,如对成本开支范围和标准的规定等。

经营者财务控制是为了实现财务预算目标而对企业及各责任中心的财务收支活动所进行的控制,这种控制是通过经营者制定财务决策目标,并促使这些目标得到贯彻执行来实现的。如企业的筹资、投资、资产运用、成本支出决策及其执行等。

财务部门的财务控制是财务部门为了有效地组织现金流动,通过编制现金预算,执行现

金预算，对企业日常的财务活动所进行的控制。如对各项货币资金用途的审查等。

通常认为出资者财务控制是一种外部控制，而经营者和财务部门的财务控制是一种内部控制。

3. 按控制的手段分类，可分为绝对控制和相对控制

绝对控制是指对企业和责任中心采用绝对额指标进行控制。一般而言，对激励性指标确定最低控制标准，对约束性指标确定最高控制标准。

相对控制是指对企业和责任中心采用相对比率指标进行控制。一般而言，相对控制具有投入与产出对比，开源与节流并重的特征。

比较而言，绝对控制没有弹性，相对控制具有弹性。

4. 按控制的依据分类，可分为预算控制和制度控制

预算控制是指以财务预算为依据，对预算执行主体的财务收支活动进行监督调整的一种控制形式。预算表明了其执行主体的责任和奋斗目标，规定了预算执行主体的行为。

制度控制是指通过制定企业内部规章制度，并以此为依据约束企业和各责任中心财务收支活动的一种控制形式。制度控制通常规定只能做什么，不能做什么。与预算控制相比较，制度控制具有防护性的特征，而预算控制主要具有激励性的特征。

5. 按控制的对象，可分为收支控制和现金控制

收支控制是指对企业和各责任中心财务收支活动进行的控制。控制财务收入活动，旨在提高收入；控制财务支出活动，旨在降低成本，减少支出；收支控制的根本目标，就是实现利润最大化。

现金控制是对企业和各责任中心的现金流入和现金流出活动所进行的控制。由于企业会计采用权责发生制，导致利润不等于现金净流入，所以，对现金有必要单独控制。同时，由于日常财务活动主要是现金流动，这也决定了现金控制的重要性。现金控制应力求实现现金流入流出的基本平衡，既要防止因现金短缺而出现的支付危机，也要防止因现金沉淀而可能出现的机会成本增加。

(三)财务控制的基本原则

财务控制的基本原则具体包括：

(1)目的性原则。财务控制作为一种财务管理职能，必须有明确的目的性，财务控制的目的就是实现企业财务管理目标。

(2)充分性原则。财务控制的手段对于目标而言应该是充分的，应当足以保证目标的实现。

(3)及时性原则。财务控制的及时性要求在控制过程中要及时发现偏差，并能采取措施加以纠正。

(4)认同性原则。财务控制的目标、标准和措施必须为相关人士所认同。

(5)经济性原则。财务控制的手段是必要的，其产生的价值应当大于所消耗的费用。

(6)客观性原则。管理者对绩效的评价应当客观公正，防止主观片面。

(7)灵活性原则。财务控制应当含有足够灵活的要素，以便在出现任何失常情况下，都能保持对运行过程的控制，不受环境变化、计划疏忽、计划变更的影响。

(8)适应性原则。财务控制的目标、内容、方法应与组织结构中的职位相适应。

(9)协调性原则。财务控制的目标、内容、方法和范围方面不能相互制约,而应相互配合,在单位内部形成合力,产生协同效应。

(10)简明性原则。控制目标应当明确,组织措施应当简明易懂,易为执行者理解和接受。

二、责任中心

建立责任中心、编制和执行责任预算、考核和监控责任预算的执行情况是企业实行财务控制的一种有效手段,又称为责任中心财务控制。

(一)责任中心的含义与特征

1.责任中心的含义

责任中心是指承担一定经济责任,并享有一定权力和利益的企业内部单位。企业为了实行有效的内部协调与控制,通常都按照统一领导、分级管理的原则,在其内部合理划分责任单位,明确各责任单位应承担的经济责任、应有的权利,促使各责任单位尽其责任协同配合实现企业预算总目标。同时,为了保证预算的贯彻落实和最终实现,必须把总预算中确定的目标和任务,以责任中心为单位逐层进行指标分解,形成责任预算,使各个责任中心据以明确目标和任务。责任预算执行情况的揭示和考评可以通过责任会计来进行。责任会计围绕各个责任中心,把衡量工作成果的会计同企业生产经营的责任制紧密结合起来,成为企业内部控制体系的重要组成部分。由此可见,建立责任中心是实行责任预算和责任会计的基础。

2.责任中心的特征

责任中心通常具有以下特征:

(1)责任中心是一个责权利结合的实体。它意味着每个责任中心都要对一定的财务指标承担完成的责任;同时,赋予责任中心与其所承担责任的范围和大小相适应的权力,并规定出相应的业绩考核标准和利益分配标准。

(2)责任中心具有承担经济责任的条件。它有两方面的含义:其一,责任中心要有履行经济责任中各条款的行为能力;其二,责任中心一旦不能履行经济责任,能对其后果承担责任。

(3)责任中心所承担的责任和行使的权力都应是可控的。每个责任中心只能对其责权范围内可控的成本、收入、利润和投资负责,在责任预算和业绩考评中也只应包括他们能控制的项目。可控是相对于不可控而言的,不同的责任层次,其可控的范围并不一样。一般而言,责任层次越高,其可控范围也就越大。

(4)责任中心具有相对独立的经营业务和财务收支活动。它是确定经济责任的客观对象,是责任中心得以存在的前提条件。

(5)责任中心便于进行责任会计核算或单独核算。责任中心不仅要划清责任而且要单独核算,划清责任是前提,单独核算是保证。只有既划清责任又能进行单独核算的企业内部单位,才能作为一个责任中心。

(二)责任中心的类型和考核指标

根据企业内部责任中心的权责范围及业务活动的特点不同,责任中心可以分为成本中

心、利润中心和投资中心三大类型。

1. 成本中心

(1)成本中心的含义

成本中心是指只对成本或费用负责的责任中心，不对收入、利润或投资负责。成本中心的应用范围最广，从一般意义出发，企业内部凡有成本发生，需要对成本负责，并能实施成本控制的单位，都可以成为成本中心，如工业企业中，上至工厂一级，下至车间、工段、班组，甚至个人都有可能成为成本中心。成本中心的规模不一，多个较小的成本中心共同组成一个较大的成本中心，多个较大的成本中心又可共同构成一个更大的成本中心，从而在企业形成一个逐级控制，并层层负责的成本中心体系。

(2)成本中心的类型

按照控制的着重点不同，可以将成本中心分为技术性成本中心和酌量性成本中心。

技术性成本是指发生的数额通过技术分析可以相对可靠地估算出来的成本，如产品生产过程中发生的直接材料、直接人工、间接制造费用等。其特点是这种成本的发生可以为企业提供一定的物质成果，投入量与产出量之间有着密切联系，可以通过弹性预算予以控制。

酌量性成本是指该类成本发生与否以及发生额的多少由管理人员的决策所决定的，主要包括各种管理费用和某些间接成本项目，如研究开发费用、广告宣传费用、职工培训费等。这种成本主要是因企业提供一定的专业服务所产生的，一般不能直接产生出可以用货币计量的成果，投入量与产出量之间没有直接关系。酌量性成本的控制应着重于预算总额的审批上。

(3)成本中心的特点

①成本中心只考评成本费用而不考评收益

成本中心一般不具备经营权和销售权，其经济活动的结果不会形成可以用货币计量的收入。有的成本中心可能有少量的收入，但从整体上讲，其产出与投入之间不存在密切的对应关系，因而，这些收入不作为主要的考核内容，也不必计算这些货币收入。概括地说，成本中心只以货币形式计量投入，不以货币形式计量产出。

②成本中心只对可控成本承担责任

成本费用依其责任主体是否能控制分为可控成本与不可控成本。凡是责任中心能控制其发生及其数量的成本称为可控成本；凡是责任中心不能控制其发生及其数量的成本称为不可控成本。其中，可控成本必须同时具备以下四个条件：一是可以预计；二是可以计量；三是可以施加影响；四是可以落实责任。

凡不能同时具备上述四个条件的成本通常为不可控成本。某成本中心的责任成本为该成本中心的各项可控成本之和。

从考评的角度看，成本中心工作成绩的好坏，应以可控成本作为主要依据，不可控成本核算只有参考意义。确定责任中心的成本责任时，应尽可能使责任中心发生的成本成为可控成本。成本的可控与否是以特定的责任中心和特定的时期作为出发点的，这与责任中心所处管理层次的高低、管理权限及控制范围的大小和经营期间的长短有直接关系。

首先，成本的可控与否，与责任中心的权力层次有关。某些成本对于较高层次的责任中心或高级领导来说是可控的，对于其下属的较低层次的责任中心或基层领导而言，就可能是不可控的。反之,较低层次责任中心或基层领导的不可控成本,则可能是其所属较高层次责任中心或高层领导的可控成本。

其次,成本的可控与否,与责任中心的管辖范围有关,某项成本就某一责任中心来看是不可控的,而对另一个责任中心可能是可控的,这不仅取决于该责任中心的业务内容,也取决于该责任中心所管辖的业务内存的范围。如产品试制费,从产品生产部门看是不可控的,而对研发部门来说就是可控的。但如果新产品试制也归由生产部门负责进行,则试制费又成为生产部门的可控成本。

最后,某些从短期看属于不可控的成本从较长的期间看,又成为可控成本。现有生产设备的折旧,在设备原价和折旧方法既定的条件下,该设备继续使用时,就具体使用它的部门来说,折旧是不可控的;但当现有设备不能继续使用,要用新的设备来代替它时,新设备的折旧则取决于设备更新所选用设备的价格及正常使用寿命,从这时看,新设备的折旧又成为可控成本。

在责任控制中,应尽可能把各项成本落实到各成本中心,使之成为各成本中心的可控成本。对于确实不能确认为某一成本中心的成本费用,则由企业控制或承担。

(4)成本中心的考核指标

成本中心的考核指标包括成本(费用)变动额和成本(费用)变动率两项指标。具体计算公式如下:

成本(费用)变动额=实际责任成本(费用)-预算责任成本(费用)

成本(费用)变动率=成本(费用)变动额/预算责任成本(费用)×100%

其中:

预算责任成本(费用)=预算单位成本(费用)×实际产量

在进行成本中心考核时,如果预算产量与实际产量不一致,应注意按弹性预算的方法先行调整预算指标,然后,再按上述指标计算。

【例 9-1】某企业的一个成本中心,生产某产品,预算产量为 2 000 件,单位成本 160 元;实际产量 2 400 件,单位成本 150 元,则该成本中心的成本变动率为多少?

解:成本变动额=实际产量×(实际单位成本-预计单位成本)

=2 400×(150-160)=-24 000(元)。

成本变动率=成本变动额/(实际产量×预计单位成本)×100%

=-24 000/(2 400×160)×100%=-6.25%。

通过计算可知,该成本中心的成本变动额为节约额,节约了 24 000 元,使得成本变动率降低了 6.25%。

2. 利润中心

(1)利润中心的含义

成本中心的决策权力是有限的。一个责任中心,如果能同时控制生产和销售,既要对成本负责又要对收入负责,可以根据其利润的多少来评价该中心的业绩,但没有责任或权力决定该中心的资产投资水平,这类中心称为利润中心。换言之,利润中心是指既对成本负责又对收入和利润负责的区域,它有独立或相对独立的收入和生产经营决策权。

利润中心往往处于企业内部的较高层次，如分公司、分厂，一般具有独立的收入来源或能视同为一个有独立收入的部门，一般还具有独立的经营权。与成本中心相比，利润中心的权力和责任都相对较大，它不仅要降低成本，而且更要寻求收入的增长，并使之超过成本的增长。换言之，利润中心对成本的控制是联系着收入进行的，它强调相对成本的节约。

(2)利润中心的类型

利润中心分为自然利润中心和人为利润中心两种。

①自然利润中心。它是指可以直接对外销售产品并取得收入的利润中心。这种利润中心直接面向市场，具有全面的产品销售权、价格制定权、材料采购权、生产决策权。它虽然是企业内部的一个部门，但其功能和独立企业类似。如采用事业制组织形式的企业，每个事业部都设有销售、生产和采购部门，有很大的独立性，能够独立地控制成本并取得收入。

②人为利润中心。它是指只对内部责任单位提供产品或服务，而取得"内部销售收入"的利润中心。这种利润中心一般不直接对外销售产品。人为利润中心一般具备相对独立的经营权，即能自主决定利润中心的产品或服务的种类、产品或服务的质量、作业方法、人员调配和资金的使用等。

成为人为利润中心必须具备两大前提条件：一是该中心能实现向其他责任中心提供产品(含劳务)；二是能为该中心的产品确定合理的内部转移价格，以实现公平交易、等价交换。

人为利润中心可以在公司内部按照内部转移价格出售产品，从而取得内部销售收入。人为利润中心与其他责任中心一起确定合理的转移价格，以实现利润中心的功能与责任。

在工业企业中，只要制定合适的内部转移价格，就可以将大多数生产半成品或提供劳务的成本中心改造成人为利润中心。

(3)利润中心成本计算

利润中心对利润负责，必然要考核和计算成本，以便正确计算利润，作为对利润中心业绩评价与考核的可靠依据。对利润中心的成本计算，通常有两种方式可供选择。

①利润中心只计算可控成本，不分担不可控成本，亦即不分摊共同成本。这种方式主要适应于共同成本难以合理分摊或无需进行共同成本分摊的场合，按这种方式计算出的盈利不是通常意义上的利润，而是相当于"边际贡献总额"。企业各利润中心的"边际贡献总额"之和，减去未分配的共同成本，经过调整后才是企业的利润总额。采用这种成本计算方式的"利润中心"，实质上已不是完整和原来意义上的利润中心，而是边际贡献中心。人为利润中心适合采取这种计算方式。

②利润中心不仅计算可控成本，也计算不可控成本。这种方式适合于共同成本易于合理分摊或不存在共同成本分摊的场合。自然利润中心适合采取这种计算方式。这种利润中心在计算时，如果采用变动成本法，应先计算出边际贡献，再减去固定成本，才是税前利润；如果采用完全成本法，利润中心可以直接计算出税前利润。各利润中心的税前利润之和，就是整个企业的利润总额。

(4)利润中心的考核指标

利润中心的考核指标为利润，通过比较一定期间实际实现的利润与责任预算所确定的利润，可以评价其责任中心的业绩。但由于成本计算方式不同，各利润中心的利润指标的表现形式也不相同。

①当利润中心不计算共同成本或不可控成本时，其考核指标是利润中心边际贡献总额，该指标等于利润中心销售收入总额与可控成本总额（或变动成本总额）的差额。一般而言，利润中心的可控成本是变动成本。但需要注意的是，如果可控成本中包含可控固定成本，就不完全等于变动成本总额。

②当利润中心计算共同成本或不可控成本，并采取变动成本法计算成本时，其考核指标包括利润中心边际贡献总额、利润中心负责人可控利润总额、利润中心可控利润总额等。

利润中心边际贡献总额＝利润中心销售收入－利润中心可控成本总额（变动成本总额）

利润中心负责人可控利润总额＝利润中心边际贡献总额－利润中心负责人可控固定成本

利润中心可控利润总额＝利润中心负责人可控利润总额－利润中心负责人不可控固定成本

公司利润总额＝各利润中心可控利润总额之和－公司不可分摊的各种管理费用、财务费用等

为了考核利润中心负责人的经营业绩，应针对经理人员的可控成本费用进行评价和考核。这就需要将各利润中心的固定成本区分为可控成本和不可控成本。这种划分是基于有些成本费用可以归集、分摊到相关利润中心，却不能为利润中心负责人所控制，如广告费、保险费等。在考核利润中心负责人业绩时，应将其不可控的固定成本从中剔除。

【例 9-2】甲企业的 A 部门为利润中心，利润中心销售收入 220 万元；利润中心销售产品变动成本和变动销售费用 100 万元；利润中心负责人可控固定成本 40 万元；利润中心负责人不可控而应由该中心负担的固定成本 24 万元。

要求：(1)计算该利润中心的边际贡献总额；(2)计算该利润中心负责人可控利润总额；(3)计算该利润中心可控利润总额。

解：该中心实际考核指标分别为：

(1)利润中心边际贡献总额＝利润中心销售收入－利润中心可控成本总额

＝220－100＝120（万元）。

(2)利润中心负责人可控制润总额

＝利润中心边际贡献总额－利润中心负责人可控固定成本

＝120－40＝80（万元）。

(3)利润中心可控利润总额

＝利润中心负责人可控利润总额－利润中心负责人不可控固定成本

＝80－24＝56（万元）。

3. 投资中心

(1)投资中心的含义

投资中心是指既对成本、收入和利润负责，又对投资效果负责的责任中心。

投资中心是最高层次的责任中心，它具有最大的决策权，也承担最大的责任。投资中心的管理特征是较高程度的分权管理。一般而言，大型集团所属的子公司、分公司、事业部往往都是投资中心。在组织形式上，成本中心一般不是独立法人，利润中心可以是、也可以不

是独立法人，而投资中心一般是独立法人。

投资中心必然也是利润中心，但利润中心并不一定都是投资中心。利润中心不但没有投资决策权，而且在考核利润时也不考虑所占用的资产。

(2)投资中心的考核指标

投资中心应按投入产出之比进行业绩评价与考核的要求，除考核利润指标外，更需要计算和分析利润与投资额的关系性指标，即投资利润率和剩余收益。

①投资利润率

投资利润率又称投资收益率，是指投资中心所获得的利润与投资额之间的比率，可用于评价和考核由投资中心掌握、使用的全部净资产的获利能力。该公式为：

投资利润率＝利润/投资额×100％

＝资本周转率×销售成本率×成本费用利润率

以上公式中投资额为投资中心的总资产扣除负债后的余额，即投资中心的净资产。

为了考核投资中心的总资产运用状况，也可以计算投资中心的总资产息税前利润率。它是投资中心的息税前利润除以总资产占用额。总资产是指生产经营中占用的全部资产。由于利润或息税前利润是时期指标，故上述投资额或总资产占用额应按平均投资额或平均占用额计算。其计算公式为：

总资产息税前利润率＝息税前利润/总资产×100％

投资利润率指标的优点有：能反映投资中心的综合盈利能力；具有横向可比性；可以作为选择投资机会的依据；便于引导投资中心经营管理行为长期化。其最主要优点是能促使管理者像控制费用一样地控制资产占用额或投资额，可以综合反映一个投资中心各方面的全部经营成果。该指标的局限性在于：通货膨胀因素使其无法揭示投资中心的实际经营能力；会使投资中心只顾本身利益而不顾整个企业，减少投资；不利于投资项目建成投产后与原定目标的对照；投资利润率所计量的部分内容并非全是投资中心所能控制的。

②剩余收益

剩余收益是一个绝对数指标，是指投资中心获得的利润扣减其最低投资收益后的余额。最低投资收益是投资中心的投资额（或资产占用额）按规定或预期的最低报酬率计算的收益。其公式为：

剩余收益＝利润－投资额或净资产占用额×规定或预期的最低投资报酬率

如果考核指标是总资产息税前利润率时，则剩余收益计算公式应调整为：

剩余收益＝息税前利润－总资产占用额×规定或预期的总资产息税前利润率

剩余收益指标具有反映投入产出的关系更为全面和能避免本位主义，使个别投资中心的利益与整个企业的利益统一起来的优点。

以剩余收益作为投资中心经营业绩评价指标时，剩余收益指标受规定或预期的最低报酬率水平的影响很大，通常按公司的平均利润率来确定。只要投资中心的投资利润率大于规定或预期的最低投资报酬率（或总资产息税前利润率大于规定或预期的总资产息税前利润率），该项投资或资产占用就是可行的。

【例 9-3】某公司下设投资中心甲和投资中心乙，该公司加权平均最低投资利润率为10％，现准备追加投资。有关资料如表 9-1 所示。

表 9-1 投资中心指标计算表 单位:万元

项目		投资额	利润	投资利润率	剩余收益
追加投资前	甲	20	1	5%	1－20×10%＝－1
	乙	40	6	15%	6－40×10%＝2
	Σ	60	7	11.67%	7－60×10%＝1
向投资中心甲追加投资 10 万	甲	30	1.8	6%	1.8－30×10%＝－1.2
	乙	40	6	15%	6－40×10%＝2
	Σ	70	7.8	11.14%	7.8－70×10%＝0.8
向投资中心乙追加投资 20 万	甲	20	1	5%	0.5－20×10%＝－1
	乙	60	8.8	14.67%	4.4－60×10%＝＋2.8
	Σ	80	9.8	12.25%	4.9－80×10%＝＋1.8

分析:根据表 9-1 中资料评价甲、乙两个投资中心的经营业绩,可知:如以投资利润率作为考核指标,追加投资后甲中心的利润率由 5%提高到了 6%,乙中心的利润率由 15%下降到了 14.67%,按此指标向甲中心追加投资比向乙中心追加投资好。

如果以剩余收益作为考核指标,甲中心的剩余收益由原来的－1 万元变成了－1.2 万元,乙中心的剩余收益由原来的 2 万元增加到了 2.8 万元,由此应当向乙中心投资。

如果从整个公司进行评价,就会发现向甲中心追加投资时,全公司总体投资利润率由 11.67%下降到 11.14 %,剩余收益由 1 万元下降到 0.8 万元;而向乙中心追加投资时,全公司总体投资利润率由 11.67%上升到 12.25%,剩余收益由 1 万元上升到 1.8 万元,这和剩余收益指标评价各投资中心业绩的结果一致。所以,以剩余收益作为评价指标可以保持各投资中心获利目标与公司总的获利目标达成一致。

【例 9-4】假定某公司的投资利润率如表 9-2 所示:

表 9-2 甲、乙投资中心的相关信息

投资中心	利润(万元)	投资(万元)	投资利润率
甲	60	400	15%
乙	36	400	9%
全公司	96	800	12%

假定甲投资中心面临一个投资机会,其投资额为 100 万元,可获利润 13 万元,投资利润率为 13%,假定公司预期最低平均投资利润率为 12%。

要求:评价甲投资中心该投资机会。

分析:若甲中心接受该投资,则甲、乙投资中心的相关数据重新计算在表 9-3 中。

表 9-3 甲、乙投资中心的相关数据计算表

投资中心	利润(万元)	投资(万元)	投资利润率
甲	60＋13＝73	400＋100＝500	14.6%
乙	36	400	9%
全公司	109	900	12.11%

(1)用投资利润率指标来衡量业绩。就全公司而言,接受投资后,投资利润率增加了

0.11%，应该接受该项投资。但是，由于甲投资中心投资利润率下降了0.4%，该责任中心可能会不接受这项投资。

(2)用剩余收益指标来衡量业绩：

甲责任中心接受新投资前的剩余收益=60−400×12%=12(万元)，

甲责任中心接受新投资后的剩余收益=73−500×12%=13(万元)。

若以剩余收益来衡量投资中心的业绩，投资后甲投资中心剩余收益上升了1万元，则甲投资中心应该接受这项投资。

成本中心、利润中心和投资中心的主要区别在于该中心各控制区域和权责范围的大小，但它们都承担相应责任，并相互联系。基层的成本中心应就其经营的可控成本向其上层成本中心负责；中层的成本中心应就其本身的可控成本和下层转来的责任成本一并向利润中心负责；利润中心应就其本身经营的收入、成本(含下层转来成本)和利润(边际贡献)向投资中心负责；投资中心最终就其经营的投资利润率和剩余收益向总经理和董事会负责。企业各种类型和层次的责任中心形成一个连锁责任网络，这就促使每个责任中心为保证经营目标一致而协调运转。

三、责任预算、责任报告与业绩考核

1.责任预算

责任预算是指以责任中心为主体，以可控成本、收入、利润和投资等为对象编制的预算。它是企业总预算的补充和具体化。责任预算包括必须保证实现的主要责任指标(即各责任中心的考核指标)和其他责任指标(如劳动生产率、设备完好率、出勤率、材料消耗率、职工培训等)。

责任预算编制程序有两种：一是以责任中心为主体，将企业总预算在各责任中心之间层层分解而形成各责任中心的预算。它的实质是由上而下、层层分解实现企业总预算目标。二是各责任中心自行列示各自的预算指标、层层汇总，最后由企业专门机构或人员进行汇总和调整，确定企业总预算。这是一种由下而上，层层汇总、协调的预算编制程序。前者便于企业统一指挥和调度，但不利于调动责任中心积极性的预算程序。后者有利于发挥各责任中心的积极性，但影响预算质量和编制时效的程序。在集权组织结构形式下，通常采用第一种程序；而在分权组织结构形式下通常采用后一种编制程序。

2.责任报告

责任报告，又称业绩报告、绩效报告，它是根据责任会计记录编制的反映责任预算实际执行情况，揭示责任预算与实际执行差异的内部会计报告。责任中心的业绩评价和考核应通过编制责任报告来完成。

责任报告的编制随责任中心所处的管理层级而存在差异。最低层次的责任中心的责任报告应当最详细，随着层次的升高，责任报告的内容应以更为概括的形式来表现。与责任预算相比，责任报告则由具体到总括，而责任预算是由总括到具体。

3.业绩考核

业绩考核是指以责任报告为依据，分析、评价各责任中心责任预算的实际执行情况，找出差距，查明原因，借以考核各责任中心工作成果，实施奖罚，促使各责任中心积极纠正行为偏差，完成责任预算的过程。

从考核的指标口径看，业绩考核包括狭义和广义两种。狭义的业绩考核仅考核责任中心的价值指标(如成本、收入、利润以及资产占用额等责任指标)的完成情况；广义的业绩考核则还包括非价值责任指标的完成情况。

企业管理者应根据不同责任中心的特点进行业绩考核，成本中心只考核其权责范围内的责任成本(各项可控成本)；利润中心只考核其权责范围内的收入和成本，重点在于考核销售收入、边际贡献和息税前利润；投资中心除了要考核其权责范围内的成本、收入和利润外，还重点考核投资利润率和剩余收益。

四、责任结算与核算

(一)内部转移价格

1. 内部转移价格的含义

内部转移价格是指企业内部各责任中心之间进行内部结算和责任结转时所采用的价格标准。

内部转移价格与外部市场价格既有相似之处又存在差别。采用内部转移价格，可以使企业内部的两个责任中心处于类似于市场交易的买卖两极，但是企业内部供求双方的关系不是一种完全的市场竞争关系，而是模拟市场竞争关系；内部结算价格也不完全按市场供求状况决定，只是模拟市场价格；在其他条件不变的情况下，内部结算价格的变化，只会改变有关责任中心的内部利润，而不会改变企业利润总额。

2. 制定内部转移价格的原则

(1)全局性原则。制定内部转移价格时，必须力求实现企业利润最大化。

(2)公平性原则。制定内部转移价格时，要充分体现各责任中心的经营努力或经营业绩。

(3)自主性原则。在确保企业整体利益的前提下，尽量通过各责任中心的自主竞争或讨价还价来确定内部转移价格。

(4)重要性原则。企业内部转移价格的制定应当体现“大宗细，零星简”的要求。

3. 内部转移价格的类型

(1)市场价格

市场价格是根据产品或劳务的市场价格作为基价的价格。采用市场价格，一般假定各责任中心处于独立自主的状态，可自由决定从外部或内部进行购销，同时产品或劳务有客观的市价可采用。

以市场价格作为内部转移价格，但并不等于直接按市场价格结算，而应当进行必要调整，剔除销售费、广告费及运输费等内容。如果企业各责任中心不是独立核算分厂，而是车间或部门时，要求剔除市场价格中的销售税金。同时，以市场价格为依据制定内部结算价格，一般假设中间产品有完全竞争的市场，或中间产品提供部门无闲置生产能力。

(2)协商价格

协商价格(议价)是指企业内部各责任中心以正常的市场价格为基础，通过定期共同协商所确定的为双方所接受的内部转移价格。

采用协商价格的前提是责任中心转移的产品应有在非竞争性市场买卖的可能性，在这

种市场内买卖双方有权自行决定是否买卖这种中间产品。如果买卖双方不能自行决定，或当价格协商的双方发生矛盾而不能自行解决，或双方协商定价不能导致企业最优决策时，企业高一级的管理层要进行必要干预，这种干预应以有限、得体为原则，不能使整个谈判变成上级领导完全决定一切。

协商价格通常要低于市价，原因是内部结算价格中不包含外部推销、管理费用和税金等，协商价格的上限是市价，下限是单位变动成本，具体价格应由各相关责任中心在这一范围内协商议定。当产品或劳务没有适当的市价时，也只能采用议价方式来确定。通过各相关责任中心的讨价还价，形成企业内部的模拟"公允市价"，作为计价的基础。

(3)双重价格

双重价格就是针对责任中心各方面分别采用不同的内部转移价格所制定的价格。如对产品(半成品)的供应方，可按协商的市场价格计价；对使用方则按供应方的产品(半成品)的单位变动成本计价，其差额由企业会计部门进行最终调整。采用双重价格的根据在于采用内部转移价格主要是为了考核、评价责任中心的业绩，明确区分各责任中心的责任，因此不能强求各中心的转移价格完全一致，可分别选用对不同责任中心最有利的价格为计价依据。

双重价格有两种形式：

①双重市场价格，就是当某种产品或劳务在市场上出现几种不同价格时，供应方采用最高市价，使用方采用最低市价。

②双重转移价格，就是供应方按市场价格或议价作为基础，而使用方按供应方的单位变动成本作为计价的基础。

当内部产品或劳务有外界市场，供应方有剩余生产能力且其单位变动成本要低于市价，而采用单一的内部转移价格又不能调动各责任中心的积极性和确保责任中心与整个企业的经营目标实现时，可考虑采用双重价格。

双重价格的好处是既可较好满足供应方和使用方的不同需要，也能激励双方在经营上充分发挥主动性和积极性。

(4)成本转移价格

成本转移价格就是以产品或劳务的成本为基础而制定的内部转移价格。

成本转移价格包括标准成本价格、标准成本加成价格和标准变动成本价格三种形式。

①标准成本价格

标准成本价格是指以产品或劳务的单位标准成本为基础的价格。适于成本中心之间转移的产品(半成品)的结算。其优点是可以将管理和核算工作结合起来，有利于避免转移供应方成本高低对使用方的影响，也有利于调动供需双方降低成本的积极性。

②标准成本加成价格

标准成本加成价格是指以产品或劳务的单位标准成本加上一定的合理利润(按成本加成率计算)确定的内部转移价格。其优点是能分清相关责任中心的责任，但在确定加成利润率时，也难免带有主观随意性。

③标准变动成本价格

标准变动成本价格是指以产品或劳务的单位标准变动成本为基础的内部转移价格。它符合成本形态，能够明确揭示成本与产量的关系，便于考核各责任中心的业绩，也利于经营决策。其不足之处在于产品(半成品)或劳务中不包含固定成本，不能反映劳动生产率变化对固定成本的影响，不利于调动各责任中心提高产量的积极性。

(二)内部结算

内部结算是指企业各责任中心清偿因相互提供产品或劳务所发生的、按内部转移价格计算的债权、债务。

按照结算的手段不同，可分别采取内部支票结算、转账通知单和内部货币结算等方式。一般情况下，小额零星往来业务以内部货币结算，大宗业务以内部银行支票结算。

1.内部货币结算方式

该方式是指使用企业内部银行发行的限于企业内部流通的货币(包括内部货币、资金本票流通券、资金券等)进行内部往来结算的一种内部结算方式。它是一种典型的一手钱一手货的结算方式，比内部支票结算方式更为直观。可强化各责任中心的价值观念、核算观念、经济责任观念。缺点是内部货币携带不便，清点麻烦，保管困难。

2.转账通知单方式

该方式是指由收款一方根据有关原始凭证或业务活动证明签发转账通知单，通知内部银行将转账通知单转给付款一方，让其付款的一种内部结算方式。它适用于经常性的质量与价格较稳定的往来业务，手续简便，结算及时；但因转账通知单是单向发出指令，付款一方若有异议，可能拒付，需要交涉。

3.内部银行结算方式

该方式指由付款一方签发内部支票通知内部银行从其账户中支付款项的内部结算方式。包括签发、收受和银行转账三个环节，主要适用于收付款双方直接见面进行经济往来的业务结算。它可使收付双方一手交“钱”一手交货，责任明确。

(三)责任成本的内部结转

责任成本的内部结转又称责任转账，是指在生产经营过程中，对于因不同原因造成的各种经济损失，由承担损失的责任中心对实际发生或发现损失的责任中心进行损失赔偿的账务处理过程。

企业内部各责任中心在生产经营过程中，常常有这样的情况：发生责任成本的中心与应承担责任成本的中心不是同一责任中心，为划清责任，合理奖罚，就需要将这种责任成本相互结转。最典型的实例是企业内的生产车间与供应部门都是成本中心，如果生产车间所耗用的原材料是由于供应部门购入不合格的材料所致，则多耗材料的成本或相应发生的损失，应由生产车间成本中心转给供应中心负担。

责任转账的目的是为了划清各责任中心的成本责任，使不应承担损失的责任中心在经济上得到合理补偿。

责任转账的方式有内部货币结算方式和内部银行转账方式。前者是以内部货币直接支付给损失方，后者只是在内部银行所设立的账户之间划转。

【本章习题】

一、思考题

1.内部控制的基本要素包括哪些？

2. 内部控制、成本中心、利润中心、投资中心各自的含义是什么？
3. 内部控制的方法有哪些？
4. 财务控制的特征和原则有哪些？
5. 内部转移价格的类型有哪些？

二、案例分析题

河北石家庄三鹿集团股份有限公司(以下简称三鹿集团)是国内最大的奶粉生产企业，在乳制品加工企业中位居全国第三名。作为农业产业化国家重点龙头企业和河北省、石家庄市重点支持的企业，三鹿集团先后荣获"全国轻工业十佳企业"、"全国质量管理先进企业"、"科技创新型星火龙头企业"、"中国食品工业优秀企业"、"中国优秀诚信企业"等省级以上荣誉称号两百余项。其主导产品三鹿配方奶粉被国家技术监督局列为全国首批重点保护的13个品牌之一，产销量已连续15年实现全国第一，酸牛奶进入全国第二名，液体奶进入全国前三名，年销售额达100亿元。

三鹿集团的前身是成立于1956年的幸福乳业生产合作社。1983年，在乳品行业率先研制、生产婴儿配方奶粉，"三鹿牌"母乳化奶粉获"全国轻工业优秀新产品奖"。1993年开始，在乳品行业率先实施品牌运营及集团化战略运作，借助低成本扩张，以资本运营为突破口，先后与北京、河北、天津、河南、甘肃、广东、江苏、山东、安徽等省市的多家企业进行控股、合资、合作。1996年，由石家庄乳业公司作为大股东发起成立三鹿集团，田文华担任三鹿集团董事长、总经理和党委书记，先后荣获"全国质量管理先进工作者"、"首届中国创业企业家"、"全国优秀女企业家"等100多项荣誉称号。2002年，三鹿奶粉、液态奶被确定为国家免检产品，并双双荣获"中国名牌产品"荣誉称号，"三鹿"商标被认定为"中国驰名商标"。2005年，"三鹿"品牌被世界品牌实验室评为中国500个最具价值品牌之一。2006年，三鹿集团引入贵为全球最大乳品原料出口商的实力股东新西兰恒天然集团，在国际知名杂志《福布斯》评选的"中国顶尖企业百强"中位居乳品行业第一位，经"中国品牌500强"组委会评定的三鹿品牌价值高达149.07亿元。2007年，三鹿集团被河北省工商业联合会和河北省企业家协会等组织评为最具社会责任感企业，"三鹿"被商务部评为最具市场竞争力品牌，其"新一代婴幼儿配方奶粉研究及其配套技术的创新与集成项目"获得由国务院颁发的2007年度国家科学技术进步奖，三鹿集团也是国内唯一登上国家最高科技领奖台的乳品企业。

但2008年9月11日，三鹿集团的形势急转直下。由于三鹿婴幼儿配方奶粉掺杂致毒化学物三聚氰胺曝光，三鹿集团被迅速推向破产边缘，并引发中国奶业的"大地震"。田文华由此成为中国乳业的"罪人"。2009年1月22日，三鹿案一审宣判，田文华被判无期徒刑。2009年2月12日，法院正式宣布三鹿集团破产。

问题：

(1)运用内部控制的基本要素(控制环境、风险评估、控制活动、信息与沟通、监督)分析法对三鹿集团的内部控制存在的问题进行分析。

(2)从该案例的内部控制过程中你得到哪些启示？

(案例来源：刘华.《三鹿集团内部控制案例分析》[J]. 财政监督. 2009(8))

第十章 财务分析

【学习目的与要求】

掌握偿债能力、营运能力、盈利能力和发展能力分析的指标及计算方法，能依据企业的会计报表进行企业偿债能力、营运能力、盈利能力以及发展能力的相关分析；掌握财务综合分析的杜邦分析法，了解财务比率的综合分析法，能运用因素分析法进行杜邦财务分析，能运用相关财务指标进行企业财务综合分析。

【教学重点与难点】

重点：企业偿债能力、营运能力、盈利能力和发展能力分析的指标及计算方法，财务综合分析的杜邦财务分析法。

难点：运用因素分析法进行杜邦财务分析。

【引例】

2007 年 10 月 24 日，沃伦·巴菲特先生的私人飞机从美国飞抵大连，这是与 1995 年时隔 12 年之后再次来到中国。在机场，巴菲特先生接受了中央电视台专访。下面是巴菲特先生与中央电视台记者的一段对话。

记者：“道听途说您一年看一万多份年报，真的么？”

巴菲特：“我读年报像其他人在读报纸一样，每年我都读成千上万的年报，我不知道我读了多少，不过像中石油，我先读了 2002 年的年报，又读了 2003 年的年报，然后我决定投资 5 亿元给中石油，仅仅根据我读的年报，我没有见过管理层，也没有见过分析家的报告，但是非常通俗易懂，是很好的一个投资。”

记者：“您最关心年报中的哪些方面？”

巴菲特：“学生总是问我这个问题，但是所有的年报都是不同的，如果你要找个男人的话，什么样的人才能吸引你，是有体育才能的，还是帅的，还是聪明的？所以，同样地，看企业也有不同的方法，从一个企业到另外一个企业，我看的是不同台的东西。根本性地说，我是看企业的价值。”

不妨带着下面的问题去阅读本章：基本的财务报表能否为投资者提供足够的决策依据？是否还有其他有用的信息？

第一节 财务分析的意义与内容

一、财务分析的概念及意义

(一)财务分析的概念

财务分析是指利用会计报表及其他有关资料，运用科学方法对企业财务状况和经营成

果进行比较、评价，满足企业经营管理者、投资者、债权人及政府有关部门掌握企业财务活动情况和进行经营决策的需要的一种方法。会计报表是对企业前一个会计期间经营状况的总结，是一份提供企业过去经济财务信息的文件。会计报表使用者为了取得其在经济决策中有用的信息，就必须对会计报表披露的信息进行分析、比较、评价，从而进行有效的决策。

(二)财务分析的意义

财务分析以企业财务报告反映的财务指标为主要依据，对企业的财务状况和经营成果进行评价和剖析，以反映企业在运营过程中的利弊得失、财务状况及发展趋势，为改进企业财务管理工作和优化经营决策提供重要的财务信息。财务分析是一项科学的、复杂细致的管理工作，它是对企业一定期间的财务活动的总结，为企业下一步的财务预测和财务决策提供依据。开展财务分析具有以下一些重要的意义：

1.有利于企业经营管理者进行经营决策和改善经营管理

社会主义市场经济为企业之间的平等竞争创造了有利条件，也给企业的生产经营带来风险。复杂的经营环境要求企业的经营管理者不仅要广泛、准确地了解社会信息，而且要全面、客观地掌握本企业的具体情况。只有这样，企业的经营管理者才能运筹帷幄，无往而不胜。评价企业财务状况、经营成果及其变动趋势，揭示企业内部各项工作出现的差异及其产生的原因，是帮助企业经营管理者掌握本企业实际情况的重要方法，它对于开展企业经营决策和改善企业经营管理具有重要意义。

2.有利于投资者做出投资决策和债权人制定信用政策

企业的财务状况和经营成果好坏，不仅是企业经营管理者需要掌握的，而且也是企业的投资者、债权人十分关心的，它直接关系到投资者和债权人的利益。投资者为了提高投资收益，减少投资风险，就需要正确进行投资决策；债权人为了及时收回贷款或收取应收账款，减少呆账或坏账损失，就需要制定正确的信用政策。因此，投资者、债权人对有关企业的盈利能力、偿债能力、营运能力及其发展趋势，必须深入了解，这就要求对企业的财务报告进行深入的考察和分析，以利于选择最佳投资目标或制定最佳信用政策。

3.有利于国家财税机关等政府部门加强税收征管工作和正确进行宏观调控

国家财政收入主要来自企业上缴的税收。为了保证国家财政收入，国家财税机关必须改善和加强对税收的征收管理工作，一方面要促进企业改进生产经营管理，增加企业收益；另一方面要监督企业遵纪守法，保证税收及时、足额纳入国库。另外，为了保证社会主义市场经济的稳定发展，国家财税机关等政府部门必须制定宏观调控措施，规范企业的生产经营行为。无论是加强税收的征收管理，还是制定宏观调控措施，都有必要进行财务分析，全面、深入地掌握企业的财务状况、经营成果及其变动趋势。

二、财务分析的内容

财务分析的依据，主要是企业编制的会计报表。由于企业会计报表的使用者进行财务分析的目的各不相同，其分析内容应由分析的目的所决定。

1.投资人分析的内容

所有者或股东作为投资人，其分析的目的如果是决定是否进行投资，其分析内容是企业的资产和盈利能力；如果是决定是否转让股份，其分析内容是盈利状况、股价变动和发展前景；如果是考察经营者业绩，其分析内容是资产盈利水平、破产风险和竞争能力；如果是决定股利分配政策，其分析内容是筹资状况。

2. 债权人分析的内容

债权人因为不能参与企业剩余收益的分配，决定了债权人必须首先对其贷款的安全性予以关注。债权人分析的目的如果是决定是否给企业贷款，其分析内容是贷款的报酬和风险；如果是了解债务人的短期偿债能力，其分析内容是流动资金状况；如果是了解债务人的长期偿债能力，其分析内容是盈利状况；如果是决定是否出让债权，其分析内容是评价其价值。

3. 经理人员分析的内容

为了改善财务决策满足不同利益主体的需要，协调各方面的利益关系，企业经营者必须对企业经营理财的各个方面，即外部使用财务报表的人所关心的所有问题进行分析。

4. 供应商分析的内容

供应商对财务报表的分析，意在决定是否与购货方长期合作和是否应对其延长付款期。通过分析，能够了解购货方销售信用状况。

5. 政府有关部门分析的内容

政府对国有企业投资的目的，除关注投资所产生的社会效益外，必须对投资的经济效益予以考虑。在谋求资本保全的前提下，期望能够同时带来稳定增长的财政收入。政府经济管理机构分析的目的是了解企业纳税情况、遵守政府法规、市场秩序和职工收入及就业状况，其分析内容应包括资金占用的使用效率和对社会的贡献程度的分析。

尽管不同利益主体进行财务分析有着各自的侧重点，但就企业总体来看，财务分析的内容可以归纳为四个方面：偿债能力分析、营运能力分析、盈利能力分析和发展能力分析。其中偿债能力是财务目标实现的稳健性保证，营运能力是财务目标实现的物质基础，盈利能力与发展能力既是营运能力与偿债能力共同作用的结果，同时也对增强营运能力与偿债能力起着推动作用，四者相辅相成，构成企业财务分析的基本内容。而财务综合分析可以全面分析企业的财务状况、经营成果以及未来的发展趋势。

三、财务分析的基础

财务分析是以企业的会计报表以及其他资料为基础，通过对会计所提供的核算资料进行加工整理，得出一系列科学的、系统的财务指标，以便进行比较、分析和评价。这些会计核算资料包括日常核算资料和财务报告，但财务分析主要以财务报告为基础，日常核算资料及其他资料只作为财务分析的一种补充资料。财务报告是企业向政府部门、投资者、债权人等与本企业有利害关系的组织或个人提供的，反映企业在一定时期内的财务状况、经营成果以及影响企业未来经营发展的重要经济事项的书面文件。提供财务报告的目的是为报告使用者提供财务信息，为他们进行财务分析、经济决策提供充足的依据。

企业的财务报告主要包括资产负债表、利润表、现金流量表、所有者权益变动表、其他附表以及财务状况说明书。这些报表以及财务状况说明书集中、概括反映了企业的财务状况、经营成果和现金流量情况等财务信息，对其进行财务分析，可以更加系统地揭示企业的偿债能力、营运能力、获利能力以及发展能力等财务状况。

第二节　财务分析的方法

对于会计报表的主要使用者来说，最重要的并不是只了解报表资料中的各项具体数据，而是要揭示各项数据间的联系及变动趋势。揭示财务报表中各项数据的联系及变动趋势的方法（即财务分析方法）多种多样，概括起来主要有比较分析法、比率分析法、趋势分析法和因素分析法四种方法。

一、比较分析法

（一）比较分析法的概念

比较分析法，也叫对比分析法，它是指通过性质相同的财务指标在不同时期或不同情况的数量上的比较，来揭示企业财务状况和经营成果的一种方法。比较分析法是最基本的分析方法。没有比较，分析就无法进行。财务指标存在着数量关系变化（大于或小于、升高或降低、增加或减少），通过比较能够说明企业经营管理活动的一定状况。财务指标出现了数量差异，说明有值得进一步分析研究的问题，从而为发现问题、寻找问题产生的原因及解决问题的方法指明方向。

（二）比较分析法的形式

财务分析过程包括比较、分解、综合三个阶段，其中比较分析是基础。在实际工作中，企业进行财务指标分析时，可根据分析的不同要求，采用以下两种形式：

1. 实际指标与计划指标比较

以指标的实际数同计划数进行对比，可以说明企业业绩的计划完成情况，分析实际与计划的差异，为进一步的财务分析提供依据。

2. 本期实际指标与上期实际指标、历史最高水平或与国内同行业先进企业指标、平均水平指标比较

这是同一指标在不同时间或不同空间上的对比。通过比较可以确定前后不同时期该项指标的变动情况，以及与同行业平均水平或国内同行业先进水平之间的差距，了解企业经营管理活动的发展趋势和管理上的质量好坏，赶超先进水平，并有助于规划未来。

（三）采用比较分析法进行财务分析应注意的问题

（1）用于比较的指标性质相同。即指标所包含的内容和项目及计算方法完全一致。

（2）用于比较的指标的时间范围相同。如年度、季度、月度指标以及反映时期水平的指标（平均数）和反映时点水平的指标（期初数、期末数）都应彼此对应相符。

（3）采用的指标计算方法必须保持一致。这里说的计算方法不仅是指计算指标的程序，而且还包括影响指标的各项因素。

二、比率分析法

（一）比率分析法的概念

比率分析法是指利用财务报表中两项相关数值的比率揭示企业财务状况和经营成果的

一种分析方法。它是从财务现象到财务本质的一种深化。比率分析法相对于比较分析法更具有科学性、可比性，它可以用于不同经营规模企业之间的对比，在市场经济条件下，财务分析比较注意企业的财务支付能力、营运能力、盈利能力以及发展能力的分析，因此比率分析法已成为当前财务分析的主要方法。因为只采用有关数值的绝对值对比不能深入揭示事物的内在矛盾，而采用相对值对比则能做到这一点。例如，甲、乙两个企业，年营业利润均为100万元。甲企业的主营业务收入为1 000万元，乙企业的主营业务收入为2 000万元。如从营业利润的绝对值来说，两个企业经营成果相同，但从营业利润的相对指标来看，实际上甲企业的主营业务收入利润率为10%(100÷1 000×100%)，乙企业的主营业务收入利润率只有5%(100÷2 000×100%)。可见，比率分析法能恰当地评价企业的财务状况和经营成果，它在财务分析中占有重要地位。

(二)比率分析法的表示形式

由于分析的目的和角度不同，比率分析法中的比率可分为结构比率、效率比率和相关比率。

1. 结构比率

结构比率又叫构成比率，是指财务报表中个别项目数值与全部项目数值总和的比率。这类比率揭示了部分与整体的关系，通过不同时期结构比率的比较还可以揭示其变化趋势。如存货与流动资产的比率、流动资产与全部资产的比率就属于这一类比率。其典型的计算公式为：

$$结构比率=个体数量\div 总体数量\times 100\%$$

计算结构比率时，选择恰当的“总体”是关键。在财务分析中，资产负债表的“总体”是资产总额或负债及所有者权益总额；损益表的“总体”是主营业务收入。利用结构比率，可以考察总体中某个部分的形成与比例安排是否合理，从而达到优化资产结构、资金结构、投入产出结构的目的。

2. 效益比率

效益比率是指某项经济活动中所费与所得的比率。利用效率指标，可以进行得失比较，考察经营成果，评价经济效益。如将利润项目分别与主营业务成本、主营业务收入、资本金等项目进行对比，可测算出成本利润率、销售利润率以及资本利润率等利润率指标，可以从不同角度观察比较企业获利能力的高低及其增减变化情况。其计算公式为：

$$成本利润率=利润\div 主营业务成本\times 100\%$$

$$销售利润率=利润\div 主营业务收入\times 100\%$$

$$资金利润率=利润\div 资本金\times 100\%$$

3. 相关比率

相关比率是典型的财务比率，是指将两个性质不同但又相互有联系的财务指标，以其中一项指标为基数(分母)，求得两者数值之比率，用来反映一定的经济关系。利用相关比率，可以考察有关联的业务安排得当与否，以保障企业经营管理活动能够顺畅进行。在财务分析中，经常运用的相关比率有以下几类：

(1)偿债能力比率。偿债能力比率包括反映短期偿债能力和长期偿债能力的比率。其中反映短期偿债能力的比率一般称为流动性比率，反映长期偿债能力的比率一般称为负债性比率。

(2)营运能力比率。营运能力比率包括反映企业资产周转速度的各种比率。

(3)盈利能力比率。盈利能力比率是反映企业投入产出效率的比率,用来衡量企业经济效益的好坏。

(4)发展能力比率。反映企业的未来发展能力指标,用来衡量企业的发展潜力。

比率分析法计算简便,计算结果容易判断,而且可以使某些指标在不同规模的企业之间进行比较,甚至也能在一定程度上超越行业间的差别进行比较。

(三)采用比率分析法应注意的问题

1.对比项目的相关性

计算中的子项与母项必须具有相关性,只有相关的项目进行对比才有意义。在构成比率指标中,部分指标必须是总体指标这个大系统中的一个小系统;在效率比率指标中,投入与产出必须有因果关系;在相关比率指标中,两个对比指标也要有内在联系,才能评价有关经济活动之间是否协调均衡,安排是否合理。

2.对比口径的一致性

计算比率的子项与母项必须在计算时间、范围等方面保持口径一致。

3.比率指标对比标准的科学性

财务比率能从指标的联系中揭示企业财务活动的内在联系,但它所提供的只是企业某日或某一时期的实际情况。为了说明问题,还需要选用一定的标准与之对比,才能对企业的财务状况做出正确的评价。科学合理的对比标准有如下几种:

(1)预定标准。预定标准是指企业制定的、要求财务工作在某个方面应该达到的预定指标,如目标、计划、预算、定额、标准等。将实际比率与预定标准比率比较,可以确定差异,并及时加以改进,保证预定标准能够顺利实现。

(2)历史标准。历史标准是指企业在过去经营中实际完成的比率。将本期的比率与历史上已达到的比率对比,可以考察财务状况的改善情况,并预测财务活动的发展趋势。

(3)行业标准。行业标准是指本行业国内外同类企业已达到的水平,一种是先进水平,另一种是平均水平。将本企业的财务比率与先进水平相比,可以了解同先进企业的差距,发现本企业潜力之所在,促进挖潜,提高经济效益;将本企业的财务比率与平均水平相比,可以了解本企业在行业中所处的位置,明确努力方向。

(4)公认标准。公认标准是指经过长期实践的经验总结,已为人们共同接受、达到约定俗成程度的标准。如,反映流动资产与流动负债关系的流动比率,公认应以 2∶1 比较稳妥,此 2∶1 即为公认标准。将本企业的财务比率与公认标准比较,可以大致判断本企业的财务比率是否恰当。

三、趋势分析法

(一)趋势分析法的概念

趋势分析法是指利用财务报表提供的数据资料,将各期实际指标与历史指标进行定基对比和环比对比,揭示企业财务状况和经营成果变化趋势的一种分析方法。这种方法也是企业财务分析中常见的一种方法。它是比较分析法的延伸,是将连续数年(一般 3 年以上)的财务报表以第 1 年或选择某 1 年份作为基期,计算每期各项指标对基期同一项目的趋势百分比，借以表示其在各期间的上、下变动趋势，从而判断企业经营成果和财务状况。

(二)趋势分析法具体运用的主要方式

1. 重要财务指标的比较

重要财务指标的比较，是将不同时期财务报告中的相同指标或比率进行比较，直接观察其增减变动情况及变动幅度，考察其发展趋势，预测其发展前景。对不同时期财务指标的比较有以下两种方法：

(1)定基动态差异额、动态差异率和动态比率(趋势比率)。它是以某一时期的数额为固定的基期数额而计算出来的动态差异额、差异率和动态比率。其计算公式为：

定基动态差异额＝分析期数额－固定基期数额

定基动态差异率＝定基动态差异额÷固定基期数额

或　　　　　　＝定基动态趋势率－1

定基动态趋势率＝分析期数额÷固定基期数额×100％

(2)环比动态差异额、动态差异率和趋势比率。它是以每一分析期的前期数额为基期数额而计算出来的动态差异额、差异率和趋势比率。其计算公式为：

环比动态差异额＝分析期数额－前期数额

环比动态差异率＝环比动态差异额÷前期数额

或　　　　　　＝环比动态趋势率－1

环比动态趋势率＝分析期数额÷前期数额

2. 会计报表的比较(比较财务报表的金额)

会计报表的比较是将连续数期的会计报表的金额并列起来，比较其相同指标的增减变动、金额和幅度，据以判断企业财务状况和经营成果发展变化的一种方法。会计报表的比较，具体包括资产负债表比较、利润表比较等。比较时既要计算出表中有关项目增减变动的绝对额，又要计算出其增减变动的相对百分比。

3. 会计报表项目构成的比较

这是在会计报表比较的基础上进行的。它是以会计报表中的某个总体指标作为100％，再计算出各组成项目占该总体指标的百分比，从而来比较各个项目百分比的增减变动，以此来判断有关财务活动的变化趋势。这种方法比前两种方法更能准确地分析企业财务状况的发展趋势。它既可用于同一企业不同时期财务状况的纵向比较，又可用于不同企业之间的横向比较。同时，这种方法能消除不同时期(不同企业)之间业务规模差异的影响，有利于分析企业的耗费水平和盈利水平。

(三)编制比较财务报表进行趋势分析应注意的问题

1. 掌握分析的重点

财务报表的项目较多，其重要程度也不完全一样。为了揭示财务状况和经营成果的变化趋势和提高财务分析工作的效率，财务人员应对财务报表的重要项目进行重点分析，避免平均使用力量，使分析工作流于形式，失去意义。

2. 分析时既可以利用绝对数比较，也可以利用相对数比较

趋势分析法是用来分析企业财务状况和经营成果变化趋势的，为了实现这一目的，采用比较财务报表分析时用绝对数比较或用相对数比较均可。在实际工作中常把两种指标结合

起来运用。

3. 分析时既可以采用定基比较的方法，又可以采用环比比较的方法

定基比较和环比比较是趋势分析法的两种具体方法，它们在揭示事物变化趋势方面没有本质的区别。因此，分析时采用哪种方法由财务人员根据具体情况选择。

四、因素分析法

(一)因素分析法的概念

因素分析法又称因素替代法。它是针对某项综合指标的变动原因按其内在的组合因素，进行数量分析，用来确定各个因素对指标的影响程度和方向的一种分析方法。

(二)因素分析法的种类

因素分析法又分为连环替代法和差额分析法两种。

1. 连环替代法

连环替代法，是指在影响经济指标的各个因素中，按顺序把其中一个因素当做可变，而暂时把其他因素当做不变进行替换，来测定各个因素对计划指标完成情况的影响程度的一种分析方法。

【例 10-1】 金瑞公司 2009 年 9 月有关原材料消耗指标的实际数和计划数见表 10-1 所示。

表 10-1　金瑞公司原材料消耗指标资料表

项目	计划数	实际数
产品产量(件)	100	120
单位产品材料消耗(千克)	2.6	2.5
材料单价(元)	45	50
材料费用总额(元)	11 700	15 000

由于材料费用总额是由产品产量、单位产品材料消耗量和材料单价三个因素的乘积构成的，如计划材料费用总额(11 700 元＝100 ×2.6× 45)。因此，就可以把材料费用这一总指标分解为三个因素，然后逐个来分析它们对材料费用总额的影响程度。

根据表 10-1 中的资料，材料费用总额实际数较计划数增加 3 300 元(15 000－11 700)，这就是分析的对象。运用连环替代法，计算各因素变动分别对材料费用总额的影响程度如下：

第一步，计算计划材料费用：

100×2.6×45＝11 700(元)。

第二步，逐项依表中项目排列顺序(一般先替代数量指标，再替代质量指标)替代；先替代产品产量(消耗量和单价假定暂不变)：

120×2.6×45＝14 040(元)。

第三步，替代单价产品材料消耗量(这时只有最后一个因素，即材料单价暂不变)：

120×2.5×45＝13 500(元)。

第四步，替代最后一个因素材料单价，(实际上三个因素全以实际数替代了计划数)：

120×2.5×50＝15 000(元)。

第五步，分析计算各因素变化对材料费用的影响程度：

(1)由于产品产量变动(增加 20 件)使材料费用增加(第二步减第一步)：

14 040－11 700＝2 340(元)；

(2)由于单位产品材料消耗变动(降低 0.1kg)使材料费降低(第三步减第二步)：

13 500－14 040＝－540(元)；

(3)由于材料单价变动(升高 5 元)使材料费用增加(第四步减第三步)：

15 000－13 500＝1 500(元)；

第六步，验证三个因素共同影响材料费用增加额：

(1)＋(2)＋(3)＝2 340＋(－540)＋1 500＝3 300(元)。

验证结果与表中总差异 3 300 元(15 000－11 700)完全相等，说明分析计算正确。总差异额中主要是由于产品产量增加，材料单价升高的影响，应该说是正常的，另外，单位产品材料消耗降低使材料费用降低 540 元，说明企业在材料消耗方面的控制工作做得好。

应用连环替代法应注意以下几个问题：

第一，因素分解的关联性。即确定构成经济指标的因素，必须是客观上存在着的因果关系，要能够反映形成该项指标差异的内在构成原因，否则就失去了其存在价值。

第二，因素替代的顺序性。如上例影响产品材料费用总额的变动因素，只能是产品产量、单位产品材料消耗、材料单价，而不是其他因素。替代因素时，必须按照各因素的依存关系，排列成一定的顺序并依次替代，不可随意加以颠倒，否则就会得出不同的计算结果。一般而言，确定正确排列因素替代程序的原则是，按分析对象的性质，先数量因素后质量因素，从诸因素相互依存关系出发，并使分析结果有助于分清责任。

第三，顺序替代的连环性。连环替代法在计算每一个因素变动的影响时，都是依前一次计算的基础上进行的，并采用连环比较的方法确定因素变化影响结果。因为只有保持计算程序上的连环性，才能使各个因素影响之和等于分析指标变动的差异，以全面说明分析指标变动的原因。

第四，计算结果的假定性。连环替代法计算的各因素变动的影响数，会因替代计算顺序的不同而有差别，因而计算结果难免带有假定性，即它不可能使每个因素计算的结果，都达到绝对的准确。它只是在某种假定前提下的影响结果，离开了这种假定前提条件，也就不会是这种影响结果。为此在分析时，财务人员应力求使这种假定是合乎逻辑的假定，是具有实际经济意义的假定，这样计算结果的假定性，才不至于妨碍分析的有效性。

2. 差额分析法

差额分析法是因素分析法的一种简化形式，它是利用各因素的实际数与计划数或基期数之间的差额来计算它们的变动对总差异额影响程度的一种分析方法。其主要特点是：利用各因素的差额来分析各因素变动对总差异的影响程度，而不像连环替代法那样，直接将各因素依次替换来求得各因素对总差异的影响数值。差额分析法的计算程序为：

第一步，计算出各因素实际数与计划数的差额。

第二步，以第一个因素的差额，乘以其余因素的计划数，就得到第一个因素变动的影响数值；再以第二个因素的差额，乘以替换过的第一个因素的实际数，再乘以未替换过的其余因素的计划数，就得到第二个因素变动的数值；以此类推，以最后一个因素的差额，乘以所有

替换过的各因素的实际数，就得到最后一个因素变动的影响数值。

第三步，汇总各因素影响程度，并与连环替代法分析计算总差异额相比，如果两者方法计算结果完全相等说明分析计算无误。

【例 10-2】 仍以例 1 资料为例，说明差额分析法的分析计算方法。影响材料费用变动的各因素见表 10-2 所示。

表 10-2

项目	计划数	实际数	差额
产品产量(件)	100	120	+20
单位产品材料消耗(kg)	2.6	2.5	−0.1
材料单价(元)	45	50	+5
材料费用总额(元)	11 700	15 000	3 300

(1)由于产量增加 20 件(120−100)使材料费用增加为：

20×2.6×45=2 340(元)；

(2)由于单位产品材料消耗降低 0.1 kg(2.5−2.6)使材料费用降低：

−0.1×120×45=−540(元)；

(3)由于材料单价上升 5 元(50−45)使材料费用增加：

5×120×2.5=1 500(元)；

三个因素共同影响为：

2 340+(−540)+1 500=3 300(元)。

计算结果与连环替代法完全相同，但计算方法简便多了。它既遵循了连环替代法逐一替换的基本原则，又采用了差额来计算。所以说它是连环替代法的一种简便方法。

第三节　财务比率分析

企业财务报表提供了企业特定日期财务状况和特定时期经营成果与现金流量的信息，通过对这些信息进行分析，计算某些财务比率指标对企业财务状况进行评价，从而对企业的经营管理情况有更深刻的了解与认识，做出正确的经营管理决策。

企业财务比率分析的内容包括财务状况、经营成果以及现金流量的分析，具体包括偿债能力、营运能力、盈利能力及发展能力的分析。

【例 10-3】 以金瑞公司为例，其资产负债表、利润表以及现金流量表资料见表 10-3、表 10-4 以及表 10-5 所示。

表 10-3　资产负债表

编制单位：金瑞公司　　　　2009 年 12 月 31 日　　　　单位：万元

资产	年初余额	年末余额	负债和股东权益	年初余额	年末余额
流动资产：			流动负债：		
货币资金	339	431	短期借款	170	199

续表

资产	年初余额	年末余额	负债和股东权益	年初余额	年末余额
交易性金融资产			交易性金融负债		
应收票据			应付票据		
应收账款	1 365	1 503	应付账款	531	634
预付款项			预收款项		
应收利息			应付职工薪酬		
应收股利			应交税费		
其他应收款	324	352	应付利息		
存货	1 300	1 289	应付股利		
一年内到期的非流动资产			其他应付款	184	221
其他流动资产			一年内到期的非流动负债		
流动资产合计	3 328	3 575	其他流动负债		
非流动资产			流动负债合计	885	1054
可供出售的金融资产			非流动负债：		
持有至到期的投资			长期借款	351	363
长期应收款			应付债券	789	846
长期股权投资	251	281	长期应付款		
投资性房地产			专项应付款		
固定资产	266	361	预计负债		
在建工程			递延所得税负债		
工程物资			其他非流动负债		
固定资产清理			非流动负债合计		
生产性生物资产			负债合计	1 140	1 209
油气资产			所有者权益(或股东权益)		
无形资产			实收资本(或股本)	590	590
开发支出			资本公积	218	315
商誉			减:库存股		
长期待摊费用			盈余公积	202	320
递延所得税资产			未分配利润	810	729
其他非流动资产			股东权益合计	1 820	1 954
资产总计	3 845	4 217	负债和所有者权益总计	3 845	4 217

表 10-4 金瑞公司利润表

编制单位:金瑞公司 2009 年 12 月 31 日 单位:万元

项目	2009 年	2008 年	2007 年	2006 年
一、营业收入	3 688	3 080	2 772	2 467
减:营业成本	1 810	1 469	1 310	1 110
营业税金及附加	606	520	417	382
销售费用	245	221	198	176
管理费用	252	231	197	189
财务费用	109	91	84	75
资产减值损失				
加:公允价值变动净收益				
投资净收益				
二、营业利润	666	548	566	535
加:营业外收入	120	108	110	50
减:营业外支出	75	80	130	98
其中:非流动资产处置净损失				
三、利润总额	711	576	546	487
减:所得税	213	172	164	146
四、净利润	498	404	382	341
五、每股收益				
(一)基本每股收益				
(二)稀释每股收益				

表 10-5 金瑞公司现金流量表

编制单位:金瑞公司 2009 年 12 月 31 日 单位:万元

项目	本期金额
一、经营活动产生的现金流量:	
销售商品、提供劳务收到的现金	2 900
收到的税费返还	
收到其他与经营活动有关的现金	442
经营活动现金流入小计	3 342
购买商品、接受劳务支付的现金	1 040
支付给职工以及为职工支付的现金	450
支付的各项税费	500

续表

项目	本期金额
支付其他与经营活动有关的现金	600
经营活动现金流出小计	2 590
经营活动产生的现金流量净额	752
二、投资活动产生的现金流量：	
收回投资收到的现金	420
取得投资收益收到的现金	10
处置固定资产、无形资产和其他长期资产收回的现金净额	180
处置子公司及其他营业单位收到的现金净额	—
收到其他与投资活动有关的现金	—
投资活动现金流入小计	610
购建固定资产、无形资产和其他长期资产支付的现金	770
投资支付的现金	500
取得子公司及其他营业单位支付的现金净额	
支付其他与投资活动有关的现金	—
投资活动现金流出小计	1 270
投资活动产生的现金流量净额	—660
三、筹资活动产生的现金流量：	
吸收投资收到的现金	
取得借款收到的现金	250
收到其他与筹资活动有关的现金	
筹资活动现金流入小计	250
偿还债务支付的现金	200
分配股利、利润或偿付利息支付的现金	50
支付其他与筹资活动有关的现金	—
筹资活动现金流出小计	250
筹资活动产生的现金流量净额	—
四、汇率变动对现金及现金等价物的影响	
五、现金及现金等价物净增加额	92
加：期初现金及现金等价物余额	339
六、期末现金及现金等价物余额	431

一、偿债能力分析

(一)企业偿债能力的概念

企业偿债能力是指企业对各种到期债务偿付的能力。企业偿债能力是反映企业财务状况和经营能力的重要标志。企业偿债能力低,不仅说明企业资金紧张,难以支付日常经营支出,而且说明企业资金周转不灵,难以偿还到期应偿付的债务,甚至面临破产的危险。企业的负债包括流动负债和非流动负债。其中企业偿还流动负债的能力是由流动资产的变现能力决定的,除货币资金外,变现能力强的流动资产是交易性金融资产、应收票据和应收账款。如果货币资金及变现能力强的流动资产的数额与流动负债的数额逐年一致,或者流动资产大于流动负债,说明企业有偿债能力;相反则说明企业的偿债能力差。其中企业偿还非流动负债的能力一方面取决于负债与资产总额的比例,另一方面取决于企业的获利能力。获利能力强,且资产总额大于负债总额,表示有偿债能力;否则,偿债能力差。

(二)反映偿债能力的指标

偿债能力指标包括短期偿债能力指标和长期偿债能力指标。

1. 短期偿债能力分析

短期偿债能力指标主要有流动比率、速动比率、现金比率和现金流动负债比率四种。

(1)流动比率。流动比率是一定时期流动资产与流动负债的比率。它表明每 1 元负债有多少流动资产作为偿还债务的保障。其计算公式为:

流动比率=流动资产÷流动负债

【例 10-4】金瑞公司 2009 年 12 月 31 日(表 10-3)流动资产为 3 575 万元,流动负债为 1 054万元。

解:流动比率=3 575÷1 054=3.39。

计算结果表明,企业每 1 元的流动负债有 3.39 元的流动资产作为偿还债务的保证。流动比率对于衡量和评价企业及时偿付短期负债的能力是有用的,不过它不是衡量偿付短期债务能力的唯一标准,因为偿债需要现款,如果大量存货不能变现,则仍然难以偿还到期债务。

一般情况下,流动比率越高,反映短期偿债能力越强,短期债权人越放心。按照西方企业的长期经验,流动资产以等于流动负债的 2 倍为宜。但这一指标到底多少较为理想,主要取决于企业自身特点以及其现金流量的预测程度等。对于管理者来讲,该比率过高或过低都是不合适的。如果过高,则可能是因应收账款占用过多,存货呆滞、积压而导致的结果,从而影响资金的使用效率和盈利能力;如果过低,则表示企业可能面临清偿到期债务的困难。因此,分析流动比率时要留意流动资产的结构、流动资产周转情况、负债的数量和结构等情况。

流动比率较高短期偿债能力也未必很强,因为可能是存货积压或滞销的结果,而且,企业也很容易伪造这个比率,以掩饰其偿债能力。如年终时故意将借款还清,下年初再介入,这样就可以人为地提高流动比率。例如,某一公司拥有流动资产 20 万元,流动负债 10 万元,则流动比率为 2∶1,如果该公司在年终编制会计报表时,故意还清 5 万元短期借款,待下年初再借入,则该公司的流动资产就变成了 15 万元,流动负债变成了 5 万元,流动比率为

3∶1,流动比率提高,粉饰了短期偿债能力。因此,利用流动比率来评价短期偿债能力存在一定的片面性。

(2)速动比率。速动比率是一定时期企业速动资产与流动负债的比率。速动资产包括货币资金、交易性金融资产、应收票据、应收账款和其他应收款等流动资产,这是因为货币资金即现款、短期投资很快就能在证券市场上变现,应收票据在必要时可通过贴现方法变现,应收款项可在短期内收回。至于存货、预付账款等其他流动资产不应列入速动资产,因为存货很难在短期内变现,预付账款在短期内也不可能变现。这一比率能够衡量企业流动资产中可以立即用于偿付流动负债的真实能力,比流动比率能够更加准确、可靠地评价企业资产的流动性及其偿还短期负债的能力。计算公式为:

$$速动比率=\frac{速动资产}{流动负债}$$

式中速动资产为货币资金、交易性金融资产、应收票据、应收账款、其他应收款之和,或为流动资产与存货、预付账款之差。

【例 10-5】金瑞公司 2009 年 12 月 31 日资产负债表(表 10-3)中,速动资产为 2 286 万元(3 575－1 289 或 431＋1 503＋352)。

解:速动比率$=\frac{2\ 286}{1\ 054}=2.17$。

一般认为速动比率 1∶1,即速动资产与流动负债相等较为理想。它表明每 1 元流动负债都有 1 元易于变现的流动资产作抵偿。若该比率过低,说明企业的短期偿债能力存在问题,则企业将出售存货或举借新债来偿还到期债务,这就可能急需出售存货从而带来削价损失或举借新债形成的利息负担;若该比率过高,则又说明企业可能因拥有过多货币性资产,而将丧失一些有利的投资获利机会。

速动资产应该包括哪几项流动资产,目前尚有不同观点。有人认为不仅要扣除存货,还应该要扣除预付货款等其他变现能力较差的项目;有人认为只需扣除存货。大家可以找一找相关的书籍和文章,看看哪种观点更有道理。

(3)现金比率。现金比率又称即付比率,是企业立即可动用的现金类资产与流动负债的比率。现金类资产包括企业拥有的货币资金和持有的有价证券(即资产负债表中的交易性金融资产)。它是速动资产扣除应收账款后的余额。由于应收账款存在着发生坏账损失的可能,某些到期的账款也不一定能按时收回,因此,速动资产扣除应收账款后计算出来的金额,最能反映企业直接偿付流动负债的能力。其计算公式为:

$$现金比率=\frac{现金+有价证券}{流动负债}$$

【例 10-6】 金瑞公司 2009 年 12 月 31 日资产负债表(表 10-3)中,货币资金为 431 万元,无有价证券,流动负债为 1 054 万元。

解:现金比率$=\frac{431}{1\ 054}=0.409$。

一般来说,现金比率在 20%以上为好。但是也不能认为这项指标越高越好,因为该比率越高,说明现金类资产在流动资产中所占比例越大,企业应急能力也就越强,具有较大的举债能力。但是,闲置过多的货币资金也是不经济的。若该指标比率过低,说明现金类资产在流动资产中所占比例小,应急能力差。因此,采用现金比率评价企业的偿债能力时,应与流

动比率和速动比率的分析评价结合起来。

(4)现金流动负债比率。现金流动负债比率是企业一定时期的经营现金净流量同流动负债的比率，它可以从现金流量角度来反映企业当期偿付短期负债的能力。其计算公式为：

现金流动负债比率＝年经营现金净流量/年末流动负债

【例 10-7】 金瑞公司 2009 年 12 月 31 日资产负债表(表 10-3)中，流动负债为 1 054 万元；现金流量表(表 3-3)中，年经营现金净流量为 752 万元。

解：现金流动负债比率＝752/1 054＝71.35％。

现金流动负债比率从现金流入和流出的动态角度对企业的实际偿债能力进行考察。一般而言，该指标越大，表明企业经营活动产生的现金流量越多，越能保障企业按期偿还到期债务，但也不是越大越好，该指标过大则表明企业流动资金利用不充分，获利能力不强。

2. 长期偿债能力分析

长期偿债能力是指企业偿还长期债务的能力。衡量企业长期偿债能力主要看企业资金结构是否合理、稳定，以及企业长期盈利能力的大小。因此分析长期偿债能力的主要指标有：资产负债率、有形资产负债率、产权比率(负债总额与所有者权益比率或非流动负债总额与所有者权益比率)、利息保障倍数等指标。

(1)资产负债率。资产负债率亦称负债比率，是企业负债总额与资产总额之比，即每一元资产所承担负债的数额。它是衡量企业负债偿还物质保证程度的指标。其计算公式为：

$$资产负债率=\frac{负债总额}{资产总额}$$

上述公式中的“负债总额”包括非流动负债和流动负债；资产总额包括企业的流动资产、长期投资、固定资产、无形资产及其他资产等。

【例 10-8】金瑞公司 2009 年 12 月 31 日资产负债表(表 10-3)中，负债总额为 2 263 万元(流动负债 1 054 万元＋非流动负债 1 209 万元)，资产总额为 4 217 万元。

解：资产负债率$=\frac{2\ 263}{4\ 217}=0.536\ 6$。

资产负债率也表示企业债权人提供资金的利用程度。如果该指标较大，从企业所有者角度来讲，利用较小的自有资本投资，就形成了较多的经营用资产，扩大了经营规模；从企业经营者角度来讲，在经营状况良好的前提下，还可以利用财务杠杆原理获取一定的杠杠效益。但是负债比率过高，则财务风险会超出企业的承受能力；一旦达到 100％以上，则表明企业已资不抵债，已达到破产的警戒线，债权人将蒙受巨大的损失，债权人为维护自己的利益，可向人民法院申请企业破产。因为企业的资金是由所有者权益和负债构成的，所以企业资产总额应该大于负债总额，资产负债率应该小于 100％，如果企业的资产负债率在 50％以下，则说明企业有较好的偿债能力和负债经营能力。因此，评价这个指标的标准，一般以 50％左右为好。

(2)有形资产负债率。并非企业所有的资产都可以作为偿债的物质保证，不仅在清算状态下，长期待摊费用、递延税项等难以作为偿债的保证，即使在企业持续经营期间，上述资产的摊销价值也需要依靠存货等资产的价值才能得以补偿和收回，其本身并无直接的变现能力，相反还要对其他资产的变现能力产生反向影响。至于无形资产当中的商誉、商标、专利、非专利技术等能否用于偿债，也存在极大的不确定性，所以，可用有形资产负债率这一比较稳健的指标对企业的长期偿债能力进行评价，其计算公式为：

$$有形资产负债率=\frac{负债总额}{有形资产总额}$$

式中：有形资产总额＝资产总额－(无形资产及其他资产＋递延税项＋长期待摊费用＋待处理财产损失)。

【例 10-9】金瑞公司没有无形资产及其他资产、递延税项和长期待摊费用，则有形资产负债率与资产负债率相同为 53.66%。

(3)产权比率。产权比率又叫负债权益比率，是企业负债总额与所有者权益之间的比率。它反映债权人提供的资本与所有者权益提供的资本相对关系，说明了企业所有者权益对债权人权益的保障程度。其计算公式为：

$$产权比率=\frac{负债总额}{所有者权益总额}$$

【例 10-10】金瑞公司 2009 年 12 月 31 日资产负债表(表 10-3)中，负债总额 2 263 万元，所有者权益总额为 1 954 万元。

解：$产权比率=\frac{2\ 263}{1\ 954}=1.158$。

产权比率越低，表明企业长期偿债能力越强，债权人利益的保障程度越高，承担的风险越小，但企业不能充分地发挥负债的财务杠杆效应。若产权比率过高，则企业长期偿债能力太弱，债权人利益就不安全。这个指标的评价标准，一般是应小于 1。

(4)利息保障倍数。利息费用保障倍数也叫做已获利息倍数，是指企业息税前利润与利息费用的比率。其计算公式为：

$$利息保障倍数=息税前利润\div利息费用$$

式中：息税前利润＝净利润＋所得税＋利息费用。

【例 10-11】金瑞公司 2008 年 12 月 31 日和 2009 年 12 月 31 日利润表(表 10-4)中，2009 年净利润为 498 万元，所得税为 213 万元，利息费用 109 万元。

解：$2009\ 年利息保障倍数=\frac{498+213+109}{109}=7.52$。

利息保障倍数不仅反映了企业获利能力的大小，而且反映了获利能力对偿还到期债务的保证程度，它既是企业举债经营的依据，也是衡量企业长期偿债能力大小的重要标志。这个指标越高，表明企业债务利息到期支付的风险越小，债务本金的偿还也越有保障；反之，则表明企业没有足够的资金来源偿还债务利息，债务本金的偿还就无保障，偿债能力就较低。这个指标的标准界限，因企业所处的行业不同而不同，一般认为已获利息倍数以 3－4 倍为好。该指标如果略大于 1，则表明企业负债经营能赚取比资本成本略高的利润，但仅能用于维持企业的正常经营；如果大大超过 1，则表明企业负债经营能够赚取比资本成本更高的利润，不仅能维持企业的正常经营，还能有较多的盈余；如小于 1，则表明企业负债经营赚取的利润无法弥补资本成本，企业负债的风险很大。国外一般选择计算企业五年的利息保障倍数，以充分说明企业稳定偿付利息的能力。上例中，金瑞公司 2009 年利息保障倍数为 7.52，说明该公司偿还利息费用的能力较高，债权人的投资风险小。

3. 影响企业偿债能力的其他因素

在分析企业偿债能力时，除了使用上述指标以外，还应考虑到以下因素对企业偿债能力

的影响。这些因素既可影响企业的短期偿债能力，也可影响企业的长期偿债能力。

(1)或有负债。或有负债是企业在经营活动中有可能会发生的债务。或有负债不作为负债在资产负债表的负债类项目中进行反映，但这些或有负债一旦将来成为企业现实的负债，则会对企业的财务状况产生重大影响，尤其是金额巨大的或有负债项目。

(2)担保责任。经济活动中，企业可能会发生以本企业的资产为其他企业提供法律担保的情况。这种担保责任在被担保人没有履行合同时，就有可能会成为企业的负债，增加企业的债务负担，但是，这种担保责任在会计报表中并未得到反映，因此，在进行财务分析时，必须要考虑企业是否有巨额的法律担保责任。

(3)经营租赁活动。企业经营租赁的资产，其租赁费用并未包含在负债之中，如果经营租赁的业务量较大、期限较长或者具有经常性，则对企业的偿债能力也会产生较大的影响。

(4)可动用的银行贷款指标。可动用的银行贷款指标是指银行已经批准而企业尚未办理贷款手续的银行贷款限额。这种贷款指标可以随时使用，以增加企业的现金，提高企业的支付能力，缓解目前的财务困难。

在分析财务报表时，人们往往有些片面，因为不同的报表使用者关心的重点不同。对于偿债能力是否越强越好，对不同的报表使用者也同样有不同的答案。站在所有者和经营者角度，偿债能力越强反过来说明企业没有充分利用负债给企业带来的好处。

二、营运能力分析

营运能力是企业的资产运用(管理)效率，它是衡量企业管理人员运用资金的能力。实质上是企业通过生产资料的配置，从而对企业财务目标所产生作用的大小。因此，营运能力的分析主要是生产资料营运能力的分析。

企业拥有或控制的生产资料表现为各项资产占用。生产资料的营运能力实际上就是企业的总资产及其各个组成要素的营运能力。资产营运能力的强弱关键取决于资产周转速度。因此，生产资料营运能力分析，实际上就是分析流动资产、固定资产和总资产周转情况。一般来说，周转速度越快，资产的使用效率越高，则营运能力越强；相反，营运能力就越差。表示资产周转速度的指标，有周转率(周转次数)和周转期(周转天数)两种形式。所谓周转率(周转次数)即企业资金在一定时期内资产的周转额与资产平均余额的比率，它反映企业资金在一定时期的周转次数，周转次数越多，周转速度越快，表明营运能力越强。所谓周转期(周转天数)，它是指资金周转一次需要的天数，周转一次需要的天数越少，说明周转速度越快，利用效果越好。其计算公式为：

$$\text{周转率(次数)}=\frac{\text{周转额}}{\text{资产平均余额}}$$

$$\text{周转期(天数)}=\frac{\text{计算期天数}}{\text{周转次数}}=\text{计算期天数}\div\frac{\text{周转额}}{\text{资产平均额}}$$

$$=\frac{\text{计算期天数}\times\text{资产平均余额}}{\text{周转额}}$$

式中：周转额根据分析的不同角度和目的，可以分别是商品赊销净收入、营业收入、营业成本等；资产平均余额可以分别是应收账款、存货、净营运资金、流动资产、固定资产、总资产等资产平均余额。

1. 流动资产周转情况分析

反映流动资产周转情况的指标主要有应收账款周转率、存货周转率和流动资产周转率。

(1)应收账款周转率。应收账款周转率是一定时期(一年)内企业商品赊销净收入与应收账款平均余额的比值，它是反映应收账款周转速度的指标。其计算公式为：

$$应收账款周转率(次数)=\frac{商品赊销净收入}{应收账款平均余额}$$

上式中：

商品赊销净收入＝主营业务收入－现销收入－销售折扣和折让－销售退回；

应收账款应为扣除坏账准备后的净值；

应收账款平均余额＝(期初应收账款余额＋期末应收账款余额)÷2；

$$应收账款周转期(天数)=\frac{计算期天数}{应收账款周转次数}=计算期天数\div\frac{商品赊销净收入}{应收账款平均余额}$$

$$=\frac{计算期天数\times应收账款平均余额}{商品赊销净收入};$$

计算期一般按 360 天计算。

应收账款周转率反映了企业应收账款变现速度的快慢和管理效率的高低。周转率高，一是表明收账迅速，账龄较短；二是表明资产流动性强，短期偿债能力强；还可以表明可以减少收账费用和坏账损失，从而相对增加企业流动资产的投资收益；同时借助应收账款周转期与企业信用期限的比较，还可以评价购买单位的信用程度，以及企业原定的信用条件是否适当。应当注意的是，如果应收账款周转次数过大，可能说明企业的赊销信用政策过严，因而可能失去一些客户，影响企业的销售。因此，企业应将应收账款周转速度与企业营销统筹考虑，才能较为确切地判断应收账款周转速度是否合理。在外部人员进行分析时，赊销净额很难获得，一般计算该指标时用主营业务收入净额代替。

【例 10-12】金瑞公司 2008 年和 2009 年度主营业务收入中赊销部分均占 25%，则 2008、2009 年应收账款周转率和周转期的计算，见表 10-6 所示。

表 10-6　应收账款周转率和周转期的计算表

项 目	2007 年	2008 年	2009 年
主营业务收入(万元)		3 080	3 688
赊销收入净额(万元)		770	922
应收账款年末余额(万元)	156.9	171.1	199.7
应收账款平均余额(万元)		164	185.4
应收账款周转次数		4.7	4.97
应收账款周转天数		76.60	72.43

(注：表中有关数据计算如下：770＝3 080×25%；922＝3 688×25%；164＝(156.9＋171.1)÷2；185.4＝(171.1＋199.7)÷2；4.7＝770÷164；4.97＝922÷185.4；76.60＝360÷4.7 或＝360×164÷770；72.43＝360÷4.97 或＝360×185.4÷922)

以上计算结果表明，该公司 2009 年应收账款周转率和周转期比 2008 年有所改善，周转次数由 4.7 次提高到 4.97 次，周转天数由 76.60 天缩短为 72.43 天。这不仅说明企业的营

运能力有所增强，而且对流动资产的变现能力和周转速度也会起促进作用。

(2)存货周转率。存货周转率是指一定时期(一年)内企业营业成本与存货平均余额的比率。它反映企业销售能力和流动资产的流动性，并衡量企业存货管理的水平。存货在企业流动资产中占相当大的比重，它的管理和流动性对流动比率具有举足轻重的影响，是综合分析营运能力的一项重要指标。存货周转指标也有两种表示方法：一是存货周转次数，二是存货周转天数。其计算公式为：

$$存货周转率(次数)=\frac{营业成本}{存货平均余额}$$

式中：　存货平均余额=(期初存货余额+期末存货余额)÷2

$$存货周转天数=\frac{360}{存货周转次数}=\frac{360\times 存货平均余额}{营业成本}$$

存货周转速度的快慢，能反映出企业采购、储存、生产、销售各环节管理工作状况的好坏，而又对企业的偿债能力及获利能力产生决定性的影响。一般来讲，存货周转次数越多，存货周转天数越少，企业经营效率越高，说明能运用较少的流动资金生产、销售较多的产品，使企业获得较好的经济效益。相反，则说明存货过量，产品滞销，企业必须加强促销，提高存货周转速度。

【例 10-13】根据金瑞公司 2007 年、2008 年和 2009 年存货年末余额和营业成本，计算存货周转率和周转天数，列表如表 10-7 所示。

表 10-7　存货周转率和周转天数表

项目	2007 年	2008 年	2009 年
营业成本(万元)		1 690	2 055
存货年末余额(万元)	1 235	1 300	1 289
存货平均余额(万元)		1 267.5	1 294.5
存货周转次数		1.33	1.59
存货周转天数		270.68	226.77

(注：表中有关数值计算如下：1 267.5=(1 235+1 300)÷2；1 294.5=(1 300+1 289)÷2；1.33=1 690÷1 267.5；1.59=2 055÷1 294.5；270.68=360÷1.33 或=360×1 267.5÷1 690；226.77=360÷1.59 或=360×1 294.5÷2 055)

以上计算结果表明，该公司 2009 年存货周转率和存货周转天数都比 2008 年有所改善，周转次数由 1.33 次提高到 1.59 次，周转天数由 270.68 天减少到 226.77 天。说明该公司 2009 年存货管理效率比 2008 年有所提高，可能是由于商品适销对路、质量提高、价格合理，或由于企业生产与存货政策变更致使存货库存减少的结果。

(3)流动资产周转率。流动资产周转率是主营业务收入与流动资产平均占用额的比率，是指在一定时期(通常为一年)内流动资产可以周转的次数。流动资产周转率，是指流动资产周转一次需要的时间。企业的经营效率一般用流动资产周转率来表示其速度的快慢及利用效率。表示速度快慢的指标同样有周转率和周转期两种。其计算公式为：

$$流动资产周转率(次数)=\frac{主营业务收入}{流动资产平均余额}$$

$$流动资产周转期(天数)=\frac{360}{流动资产周转率(次数)}=\frac{流动资产周转余额\times 360}{主营业务收入}$$

在一定时间内，流动资产周转次数越多，表明以相同的流动资产完成的周转额越多，流动资产利用效果越好。流动资产周转速度用周转天数表示时，周转一次所需要的天数越少，表明流动资产在经历生产和销售各阶段时所占用的时间越短。生产经营任何一个环节上的工作改善，都会反映到周转天数的缩短上来。

【例 10-14】根据金瑞公司 2007 年～2009 年主营业务收入和流动资产平均余额的资料，计算 2008 年和 2009 年的流动资产周转率和周转期见表 10-8 所示。

表 10-8　流动资产周转率和周转期计算表

项目	2007 年	2008 年	2009 年
主营业务收入(万元)		3 080	3 688
流动资产年末余额(万元)	2 812.4	3 328	3 575
流动资产平均余额(万元)		3 070.2	3 451.5
流动资产周转次数(次)		1.00	1.07
流动资产周转天数(天)		360	336.45

(注：表中有关数据计算如下：3 070=(2 812.4+3 328)÷2；3 451.5=(3 328+3 575)÷2；1.00=3 080÷3 070.2；1.07=3 688÷3 451.5；360=360÷1.00=360×3 070.2÷3 080；336.45=360÷1.07=360×3 451.5÷3 688)

从以上分析可以看出，两个年度流动资产周转次数都较少，2008 年大约只周转 1 次，而周转一次需要 360 天，2009 年比 2008 年周转速度也只加快 0.07(1.07－1.00)次，周转天数也只缩短 23.55(360－336.45)天，说明该公司在一个年度内以一定的流动资产完成的周转额较少，流动资产在经历生产和销售各阶段时所占用的时间长，应尽快改善各个环节上的工作。不过该公司 2009 年流动资产周转期比 2008 年缩短了 23.55 天，减少了流动资金占用额为 241.26(23.55×3 688÷360)万元，即节约资金 241.26 万元。

2.固定资产周转情况分析

固定资产周转率是指企业销售收入净额(主营业务收入)与固定资产平均净值的比率。它是反映企业固定资产周转情况，从而衡量企业固定资产利用效率的一项指标。其计算公式为：

$$固定资产周转率(次数)=\frac{主营业务收入}{固定资产平均净值}$$

固定资产周转率越高，表明固定资产利用效率越好，闲置的固定资产越少，也表明企业固定资产投资得当，固定资产结构合理，资金的营运能力强。相反，如果固定资产周转率不高，则表明企业固定资产使用效率低，企业资金的营运能力不强。

【例 10-15】根据金瑞公司 2007 年～2009 年末的固定资产净值和主营业务收入，计算

2008 年和 2009 年的固定资产周转率，见表 10-9 所示。

表 10-9　固定资产周转率计算表

项目	2007 年	2008 年	2009 年
主营业务收入(万元)	2 772	3 080	3 688
固定资产净值(万元)	196	266	361
固定资产平均净值(万元)		231	313.5
固定资产周转率(次)		13.33	11.76

(注：表中有关数据计算如下：231＝(196＋266)÷2；313.5＝(266＋361)÷2；13.33＝3 080÷231；11.76＝3 688÷313.5)

从以上数据可以看出，该公司 2008 年和 2009 年两个年度的固定资产周转率较高，分别为 13.33 次和 11.76 次，说明企业固定资产投资合理，并充分发挥了效率，但是 2009 年固定资产周转率比 2008 年有所下降，下降了 1.57(＝13.33－11.76)次，其主要原因是主营业务收入增长幅度 19.74%[＝(3 688－3 080)÷3 080×100%]，低于固定资产净值增长幅度 35.71%[＝(361－266)÷266×100%]所引起的。这说明企业的营运能力有所下降。

运用和计算固定资产周转率时，需要考虑固定资产因计提折旧的影响，其净值在不断地减少，以及因更新导致其净值突然增加的影响。同时，由于折旧方法的不同，可能影响其可比性，因此，在分析时一定要剔除这些不可比因素。它一般适用于企业自身纵向比较，如果与其他单位横向比较，则要注意两个企业的折旧方法是否一致。

3. *总资产周转情况分析*

总资产周转率是指企业在一定时期(一年)内主营业务收入与资产总额的比率，它反映全部资产的周转速度及利用效果。该项指标也有两种表示方法，一是总资产周转率(次数)和总资产周转期(天数)，其计算公式分别为：

总资产周转次数＝主营业务收入÷总资产平均余额

总资产周转天数＝360÷总资产周转次数

＝360×总资产平均余额÷主营业务收入

式中：总资产平均余额，根据分析目的的不同，需要计算月平均资产余额、季平均余额和年平均余额三种。

总资产周转次数越多或总资产周转天数越少，说明企业资产周转速度越快，利用效果越好，企业经营管理水平越高。相反，则说明企业利用全部资产进行经营的效率较低，最终会影响企业的盈利能力。这时，企业就应该采取措施，提高各项资产的利用效率，从而增强营运能力。

【例 10-16】根据金瑞公司 2007 年～2009 年主营业务收入和全部资产年末余额，计算 2008 年和 2009 年总资产周转率如表 10-10 所示。

表 10-10　总资产周转率计算表

项目	2007 年	2008 年	2009 年
主营业务收入(万元)	2 772	3 080	3 688
总资产年末余额(万元)	3 505.7	3 845	4 217

续表

项目	2007 年	2008 年	2009 年
总资产平均余额(万元)		3 675.35	4 031
总资产周转率(次)		0.838	0.915
总资产周转期(天)		429.6	393.4

(注:表中有关数据计算如下:3 675.35=(3 505.7+3 845)÷2;4 031=(3 845+4 217)÷2;0.838=3 080÷3 675.35;0.915=3 688÷4 031;429.6=360÷0.838;393.4=360÷0.915)

从以上分析可以看出,该公司 2009 年总资产周转率比 2008 年加快 0.077(0.915-0.838)次。这是因为该公司总资产增长幅度 9.67%[(4 217-3 845)÷3 845×100%]低于主营业务收入增长幅度 19.74%[(3 688-3 080)÷3 080×100%]而导致的结果。这就说明公司的资产营运能力有所增强。

营运能力其实反映的就是企业资金运动速度。对于不同行业,资金运动速度差别很大,例如,商业企业资金运动速度一般比工业企业要快得多,在分析相关指标时一定要结合不同行业的特点。

三、盈利能力分析

企业在一定期间内实现的主营业务利润、营业利润、利润总额和净利润,在利润表上均有反映。将利润表提供的经营成果信息转化为盈利指标进行对比,可以反映出企业的盈利水平;将企业的各项盈利指标与行业标准或先进指标比较,可以反映出企业的盈利能力。认真分析利润表所提供的信息,有助于评价企业盈利能力,制定对策,提高企业经济效益。

盈利能力,是指企业赚取利润的能力,是企业财务能力的集中体现。利润是企业内外有关各方都关心的"对象"。利润是企业所有者取得投资收益、债权人获取本息的资金来源,也是经营管理者的经营业绩和管理效益的集中表现。因此,盈利能力是综合分析企业实力和发展前景的重要指标。

盈利能力指标主要用来考察企业的盈利情况,借以评价企业的资本收益水平和获利能力。企业盈利能力的一般分析指标有主营业务收入利润率、成本利润率、净资产收益率和资本保值增值率等。

1.主营业务收入利润率

主营业务收入利润率是企业利润与主营业务收入之间的比率。它是以营业收入为基础分析评价企业获利能力,反映主营业务收入的收益水平指标,是指每百元主营业务收入所获得的利润。一般来说,主营业务收入利润率越高,企业获利能力越强,主营业务收入的收益水平越好。其计算公式为:

主营业务收入利润率=利润÷主营业务收入×100%

式中利润有商品销售毛利、商品经营利润、营业利润、利润总额和净利润五个层次,因而也可以计算五个层次的利润率。

【例 10-17】根据表 10-4 中的资料,计算金瑞公司 2008 年和 2009 年主营业务收入利润率,见表 10-11 所示。

表 10-11 主营业务收入利润计算表

单元:万元

项目	2008 年	2009 年
主营业务收入(1)	3 080	3 688
主营业务成本(2)	1 469	1 810
主营业务税金及附加(3)	520	606
商品销售毛利(4=1-2)	1 611	1 878
商品经营利润(5=4-3)	1 091	1 272
营业利润(6)	548	666
利润总额(7)	576	711
净利润(8)	404	498
销售毛利率(4÷1×100%)	52.31%	50.92%
经营利润率(5÷1×100%)	35.42%	34.49%
营业利润率(6÷1×100%)	17.79%	18.06%
销售利润率(7÷1×100%)	18.70%	19.28%
销售净利率(8÷1×100%)	13.12%	13.50%

从以上分析可以看出,该公司的销售利润率除了销售毛利率和经营利润率呈下降趋势外,营业利润率、销售利润率和销售净利率都略有升高。进一步分析可以看到,前两项指标下降原因主要是由于该企业 2009 年主营业务成本和销售税金及附加都比 2008 年增加,后三项指标上升原因是期间费用下降、所得税减少。从整个经营情况来看,销售毛利率和经营利润率下降幅度不大,分别为 2.66%[(=52.31%-50.92%)÷52.31%×100%和 2.63%[=(35.42%-34.49%)÷35.42%×100%],可见,企业的经营方向和产品结构仍符合市场需求。

2. 成本利润率

成本利润率是成本与利润的比率。其计算公式为:

$$成本利润率=利润÷成本×100\%$$

式中:成本与利润一样,根据分析的不同目的,成本也分为五个层次:销售成本、经营成本(销售成本+销售费用+销售税金及附加)、营业成本(经营成本+管理费用+财务费用+其他业务成本)、税前成本(营业成本+营业外支出)和税后成本(税前成本+所得税),相应要计算五个层次的成本利润率。同时在计算成本利润率时,必须注意成本与利润间层次的五个对应关系,即销售毛利与销售成本相对应(销售成本毛利率)、经营利润与经营成本相对应(经营成本利润率)、营业利润与营业成本相对应(营业成本利润率)、利润总额与税前成本相对应(税前成本利润率)、净利润与税后成本相对应(税后成本净利率)。这种对应不仅符合收益与成本的配比关系,而且能够有效地表示出企业各项成本费用的利用效果。

【例 10-18】根据表 10-4 和表 10-11 中有关资料计算成本利润率，如表 10-12 所示。

表 10-12　成本利润率计算表

单元：万元

项目	2008 年	2009 年
商品销售毛利	1 611	1 878
商品经营利润（主营业务利润）	1 091	1 272
营业利润	548	666
利润总额	576	711
净利润	404	498
销售成本（主营业务成本）	1 469	1 810
商品经营成本	1 989	2 416
营业成本	2 532	3 022
税前成本	2 612	3 097
税后成本	2 784	3 310
销售成本毛利率（%）	109.67%	103.76%
经营成本利润率（%）	54.85%	52.65%
营业成本利润率（%）	21.64%	22.04%
税前成本利润率（%）	22.05%	22.96%
税后成本利润率（%）	14.51%	15.05%

从以上分析看出，该公司五项成本利润率，只有销售成本毛利率和经营成本利润率两项指标分别下降 5.91%（109.67%－103.76%）和 2.2%（54.85%－52.65%），其下降原因主要是 2009 年主营业务成本升高 23.21%[（3 688－3 080）÷3 080×100%]和销售税金及附加 2009 年比 2008 年增加 16.54%[（606－520）÷520×100%]。而营业成本利润率、税前成本利润率和税后成本利润率三项指标均略有上升。该公司应该认真总结经验，改进经营管理工作，使各层次的成本利润率有较大幅度的升高。

3. 总资产报酬率

总资产报酬率是指企业投资报酬与投资总额之间的比率关系。企业的投资报酬是指企业支付的利息和缴纳所得税之前的利润之和；投资总额即当期平均资产总额。它是反映企业总资产获利能力的指标，也是衡量企业利用债权人和所有者权益总额所取得盈利的重要指标，同时也是评价企业通过投资而取得报酬的能力的指标。其计算公式为：

$$总资产报酬率=\frac{税前利润+利息支出}{平均资产总额}\times 100\%$$

式中：税前利润是指利润总额；平均资产总额=（年初资产总额+年末资产总额）÷2

总资产报酬率一般是越高越好。它表明企业获利能力强，运用全部资产所获得的经济

效益好，经营管理水平高。

【例 10-19】根据表 10-3 和表 10-4 中有关资料，该公司 2008 年和 2009 年总资产报酬率计算如下：

2008 年总资产报酬率为：

总资产报酬率＝（576＋91）÷[（3 505.7＋3 845）÷2]×100％ ＝18.15％。

2009 年总资产报酬率为：

总资产报酬率＝（711＋109）÷[（3 845＋4 217）÷2]×100％ ＝20.34％。

通过计算得出，2009 年的总资产报酬率上升了 2.19％（20.34％－18.15％），说明公司的盈利能力有所增强。

4. 净资产收益率

净资产收益率又称所有者权益净利率、净资产报酬率，是企业净利润与所有者权益（净资产）的比值，是反映投资者投入资金收益水平的指标。企业从事财务管理活动的最终目的是实现企业价值最大化，从静态角度来讲，首先就是最大限度地提高净资产收益率，因此，该指标是企业盈利能力指标的核心，同时也是整个财务指标体系的核心。其计算公式为：

净资产收益率＝净利润÷平均所有者权益×100％

平均所有者权益＝（年初所有者权益＋年末所有者权益）÷2

【例 10-20】根据表 10-3 和表 10-4 中有关资料和金瑞公司 2007 年度末所有者权益合计为1 620.5万元，该公司 2008 年和 2009 年的净资产收益率计算如下：

2008 年净资产收益率＝ 404÷[（1 620.5＋1 820）÷2]×100％ ＝23.48％；

2009 年净资产收益率＝ 498÷[（1 820＋1 954）÷2]×100％ ＝26.39％。

根据分析计算可以看出，该公司净资产收益率 2009 年比 2008 年上升了 2.91％（26.39％－23.48％）。这是因为该企业净利润的增长幅度 23.27％[（498－404）÷498×100％]，高于所有者权益的增长幅度 9.69％{[（1 820＋1 954）÷2－（1 620.5＋1820）÷2]÷[（1 620.5＋1 820）÷2]×100％}所引起的。

对于发行股票的上市公司，其财务指标的分析有所不同。例如，股份公司的盈利能力指标还包括每股利润、每股现金流量、每股股利、股利发放率、每股净资产等，各指标的计算公式可以参考相关的书籍。

四、发展能力分析

对企业的发展能力进行分析，通常要企业连续几期的会计报表，这样才能进行趋势分析，既反映了企业过去几年的发展状况，也可以根据比率结果预测企业未来的发展趋势。发展能力的衡量指标主要有营业增长率、资本积累率、利润增加率和可持续增长率等。

1. 营业收入增长率

营业收入增长率是指企业本年营业收入增长额同上年收入总额的比率。营业收入增长率表示与上年相比，企业营业收入的增减变动情况，是评价企业成长状况和发展能力的重要指标。其计算公式如下：

营业收入增长率＝（本年营业收入增长额÷上年营业收入总额）×100％

其中，本年营业收入增长额是企业本年营业收入与上年营业收入的差额，即本年营业收入增长额＝本年营业收入－上年营业收入。如果本年营业收入低于上年，本年营业收入增长额就用"—"表示。上年营业总额是指上年全年营业收入总额。

营业收入增长率是衡量企业经营状况和市场占有能力、预测企业经营业务拓展趋势的重要标志,也是企业扩张时资金需求的前提。不断增加营业收入是企业生存的基础和发展的条件。

【例 10-21】根据表 10-4 中有关资料,金瑞公司 2009 年度的营业收入增长率计算如下:

营业收入增长率=(3 688-3 080)÷3 080×100%=19.74%。

该指标大于 0 时,说明企业本年的营业收入有所增长,该指标越大,说明增长速度越快,企业的市场前景越好;该指标小于 0 时,说明企业销售下滑,可能是产品销售不对路、定价较高或质量低劣,也可能是由于售后服务不好,导致顾客不满意,市场份额萎缩。

在计算分析营业收入增长率指标时应注意:该指标在实际分析时,应结合企业连续几年的营业水平、企业市场占有情况、行业未来发展及其影响企业发展的潜在因素进行前瞻性预测,或者结合企业前三年的营业收入增长率做出趋势性分析。

2.资本增长率

(1)资本积累率

资本积累率是指企业本年所有者权益增长额同年初所有者权益的比率。资本积累率表示企业当年资本的积累能力,是评价企业发展潜力的重要指标。其计算公式如下:

资本积累率=(本年所有者权益增长额÷年初所有者权益)×100%

其中,本年所有者权益增长额是指企业本年所有者权益与上年所有者权益的差额,即本年所有者权益增长额=所有者权益年末数-所有者权益年初数。

年初年有者权益指所有者权益年初数。

【例 10-22】根据表 10-3 中有关资料,金瑞公司 2009 年度的资本积累率计算如下:

资本积累率=(1 954-1 820)÷1 820×100%=7.36%。

说明企业当年的资本积累呈正增长趋势。

资本积累率是指企业当年所有者权益总的增长率,反映了企业所有者权益在当年的变动水平。资本积累率的高低体现了企业资本的积累情况,是企业发展的标志,也是企业扩大再生产时依据自身力量的程度。资本积累率反映了投资者投入资本的保全性和增长性,该指标越高,表明企业的资本积累越多,企业资本安全性越强,对抗风险、持续发展的能力越大,此时企业偿还贷款的可能性越大。该指标如为负值,表明企业资本受到侵蚀,发展能力存在疑问。另外,若该被分析企业当年有权益性筹资,计算和分析该指标时,尤其是进行趋势分析时,应充分考虑对可比性的影响。

(2)总资产增长率

总资产增长率是企业本年总资产增长额同年初资产总额的比率。总资产增长率衡量企业本期资产规模的增长情况,评价企业经营规模总量上的扩张程度。其计算公式如下:

总资产增长率=本年资产总额增长额÷年初资产总额×100%

其中:本年总资产增长额是指资产总额年末数与年初数的差额,本年总资产增长额=资产总额年末数-资产总额年初数。如果本年资产总额减少,用"—"表示。

年初资产总额是资产总额的年初数。

【例 10-23】根据表 10-3 中有关资料,金瑞公司 2009 年度的总资产增长率计算如下:

总资产增长率=(4 217-3 845)÷3 845×100%=9.67%。

总资产增长率指标是从企业资产总量增长方面衡量企业的发展能力，表明企业规模增长水平对企业发展后劲的影响。该指标越高，表明企业一个经营周期内资产经营规模扩张的速度越快。但实际操作时，应注意资产规模扩张的质量，以及企业的后续发展能力，避免资产盲目扩张。该指标是考核企业发展能力的重要指标，我国上市公司业绩的综合排序中，该指标位居第二。如果企业资产规模的增长情况较好，近几年的资产增长持续而平稳，表明其资产增值能力较高。

3. 资本保值增值率

资本保值增值率是所有者权益的期末总额与期初总额的比值，是对企业经营成果是否形成积累的增加做出评价，用来反映投入资本的完整性和增值性。其计算公式为：

资本保值增值率＝年末所有者权益÷年初所有者权益

对这个指标的评价是：比值大于 1 表示增值；比值等于 1 表示保值；比值小于 1 表示减值。一般要大于 1，至少不能少于 1，如果小于 1 则可能是企业资本发生流失，应查明原因，予以改进。但这一指标的高低除了受企业经营成果的影响之外，还受企业利润分配政策和增减资本等因素的影响。

【例 10-24】根据表 10-3 的资料和金瑞公司 2007 年末所有者权益合计为 1 620.5 万元，计算该公司 2008 年和 2009 年的资本保值增值率。

解：2008 年资本保值增值率＝1 820÷1 620.5＝1.12，

2009 年资本保值增值率＝1 954÷1 820＝1.07。

从以上计算分析可见，该公司 2008 年和 2009 年资产都有所增值，2009 年增值率比 2008 年增值率低，主要是由于 2009 年未分配利润低于 2008 年所致。

4. 固定资产成新率

固定资产成新率是企业当期平均固定资产净值同平均固定资产原值的比例。其计算公式如下：

固定资产成新率＝平均固定资产净值÷平均固定资产原值×100%

其中：平均固定资产净值是指企业固定资产净值的年初数同年末数的平均值。平均固定资产原值是指企业固定资产原值的年初数同年末数的平均值。

固定资产成新率反映了企业所拥有的固定资产的新旧程度，体现了企业固定资产更新的快慢和持续能力。该指标高，表明企业固定资产比较新，对扩大再生产的准备比较充足，发展的可能性较大。运用该指标分析固定资产新旧程度时，一定要注意剔除企业应提未提的折旧对固定资产真实情况的影响。

5. 三年利润平均增长率

三年利润平均增长率表明企业利润连续三年增长情况，体现了企业的发展潜力。其计算公式如下：

三年利润平均增长率＝(年末利润总额/三年前年末利润总额)$^{1/3}$×100%

其中，三年前年末利润总额指企业三年前的利润总额数。假如评价企业 2007 年的发展状况，则三年前年末利润总额是 2004 年利润总额年末数。

利润是企业积累和发展的基础，该指标越高，表明企业积累越多，可持续发展能力越强，发展潜力越大。利用三年利润平均增长率指标，能够反映企业的利润增长无孔不入和效益稳定程度，较好地体现企业的发展。

第四节　财务状况的综合分析

一、财务综合分析概述

(一)财务综合分析的含义

根据个别财务指标和个别会计报表，均不能全面系统地对企业的财务状况和经营成果做出评价，而财务分析的目的就是要全方位表达和披露企业的经营理财状况，进而对企业经济效益做出正确合理的判断，为企业资金的筹集、投入、运用、分配等系列财务活动的决策提供有力的支持。因此，必须进行多种指标或比率之间的相关分析或者采用适当的标准对企业财务状况进行综合的评价，才能得出整体意义上的对企业财务状况和经营成果的客观评定。

所谓的财务综合分析，就是将企业的营运能力、偿债能力和获利能力等诸方面的分析纳入一个有机体系，认真分析其相互关系、全方位评价企业财务状况和经营成果，这对判断企业的综合财务状况具有重要作用。

(二)财务综合分析的特点

财务综合分析的特点，体现在其对财务指标体系的要求上。一个健全有效的财务综合指标体系必须具备三个基本素质：一是指标要素齐全适当；二是主辅指标功能协调匹配；三是提供信息的多维性。

指标要素的齐全性，意味着所设置的评价指标必须能够涵盖企业获利能力、偿债能力及营运能力诸方面总体考核的要求。

所谓主辅指标功能的协调匹配，实质上在于强调两个方面：第一，在确立获利能力、偿债能力、营运能力诸方面评价主辅地位；第二，不同范畴的主要考核指标应反映企业经营状况、财务状况的不同侧面与不向层次的信息，应当能够全面、详实地揭示出企业经营理财的业绩。

提供信息的多维性，要求评价指标体系必须能够提供多层次、多角度的信息资料，既能满足企业内部管理当局实施决策的需要，又能满足外部投资者和政府经济管理机构等相关利害集团据以决策和实施宏观调控的要求。

要想对企业财务状况和经营成果有一个总的评价，就必须采用适当的标准进行综合性的评价。综合分析的方法有很多，其中应用比较广泛的有杜邦分析法和财务比率综合分析法。下面分别阐述这两种方法。

二、杜邦财务分析法

杜邦财务分析法，是由美国杜邦公司的财务经理唐纳德森 · 布朗(Donaldson Brown)于1919年创造并使用的，不仅用来衡量生产效率，而且也用来衡量整体业绩。它的主要思想是根据企业对外公开的财务报表计算一系列的财务指标，以此对企业整体财务状况进行综合评价。杜邦分析体系在企业管理中发挥的巨大作用，也奠定了财务指标作为评价指标的

统治地位。

(一)杜邦财务分析体系的核心比率

净资产收益率是杜邦分析体系的核心比率，它有很好的可比性，可以用于不同企业之间的比较。由于资本具有逐利性，总是流向投资报酬率高的行业和企业，使得各企业的净资产收益率趋于接近。如一个企业的净资产收益率经常高于其他企业，就会引起竞争者，迫使该企业的净资产收益率回到平均水平。如果一个企业的净资产收益率经常低于其他企业，就得不到资金，会被市场驱逐，使得幸存企业的股东净资产收益率提升到平均水平。

净资产收益率不仅有很好的可比性，而且有很强的综合性。为了提高股东净资产收益率，管理者有三个可以使用的杠杆：

$$\text{净资产收益率}=\frac{\text{净利润}}{\text{营业收入}}\times\frac{\text{营业收入}}{\text{总资产}}\times\frac{\text{总资产}}{\text{股东权益}}$$

$$=\text{营业收入净利润率}\times\text{总资产周转率}\times\text{权益乘数}$$

无论提高其中的哪一个比率，净资产收益率都会提升。其中，“营业收入净利润率”是利润表的概括，“营业收入”在利润表的第一条，“净利润”在利润表的第四条，两者相除可以概括全部经营成果；“权益乘数”是资产负债表的概括，表明资产、负债和股东权益的比例关系，可以反映最基本的财务状况；“总资产周转率”把利润表和资产负债表联系起来，使净资产收益率可能综合整个企业的经营活动和财务活动的业绩。

(二)杜邦财务分析体系的基本框架

杜邦财务分析体系的基本框架可用图 10-1 表示。

该体系是一个多层次的财务比率分解体系。各项财务比率，在每个层次上与本企业历史或同业的财务比率比较，比较之后向下一级分解。逐级向下分解，逐步覆盖企业经营活动的每一个环节，可以实现系统、全面评价企业经营成果和财务状况的目的。

第一层次的分解，是把净资产收益率分解为营业收入净利润率、总资产周转率和权益乘数。这三个比率在各企业之间可能存在显著差异，通过对差异的比较，可以观察本企业与其他企业的经营战略和财务政策有什么不同。

分解出来的营业收入净利润率和总资产周转率，可以反映企业的经营战略。一些企业营业收入净利润率较高，而总资产周转率较低；另一些企业与之相反，总资产周转率较高而营业收入净利润率较低。两者经常呈反方向变化，这种现象不是偶然的。为了提高营业收入净利润率，就是要增加产品的附加值，往往需要增加投资，引起周转率的下降。与此相反，为了加快周转，就要降低价格，引起营业收入净利润率下降。通常，营业收入净利润率较高的制造业，其周转率都较低；周转率很高的零售商业，营业收入净利润率很低。采取“高盈利、低周转”还是“低盈利、高周转”的方针，是企业根据外部环境和自身资源做出的战略选择。正因为如此，仅从营业收入净利润率的高低并不能看出业绩好坏，把它与资产周转率联系起来可以考察企业经营战略。真正重要的，是两者共同作用而得到的资产利润率。资产利润率可以反映管理者运用受托资产赚取盈利的业绩，是最重要的盈利能力。

分解出来的财务杠杆可以反映企业的财务政策。在资产利润率不变的情况下，提高财务杠杆可以提高净资产收益率，但同时也会增加财务风险。如何配置财务杠杆是企业最重要的财务政策，本书还要专门讨论这个问题。一般说来，资产利润率较高的企业，财务杠杆较低，反之亦然。这种现象也不是偶然的，可以设想，为了提高净资产收益率，企业倾向于尽可能提高财务杠杆，但是，贷款提供者不一定会同意这种做法。贷款提供者不分享超过利息的收益，更倾向于预期未来经营现金流量比较稳定的企业提供贷款。为了稳定现金流量，企业的一种选择是降低价格以减少竞争，另一种选择是增加营运资本以防止现金流中断，这都会导致资产利润率下降。这就是说，为了提高流动性，只能降低盈利性。因此，我们实际看到的是，经营风险低的企业可以得到较多的贷款，其财务杠杆较高；经营风险高的企业，只能得到较少的贷款，其财务杠杆较低。资产利润率与财务杠杆呈现负相关，共同决定了企业的净资产收益率，企业必须使其经营战略和财务政策相匹配。

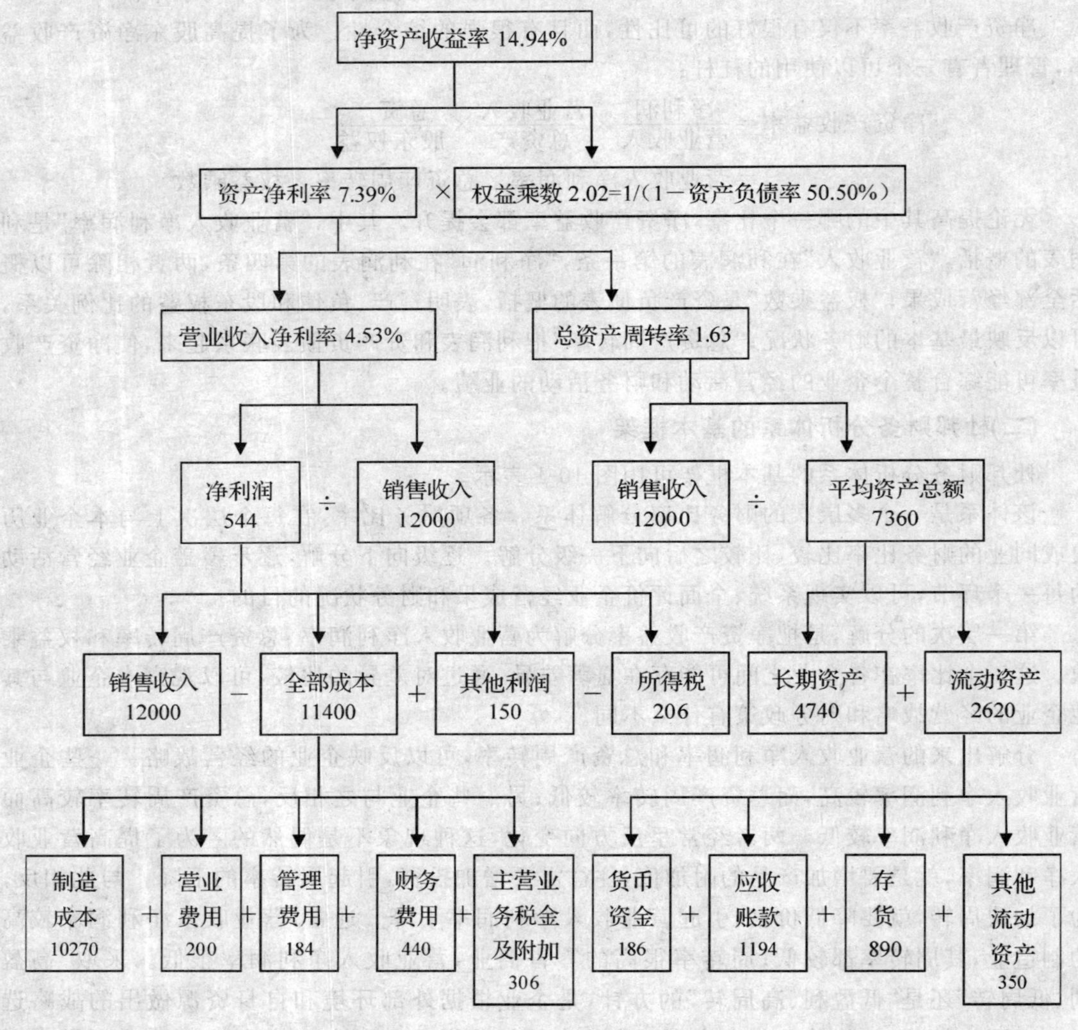

图 10-1 C 公司杜邦分析图

(三)财务比率的比较和分解

该分析体系要求，在每一个层次上进行财务比率的比较和分解。通过与上年比较可以识别变动的趋势，通过同行业的比较可以识别存在的差距。分解的目的是识别引起变动(或产生差距)的原因，并计量其重要性，为后续分析指明方向。

下面以五粮液股份有限公司净资产收益率的比较和分解为例，说明其一般方法。

净资产收益率的比较对象，可以是其他企业的同期数据，也可以是本企业的历史数据，这里仅以本企业的2007年与2006年的比较为例。

净资产收益率＝营业收入净利润率×资产周转率×权益乘数。

五粮液2007年净资产收益率20.10％×0.67×1.23＝16.52％，

五粮液2006年净资产收益率15.97％×0.74×1.28＝15.10％，

净资产收益率变动＝16.52％－15.10％＝1.42％。

与上年相比，股东的报酬率增加了，公司整体业绩超过上年。影响净资产收益率变动的有利因素是营业收入净利润率的增长；不利因素是资产周转率和权益乘数的减小。

利用连环替代法可以定量分析它们对净资产收益率变动的影响程度：

1.营业收入净利润率变动的影响

按2007年营业收入净利润率计算：

2006年净资产收益率＝20.10％×0.74×1.28＝19.04％。

营业收入净利润率变动的影响＝19.04％－15.10％＝3.94％。

2.资产周转率变动的影响

按2007年营业收入净利润率、资产周转率计算的2006年净资产收益率＝20.10％×0.67×1.28＝17.24％，

资产周转率变动的影响＝17.24％－19.04％＝－1.80％。

3.权益乘数变动的影响

权益乘数变动的影响＝16.52％－17.24％＝－0.72％。

通过分析可知，最重要的有利因素是营业收入净利润率的增长，使净资产收益率增加了3.94％。不利的因素是资产周转率降低，使净资产收益率减少1.80％。其次是权益乘数降低，使净资产收益率减少0.72％。有利因素超过不利因素，所以净资产收益率增长了1.42％。由此应重点关注营业收入净利润率增长的原因。

在分解之后进入下一层次的分析，分别考察营业收入净利润率、资产周转率和财务杠杆的变动原因。

(四)杜邦财务分析体系的局限性

杜邦财务分析体系虽然被广泛使用，但是也存在某些局限性，一是它更偏重于企业所有者的利益角度；二是依据该体系，在其他因素不变的情况下，企业资产负债率越高，净资产收益率就越高，而企业负债越多，则财务风险就越大，因此该体系没有考虑财务风险的因素。

三、财务比率综合分析法

(一)沃尔评分法

20世纪初，美国学者亚历山大·沃尔在其《信用晴雨表研究》和《财务报表比率分析》中提出了信用能力指数的概念，把若干个财务比率用线性关系结合起来，以此评价企业的信用水平。他选择了七项财务指标，根据不同的重要性，对每项财务指标给定不同的权重，然后确定标准比率，并与实际比率相比较，评出每项指标的得分，最后求得总评分(如表10-13)。若实际得分大于或接近100分，则说明财务状况良好；反之，若相差较大，则说明财务状况较差。它开创了企业综合财务指标体系的先河。

表 10-13 沃尔评分法

财务比率	比重(分值) 1	标准比率 2	实际比率 3	相对比率 4=3÷2	实际得分 5=1×4
流动比率	25	2	2.5	1.25	31.25
净资产/负债	25	1.5	0.9	0.6	15
资产/固定资产	15	2.5	3	1.2	18
销售成本/存货	10	8	10.4	1.3	13
销售额/应收账款	10	6	8.4	1.4	14
销售额/固定资产	10	4	3	0.75	7.5
销售额/净资产	5	3	1.5	0.5	2.5
合计	100				101.25

尽管沃尔评价体系在企业财务评价的发展过程中起到了非常重要的作用,但是由于它本身具有很大的局限性,目前在财务评价中已很少被采用。首先,理论基础比较薄弱,它是以利润最大为业绩评价的目标导向,在若干财务比率中选择了七项财务指标作为评价标准,但这七项指标并不能全面有效地反映企业的综合状况,而且对每项指标的赋权具有主观性。其次,评价结果对异常值非常敏感,由于该体系的指标数量少且每项指标的权重较高,如果市场出现微小变化,则评价结果就会出现较大的波动;如果市场变化较大,该指标体系可能会因为各指标变化的相互抵消而显现不出任何异常,从而使评价体系失效。

(二)现代综合评分法

现代社会与沃尔的时代相比,已有很大变化。为了更全面地进行综合财务分析,当前采用更多的财务综合分析是将反映偿债能力、营运能力和获利能力的比率进行归类,得出各方面的状况。目前常采用的一种方法称为指数法,运用指数法编制综合分析表的步骤如下:

第一步:选定评价企业财务状况的比率。通常是选择能够说明问题的重要比率,并且偿债能力、营运能力和获利能力三类比率因反映财务状况的侧重面不同,故应分别从中选择若干项具有代表性的比率。

第二步:根据各项比率的重要程度,确定重要性系数。各项比率的系数之和应等于 1。重要程度的判断,需根据企业经营财务状况、发展趋势以及企业所有者、债权人和管理人员的态度等具体情况而定。

第三步:确立各项比率的标准值。财务比率的标准值是指各项财务比率在本企业现实条件下最理想的数值,即最优值。

第四步:计算企业在一定时期各项财务比率的实际值。

第五步:求出各项财务比率的实际值与标准值的比率,称为关系比率。

第六步:求得各项财务比率的综合指数及其合计数。各项比率的综合指数是关系比率和重要性系数的乘积,其合计数可作为综合评价企业财务状况的一个依据。一般而言,综合指数合计数如果为 1 或接近 l,则表明企业的财务状况基本上达到标准要求;如果与 1 有较大差距,则财务状况偏离标准要求较远。在此基础上,还可进一步分析具体原因。

为简便起见.这里只选用 9 个财务比率计算编制成综合分析表,如表 10-14 所示。

在表 10-14 中各项财务比率综合指数的合计数为 1.124，近似于 1，这说明该企业的财务状况基本良好，但应看到反映企业资金周转状况的存货周转率、应收账款周转率、总资产周转率还不够理想，比率尚可提高等。

采用指数法综合分析评价企业财务状况，关键在于求得各项财务比率的重要性系数和标准值。这两项指标的确定带有很大的主观性，应根据历史经验和现实情况，合理地判断确定，才能得出正确的结果。

表 10-14 财务比率综合分析表

指标	实际值 1	标准值 2	关系比率 3=1÷2	重要性系数 4	综合指数 5=3×4
流动比率	2.33	2	1.165	0.15	0.175
速动比率	1.94	1	1.940	0.10	0.194
资产负债率	53%	40%	1.325	0.10	0.133
应收账款周转率	10 次	12 次	0.833	0.05	0.042
存货周转率	11.88 次	15 次	0.792	0.10	0.079
总资产周转率	1.63 次	1.88 次	0.867	0.15	0.130
销售净利率	4.53%	4%	1.133	0.10	0.113
成本费用利润率	4.77%	4.52%	1.055	0.15	0.158
净资产收益率	14.95%	15%	0.997	0.10	0.100
合计				1.00	1.124

四、财务分析应注意的问题

运用比率分析，在一定程度上能提供评价企业财务状况和经营成果的重要信息，可以帮助找出一些实际存在或可能存在的经营管理上的问题，作为制定未来决策的部分依据，不失为进行财务报告分析的一种有用工具和主要方法。但是，它提供的都是过去的历史性数据，忽视了企业经济资源流向的动态方面，不可能据此做出令人信服的精确结论。而且，由于财务报告列示的数据的局限性，企业为了迎合财务分析人员对某项比率的期望结果很可能在事先经过一番人为加工，使计算出的比率失去了它的真实意义。

这就告诉人们，在运用比率分析评价企业的经营成果和财务状况时，必须综合判断，结合趋势分析法的各种趋势分析和现金流量表上的资金变动原因的分析，以及企业呈报的财务情况说明书上说明的企业生产经营、利润实现和分配、资金增减和周转、财产物资变动和税金交纳情况及近期对财务状况发生重大影响、资产负债表编制日后至报出财务报告前发生的对企业财务状况变动有重大影响的事项等，全盘考虑后做出判断和评价。

归纳财务比率分析本身存在的问题主要有以下几点：

第一，比率分析运用的比率必须是在财务报告上的一些有关联项目金额之间进行计算比较。但客观上存在着滥用比率分析的倾向，对一些没有关联的项目也进行计算比率和加以比较，这必然会使比率分析徒具形式，缺乏选择比率的合理基础，也无法做出正确的解释。财务报告是会计的产物，会计有特定的假设前提，并要执行统一的规范。我们只能在规定意义上使用报告数据，不能认为报告揭示了企业的全部实际情况，所以，财务报告自身的这种局限性是很难避免的。

第二，趋势分析是以本企业历史数据作为比较基础的一种分析方法，但历史数据代表过去，并不代表合理性；另外，经营环境是不断变化的，今年比去年利润提高了，不一定说明已经达到应该达到的水平，甚至不一定说明管理有了改进。实际数据与计划标准之间的差异分析，是以计划预算作为比较基础进行的，但实际和预算的差异，有时是预算不合理造成的，而不是执行中出现了偏差。在同一企业，它的经营情况受市场环境、企业机制等错综复杂因素的影响，始终是频繁变化着的，这包括国家宏观政策的影响、产品的结构类型和比重、企业的经营政策和筹资政策等。即使企业运用的会计处理方法前后各期始终一致，还是存在着这些问题。所以，财务报告数据的可比性也是限制比率分析的重要问题。

第三，对同一会计事项的账务处理，会计准则允许使用几种不同的规则和程序，企业可以自行选择。不同企业对会计政策的不同选择，必将影响报告数据的横向可比性，虽然财务报告附注对会计政策的选择有一定的表述，但使用人未必能完成可比性的调整工作。所以，报表使用者必须仔细阅读报表及其附注，以确定报表之间的可比程度。另外，会计年度终结的日期不同，也会产生不同的结果。

第四，财务分析所依据的数据都是过去发生的经济业务的结果，是根据财务报告上的静态历史资料计算得出的比率。这种历史资料又经过一段时间的分析、研究，早已不具备制定决策所需要的及时性的信息要求了。历史资料只能在预测和制定未来决策前提供有限的参考，它忽视了对评价企业管理效能极为有用的动态信息，例如，流动资金的变化。因此，建立在这些数据上的财务分析，不能也无法作为制定决策的绝对依据。

第五，只有根据真实的财务报告，才有可能得出正确的分析结论。财务分析通常假定报告是真实的。报告的真实性问题，要靠审计来解决，财务分析不能解决报告的真实性问题，因此，财务报告的真实性也是影响比率分析的重要因素。在具体操作中，应注意财务报告是否规范、是否有故意遗漏，同时要注意分析数据的反常现象，剔除偶然因素的影响。

综上所述，可见财务分析并不能为评价和判断企业财务状况和经营成果提供十分精确的尺度。所以，在进行财务分析时必须充分运用一切必要的补充手段，在全面、完整、充分地掌握静态信息的基础上，适当调整上述局限性带来的影响。

【本章习题】

一、计算分析题

1. 某企业 2006 年末产权比率为 80%，流动资产占总资产的 40%。有关负债的资料如下：

资料一：该企业资产负债表中的负债项目如表 10-15 所示：

表 10-15

单位：万元

负债项目	金额
流动负债：	
短期借款	2 000
应付账款	3 000
预收账款	2 500
其他应付款	4 500
一年内到期的长期负债	4 000
流动负债合计	16 000
非流动负债：	
长期借款	12 000
应付债券	20 000
非流动负债合计	32 000
负债合计	48 000

资料二：该企业报表附注中的或有负债信息如下：已贴现承兑汇票 500 万元，对外担保 2000 万元，未决诉讼 200 万元，其他或有负债 300 万元。

计算下列指标：

(1)所有者权益总额；

(2)流动资产和流动比率；

(3)资产负债率。

2. 已知：某企业上年主营业务收入净额为 6 900 万元，全部资产平均余额为 2 760 万元，流动资产平均余额为 1 104 万元；本年主营业务净额为 7 938 万元，全部资产平均余额为 2 940万元，流动资产平均余额为 1 323 万元。

要求：

(1)计算上年与本年的全部资产周转率(次)、流动资产周转率(次)和资产结构(流动资产占全部资产的百分比)。

(2)运用差额分析法计算流动资产周转率与资产结构变动对全部资产周转率的影响。

3. 甲公司 2008 年初发行在外普通股股数 10 000 万股，2008 年 3 月 1 日新发行 4 500 万股，12 月 1 日回购 1 500 万股，2008 年实现净利润 5 000 万元，要求确定基本每股收益。

二、案例分析题

1. 鸿运公司本年度有关资料如下：

资产负债表

编制单位:鸿运公司　　××年12月31日　　单位:万元

项目	期初	期末	项目	期初	期末
流动资产	2 000	2 300	流动负债	1 300	1 200
固定资产	2 500	2 400	长期负债	1 400	1 100
无形资产	100	100	股东权益	1 900	2 500
合计	4 600	4 800	合计	4 600	4 800

现金流量表

编制单位:鸿运公司　　××年12月31日　　单位:万元

项目	金额
经营活动现金流入量	5 800
经营活动现金流出量	5 300
经营活动现金净流量	500
投资活动现金流入量	1 760
投资活动现金流出量	1 600
投资活动现金净流量	160
筹资活动现金流入量	1 000
筹资活动现金流出量	1 000
筹资活动现金净流量	0
现金及等价物增加额	660

其他有关资料:本年销售收入5 300万元,净利润870万元。

要求:

(1)根据以上资料,计算流动比率、有形净值债务比率和资产负债率、权益乘数。

(2)计算该公司的加权平均净资产收益率、资产现金流量收益率、总资产利润率和销售净利率。

(3)计算该公司的固定资产周转率、流动资产周转率和总资产周转率。

(4)根据以上计算结果,运用杜邦分析体系对该公司的财务状况和经营成果进行分析。

参考文献

1. 荆新，王化成，刘俊彦. 财务管理学(第五版). 北京：人民大学出版社，2009
2. 赵德武. 财务管理学. 北京：高等教育出版社，2000
3. 王化成. 公司财务管理. 北京：高等教育出版社，2007
4. 汤谷良，王化成. 企业财务管理学. 北京：经济科学出版社，2000
5. 中国注册会计师协会. 2007 年度注册会计师全国统一考试辅导教材：财务成本管理. 北京：经济科学出版社，2007
6. 黄惠玲. 财务管理. 北京：中国金融出版社，2003
7. 财政部会计资格评价中心. 财务管理：中级会计资格. 北京：中国财政经济出版社，2005
8. 中华人民共和国财政部制定. 企业会计准则 · 2006. 北京：经济科学出版社，2006
9. 张海林. 财务管理. 北京：高等教育出版社，2002
10. 杨欣. 财务管理. 北京：中国财政经济出版社，2005
11. 杨欣. 财务管理实训与练习. 北京：中国财政经济出版社，2005
12. [美]欧根 · 布里汉. 王大鸿等译. 企业金融管理学. 北京：中国金融出版社，1989
13. [美]尤金 · 伯格汉姆，路易斯 · 加潘斯基著. 美国俄克拉荷马市大学，天津商学院 MBA 班译. 美国中级财务管理. 北京：中国展望出版社，1990
14. 陈小悦，乌山红编著. 公司理财学基础. 北京：清华大学出版社，199
15. 陈浪南编著. 西方企业财务管理. 北京：中国对外经济贸易出版社，1991
16. 何宪章. 国际财务管理. 第二版. 台北：新陆书局，1993
17. 史怡中，许丹林. 企业财务管理. 香港：商务印书馆，1989
18. 袁晓红，杨维忠主编. 企业筹资学. 南京：东南大学出版社，1993
19. 仇庆德，柴传早，高成路主编. 现代企业筹资理论与实务. 青岛：青岛海洋大学出版社，1993
20. 郭复初著. 财务通论. 上海：立信会计出版社，1997
21. 杨雄胜主编. 高级财务管理. 大连：东北财经大学出版社，2009
22. 欧阳令南主编. 公司财务. 上海：上海交通大学出版社，2004
23. 欧阳令南著. 财务管理——理论与分析. 上海：复旦大学出版社，2005
24. Davis A H R, Pinches G E. *Canadian Financial Management*. 2nd Edition. New York: Harper Collins, 1991
25. Ross S A, Westerfield R W. *Corporate Finance*. St. Louis: Times Mirror/Mosby College, 1988
26. Brealey, Myers, Sick, Giammarino. *Principles of Corporate Finance*. 2nd Canadian Edition. New York: McGraw-Hill Ryerson Limited, 1992
27. Philippatos G C, Sihler W W. *Financial Management*. 2nd Edition. Boston: Allyn and Bacon, 1991